KB034956

한국어능력시험

COOL
TOPIK II

읽기

한글파크

머리말 ☺

전 세계적으로 한국 문화에 대한 관심이 지속적으로 높아지고 있습니다. 많은 외국 학생들이 한국 문화와 여행을 즐기고, 한국 대학과 대학원 진학률이 해마다 증가하고 있습니다. 뿐만 아니라 한국 회사에 취업하여 한국 생활을 선택하는 외국인들도 늘어나고 있습니다. 이러한 사회 분위기는 한국어 학습의 수요 증가와 함께 한국어능력시험(TOPIK) 응시율 증가로 이어졌습니다.

현재 한국어능력시험(TOPIK)을 대비하는 많은 수험서가 출판되었지만 증가하는 수험 응시자들을 만족시킬 만큼 수험서의 선택지가 다양하지 않고, 중·고급 수준의 학습자들을 위한 한국어 읽기 수험서는 다른 외국어 교재에 비해 부족한 실정입니다. 특히 정해진 시간 안에 많은 텍스트를 전략적으로 파악하여 풀어야 하는 읽기 시험에서 유형별, 문항별 풀이 전략에 대해 자세하게 분석한 교재는 찾기 어려웠습니다.

〈COOL TOPIK II 읽기〉는 실제 한국어 교육 현장에서 선생님들이 한국어능력시험(TOPIK) 읽기 수업을 진행할 때 학생들에게 유형별, 문항별 문제 풀이 전략을 단계별로 가르칠 수 있도록 구성하였고, 학습자들의 자기주도적 학습이 충분히 이루어질 수 있도록 연습 문제와 정답 및 해설에 문제의 풀이 과정을 자세하게 담고자 노력했습니다.

- **PART 1**   TOPIK II 읽기 전체 50문항을 크게 8개의 유형으로 분류하여 유형별 문제 풀이 전략을 제시하고 연습할 수 있도록 구성하였습니다. 각 유형에 대한 설명과 해당 문항을 소개하였고, 기출 문제를 예시로 문제 풀이 방법을 기술하였습니다.

- **PART 2**   1번 문항부터 27번 문항까지를 각 문항별로 나누어 COOL TIP과 함께 제시하였습니다. 또한 학생들이 문항별 전략과 기출 문제 풀이를 이해한 후에 전략에 따라 연습 문제를 풀어볼 수 있도록 하였습니다.

- **PART 3**   상대적으로 난이도가 높은 28번 문항부터 50번 문항을 PART 2와 같은 형식으로 제시하였습니다. 이러한 교재 구성을 통해 학습자들은 읽기 시험 1번 문항부터 50번 문항을 유형별, 문항별로 공부하면서 본인에게 취약한 유형 또는 문항을 파악할 수 있습니다.

- **PART 4**   앞에서 학습한 내용을 바탕으로 실전 시험과 동일하게 연습할 수 있는 실전 모의고사 1회, 2회가 있습니다. 시간을 정해 놓고 실제 시험을 보는 것처럼 문제를 풀어본 후에 뒤에 제시된 부록의 빈출 표현들도 시험 전에 익히시길 바랍니다.

- **정답 및 해설**   PART 1~4의 정답과 문제의 해설이 있습니다. 읽기 본문과 풀이 방법, 주요 표현 등을 표시하여 학습자들의 이해를 돕고자 했습니다. 해설에 있는 문제별 풀이 과정을 보면서 정답을 확인하고 풀이 방법 하단에 제시된 고급 학습자들이 알아야 할 어휘도 꼼꼼하게 확인하시기 바랍니다.

현직 한국어 교사로서 한국어능력시험(TOPIK)을 준비하는 학습자들을 가까운 곳에서 만나면서 한국어를 가르치는 것에 대한 자부심과 동시에 책임감을 느낍니다. 이러한 마음을 담아 본 교재에 자세한 문제 풀이 전략 설명, 사회·문화·경제·교육·환경 등 다양한 주제의 텍스트를 구성하기 위하여 많이 고민하고 노력했습니다. 많은 학습자들이 시험을 보기 직전까지 눈을 떼지 못할 만큼 꼭 필요한 교재가 되기를 바랍니다. 그리고 한국어능력시험(TOPIK) 수업에 대해서 고민하는 선생님들께 부족하게나마 도움이 되기를 바랍니다. 또한 책이 출판되는 과정에서 많은 도움을 주신 한글파크 출판사 관계자분들께 진심으로 감사의 마음을 전합니다.

2022년 1월, 집필진 올림

본 교재는 한국어능력시험(TOPIK) II 읽기의 50문항을 유형별로 나누었으며, 난이도에 따라 단계별로 학습할 수 있도록 구성했습니다. PART 1에서 읽기 영역의 문제가 어떤 유형으로 제시되었는지 파악하고, PART 2와 PART 3에서 쉬운 문제부터 어려운 문제까지 차근차근 학습한 후, PART 4 실전 문제에서 이를 복습할 수 있습니다.

PART 1 유형별 전략

읽기 영역의 각 유형과 유형에 따른 문제 풀이 전략을 제시했습니다. TOPIK II 읽기에 어떤 유형들이 있는지 파악하고 기출 문제 풀이와 오답 노트를 통해 유형 전략을 실제로 응용하는 방법을 배울 수 있습니다.

PART 2 문항별 전략 (1)

PART 2에서는 1~27번 문항을 순서대로 제시하여 실제 시험을 응시할 때 문항별로 전략을 적용할 수 있도록 했습니다. COOL TIP은 문항을 푸는 데 실제적으로 도움이 되는 전략을 담았습니다. 더불어 각 문항의 전략을 파악한 후 아래에 제시된 기출 문제를 풀어보며 전략의 이해를 한층 더 높일 수 있습니다.

PART 3 문항별 전략 (2)

PART 3은 28~50번 문항을 순서대로 제시하여 실제로 시험을 응시할 때 문항별로 전략을 적용할 수 있도록 했습니다.
동일한 유형의 문제라 하더라도 지문의 길이와 어휘, 문법 수준에 따라 문제를 푸는 방법 또한 달라집니다. 따라서 PART 3의 COOL TIP은 이를 알기 쉽게 PART 2의 전략을 바탕으로 달라진 부분을 보충하여 설명했습니다.

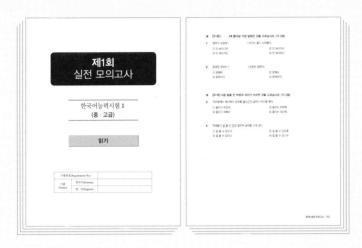

PART 4 실전 모의고사

PART 4에서는 PART 1, 2, 3에서 학습한 전략들을 응용하여 실제 시험에 대비할 수 있도록 2회 분량의 실전 모의고사를 담았습니다. 학습자들이 실제 TOPIK II 읽기와 같은 형식의 문제를 풀어보며 학습 내용을 복습하고 자신에게 부족한 유형 또는 문항을 확인할 수 있습니다.

부록

유형을 꼼꼼하게 분석하더라도 선택지의 의미를 모르면 풀기 어려운 문항이 있습니다. 이러한 문항을 효율적으로 푸는 데 도움이 되는 어휘를 '접속사, 신문 기사 표현, 관용표현, 감정형용사, 인물의 태도 관련 표현'으로 나누어 정리했습니다.

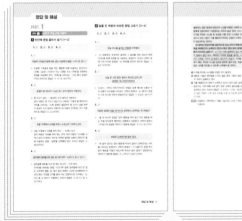

정답 및 해설

본 교재에 제시된 전략들을 접목하여 각 문제를 푸는 방법을 상세하게 정리한 해설집입니다. 같은 지문이어도 문제에 따라 어떻게 접근해야 하는지 알 수 있으며 알아두면 좋은 단어를 해설과 함께 제시했습니다.

❶ 한국어능력시험의 목적

◈ 한국어를 모국어로 하지 않는 재외동포 · 외국인의 한국어 학습 방향 제시 및 한국어 보급 확대

◈ 한국어 사용능력을 측정 · 평가하여 그 결과를 국내 대학 유학 및 취업 등에 활용

❷ 응시 대상

한국어를 모국어로 하지 않는 재외동포 및 외국인로서

◈ 한국어 학습자 및 국내 대학 유학 희망자

◈ 국내 · 외 한국 기업체 및 공공기관 취업 희망자

◈ 외국 학교에 재학중이거나 졸업한 재외국민

❸ 주관기관

교육부 국립국제교육원

❹ 시험의 수준 및 등급

◈ 시험의 수준 : TOPIK Ⅰ, TOPIK Ⅱ

◈ 평가 등급 : 6개 등급(1~6급)

TOPIK Ⅰ		TOPIK Ⅱ			
1급	2급	3급	4급	5급	6급
80점 이상	140점 이상	120점 이상	150점 이상	190점 이상	230점 이상

❺ 시험 시간

구분	교시	영역	시간
TOPIK Ⅰ	1교시	듣기/읽기	100분
TOPIK Ⅱ	1교시	듣기/쓰기	110분
	2교시	읽기	70분

❻ 문항구성

1) 수준별 구성

시험 수준	교시	영역/시간	유형	문항수	배점	총점
TOPIK Ⅰ	1교시	듣기(40분)	선택형	30	100	200
		읽기(60분)	선택형	40	100	

한국어능력시험 TOPIK 안내 😊

TOPIK II	1교시	듣기(60분)	선택형	50	100	300
		쓰기(50분)	서답형	4	100	
	2교시	읽기(70분)	선택형	50	100	

2) 문제유형

① 선택형 문항(4지선다형)

② 서답형 문항(쓰기 영역)

• 문장완성형(단답) : 2문항

• 작문형 : 2문항

– 200~300자 정도의 중급 수준 설명문 1문항

– 600~700자 정도의 고급 수준 논술문 1문항

❼ 등급별 평가 기준

시험수준	교시	평가기준
TOPIK II	3급	– 일상생활을 영위하는 데 별 어려움을 느끼지 않으며, 다양한 공공시설의 이용과 사회적 관계 유지에 필요한 기초적 언어 기능을 수행할 수 있다. – 친숙하고 구체적인 소재는 물론, 자신에게 친숙한 사회적 소재를 문단 단위로 표현하거나 이해할 수 있다. – 문어와 구어의 기본적인 특성을 구분해서 이해하고 사용할 수 있다.
	4급	– 공공시설 이용과 사회적 관계 유지에 필요한 언어 기능을 수행할 수 있으며, 일반적인 업무 수행에 필요한 기능을 어느 정도 수행할 수 있다. – '뉴스, 신문 기사' 중 평이한 내용을 이해할 수 있다. 일반적인 사회적 · 추상적 소재를 비교적 정확하고 유창하게 이해하고, 사용할 수 있다. – 자주 사용되는 관용적 표현과 대표적인 한국 문화에 대한 이해를 바탕으로 사회 · 문화적인 내용을 이해하고 사용할 수 있다.
	5급	– 전문 분야에서의 연구나 업무 수행에 필요한 언어 기능을 어느 정도 수행할 수 있다. – '정치, 경제, 사회, 문화' 전반에 걸쳐 친숙하지 않은 소재에 관해서도 이해하고 사용할 수 있다. – 공식적, 비공식적 맥락과 구어적, 문어적 맥락에 따라 언어를 적절히 구분해 사용할 수 있다.
	6급	– 전문 분야에서의 연구나 업무 수행에 필요한 언어 기능을 비교적 정확하고 유창하게 수행할 수 있다. – '정치, 경제, 사회, 문화' 전반에 걸쳐 친숙하지 않은 주제에 관해서도 이용 하고 사용할 수 있다. 원어민 화자의 수준에는 이르지 못하나 기능 수행이나 의미 표현에는 어려움을 겪지 않는다.

목차 ☺

PART 1

유형별 전략

● 유형 소개

〈유형 1〉은 제시된 문장의 빈칸 안에 들어갈 알맞은 문법을 고르거나 밑줄 친 부분과 바꿔 쓸 수 있는 문법을 고르는 문항이다. 제시된 문장의 밑줄 친 부분과 가장 유사하거나 동일한 의미의 선택지를 고르는 문제이므로 다양한 한국어 문법을 숙지해야 한다.

● 〈유형 1〉의 문항

❶ 빈칸에 문법 골라서 넣기 [1~2]
❷ 밑줄 친 부분과 비슷한 문법 고르기 [3~4]

유형 전략

〈유형 1〉은 제시된 문장의 주어와 서술어와의 관계, 밑줄 친 부분의 어휘 및 문법을 빠르고 정확하게 파악하는 것이 중요하다. 이를 위해 어휘 및 문법을 공부할 때는 유사한 의미, 반대 의미의 어휘 및 문법을 함께 공부해야 한다. 또한 한 문장을 읽고 빈칸 안에 들어갈 내용을 유추해야 하므로 문장의 인과관계, 시간의 흐름, 선행문과 후행문의 연결고리를 파악할 수 있는 핵심 표현을 파악하는 것이 중요하다.

❶ 빈칸에 문법 골라서 넣기 [1~2]

기출 문제

1. (   )에 들어갈 가장 알맞은 것을 고르십시오.

휴대 전화를 (   ) 내려야 할 역을 지나쳤다.

① 보든지   ② 보다가   ③ 보려면   ④ 보고서

〈60회 TOPIK II 읽기 기출문제〉

문제 풀이

[1~2] 문항은 빈칸에 들어갈 알맞은 답을 고르는 유형이다. 제시된 문장에서 '내려야 할 역을 지나쳤다'라는 부분을 보고 문장의 앞부분에서 제시될 내용 때문에 뒤의 결과가 일어났음을 알 수 있다. 네 개의 선택지 중에서 문장의 선행문이 후행문의 원인이 될 수 있는 의미의 문법은 '−다가'이므로 정답은 ②번이다.

오답 노트

①번: 휴대 전화를 보는 행동이 선택의 의미가 되고 이 문법은 '하다' 동사가 함께 사용되어야 하기 때문에 비문이 된다.
③번: 휴대 전화를 보기 위한 조건의 의미로 뒤에는 이를 위해 해야 하는 것에 대한 내용이 나와야 한다.
④번: 휴대 전화를 본 후에 이어지는 반응, 행동이 나와야 하므로 답이 될 수 없다.

단어 □ 지나치다

 **연습 문제**

[1~4] ( )에 들어갈 가장 알맞은 것을 고르십시오.

1.

주말에 가족들과 함께 새로 생긴 식당에서 밥을 ( ).

① 먹기로 했다
② 먹는 중이다
③ 먹는 편이다
④ 먹는다고 본다

2.

동생이 밤 12시가 ( ) 오지 않아서 걱정이다.

① 넘지만
② 넘어야
③ 넘도록
④ 넘거든

3.

과일 가게에서 사과를 싸게 ( ) 10개나 샀다.

① 팔텐데
② 팔길래
③ 파느라고
④ 팔기는 하지만

4.

일주일에 영화를 5편 정도 보니까 자주 ( ).

① 보는 법이다.
② 보는 중이다.
③ 본 적이 있다.
④ 본다고 할 수 있다.

❷ 밑줄 친 부분과 비슷한 문법 고르기 [3~4]

 기출 문제

3. 다음 밑줄 친 부분과 의미가 비슷한 것을 고르십시오.

> 계속 웃고 다니는 걸 보니 좋은 일이 <u>있나 보다</u>.

① 있는 척한다   ② 있을 뿐이다   ③ 있을 지경이다   ④ 있는 모양이다

〈52회 TOPIK II 읽기 기출문제〉

문제 풀이

[3~4] 문항은 밑줄 친 부분과 비슷한 서술어 또는 연결 표현을 고르는 유형이다. 제시된 문장의 가운데에 '-니(까)'가 있으므로 선행문이 후행문을 판단하는 근거가 되었음을 알 수 있다. 화자가 보고 들은 일을 근거로 추측할 때 쓰는 표현인 '-는가 보다'와 유사한 의미의 문법은 '-는 모양이다'이므로 정답은 ④번이다.

오답 노트

①번: 후행문을 판단하는 선행문의 근거와 그런 것처럼 행동한다는 의미의 '-는 척한다'와 어울리지 않는다.
②번: 추측의 의미가 아닌 '좋은 일이 있는 것 외에 다른 것은 없다.'는 의미가 된다.
③번: 문법 '-을 지경이다'는 부정적인 내용과 함께 쓰이는 표현이므로 답이 될 수 없다

단어 □ 지경이다

 **연습 문제**

[1~4] 밑줄 친 부분과 의미가 비슷한 것을 고르십시오.

1.

오늘 버스를 놓치는 바람에 지각했다.

① 놓친 탓에
② 놓치는 김에
③ 놓치는 대신
④ 놓치는 대로

2.

오늘 한 시간 동안 걸어서 학교에 갔으니까 운동한 거나 마찬가지이다.

① 운동한 셈이다
② 운동한 탓이다
③ 운동하기 마련이다
④ 운동하기 나름이다

3.

주말에 집에만 있을 게 아니라 공원에서 산책하는 게 어때요?

① 있는 동안
② 있지 말고
③ 있는 데다가
④ 있다가 보면

4.

성공은 노력하기에 달려 있다.

① 노력할 모양이다
② 노력할 따름이다
③ 노력하기 나름이다
④ 노력하기 십상이다

유형 ② 알맞은 주제 고르기

🔵 유형 소개
〈유형 2〉는 광고나 안내문과 같은 짧은 글을 읽고 지문의 주제와 가장 관련이 깊은 선택지를 고르는 유형이다. 인문, 사회뿐만 아니라 과학과 관련된 지문 등 폭넓은 주제의 글이 제시된다.

🔵 〈유형 2〉의 문항
1️⃣ 주제어 고르기 [5~8]
2️⃣ 주제 문장 고르기 1 [35~38]
3️⃣ 주제 문장 고르기 2 [44]

유형 전략

〈유형 2〉는 지문의 전체적인 내용을 포함하는 주제어 또는 주제 문장을 찾아야 한다. 지문의 일부를 읽었을 때는 정답처럼 보이지만 글 전체의 주제로 보기에는 어려운 선택지가 자주 오답으로 등장한다. 따라서 한 부분만 읽고 정답을 고르지 않도록 유의해야 한다. 또한 제시된 지문을 모두 꼼꼼히 읽되, 작은 정보에만 집중하여 글의 흐름을 놓치지 않도록 해야 한다.

1️⃣ 주제어 고르기 [5~8]

기출 문제

6.   다음은 무엇에 대한 글인지 고르십시오.

> # 신선한 재료! 부담 없는 가격!
> 가족 모임, 단체 환영

① 은행   ② 식당   ③ 세탁소   ④ 편의점

〈52회 TOPIK II 읽기 기출문제〉

문제 풀이

[5~8] 문항은 지문을 읽고 알맞은 주제어를 고르는 유형이다. 선택지를 보면 모두 장소와 관련된 단어이며 신선한 '재료', '가족 모임' 등의 핵심 단어를 통해 식사와 관련된 장소인 ②번이 정답임을 알 수 있다.

오답 노트

①번, ③번: '은행'과 '세탁소'는 장소와 관련 없으므로 정답에서 제외된다.
④번: '편의점'은 가족 모임 또는 단체 모임과 관련도가 매우 낮다.

단어 □ 신선하다   □ 부담   □ 모임   □ 단체   □ 환영

 **연습 문제**

[1~4] 다음은 무엇에 대한 글인지 고르십시오.

1.
> ### 하루에 필요한 영양이 한 병에 쏙~
> 내 몸에 필요한 채소를 매일 아침 마셔요.

① 과자　　　　　② 주스　　　　　③ 우유　　　　　④ 커피

2.
> ## 의류부터 가전까지 파격적인 *가격 인하!*
> 올해 마지막 기회를 놓치지 마세요!

① 사진관　　　　② 편의점　　　　③ 백화점　　　　④ 영화관

3.
> ### 내가 버린 작은 불씨
> ### 자연도 사람도, 모두의 생명을 앗아갑니다.

① 화재 예방　　　② 건강 관리　　　③ 날씨 정보　　　④ 자연 보호

4.
> ※ 반드시 식간에 복용해야 합니다.
> ※ 약을 복용한 후 4시간 이상 텀을 두고 다음 약을 드셔야 합니다.

① 상품 소개　　　② 장소 문의　　　③ 사용 순서　　　④ 주의 사항

2 주제 문장 고르기 1 [35~38]

 기출 문제

38. 다음 글의 주제로 가장 알맞은 것을 고르십시오.

> 사과를 할 때 진심 없이 건성으로 하는 사람들이 있다. 또한 어떤 사람들은 사과를 할 때 선한 의도로 행한 것이었음을 강조하면서 행위에 대한 책임을 회피하려고 한다. 하지만 사과는 어떤 일의 결과에 책임을 지는 행위가 되어야 한다. 의도가 선한 것이었든 악한 것이었든 자신의 행위가 상대방에게 고통을 주었다면 그에 대한 책임을 져야 진정한 사과가 되는 것이다. 사과를 하는 사람들이 먼저 알아야 하는 것이 바로 이것이다.

① 일의 결과를 책임지는 것이 진정한 사과이다.
② 잘못을 해도 의도가 선하다면 용서를 해야 한다.
③ 사과는 잘못을 반복하지 않기 위해 하는 것이다.
④ 악의적인 의도로 상대방에게 고통을 주면 안 된다.

〈52회 TOPIK II 읽기 기출문제〉

문제 풀이

[35~38] 문항은 지문을 읽고 알맞은 주제 문장을 고르는 유형이다. 지문에서 '사과는 어떤 일의 결과에 책임을 지는 행위'가 되어야 하고 이는 사과하는 사람들이 '먼저 알아야 하는 것'이라 강조하고 있으므로 '책임을 전제로 하는 사과'가 이 글의 주제이다. 따라서 정답은 ①번이다.

오답 노트

②**번:** 의도나 선악에 상관없이 자신의 행위에 책임을 져야 한다고 하였으므로 오답이다.
③**번:** '사과는 책임을 지는 행위'라는 지문의 내용을 포함하지 않으므로 정답이 아니다.
④**번:** 지문의 내용을 일부 담고 있으나 글 전체를 아우르는 주제가 아니므로 오답이다.

단어 □ 진심　□ 건성　□ 선하다　□ 의도　□ 행하다　□ 강조하다　□ 행위　□ 회피하다

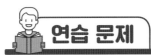

연습 문제

[1~4] 다음 글의 주제로 가장 알맞은 것을 고르십시오.

1.

　세탁 세제를 넉넉하게 넣으면 평소보다 깔끔하고 깨끗하게 빨래가 될듯한 기분이 든다. 하지만 이는 우리의 희망 사항에 지나지 않는다. 정량보다 많은 양의 세제를 넣어도 세정력에는 큰 차이가 없다. 오히려 깨끗하게 헹궈지지 않아 세탁물에 세제가 남을 수 있으며, 이로 인해 섬유가 훼손되거나 변색을 일으킬 수 있다. 따라서 과한 욕심을 버리고 세제에 제시된 적정량을 지키는 것이 가장 깨끗하게 빨래를 하는 방법이다.

① 세탁 세제는 사용량에 따라 세정력의 차이가 크게 나타난다.
② 세탁물을 충분히 헹구지 않으면 섬유가 손상되어 망가질 수 있다.
③ 깨끗한 빨래를 위한 최선의 방법은 세탁물의 양에 맞게 세제를 넣는 것이다.
④ 섬유 훼손과 변색을 막기 위해서는 상품 지침에 맞는 세제를 사용해야 한다.

2.

　다른 사람에게 칭찬을 들으면 간결하게 '고맙습니다'라고 하는 사람보다 '아니에요'라고 칭찬의 내용을 부정하는 사람들이 많다. 상대의 말에 진심으로 공감을 하지 못해서라기보다 왜인지 아니라고 해야 겸손한 사람인 것 같고 너무 빨리 납득하면 거만해 보일 듯해서 쉽사리 '고맙다'라고 하지 못한다. 그러나 타인의 칭찬에 어떻게 반응해야 할지 복잡하게 생각할 필요는 없다. 순수한 마음으로 칭찬을 받아들인 후 미소와 함께 감사를 표하면 말한 이도 자신의 칭찬이 상대를 기쁘게 했다는 사실에 함께 기뻐할 수 있을 것이다.

① 칭찬을 쉽게 받아들이지 못하는 것은 인간의 기본적인 습성이다.
② 타인의 칭찬을 있는 그대로 받아들이고 감사를 전하는 것이 좋다.
③ 칭찬을 받았을 때는 거만해 보이지 않도록 겸손하게 행동해야 한다.
④ 상대방에게 감사를 표할 때는 말뿐만 아니라 행동으로 보여줘야 한다.

3.

누군가에게 잘못을 했을 때, 상대방의 마음을 풀기 위해 무작정 미안하다는 말만 반복하는 사람들이 있다. 그러나 타인의 마음을 헤아리지 못한 채 순간의 상황만 모면하려는 사과는 진심이 전해지지 않거니와 상대를 더욱 화나게 할 뿐이다. 먼저 상대방이 화를 내는 이유를 충분히 이해하고 있으며 자신이 상대의 입장에서 문제를 바라보고 있음을 전해야 한다. 그리고 앞으로 같은 일이 일어나지 않도록 구체적으로 어떤 대책을 세울지 설명하는 것이 좋다. 순간을 모면하려 하지 말고 지금의 상황에 얼마나 진심으로 임하고 있는지를 표현해야 상대의 마음을 움직일 수 있다.

① 미안하다는 말을 반복하면 신빙성이 떨어져 진심이 전해지지 않는다.
② 충분한 공감과 자기 반성으로 상대가 납득할 수 있도록 사과해야 한다.
③ 말로 사과를 하기 전에 행동으로써 반성하는 모습을 보이는 것이 중요하다.
④ 상대방을 진심으로 이해할 수 없어도 공감하고 있는 듯한 태도를 취해야 한다.

4.

직장에서 직급으로 불리던 호칭을 없애고 이름이나 별명을 부르는 회사가 늘고 있다. 직급에서 느껴지는 거리감이나 수직적인 사내 분위기 때문에 서로의 의견을 온전히 공유하기 어렵다는 의견에서 비롯된 움직임이다. 그러나 예상외로 이름으로 서로를 부르는 새로운 흐름에 직급이 높은 직원들이 만족감을 표하고 젊은 직원들은 심적인 부담을 느끼는 것으로 나타났다. 호칭만 바뀌었을 뿐, 직급의 힘으로 아랫사람들의 의견을 무시하는 경향이 그대로 남아있어 문제 개선은 이루어지지 않은 채 어색하게 이름을 불러야 하는 고통만 가중됐다는 것이다. 형식만 바뀌고 인식의 변화가 뒷받침되지 않은 결과이다.

① 직급을 없애고 모두 동일한 평사원으로 근무 형식을 바꾼 회사가 늘었다.
② 직장의 새로운 호칭 문화에 적응하고자 노력하는 기성세대들이 급증하고 있다.
③ 상사를 이름으로 불러야 하는 방식에 적응하지 못한 사원들의 심리적 고충이 크다.
④ 직장 내 수직적인 분위기를 개선하기 위해서는 사원들의 인식이 먼저 바뀌어야 한다.

3 주제 문장 고르기 2 [44]

 기출 문제

44. 다음 글의 주제로 알맞은 것을 고르십시오.

> 원고 마감이 임박하거나 시험공부 시간이 부족하면 사람은 본능적으로 놀라운 집중력을 발휘한다. 그래서 시간 부족 상태가 되어야만 일을 효율적으로 할 수 있다고 믿는 사람들이 많다. 그러나 효율성만 믿고 (　　　　)것은 어리석은 일이다. 시간에 쫓기면 사람들은 한 가지에만 집중할 뿐 그 외에 다른 것에는 주의를 기울이지 못하게 되기 때문이다. 이런 상황은 실제로 상당히 위험할 수 있다. 단적인 예로 소방관들은 구조 현장으로 이동하는 과정에서 안전벨트를 매지 않아 사고를 당하는 경우가 매우 많다. 일 초가 급한 상황에서 인명 구조에만 집중한 나머지 차 문을 닫거나 안전벨트를 채우는 기본적인 일을 잊어서 생긴 결과이다. 이처럼 시간적 여유가 부족해지면 집중했던 일은 성공적으로 처리할 수 있겠지만 나머지 많은 것들은 놓칠 수 있다.

① 인간의 집중력은 시간적인 제약이 많을수록 높아진다.
② 인간에게 시간 부족은 효율적인 일 처리의 원동력이 된다.
③ 단시간 내에 일을 처리해도 성공적으로 일을 마칠 수 있다.
④ 시간 부족은 인간의 시야를 좁혀 부정적인 영향을 미칠 수 있다.

〈60회 TOPIK II 읽기 기출문제〉

문제 풀이

[44] 문항은 [35~38]과 마찬가지로 지문을 읽고 알맞은 주제 문장을 고르는 유형이나 지문의 길이가 길어지고 고급 수준의 문법과 단어가 제시된다. 지문에서 짧은 시간 안에 촉박하게 일을 처리하는 것은 바람직하지 않으며 충분한 시간을 갖고 실수 없이 일을 처리해야 함을 강조하고 있다. 따라서 정답은 부족한 시간에 일을 처리하려 할 때 발생할 수 있는 한계점을 언급한 ④번이다.

오답 노트

①번, ②번: 촉박하게 일하는 것을 부정적으로 보는 필자의 의견과 반대되므로 오답이다.
③번: 짧은 시간에 일을 처리하려고 하면 다른 일에 주의를 기울이지 못하게 된다고 하였으므로 오답이다.

단어 □마감 □임박하다 □본능적 □발휘하다 □효율성 □어리석다 □제약

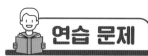

[1~4] 다음 글의 주제로 가장 알맞은 것을 고르십시오.

1.

　　일상의 소소한 행복을 추구하는 젊은 층이 많아지며, 이들 사이에서 단 음식으로 스트레스를 푸는 것은 새로운 유행이 되었다. 이와 같은 흐름에 맞추어 달콤함을 강조한 음료나, 과자, 디저트 등이 불티나듯 팔리고 있는데 식품 업계뿐 아니라 빵집, 카페 등 개인 사업자가 운영하는 매장에서도 누가 더 단 음식을 파는가 경쟁하듯 달콤함을 주력으로 내놓은 상품들이 쏟아져 나오고 있다. 이러한 음식들을 한두 번 섭취했다고 해서 건강이 급격히 나빠지지는 않지만 나이에 상관없이 당을 과도하게 섭취할 경우 성인병을 유발할 가능성이 커진다. 따라서 개개인이 건강한 식습관에 대한 올바른 인식을 가지고 적절한 양의 당을 섭취하는 것도 중요하지만 무엇보다 이익 창출에만 눈이 멀어 건강에 치명적인 단 음식을 하나의 유행처럼 조장하는 사회 분위기에 제동을 걸어야 할 것이다.

① 디저트로 일상의 소소한 행복을 느끼는 젊은이가 늘었다.
② 사회 전반에 거쳐 단 음식에 대한 위험성이 인지되어야 한다.
③ 달콤함을 강조하는 상품의 과대광고에 제약을 마련해야 한다.
④ 단 음식의 적정 섭취량을 기업에서 대대적으로 공표해야 한다.

2.

　　여학생은 치마, 남학생은 바지. 마치 절대 불변의 공식처럼 존재하던 교복의 고정관념을 타파하려는 움직임이 전국 각지에서 일어나고 있다. 청소년들이 영하의 날씨에도 반드시 치마를 입어야 하고, 한여름에도 긴 바지를 입어야 하는 정당성은 어디에도 없다. 이에 자율성과 다양성을 존중하여 성별의 구분 없이 학생들이 입고 싶은 교복을 선택하고, 때에 따라서는 등하교 시 체육복을 입는 것을 허용하는 학교가 증가하는 현황이다. 물론 교복을 통해 학교의 소속감을 느끼고 모교의 학생이라는 자부심을 가질 수도 있다. 그러나 이를 구체적으로 규율화하여 학생들에게서 필요 이상의 자유를 뺏는 순간, 교복의 근본적인 존재 이유는 사라지고 무엇을 위한 제도인가에 대해 의문을 던지게 된다. 더이상 교복의 정의는 학교의 전통, 학생으로서의 단정함을 요구하는 제복이 아니라 자라나는 청소년들이 마음 편히 학교생활을 할 수 있도록 돕는 날개로 바뀌어야 할 것이다.

① 교복의 디자인을 다양화함으로써 학생들의 다양성을 인정하고 있다.
② 청소년기에 교복을 입음으로써 소속감과 공동체 의식을 기를 수 있다.
③ 계절감을 고려한 교복 제도를 마련하기 위해 신속한 대응이 이루어져야 한다.
④ 교복에 대한 형식적인 규율에 집착하지 말고 학생들의 자율성을 인정해야 한다.

3.

　　다양한 매체를 통해 바쁜 현대인의 삶에서 '나만의 시간'을 갖는 소중함이 강조되고 있다. 그러나 월요일부터 금요일까지 쉴 새 없이 일하는 요즘 사람들에게 누구한테도 방해받지 않고 온전히 나만의 시간을 마련하기란 좀처럼 쉬운 일이 아니다. 이에 새벽 시간을 활용하여 취미 활동, 운동, 공부 등을 즐기는 사람들이 늘고 있다. 대중교통 첫차가 움직이는 시간 즈음 일어나, 출근 전에 조용히 홀로 다양한 활동을 하며 나만의 시간을 만끽한 후 회사로 향하는 것이다. 그러나 이 세상의 모든 사람이 아침형 인간일 수 없기에 오히려 새벽 시간을 활용한 후, 급격한 피로감을 느끼거나 '나는 왜 다른 사람들처럼 더 부지런하지 못하는가'라고 자책하는 사람들이 급증하고 있다. '나만의 시간'을 확보하기에 앞서 가장 먼저 해야 할 일은 스스로 무리하지 않고 즐길 수 있는 시간을 탐색하는 것이며 그 시간대를 쪼개서 나에게 맞는 보상을 주어야 한다. 사회 곳곳에서 추천하고 열풍처럼 번진 방법이라고 해서 반드시 나에게도 적합할 것이란 보장은 없다. 그러므로 새벽형 인간, 아침형 인간이 절대적으로 옳다는 생각을 내려놓고 내 몸이 받아들일 수 있는 나만의 시계를 차분히 들여다보아야 한다.

① 각자에게 가장 맞는 시간대를 찾아 개인 시간으로 활용하는 것이 좋다.
② 아침형 인간을 강조하는 매체에 현혹되어 무리를 하면 건강에 지장을 준다.
③ 새벽 시간대를 적극적으로 활용하면 직장인이라도 시간을 유용하게 쓸 수 있다.
④ 개인적인 시간을 확보하지 못하여 심적 부담을 토로하는 현대인들이 늘고 있다.

4.

　　일정 기간 계획적으로 운동을 하고 만족스러운 몸매가 된 것을 자축하듯 기념사진을 촬영하는 사람들이 늘고 있다. 단순하게 생각하면 운동을 하고 좋은 성과를 얻어 사진으로 남기는 것에 아무 문제가 없는 듯 보인다. 하지만 실상은 이와 같은 기념사진을 찍기 위해서 혹독한 식단 조절과 운동을 병행하게 된다. 여기에서 가장 큰 문제는 찰나의 아름다움을 위해 극단적으로 체중을 감량하면 이전의 몸무게로 돌아가는 요요 현상뿐만 아니라 신진대사의 체계를 무너뜨리는 심각한 부작용을 떠안을 수 있다는 점이다. 결국, 날씬하고 아름다운 몸매는 사진으로만 남고 실질적으로는 건강을 해치는 경우가 많다. 그럼에도 불구하고 이와 같은 기이한 현상이 자기만족이라는 이름으로 젊은이들 사이에서 유행하고 있다. 더욱이 체중 감량 기념사진은 아름다운 몸이란 마르고 탄탄해야 한다는 강박관념을 생산한다. 타인에게 보여 주기 위한 사진 한 장을 찍고자 우리의 건강을 담보로 삼기에는 잃는 것이 너무 많다. 진정으로 건강한 몸과 정신이 무엇인지 깊게 생각해보아야 할 때이다.

① 건강 관리를 소홀하게 하는 젊은 층이 급격하게 늘어났다.
② 과도한 촬영 비용을 요구하는 기념사진 업체를 규탄해야 한다.
③ 짧은 기간 동안 강도 높은 운동을 반복하면 건강에 치명적일 수 있다.
④ 외적인 아름다움만을 추구하기보다 내면과 외면의 건강 관리에 힘써야 한다.

🔵 유형 소개

〈유형 3〉은 자료나 글을 읽고 4개의 선택지 중에서 본문의 내용과 같은 것을 고름으로써 자료나 글의 내용을 정확하게 이해하였는지 확인하는 유형이다. 이 유형에 해당되는 문항은 [9~12], [20], [24], [32~34], [43], [47]이다. 문항 [9~12]는 글, 도표 등 문항별 다양한 자료의 내용과 같은 내용의 문장을 고르는 문제이고 문항 [20], [47]의 경우, 논설문이나 설명문으로 다른 문항과 함께 출제되는 문항이다. 문항 [24], [43] 지문은 경우, 소설이나 수필 같은 문학 작품으로 다른 문항과 함께 출제되며 문항 [32~34]는 다른 문항과 함께 출제되는 문항은 아니지만 다소 어휘의 난이도가 높은 설명문 형식의 지문이 출제된다.

🔵 〈유형 3〉의 문항

1 자료의 내용과 같은 것 고르기 [9~12]
2 글의 내용과 같은 것 고르기 1 [20]
3 글의 내용과 같은 것 고르기 2 [24]
4 글의 내용과 같은 것 고르기 3 [32~34]
5 글의 내용과 같은 것 고르기 4 [43]
6 글의 내용과 같은 것 고르기 5 [47]

유형 전략

〈유형 3〉은 지문 전체를 꼼꼼하게 읽기보다 지문의 대략적인 내용을 빠르게 파악하면서 선택지에서 필요한 내용을 지문에서 찾아 골라 읽으며 문제를 푸는 것이 좋다. 또한 지문의 유형별로 자주 나오는 빈출 어휘를 잘 파악하고 있으면 문제를 풀 때 시간을 단축시킬 수 있다.

1 자료의 내용과 같은 것 고르기 [9~12]

 기출 문제

9. 다음 글 또는 그래프의 내용과 같은 것을 고르십시오.

인주시 캠핑장 이용 안내

- **이용 기간**: 3월~11월
- **이용 방법**: 홈페이지(www.injucamp.com)에서 예약
  ※ 당일 예약 불가
- **이용 요금**

기준	평일	주말
1박 2일	30,000원	35,000원
	주차장, 샤워장 이용료 포함	

- **문의**: 캠핑장 관리사무소 031)234-1234

① 주말에는 이용 요금을 더 받는다.
② 캠핑장은 1년 내내 이용할 수 있다.
③ 예약은 이용 당일 홈페이지에서 하면 된다.
④ 주차장을 이용하려면 돈을 따로 내야 한다.

〈60회 TOPIK II 읽기 기출문제〉

문제 풀이

[9~12] 문항은 자료를 보고 같은 내용을 고르는 유형이다. ①번 선택지 문장에서 주말에 이용 요금을 더 받는다는 설명이 있는데 자료에서도 '평일: 30,000원, 주말: 35,000원'이므로 정답은 ①번이다.

오답 노트

②번: 캠핑장은 1년 내내 이용할 수 있다는 내용이 있지만 자료에서는 '12월부터 2월까지는 이용할 수 없다'는 설명이 있기 때문에 일치하지 않는다.
③번: 이용 당일 예약을 홈페이지에서 하면 된다고 제시되었지만 자료에서는 '당일 예약 불가'라고 써 있다.
④번: 주차장을 이용하려면 돈을 따로 내야 한다고 했지만 자료에서는 이용 요금에 주차장, 샤워장 이용 요금이 포함되어 있다고 한다.

단어 □당일 □불가 □기준 □포함 □문의

📖 연습 문제

[1~4] 글 또는 그래프의 내용과 같은 것을 고르십시오.

1.

제22회 외국인 노래 대회

- 행사 일정: 2022년 5월 28일(토)
- 장소: 중앙 공원 앞 광장
- 신청 기간: 2022년 5월 23일(월) ~ 5월 28일(토)

※ 노래 대회 참가를 원하시는 분은 대회 당일 현장 접수도 가능하고, 홈페이지에서도 온라인 접수가 가능합니다.

① 대회는 올해 처음 열린다.
② 대회는 5일 동안 진행된다.
③ 홈페이지에서만 접수가 가능하다.
④ 대회 당일에도 참가 신청을 할 수 있다.

2.

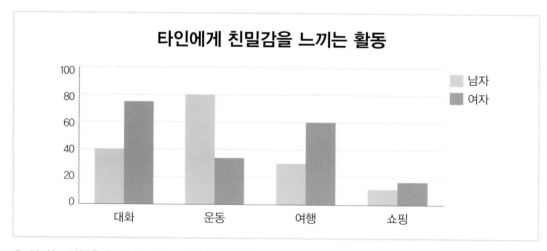

① 여자는 여행을 통해 친밀감을 가장 많이 느낀다.
② 대화를 통해 남녀 모두 친밀감을 가장 많이 느낀다.
③ 남녀 모두 쇼핑을 통해 친밀감을 느끼는 경우가 가장 적다.
④ 남자는 운동보다 대화를 할 때 타인과 친밀감을 더 많이 느낀다.

3.

아침에 바쁘고 피곤하다는 이유로 아침 식사를 하지 않는 사람이 많다. 식사하지 않은 채로 출근하거나 집안일을 하면 건강에 좋지 않다. 이는 점심 과식의 원인이 되어서 다이어트에도 악영향을 미친다. 바쁜 아침에는 삶은 달걀과 브로콜리가 간편하고 각종 영양소들을 빠르게 섭취할 수 있는 건강한 아침 식사가 될 수 있다. 전날 달걀을 삶아 놓고 브로콜리를 데쳐서 준비해 놓으면 아침에 번거롭지 않게 건강한 식사를 할 수 있을 것이다.

① 아침을 먹지 않는 것은 다이어트에 도움이 된다.
② 바쁜 아침에는 식사하지 않아도 건강에 영향이 없다.
③ 삶은 달걀과 브로콜리로 준비하는 아침은 준비 과정이 어렵다.
④ 아침을 먹지 않으면 점심 때 지나치게 많이 먹을 가능성이 있다.

4.

'글루텐'이라는 단백질 때문에 밀가루 음식만 먹으면 속이 더부룩해지는 사람이 있다. 이 단백질은 밀가루를 반죽하는 과정에서 생기는 단백질로 쫄깃한 질감을 만든다. 글루텐을 소화시키는 효소가 없거나 부족한 사람은 글루텐을 먹었을 때 두통, 소화불량부터 심하면 알레르기 반응까지 생길 수 있다. 이렇게 글루텐을 소화시키기 어려운 사람들은 글루틴 프리 식품이나 통곡물 등으로 대체하는 것이 좋다. 밀가루 음식을 끊게 되면 부종이 빠지는 효과를 볼 수 있다.

① 글루텐이 들어간 밀가루 음식을 먹으면 속이 편안해진다.
② 모든 사람들의 몸 속에는 글루텐을 소화시키는 효소가 많다.
③ 글루텐을 먹고 머리가 아프거나 소화가 안 되는 사람들도 있다.
④ 글루텐을 잘 소화시키지 못하는 사람들은 밀가루 음식을 먹는 것이 좋다.

2 글의 내용과 같은 것 고르기 1 [20]

 기출 문제

20. 이 글의 내용과 같은 것을 고르십시오.

> 시각 장애인의 안내견은 주인과 있을 때 행인에게 관심을 두지 않는다. (   )
> 안내견이 주인을 남겨 두고 행인에게 다가간다면 이는 주인이 위험에 처해 있다는 뜻이다. 안내견
> 은 주인에게 문제가 발생하면 곧장 주변 사람에게 달려가 도움을 요청하도록 훈련을 받기 때문이
> 다. 안내견이 행인의 주위를 맴돌면 안내견을 따라가 주인의 상태를 확인하고 구조 센터에 연락해
> 야 한다.

① 안내견이 주인 곁을 떠나는 경우는 없다.
② 안내견은 문제가 생기면 구조 센터로 달려간다.
③ 안내견이 다가오는 것은 위급한 상황이 생겼다는 뜻이다.
④ 안내견은 항상 주변의 사람들에게 관심을 갖도록 훈련을 받는다.

〈60회 TOPIK II 읽기 기출문제〉

문제 풀이

[20] 문항은 짧은 설명문 형식의 글의 내용과 같은 것을 고르는 유형이다. 제시된 지문에서 안내견이 주인을 남겨 두고
행인에게 다가간다면 이는 주인이 위험에 처해 있다는 뜻이라고 했기 때문에 ③번이 정답이다. (위험에 처해 있다 = 위
급한 상황)

오답 노트

①번: 안내견은 주인에게 문제가 발생하면 곧장 주변 사람에게 달려가 도움을 요청하도록 훈련을 받기 때문에 안내견
은 주인 곁을 떠나는 경우가 있으므로 오답이다.
②번: 안내견은 주인에게 문제가 발생하면 곧장 주변 사람에게 달려가 도움을 요청하도록 훈련을 받기 때문에 구조 센
터로 바로 달려가는 것이 아니고 주변 사람에게 달려가서 도움을 요청한다.
④번: 안내견은 주인과 있을 때 행인에게 관심을 두지 않는다고 하였는데 빈칸 뒤에 '행인에게 다가간다면 이는 주인이
위험에 처해 있다는 뜻'이라고 했기 때문에 '항상' 관심을 갖도록 훈련받지 않는다.

단어 □시각 장애인 □행인 □위험 □요청하다 □훈련 □맴돌다 □구조 □위급하다

[1~4] 글의 내용과 같은 것을 고르십시오.

1.

살을 빼기 위해서는 소비하는 칼로리가 섭취하는 칼로리보다 많아야 한다. 많은 사람들은 소비 칼로리를 늘리기 위해 운동하는 게 도움이 된다고 생각한다. 하지만 운동을 통한 에너지 소모량은 생각보다 크지 않아서 운동만으로 살을 빼는 것은 굉장히 어려운 일이다. 이러한 이유로 소비 칼로리를 늘림과 동시에 섭취 칼로리를 줄이는 것도 중요하다. 평소 섭취 칼로리의 20%를 적게 먹고 요요 현상이 오지 않도록 운동을 하는 것이 살을 빼는 데 가장 효과적이다.

① 살을 뺄 때는 섭취하는 칼로리가 많아야 한다.
② 평소 소비 칼로리의 20%를 늘려야 다이어트에 도움이 된다.
③ 소비 칼로리와 섭취 칼로리 모두 체중 감량에 중요한 요소이다.
④ 운동을 해서 소비 칼로리를 늘리기만 하면 체중을 줄일 수 있다.

2.

누구나 조용한 장소에서 배에서 나는 꼬르륵 소리 때문에 민망했던 경험이 있을 것이다. 이 꼬르륵 소리를 '장음'이라고 하는데 장음은 섭취한 음식물과 공기가 장을 통과하면서 소리가 발생하는 정상적인 현상이다. 그러나 옆 사람이 들을 수 있을 만큼 큰 소리가 나거나 때를 가리지 않고 너무 자주 물소리, 공기 소리가 나게 되면 불편함을 느끼게 된다. 이렇게 과도한 장음이 생기는 현상을 '장음항진증'이라고 한다. 이 증세는 여러 질환의 신호가 될 수 있기 때문에 평소 배에서 소리가 크게 자주 나는 편이라면 증상을 잘 살펴보아야 한다.

① 장음은 조용한 장소에서만 들을 수 있다.
② 배에서 소리가 나는 것은 특별한 현상이다.
③ 장음항진증이라고 의심이 되면 진찰을 받는 것이 좋다.
④ 장음은 섭취한 음식물이 소화되지 않을 때 나는 소리이다.

3.

> 유리창이 햇빛을 받아 스스로 전기를 생산하고 빛의 밝기를 조절하는 기능성 필름이 개발되었다. 눈에 보이지 않지만 이 기능성 필름 안에 유기물로 된 반도체가 전기를 만든다. 이렇게 생산된 전기는 소형 가습기를 작동시키고 휴대 전화 충전도 가능하게 한다. 전기 생산의 효율성도 크게 높이며 필름으로 만들었기 때문에 유연성을 높여 많은 주목을 받고 있다. 기존의 실리콘과 같은 무기질 소재는 평면에만 쓸 수 있었으나 이 필름은 자동차와 비행기 유리창 같은 다양한 곡면에서도 활용될 수 있을 것으로 기대된다.

① 실리콘 소재는 다양한 곡면에서 활용할 수 있다.
② 기능성 필름은 햇빛을 이용하여 전기를 생산한다.
③ 기능성 필름은 전기를 생산하는 과정을 눈으로 볼 수 있다.
④ 기능성 필름은 일반 창문과 같은 평면에서만 사용할 수 있다.

4.

> 최근 들어 아이들에게 잠재되어 있는 창의력과 상상력을 이끌어내고자 미술 교육을 접하는 부모들이 많아지고 있다. 미술 활동은 유아기의 아이들에게 상당한 영향을 준다. 아이들은 미술을 통해 자신의 생각과 감정뿐만 아니라 욕구와 에너지를 표출한다. 뿐만 아니라 그림을 그리기 전에 관찰을 위한 집중력과 기발한 발상을 하게 만드는 창의력, 손 감각의 발달 등 다양한 방면으로 성장하게 된다. 이러한 장점들이 있기 때문에 아이들은 건강한 발달을 위하여 어릴 때부터 미술을 접하게 하는 것이 좋다.

① 요즘 부모들은 아이들의 미술 교육에 관심이 없다.
② 미술 활동은 유아기의 아이들에게 악영향을 미친다.
③ 아이들은 미술을 통해 잠재된 여러 재능을 발전시킬 수 있다.
④ 미술 교육은 가급적 늦게 시작하는 것이 아이의 건강에 도움이 된다.

기출 문제

24. 이 글의 내용과 같은 것을 고르십시오.

> 고향에 사는 아버지가 오랜만에 우리 집에 오셨다. 나는 남편과 함께 아버지와 이런저런 이야기를 나누며 거실에 앉아 있었다. 그때 갑자기 남편이 아버지를 모시고 영화관에 가자고 했다. 그 말에 나는 "영화관은 무슨? 아버지는 어둡고 갑갑해서 영화관 가는 거 안 좋아하셔." 하고 내뱉었다. 그래도 아버지에게 슬쩍 "영화 보러 가실래요?" 하고 물었는데 손사래를 치실 것 같던 아버지는 그저 가만히 계셨다. 그 순간 나는 아버지의 마음을 읽을 수 있었다. 나는 왜 아버지가 영화관에 가는 것을 안 좋아하실 거라고 생각했을까. 지금껏 내 기준에서 판단한 일들이 얼마나 많을까 생각하니 마음이 무거워졌다. 영화관에 갈 준비를 하며 옷도 살피고 모자도 쓰고 벗기를 반복하시는 아버지의 얼굴에는 미소가 가득했다. 그런 아버지를 보며 나는 앞으로 아버지가 무엇을 좋아하시는지 관심을 가지기로 했다.

① 나는 아버지와 자주 영화를 보러 다녔다.
② 아버지는 내 질문에 아무 말도 하지 않았다.
③ 아버지는 영화를 보러 가기 위해 우리 집에 왔다.
④ 나는 아버지가 외출 준비하는 모습이 마음에 들지 않았다.

〈60회 TOPIK II 읽기 기출문제〉

문제 풀이

[24] 문항은 소설, 수필 같은 문학 작품의 내용과 같은 문장을 고르는 유형이다. 제시문에서 아버지에게 "영화 보러 가실래요?" 하고 물었는데 손사래를 치실 것 같던 아버지는 그저 가만히 계셨다고 했기 때문에 선택지의 내용인 아버지는 내 질문에 아무 말도 하지 않았다'는 내용과 일치하므로 ②번이 정답이다.

오답 노트

①번: '그 말에 나는 "영화관은 무슨? 아버지는 어둡고 갑갑해서 영화관 가는 거 안 좋아하셔." 하고 내뱉었다'는 내용으로 미루어 보아 '자주 영화를 보러 다니지 않았다.'는 것을 알 수 있다.

③번: '그때 갑자기 남편이 아버지를 모시고 영화관에 가자고' 했기 때문에 아버지가 영화를 보러 가기 위해 집에 온 것은 아니다.

④번: 아버지를 보며 '나는 앞으로 아버지가 무엇을 좋아하시는지 관심을 가지기로 했다'고 마음을 먹는 장면인데 아버지가 외출 준비하는 모습을 보면서 앞으로 아버지께 관심을 가져야겠다고 생각했기 때문에 선택지의 내용과 어울리지 않는다.

단어 □ 갑갑하다 □ 내뱉다 □ 슬쩍 □ 손사래 □ 가만히 □ 기준 □ 판단 □ 반복

 연습 문제

[1~4] 글의 내용과 같은 것을 고르십시오.

1.

　　나에게는 형이 있다. 우리 형은 나보다 1살이 더 많다. 형과 나는 다른 점이 많고 나이 차이도 별로 나지 않아서 자주 싸운다. 하지만 난 형에게 싸운 뒤에 한 번도 사과를 한 적이 없다. 내 친구들에게 형과 싸운 내용과 이유를 말하면 다들 내가 잘못했다고 한다. 하지만 난 그렇게 생각하지 않았다. 올해 5월까지는 말이다.

　　5월 따뜻하고 평화로운 봄날, 나는 다른 날처럼 컴퓨터 앞에서 떨어지지 않았다. 세 시간 쯤 지났는데도 내가 컴퓨터하는 것을 멈추지 않으니까 형이 나에게 달려 들었다.

　　"너 왜 이렇게 오래 해?" 먹잇감을 찾는 사자처럼 형이 말한 후에 "뭐가 어때서? 조금만 기다려 봐!" 나도 지지 않고 쏘아붙였다. 아무렇지 않은 듯 다시 컴퓨터에 몰입하는 나의 모습을 본 형은 약이 올랐는지 내 옆을 떠나지 않았다. 우리의 싸움이 다시 시작되었다.

① 컴퓨터 때문에 형과 갈등이 생겼다.
② 나는 나이 차이가 많은 형이 1명 있다.
③ 형과 싸우면 내 친구들은 형이 잘못했다고 한다.
④ 형이 컴퓨터를 그만하라고 해서 오래 할 수 없었다.

2.

　　학교에서 쉬는 시간이 끝났음을 알리는 종이 울리자 선생님이 말씀하셨다.

　　"이번 시간에는 이 종이에 자신의 장래 희망과 그 이유를 적은 후에 발표할 거예요."

　　선생님의 말씀이 끝나자마자 아이들은 종이에 각자의 장래 희망을 적었다. 이런 와중에 조용하고 소심한 혜진이만 장래희망을 선뜻 적지 못하고 있었다.

　　평소 아이들은 말이 없고 조용한 혜진이를 별로 좋아하지 않았기 때문에 장래 희망이 없냐며 놀려댔다. 아이들은 제각각 의사, 선생님 등 장래 희망을 발표했고 서로의 발표를 들으며 박수를 치는 시간으로 채워졌다. 긴장한 혜진이의 차례. 혜진이는 우주인이 되고 싶다고 조심스레 입을 열었다. 혜진이의 말이 끝나자 나와 아이들은 박장대소를 하며 웃었다. 혜진이의 얼굴은 불타는 것처럼 붉어졌고 몇몇 짓궂은 아이들은 혜진이를 우주인이라며 놀리기 시작했다.

① 아이들은 혜진이의 꿈을 무시했다.
② 혜진이는 장래 희망을 발표하지 못했다.
③ 혜진이는 평소 성격이 적극적이고 활발하다.
④ 학교에서 쉬는 시간에 자신의 장래 희망을 적은 후 발표했다.

3.

　　사람마다 좋아하는 나무가 각각 다르다. 각자 그 나무를 왜 좋아하는지 이유를 물어보면 보통은 어떤 특별한 개성 때문이라고 답한다. 나는 소나무를 좋아한다. 내가 소나무를 좋아하는 이유는 특별한 개성이 아닌 "남에게 말할 수 없는 개성을 가지고 있는 것"이라고 대답한다.

　　소나무는 일 년 내내 푸르다. 다른 나무들이 붉거나 노랗게 변하면서 각자의 아름다움을 표현할 때 소나무는 늘 언제나 푸른색으로 변치 않는 특별함을 강조한다. 여름에는 푸른색과 어울려 협동심을 보여주기도 한다. 이런 개성을 가진 소나무는 끈기, 인내심의 상징이라고 생각한다. 여름에 자기 몸에 매미가 앉아서 성가시게 해도 빨간 마음을 표현하지 않고 항상 순수한 마음으로 맞아준다. 소나무는 여름에 더워도 빨갛게 달아오르지 않고 양반처럼 땀도 흘리지 않고 항상 푸른 모습을 하고 있다.

① 나는 소나무가 특별한 개성이 있어서 좋아한다.
② 소나무는 여름에 더우면 양반처럼 땀을 흘린다.
③ 소나무는 일 년 내내 색이 바뀌지 않는 특별함이 있다.
④ 소나무는 자기 몸에 매미가 앉아서 성가시게 하면 빨갛게 변한다.

4.

　　나는 화려한 몸짓과 아름다움을 지닌 나비를 예전부터 부러워했다. 예전부터 예쁘지 않았던 들꽃 같은 나는 주변에서 나비 같은 아이들에게 꿀을 내주듯 당할 수밖에 없었다. 그 아이들에게 날개는 아이들의 인기 즉, 세력이라는 용어였다. 들꽃 같은 우리들은 스스로를 질책할 수밖에 없었다. 나비 같은 아이들을 따라해 보고, 날개도 펴 보려고 노력했지만 돌아오는 건 어색함과 비난뿐이었다.

　　어른이 된 지금, 나는 그들도 그들 나름대로의 번데기 시절이 있었다는 것을 알게 되었다. 다른 사람들에게 아름다움을 뽐낼 그 날만을 생각하며 '그때'를 번데기 상태로 꿈꾸면서 보이지 않는 노력이 있었다는 것을. 그래서 많은 사람들이 알았으면 좋겠다. 나비가 되었다 해도 오랜 번데기 시절이 없다면 오래 못 갈 것이라는 걸.

① 나는 어렸을 때 나비 같은 아이였다.
② 들꽃 같은 아이들은 늘 인기가 많다.
③ 나는 어른이 돼서 나비 같은 사람이 되었다.
④ 나비가 되려면 번데기 시절을 보내며 노력해야 한다.

4 글의 내용과 같은 것 고르기 3 [32~34]

 기출 문제

32. 다음을 읽고 내용이 같은 것을 고르십시오.

> 하루살이는 하루밖에 못 살 정도로 수명이 짧다고 해서 붙은 이름이다. 그러나 하루살이 애벌레는 성충이 되기 위해 약 1년을 물속에 가라앉은 나뭇잎 등을 먹고 살지만 성충이 되면 입이 퇴화한다. 이런 까닭에 성충은 애벌레 때 몸속에 저장해 둔 영양분을 소모할 뿐 따로 먹이를 섭취하지 못한다.

① 하루살이의 수명은 하루를 넘지 않는다.
② 하루살이는 성충이 되는 데 1~2주 정도 걸린다.
③ 하루살이 성충은 애벌레 때 저장한 영양분으로 산다.
④ 하루살이의 입은 성충이 되면서 기능이 더욱 발달한다.

〈60회 TOPIKⅡ 읽기 기출문제〉

문제 풀이

[32~34] 문항은 난이도가 높은 어휘 및 문형으로 이루어진 설명문의 글을 읽고 내용이 같은 것을 고르는 유형이다. '성충은 애벌레 때 몸속에 저장해 둔 영양분을 소모할 뿐 따로 먹이를 섭취하지 못한다'는 지문의 내용을 통해 하루살이 성충은 따로 먹이를 섭취하지 못하고 애벌레 때 저장해 둔 영양분으로 산다는 ③번 선택지 내용과 같음을 확인할 수 있다.

오답 노트

①번: 지문에서 '~그러나 하루살이 애벌레는 ~ 약 1년을 물속에 살고 성충이 되어서는 1~2주정도 산다'는 내용을 통해 하루살이의 수명은 하루를 넘는 것을 알 수 있다.
②번: '성충이 되기 위해 약 1년을 물속에 산다'는 내용이 있기 때문에 일치하지 않는다.
④번: 지문에서 '하루살이 애벌레는 ~ 성충이 되면 입이 퇴화한다'는 내용이 있으므로 입의 기능이 발달하지 않는다.

단어 □ 하루살이 □ 수명 □ 애벌레 □ 성충 □ 가라앉다 □ 퇴화 □ 영양분 □ 섭취하다

[1~4] 다음을 읽고 내용과 같은 것을 고르십시오.

1.

> 한국에서는 아기가 태어난 지 1년이 되었을 때 큰 잔치를 하는 한국의 전통 풍습이 있다. 이 풍습을 돌잔치라고 부른다. 과거에는 아기의 사망률이 높았기 때문에 한국에서는 1년을 못 넘기고 죽는 아기가 많았다. 첫 생일을 무사히 넘긴 것을 기념하고 아기의 장수를 기원하는 것이 돌잔치의 배경이다. 돌잔치에서 아기는 여러 물건 중에서 마음에 드는 물건을 선택하는 돌잡이를 하고 돌잡이에 참여한 어른들이 아기의 장래와 관련하여 아기의 미래를 예상하기도 한다.

① 돌잔치는 아기의 백일을 기념하는 잔치이다.
② 돌잔치는 아기가 오래 사는 것을 바라는 풍습이다.
③ 과거의 한국에서는 대부분의 아기들이 태어난 지 1년 뒤에도 건강했다.
④ 돌잡이에서는 어른들이 아기의 미래 직업을 예상한 후에 물건을 고른다.

2.

> 최근 반려동물을 키우는 가구가 늘어남에 따라서 동물 권리의 보호 문제에 대하여 공감대가 형성되고 있다. 갈수록 커져가는 동물학대 범죄율도 동물의 법적 지위를 격상해야 한다는 목소리에 힘을 실어주고 있다. 최근 법무부가 실시한 여론 조사 결과 응답의 89%는 민법상 동물과 물건의 지위를 구분해야 한다는 데 찬성하였다. 이러한 지위 구분에 대한 문제도 법률 개정안으로 마련되어 동물 보호 문제가 많은 관심 속에 다뤄지고 있다. 전문가들은 이전까지는 법적으로 물건이었던 동물의 법적 지위가 앞으로 '동물' 자체로 올라갈 것으로 전망한다.

① 반려동물을 키우는 사람들이 갈수록 감소하고 있다.
② 동물 권리 보호 문제에 대해서 많은 사람들이 관심을 가진다.
③ 많은 사람들은 민법상 동물과 물건의 지위를 구분하면 안된다고 생각한다.
④ 전문가들은 앞으로 동물의 법적 지위가 낮아질 것으로 전망하며 우려를 표하고 있다.

3.

　　직장인들에게 굉장히 어려운 '일과 삶의 균형을 맞추는 것'을 뜻하는 '워라밸'이라는 신조어가 요즘 젊은 세대들에게 많은 주목을 받고 있다. 많은 직장인들이 장시간 노동을 줄이는 대신에 일과 개인적인 삶의 균형을 맞추는 문화의 필요성에 관심을 보이고 있다. 〈한국의 유행〉에서는 1988년생부터 1994년생들을 '워라밸 세대'라고 규정했다. 이 워라밸 세대들은 자신을 희생하면서까지 무리하게 일을 하지 않고 일정 수준의 소득에 만족한다. 퇴근 후에는 일과 철저하게 분리되며 개인의 여가 생활에 집중하고 개인의 시간을 각자의 방법으로 즐긴다.

① '워라밸'은 만들어진 지 오래된 용어이다.
② 직장인들이 일과 삶의 균형을 맞추는 것은 쉽다.
③ 워라밸 세대는 개인보다 회사를 더 중요하게 생각한다.
④ 워라밸 세대는 월급보다 개인의 행복과 만족감이 더 중요하다고 본다.

4.

　　강원 지역에서는 아이들과 가족이 함께 참여할 수 있는 주말농장을 이달 말 분양할 계획이다. 주말농장을 통해 도시에 살고 있는 많은 사람들에게 농촌 체험의 기회를 제공하고 체험 후 수확물을 가져갈 수 있는 프로그램이기 때문에 신청 전부터 많은 관심을 받고 있다. 연 5만 원의 분양 금액의 주말농장은 총 30가구에게 분양할 예정이다. 분양 신청 인원이 모집 인원을 초과할 경우 저소득층 가정에 우선 분양된다. 분양 신청은 직접 방문하거나 전화를 통해서만 가능하며 다음 달 1일부터 12일까지 신청할 수 있다.

① 주말농장은 30가구만 선착순 분양할 예정이다.
② 강원 지역에 있는 가정만 주말농장을 분양을 신청할 수 있다.
③ 분양 인원이 많을 경우에는 소득이 적은 가정에 우선권이 있다.
④ 분양 신청은 전화 및 인터넷 접수도 가능하며 12일 동안 받을 예정이다.

5 글의 내용과 같은 것 고르기 4 [43]

 기출 문제

43. 위 글의 내용과 같은 것을 고르십시오.

> 어머니와 아버지가 프랜차이즈 빵집을 연다고 했을 때, 주영은 언젠가는 두 사람이 자기를 가게로 부를 것임을 알았다. 그러나 여름에 있을 지방직 9급 시험일까지는 기다려 줄 줄 알았다. (중략)
>
> 실제로 벌어진 일은 그런 예상과는 전혀 달랐다. 부모님이 주영에게 빵집으로 나와 일하라는 말을 한 것은 가게 문을 정식으로 연 당일 오후였다. 어머니는 주영에게 전화를 걸어 이렇게 말했다.
>
> 네가 우리 가족 맞냐?
>
> 그러고는 바로 전화를 끊어 버렸다. (중략)
>
> 매장은 사람들로 북적였다. 개장 기념으로 식빵을 반값에 팔고, 어떤 제품을 사든지 아메리카노를 한 잔 무료로 제공하는 행사를 벌이는 중이었다. 프랜차이즈 본사에서 나온 지원 인력들이 손님을 맞고 질문에 답변하고 카드를 받고 계산을 했다. 아버지와 어머니는 하인들처럼 겁먹은 눈으로 예, 예, 굽실거리며 지원 인력들의 지시에 따랐다.
>
> 주영의 아버지와 어머니는 카드 결제조차 제대로 하지 못했다. 빵에는 바코드가 없었다. 제품이 어느 카테고리에 속하는지, 이름이 뭔지를 전부 외워야 단말기에 가격을 입력할 수 있었다. 아버지는 단말기 옆에서 빵을 봉투에 담으며 로프, 캉파뉴, 치아바타, 푸가스 같은 낯선 이름들을 외우려 애썼다.

① 빵 가게는 개업식 날 손님이 많지 않았다.
② 주영은 시험을 마치자마자 부모님께 연락을 받았다.
③ 아버지는 여러 종류의 빵 이름을 모두 알고 있었다.
④ 부모님은 긴장한 채로 본사 직원이 시키는 일을 했다.

⟨60회 TOPIK II 읽기 기출문제⟩

문제 풀이

[43] 문항은 상대적으로 난이도가 높은 어휘 및 문형으로 이루어진 긴 문학 작품을 읽고 같은 내용의 문장을 고르는 유형이다. ④번 선택지를 보면 아버지와 어머니가 하인들처럼 겁먹은 눈으로 굽실거리며 지원 인력들의 지시에 따랐다는 지문의 내용을 통하여 부모님은 긴장한 채로 본사 직원이 시키는 일을 했다는 선택지의 내용과 일치함을 확인할 수 있다.

오답 노트

①번: 지문에서 매장은 사람들로 북적였다는 내용이 있기 때문에 가게에 손님이 많았다.
②번: 지문에서 '지방직 9급 시험일까지는 기다려 줄 줄 알았다 ～ 실제로 벌어진 일은 그런 예상과는 전혀 달랐다 ～ 가게 문을 정식으로 연 당일 오후였다.'는 내용을 통해 글쓴이가 시험을 준비하고 있을 때 연락을 받았다는 사실을 유추할 수 있다.

③번: 지문에서 '아버지가 단말기 옆에서 빵을 봉투에 담으며 ～ 낯선 이름들을 외우려 애썼다.'는 내용이 나오기 때문에 빵 이름을 모두 알지 못한다는 것을 알 수 있다.

단어 □예상 □북적이다 □제공하다 □본사 □굽실거리다 □입력하다 □낯설다 □애쓰다

 연습 문제

[1~4] 글의 내용과 같은 것을 고르십시오.

1.
> 할머니는 맛있는 삼계탕으로 유명한 한식집을 운영하셨다. 한 5년 전만 해도 식당은 손님들로 붐볐지만 요즘은 가게 문을 닫았다. 왜냐하면 할머니도 힘드시고 두 이모 분이 일을 하셔서 돈을 버시기 때문이다. 식당 문을 닫으셨지만 할머니께서는 그래도 우리가 오면 솜씨를 발휘하셔서 가게의 자랑이었던 삼계탕을 만들어 주신다. 한입만 먹으면 그 맛을 잊을 수가 없다. 할머니의 음식은 음식이 아닌 예술 그 자체였다.
>
> 하지만 요즘은 할머니 댁에 가는 횟수가 점점 줄어들고 있다. 정말 슬픈 일이다. 그 맛있는 삼계탕을 먹지 못하기 때문이다. 할머니는 요즘 가게를 닫으신 후에 좀 심심해하시는 것 같다.
>
> 식당을 그만두신 할머니의 모습은 정말 시무룩해 보였다. 할머니께서 식당을 운영하셨을 때는 정말 즐거워하셨고, 생동감이 넘쳐 보였는데 지금의 할머니는 정말 힘이 없고 살아가는 재미를 잃어버리신 것 같다. 나는 사랑하는 할머니의 기운 빠진 모습을 보고 계속 마음에 걸려서 언니와 함께 작전을 짜기로 했다. 어떻게 하면 할머니를 기쁘게 해 드릴 수 있을지 언니와 머리를 맞대고 고민해 보았다.

① 식당 문을 닫으신 후에 할머니께서는 요리를 하시지 않는다.
② 할머니가 운영하시는 한식집은 5년 전에는 손님들이 별로 없었다.
③ 할머니께서는 가게 문을 닫으신 후에 편안하게 쉴 수 있어서 만족하신다.
④ 나는 언니와 함께 할머니를 즐겁게 해 드릴 수 있는 계획을 짜려고 한다.

2.

　　나에게 이모의 집은 제2의 쉼터이다. 엄마가 동생을 낳으려고 병원에 있었던 한 달 동안 난 이모의 집에서 생활했다. 나는 이모를 잘 따르고 좋아했기 때문에 그 시간이 즐겁기만 했다. 이모의 집에 있을 때 나는 공주 대접을 받았다. 아들만 있었던 이모의 가족들에게 나는 사랑을 듬뿍 받는 존재가 되었다.

　　그런데 얼마 후 동생이 태어났다. 동생은 아직 어린아이였던 철없는 나에게는 짜증이 나는 존재였다. 항상 울면서, 웃으면서 동생은 엄마와 아빠의 관심을 내게서 가져가 버렸다. 그때 나에게 위안을 준 사람은 이모였다. 이모는 나에게 동생이 싫으냐고 물었다. 나는 아무 말도 하지 못했다. 이모는 그 날 이후로 내게 자주 말을 걸고 내 앞에서는 동생 이야기를 꺼내지 않으셨다. 이모의 세심한 노력으로 나는 점점 동생을 이해하게 되었다.

　　나에게는 친동생 말고도 귀여운 사촌 동생들이 있다. 수민이와 민현이다. 나보다 어린 외사촌인데 나를 정말 잘 따르는 동생들이다. 정말 귀엽고 사랑스럽게 생겼는데 성격은 정반대다. 덕분에 이모 집에 있는 물건들은 모두 부서지고 말았다.

① 동생이 태어난 후에 나는 공주 대접을 받았다.
② 나는 이모의 집에 있는 동안 많은 사랑을 받았다.
③ 이모가 노력하셨지만 나는 동생을 이해할 수 없었다.
④ 이모가 병원에 있었던 시간 동안 나는 엄마와 이모의 집에서 생활했다.

3.

　　어릴 때부터 형제가 없는 나는 맞벌이 부부였던 부모님마저 집을 비워 집에 혼자 있을 때마다 늘 심심했다. 어느 날 집 밖에 작은 그림자가 나타났다. "엄마야!"하고 소리치며 다가가 보니 귀여운 강아지 한 마리가 서 있었다. 평소에 강아지를 키우고 싶던 나는 길 잃은 강아지를 품에 소중히 안고 집으로 돌아왔다. 엄마 몰래 내 방으로 조용히 들어갔다. 나는 귀여운 강아지 앞에서 눈을 뗄 수 없었다. 그때 갑자기 방문이 열리더니 엄마가 들어오셨다.

　　"어머! 이게 뭐니? 웬 개야?"

　　나는 강아지가 길을 잃어서 불쌍해서 데려왔다고 말하였고 엄마는 그럴 때는 경찰서로 데려가야 한다고 말씀하셨다. 엄마의 그 한 마디에 나는 눈물이 뺨에 흘렀다. 강아지도 나와 함께 울어주는 것 같았다.

　　어쩔 수 없이 나는 강아지를 경찰서에 데려다주었다. 경찰서에 데려다주고 집까지 걸어오는 동안 나는 눈물을 멈출 수 없었다. 짧은 만남이었지만 강아지가 나를 잊지 않고 생각해 주었으면 좋겠다고 생각했다.

① 나는 어렸을 때 형제가 없었지만 심심하지 않았다.
② 나는 어렸을 때 집 밖에 서 있는 강아지를 보고 무서워했다.
③ 어머니는 길을 잃은 강아지를 집에서 키우는 것을 반대하셨다.
④ 나는 강아지를 경찰서에 데려다주지 않고 다시 집으로 데리고 돌아왔다.

4.

　　따뜻한 봄날, 어두운 흙 속을 헤치고 꿋꿋하게 새싹을 피우는 작은 씨앗 하나가 있었다. 그때 옆에 있던 진달래꽃이 말을 하였다.

　　"너는 왜 그렇게 못생겼어? 호박과도 비교가 안 되잖아?"

　　개나리꽃은 화가 나는 것을 꾹 참고 가만히 있었다. 그러자 진달래꽃은 화를 돋우며

　　"너는 꿀먹은 벙어리처럼 대답도 못하니? 대답을 왜 안 해?" 하고 다그쳤다. 서러운 하루를 보낸 개나리꽃은 속으로 다짐했다.

　　'무슨 일이 있어도 울지 않을 거야!'

　　다음날 진달래꽃은 개나리꽃에게 보라는 듯 화려하고 예쁘게 활짝 피어 있었다. 하지만 개나리꽃은 부러운 기색을 보이지 않았다. 진달래꽃은 다시금 개나리꽃에게 말을 걸었다.

　　"너는 왜 그렇게 키가 작니?"

　　개나리는 자기 키가 작은 것을 알면서

　　"그렇지만 나는 자꾸자꾸 클거야. 그래서 너보다도 클 거야! 기다려 봐!" 하며 울먹이며 말하였다. 밤이 되자 개나리꽃은 잠이 들었고 꿈을 꾸었다. 자신이 키도 부쩍 크고 외모도 아름다워져서 진달래꽃을 혼내주는 꿈이었다. 그런데 그 꿈이 반 정도는 맞은 듯했다. 다음날 개나리꽃은 자신의 키가 늘어 있는 것을 확인했고, 초록색 꽃봉오리까지 빼꼼 얼굴을 내밀고 있었다.

① 개나리꽃은 진달래꽃을 부러워했다.
② 개나리꽃은 진달래꽃에게 화를 냈다.
③ 개나리꽃은 꿈을 꾼 다음 날 꿈처럼 키가 커졌다.
④ 개나리꽃은 꿈속에서 진달래꽃이 되는 꿈을 꾸었다.

⑥ 글의 내용과 같은 것 고르기 5 [47]

47. 글의 내용과 같은 것을 고르십시오.

> 우주는 지구와 환경이 상이해 지구에서 쓰는 방법으로는 쓰레기를 수거하기가 어렵다. 처음에는 작살과 같이 물리적인 힘을 이용해서 쓰레기를 찍을 수 있는 도구가 거론되었다. (㉠) 이 때문에 테이프나 빨판같이 접착력이 있는 도구를 사용하자는 제안도 나왔다. (㉡) 점성이 강한 테이프의 경우는 우주에서의 극심한 온도 변화를 견디지 못했으며 빨판은 진공 상태에서는 소용이 없었다. (㉢) 그런데 최근 한 연구진이 도마뱀이 벽에 쉽게 달라붙어 떨어지지 않는 것에서 영감을 받아 접착력이 있는 도구를 개발하는 데 성공했다. (㉣) 도마뱀의 발바닥에 있는 수백만 개의 미세한 털들이 표면에 접촉할 때 생기는 힘을 응용한 것이다.

① 테이프는 우주의 온도 변화 때문에 점성을 잃었다.
② 작살은 접착력을 이용한 도구의 좋은 대안이 되었다.
③ 우주에서 쓰레기를 처리하는 방법은 지구와 유사하다.
④ 접착력을 이용한 쓰레기 수거 방법은 결국 성공하지 못했다.

〈60회 TOPIK II 읽기 기출문제〉

문제 풀이

[47] 문항은 [32~34] 문항보다 난이도가 높은 어휘 및 문형으로 이루어진 설명문이며 빈칸이 있어서 완성된 글의 형태도 아니기 때문에 글을 읽고 내용이 같은 것을 고르기 어려운 유형이다. ①번은 지문에서 '점성이 강한 테이프의 경우는 우주에서의 극심한 온도 변화를 견디지 못했으며~'의 내용을 통해 '테이프는 우주의 온도 변화 때문에 점성을 잃었다'는 선택지의 내용이 일치함을 확인할 수 있다.

오답 노트

②번: 지문에서 '작살과 같이 접착력을 이용해서 쓰레기를 처리할 수 있는 도구가 거론되었다.', '테이프나 빨판같이 접착력이 있는 도구를 사용하자는 제안도 나왔다.'는 두 문장을 통해 작살이 아닌 테이프나 빨판이 접착력을 이용한 도구의 좋은 대안이 되었다는 것을 알 수 있다.

③번: 지문에서 '우주는 지구와 환경이 상이해 지구에서 쓰는 방법으로는 쓰레기를 수거하기가 어렵다'고 했기 때문에 우주에서 쓰레기를 처리하는 방법이 지구와 다른 것이 아니고 수거하는 방법이 다른 것이다.

④번: 지문에서 '최근 한 연구진이 도마뱀이 벽에 쉽게 달라붙어 떨어지지 않는 것에서 영감을 받아 접착력이 있는 도구를 개발하는 데 성공했다'고 했기 때문에 접착력을 이용한 쓰레기 수거 방법은 도구를 개발해서 결국 성공한 것이다.

단어 □ 상이하다 □ 수거하다 □ 빨판 □ 접착력 □ 견디다 □ 진공 □ 미세하다 □ 유사하다

[1~4] 글의 내용과 같은 것을 고르십시오.

1.

　　현대 사회에서 갈수록 인터넷 속 세상이 3차원으로 진화하고 있다. (㉠) 이러한 배경에서 더욱 빠르게 발전하고 있는 기술인 '메타버스'에 많은 관심이 모아지고 있다. (㉡) 가상 현실의 개념보다 더 확장된 의미로 가상 세계가 현실 세계와 합쳐진 형태를 말한다. (㉢) 메타버스의 발전은 미래에 가상 세계에서도 현실과 같은 경제 활동이나 일상 활동을 가능하게 할 수 있다. (㉣) 가상 세계에서 수익을 내고 소비를 하는 것이 일상적인 일들로 자리 잡게 된다. 영화 속에서만 가능할 거라고 생각했던 일들이 이제는 현실과 가까워지고 있다.

① 현대 사회에서 메타버스에 대한 관심이 줄어들고 있다.
② 메타버스는 현실 세계를 포함하지 않는 가상 세계만을 의미한다.
③ 메타버스 기술을 활용하면 가상 세계에서도 실제로 돈을 벌고 쓸 수 있다.
④ 메타버스는 현실에서 일어날 수 없는 영화 속 장면을 연출하는 촬영 기법을 의미한다.

2.

　　학생들이 정식 학교에 가지 않고 가정에서 부모님 또는 개인적으로 교육을 받는 것을 홈스쿨링이라고 한다. 모든 학생들이 공교육을 받는 것에 대한 적절성과 관련해서 많은 의문과 불만이 제기되어 왔다. (㉠) 학교에서 교실 안의 많은 학생들 개개인의 특성과 적성을 모두 맞춰서 교육을 실시하는 것은 실제적으로 불가능하다. (㉡) 학교 폭력 및 입시 스트레스 등 공교육의 문제점도 뿌리 뽑기 어려운 현실이다. (㉢) 학생을 누구보다 잘 아는 부모님이 직접 가르치고 교육하는 홈스쿨링의 장점에 관심을 가지기 시작했다. 미국에서는 유치원에서 대학까지의 모든 교과 과정을 집에서 가르칠 수 있게 되었지만 한국의 경우 초등학생 과정이 의무교육으로 정해져 있어서 미국과 같은 홈스쿨링은 어렵다. (㉣)

① 학원에서 실시하는 교육에 대해 학부모들의 불만이 많아지고 있다,
② 홈스쿨링을 통해 학생들은 학교에서 배운 내용을 효과적으로 이해할 수 있다.
③ 공교육은 학생들의 개성을 살릴 수 있고 각자의 적성에 맞춰 교육시킬 수 있다.
④ 미국에서는 한국과 다르게 초등학생들도 모든 교과 과정을 집에서 가르칠 수 있다.

3.

　　사회공포증은 당황스러움을 줄 수 있는 특정한 사회적 상황을 지속적으로 두려워하고 피하려 하는 질환이다. 이러한 상황을 피할 수 없을 때는 바로 심각한 불안 반응을 보이기도 한다. (㉠) 구체적으로 다른 사람들에게 주목을 받거나 관찰되는 상황에서 창피를 당할 수 있다는 생각에 두려움을 느끼게 되어서 증상이 발현된다. (㉡) 사회공포증은 유전적 요소가 관여하게 된다. (㉢) 또한 환경적인 요인과도 관련이 있는데 환자가 어린 시절에 자신에게 중요하다고 여기는 인물이 창피를 주고 놀리거나 모욕을 당하는 일을 겪었을 때 이 인물을 하나의 이미지로 내면화하여 오랜 시간 기억하게 된다. (㉣) 이후 주변 인물들에게까지 어린 시절 상처를 받았던 인물의 이미지가 투영되어 환자는 모든 사람들이 자신에게 창피를 주고 모욕하며 비판할 것이라는 잘못된 인식에 사로잡혀서 공포를 느끼게 된다.

① 사회공포증은 특정한 사람을 두려워하고 기피하는 병이다.
② 사회공포증이 있는 사람은 항상 다른 사람들에게 관심을 받고 싶어 한다.
③ 사회공포증은 환경적인 요인과는 무관하며 유전적 요소로 결정되는 질환이다.
④ 사회공포증의 환경적 요인은 과거에 상처를 받은 경험이 공포를 느끼게 하는 것이다.

4.

　　직장에 출근해 일하는 상근자에 비해서 상대적으로 재택근무자들은 동료들과의 의사소통이 부족하기 때문에 소외감을 느끼고 주위의 도움을 받지 못한다. (㉠) 또한 재택근무를 하게 되면 직장 동료들과 멀리 떨어져 있어서 동료들의 피드백을 정확하게 해석하는 것이 어렵고 간혹 의사소통에서의 오류가 생길 때가 있다. 뿐만 아니라 집에서 혼자 오랜 시간을 보내다가 보면 자기의 생각에 갇혀서 지나치게 상대방의 의미를 확대하여 해석할 여지가 있다. (㉡) 이러한 비이성적 의심을 멈추고 재택근무를 할 때도 상근자와 동일한 업무 환경을 만들기 위해 다음과 같은 노력이 필요하다. (㉢) 먼저 다른 사람의 기분을 자신이 너무 무리해서 맞추고 있지 않은지 살펴보는 것이다. 상대방의 기분을 맞추고 부탁이나 요구에 응하는 것보다 자신의 기분과 스케줄을 자세하게 살펴보는 것이 우선되어야 할 것이다. 다음으로 타인의 행동을 객관화할 필요가 있다. 그들의 작은 말 한마디를 비판이나 모욕으로 받아들이는 것이 아니라 내가 말한 것으로 가정해서 어떤 생각으로 그 말을 했는지 생각해 보거나 가장 긍정적인 의미로 해석해 보려고 하는 것도 좋은 방법이 될 수 있다. (㉣)

① 재택근무자들은 동료들과 원활한 의사소통을 할 수 있다.
② 직장에 출근하는 상근자들은 의사소통에서 오류가 생길 수 있다.
③ 재택근무자들은 항상 동료들의 기분을 파악하는 것이 우선되어야 한다.
④ 동료들의 행동을 주관적으로 이해하는 것이 아니라 객관적으로 파악해야 한다.

유형 ④ 문장의 순서 배열하기

● 유형 소개

〈유형 4〉는 문장의 순서를 배열하거나 〈보기〉 문장을 전체 글에서 어울리는 곳에 배치함으로써 지문의 흐름을 잘 파악하는지 확인하는 유형으로 이 유형에 해당되는 문항은 [13~15], [39~41], [46]이다. 이 유형의 문항을 효율적으로 풀기 위해서는 반복해서 쓰이는 어휘를 중심으로 문장들 간의 관계를 살펴봐야 하며 문장 순서의 특징을 잘 파악해야 한다.

● 〈유형 4〉의 문항

1 제시된 문장 순서 배열하기 [13~15]
2 알맞은 곳에 〈보기〉 문장 넣기 1 [39~41]
3 알맞은 곳에 〈보기〉 문장 넣기 2 [46]

유형 전략

〈유형 4〉는 문장의 순서를 배열할 때, 첫 문장에서 자주 사용하는 표현, 조사 및 지시사를 통해 첫 문장을 먼저 찾는 것이 좋다. 〈보기〉 문장이 제시되는 경우에는 내용을 파악한 후에 문장의 주어, 조사 및 지시어, 접속사를 통해 다른 문장들과의 관계를 빠르게 파악해야 한다.

1 제시된 문장 순서 배열하기 [13~15]

기출 문제

13. 다음을 순서대로 맞게 배열한 것을 고르십시오.

> (가) 환경 보호를 위해 포장 없이 내용물만 판매하는 가게가 있다.
> (나) 사람들이 용기에 든 물품을 사려면 빈 통을 준비해 가야 한다.
> (다) 빈 통이 없는 사람들에게는 가게에서 통을 대여해 주기도 한다.
> (라) 이 가게에서는 밀가루나 샴푸 등을 커다란 용기에 담아 놓고 판매한다.

① (가)-(나)-(라)-(다)　　　② (가)-(라)-(나)-(다)
③ (나)-(가)-(라)-(다)　　　④ (나)-(다)-(가)-(라)

〈60회 TOPIK II 읽기 기출문제〉

문제 풀이

[13~15] 문항은 제시된 문장들을 적절한 순서로 배열하는 유형이다. 제시된 문장들에서 첫 번째 문장을 찾기 위해 주어와 서술어, 조사, 접속사 등을 통해 찾거나 4개의 선택지 문장 배열 순서부터 확인하는 것이 좋다. 위 문제는 선택지의 배열 순서를 통해 답이 (가) 또는 (나)로 시작됨을 확인할 수 있다. 답이 아닌 것을 소거하면서 답을 찾으면 적절한 문장의 순서 배열은 ② (가)-(라)-(나)-(다)이다.

오답 노트

①번: (라)는 '이 가게에서는~' 으로 문장이 시작되는데 (라) 문장 앞에 '이' 지시어가 가리키는 '가게'가 있어야 하므로 앞 문장에 (나)가 아닌 (가) 문장이 와야 한다.

③번, ④번: (가)는 '가게'를 소개하는 내용, (나)는 사람들이 물품을 살 때 준비해 가야 하는 것에 대한 내용이므로 (가)로 이야기를 시작하는 것이 적절하기 때문에 ③번과 ④번 답을 소거한다.

단어 ☐ 환경 ☐ 보호 ☐ 포장 ☐ 내용물 ☐ 판매하다 ☐ 용기 ☐ 대여하다 ☐ 커다랗다

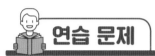

연습 문제

[1~4] 순서대로 맞게 배열한 것을 고르십시오.

1.

> (가) 한국에는 '콩 한 쪽도 나누어 먹는다.'라는 말이 있다.
> (나) 대기업이 장학재단을 운영하는 것에서부터 할머니가 폐지를 모아 번 돈으로 장학금을 내놓은 것까지 사회 곳곳에서 나눔을 실천하는 아름다운 모습들을 볼 수 있다.
> (다) 이러한 나눔의 전통은 오늘날까지 계속되고 있다.
> (라) 이는 작은 것이어도 주위 사람들과 함께 나누는 한국의 아름다운 전통을 보여준다.

① (가)-(라)-(나)-(다) ② (가)-(라)-(다)-(나)
③ (라)-(나)-(가)-(다) ④ (라)-(가)-(나)-(다)

2.

> (가) 그러므로 친밀감에서 느낄 수 있는 소유욕을 항상 경계해야 한다.
> (나) 타인과 가까워질수록 기대하는 것이 많아지면서 강한 소유욕을 느끼게 되는 것이다.
> (다) 타인과의 친밀감은 소유욕을 가져올 때가 있다.
> (라) 그런데 이러한 소유욕은 관계를 망치는 결과를 가져오게 된다.

① (다)-(가)-(라)-(나) ② (다)-(나)-(라)-(가)
③ (라)-(가)-(나)-(다) ④ (라)-(다)-(가)-(나)

3.

(가) 1995년에 만들어진 우리나라 최대의 환경단체가 있다.

(나) 구체적으로 탄소 줄이기, 친환경 매장 운영, 환경 교육 등의 활동을 하고 있다.

(다) 그리고 친환경적인 사회를 만들기 위해 노력하고 있다.

(라) 이 단체는 50여개의 지역 조직이 있으며 세계 환경 보호 단체에도 가입되어 있다.

① (가)-(다)-(라)-(나)   ② (가)-(라)-(다)-(나)

③ (라)-(나)-(가)-(다)   ④ (라)-(가)-(나)-(다)

4.

(가) 이를 위해 각 기업에서도 매주 수요일 정시 퇴근을 장려하여 퇴근 후 가족과 함께 시간을 보낼 수 있는 직장 분위기를 조성하고 있다.

(나) 이 캠페인은 매주 수요일 가족과 함께하는 날을 뜻한다.

(다) '가족 사랑의 날'은 여성가족부에서 진행하고 있다.

(라) 일주일에 한 번이라도 가족과 함께 시간을 보내는 작은 실천이 가족에 대한 사랑으로 이어지게 된다는 의미에서 추진하고 있다.

① (다)-(라)-(나)-(가)   ② (다)-(나)-(라)-(가)

③ (라)-(가)-(나)-(다)   ④ (라)-(다)-(가)-(나)

2 알맞은 곳에 〈보기〉 문장 넣기 1 [39~41]

 기출 문제

39. 〈보기〉의 글이 들어가기에 가장 알맞은 곳을 고르십시오.

> 도시의 거리는 온통 상점으로 가득 차 있다. (㉠) 하지만 상점은 거리에 활력을 불어넣어 걷고 싶은 거리를 만드는 데 중요한 역할을 한다. (㉡) 상점은 단순히 물건을 파는 공간이 아니라 보행자들에게 볼거리와 잔재미를 끊임없이 제공하는 거대한 미술관이 되어 준다. (㉢) 또 밤거리를 밝히는 가로등이며 보안등이자 거리의 청결함과 쾌적함을 지켜주는 파수꾼이 되기도 한다. (㉣)

〈 보기 〉
상업적 공간으로 채워진 거리를 보며 눈살을 찌푸리는 이들도 많다.

① ㉠   ② ㉡   ③ ㉢   ④ ㉣

〈60회 TOPIK II 읽기 기출문제〉

문제 풀이

[39~41] 문항은 〈보기〉 문장을 제시된 지문의 빈칸 중에서 적절한 곳에 넣는 유형이다. 〈보기〉 문장에서 제시된 '상업적 공간'에 대한 설명이 앞 문장에 언급되어야 함을 파악한다. 〈보기〉 문장 뒤에는 '눈살을 찌푸리는 이들'에 대한 추가 설명이나 접속사를 사용하여 반대 내용이 이어질 수 있음을 유추할 수 있다. ㉠앞에는 상점으로 가득 차 있는 도시의 거리가 나오고, 뒤 문장에는 '하지만' 접속사로 시작되어 상점이 거리에 활력을 주는 긍정적인 역할에 대해 설명하고 있다. 따라서 〈보기〉의 '상업적 공간'과 '눈살을 찌푸리는 이들'이 있지만 상점의 중요한 역할이 있음을 언급하는 뒤 문장이 글의 흐름에 자연스러우므로 정답은 ①번이다. 〈보기〉 문장을 생각하지 않더라도 첫 번째 문장 다음에 〈보기〉 문장 없이 '하지만'이 바로 이어지면 어색하기 때문에 지문에 제시된 문장 사이의 연결 부분에만 집중해도 빠르게 답을 찾을 수 있다.

오답 노트

②번: ㉡앞에는 상점은 제시되었지만 상점의 긍정적인 면이 뒷 문장에 바로 나오기 때문에 '하지만, 그렇지만'과 같은 반대 의미의 접속사로 연결되어야 한다.

③번: ㉢의 경우 뒤 문장에 '또' 어휘가 나온 것을 통해 〈보기〉 문장에 비슷한 성격의 내용이 언급되어야 하는데 〈보기〉 문장에는 상점에 대한 부정적인 시각을 가진 사람들 이야기이므로 답이 될 수 없다.

④번: ㉣은 앞 문장이 상점의 긍정적인 역할이 나오므로 〈보기〉 문장이 들어가려면 반대 내용으로 연결할 수 있는 접속사 또는 어휘가 있어야 한다.

단어 □ 활력 □ 단순하다 □ 보행자 □ 거대하다 □ 보안등 □ 청결함 □ 상업적 □ 눈살을 찌푸리다

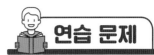

[1~4] 〈보기〉의 글이 들어가기에 가장 알맞은 곳을 고르십시오.

1.

피그말리온 효과는 그리스 신화에 나오는 조각가 피그말리온의 이름에서 유래한 심리학 용어이다. (㉠) 피그말리온은 아름다운 여인상을 조각하고 그 여인상을 진심으로 사랑하게 된다. (㉡) 이처럼 타인의 기대나 관심으로 인해 결과가 좋아지는 현상을 뜻하게 되었다. (㉢) 심리학에서는 타인이 나를 믿고 기대하면 그 기대를 실망시키지 않기 위해서 노력한다는 의미가 되었다. (㉣)

〈 보기 〉
이러한 피그말리온의 사랑에 감동한 여신 아프로디테는 여인 조각상에 생명을 주었다.

① ㉠   ② ㉡   ③ ㉢   ④ ㉣

2.

한국의 출산율은 빠르게 감소하여 세계 최저 수준이다. (㉠) 이와 같은 현상이 지속되면 한국의 전체 인구가 감소하고 젊은 노동력의 공급이 줄어드는 것과 함께 경제 성장도 늦어질 것이다. (㉡) 출산율을 높이기 위해서 기업에서는 여성이 직장을 다니면서 출산과 육아 때문에 불이익을 받지 않도록 하는 것이 중요하다. (㉢) 이렇게 한국 사회의 저출산 문제를 해결하기 위해서는 개인뿐 아니라 기업 및 국가의 사회적 노력이 중요하다는 인식이 필요하다. (㉣)

〈 보기 〉
그리고 국가는 출산 지원금, 양육비 지급 등에 대해 지원을 확대해야 한다.

① ㉠   ② ㉡   ③ ㉢   ④ ㉣

3.

> 한 집에 여러 입주자가 거주하면서 개인 공간과 공용 공간을 구분하여 사용하는 거주의 한 형태를 쉐어하우스라 부른다. (㉠) 쉐어하우스에 입주하면 보증금과 같은 초기 비용과 월세를 아낄 수 있으며 공동생활을 통해 인간관계를 넓힐 수 있는 기회가 될 수 있다. (㉡) 최근에는 쉐어하우스의 인기가 높아지면서 다양한 형태의 쉐어하우스가 등장하고 있다. 취미 생활을 공유하는 취미 중심의 하우스, 미혼 여성들을 위한 하우스 등이 있다. (㉢) 이러한 쉐어하우스는 2010년 이후 청년 주거문제가 떠오르면서 이를 해결하는 한 방법으로 등장했다. (㉣)

〈 보기 〉

> 또한 대부분의 쉐어하우스는 기본적인 가구, 가전제품 등 생활에 필요한 조건들이 구비되어 있다는 장점도 있다.

① ㉠   ② ㉡   ③ ㉢   ④ ㉣

4.

> 한국 최초 1,000만 관객을 동원한 '난타' 공연은 전 세계 57개국에서 공연되었다. (㉠) '난타' 공연은 한국을 대표하는 공연으로 주방에서 일어나는 일들을 코미디와 주방에 있는 도구를 활용하여 두드림으로 표현한다. (㉡) 이 '난타' 공연의 예매를 성공하는 것은 굉장히 어려운 일이다. (㉢) '난타' 공연 팀에서는 이러한 관객들의 성원에 힘입어 다음 달까지 공연을 연장하기로 했다. (㉣)

〈 보기 〉

> 특히 이번 공연은 2회 전석 매진으로 관객들의 공연 연장 요청이 이어지고 있다.

① ㉠   ② ㉡   ③ ㉢   ④ ㉣

 **기출 문제**

46. 〈보기〉의 글이 들어가기에 가장 알맞은 곳을 고르십시오.

> 우주는 지구와 환경이 상이해 지구에서 쓰는 방법으로는 쓰레기를 수거하기가 어렵다. 처음에
> 는 작살과 같이 물리적인 힘을 이용해서 쓰레기를 찍을 수 있는 도구가 거론되었다. (㉠) 이
> 때문에 테이프나 빨판같이 접착력이 있는 도구를 사용하자는 제안도 나왔다. (㉡) 점성이 강
> 한 테이프의 경우는 우주에서의 극심한 온도 변화를 견디지 못했으며 빨판은 진공 상태에서는 소
> 용이 없었다. (㉢) 그런데 최근 한 연구진이 도마뱀이 벽에 쉽게 달라붙어 떨어지지 않는 것에
> 서 영감을 받아 접착력이 있는 도구를 개발하는 데 성공했다. (㉣) 도마뱀이 발바닥에 있는
> 수백만개의 미세한 털들이 표면에 접촉할 때 생기는 힘을 응용한 것이다.

─────────── 〈 보기 〉 ───────────
그러나 이 방법은 자칫하면 우주 쓰레기를 엉뚱한 곳으로 밀어낼 위험이 있었다.

① ㉠　　　　　　② ㉡　　　　　　③ ㉢　　　　　　④ ㉣

〈60회 TOPIKⅡ 읽기 기출문제〉

문제 풀이

[46] 문항도 [39~41] 문항과 같이 〈보기〉 문장을 제시된 지문 속 빈칸 중에서 적절한 곳에 넣는 유형인데 지문의 길이
가 길고, 사용된 어휘 및 문법의 난이도가 상대적으로 높다. 〈보기〉 문장은 앞 문장에서 언급된 '방법'이 우주 쓰레기를
엉뚱한 곳으로 밀어낼 위험이 있었다고 하기 때문에 '쓰레기를 처리하는 방법'과 관련된 내용이 앞 문장에 나와야 함
을 먼저 확인한다. ㉠ 앞 문장은 '찍을 수 있는 도구로 쓰레기를 수거하는 방법'이 거론되었다고 했을 뿐 방법의 단점이
나 한계에 대한 설명 없이 뒷 문장에서 '이 때문에 접착력이 있는 도구를 사용하자'는 제안이 나온다. 앞 문장과 뒤 문
장의 내용이 논리적으로 어색하기 때문에 〈보기〉에서 언급된 '방법'에 대한 부정적인 내용이 ㉠에 들어가는 것이 좋다.
정답은 ①번이다.

오답 노트

②**번:** ㉡의 앞 문장과 뒤 문장은 테이프와 빨판에 대한 제안과 단점인데 다른 문장 없이 바로 연결되는 것이 자연스럽
　　 다.
③**번:** ㉢의 앞 문장인 테이프, 빨판의 단점과 뒤 문장인 최근의 도구 개발 성공을 '그런데'로 자연스럽게 연결하고 있다.
④**번:** ㉣뒤에는 앞 문장에서 연구진들이 개발한 도구의 개발 원리에 대한 내용이 바로 뒤 문장에 자연스럽게 이어진다.

단어 □ 상이하다　□ 수거하다　□ 빨판　□ 접착력　□ 견디다　□ 진공　□ 미세하다　□ 유사하다

[1~4] 〈보기〉의 글이 들어가기에 가장 알맞은 곳을 고르십시오.

1.

　　현대 사회에서는 갈수록 연탄이란 연료를 모르는 사람들이 많아지고 있다. (㉠) 과학의 발전으로 연탄보다 상대적으로 저렴하고 사용하기 편한 난방 연료가 많아졌기 때문이다. (㉡) 그럼에도 불구하고 연탄을 사용하는 가구가 약 10만 가구에 이른다. (㉢) 대부분 도시가스가 보급되지 않는 곳에 거주하는 저소득층에서는 주 난방 연료로 연탄을 사용한다. (㉣) 우리 사회의 많은 이웃들이 아직까지는 선택이 아닌 꼭 필요한 생존 에너지로 연탄을 사용하고 있다.

〈 보기 〉

　　또한 연탄은 하루에 두 번이나 교체해야 하는 번거로움과 보관의 어려움, 건강의 위험 문제까지 안고 사용해야 하는 단점이 있다.

① ㉠　　　　　　② ㉡　　　　　　③ ㉢　　　　　　④ ㉣

2.

　　인터넷 쿠폰, 모바일 쿠폰, 게임 머니 등을 가상화폐라고 부른다. (㉠) 가상화폐는 중앙은행이나 금융기관과 같은 공인 기관이 관리에 관여하지 않는다. (㉡) 가상화폐는 정부의 통제를 받지 않으며 상품의 구입을 위해 지출한 돈만큼의 가치를 지니게 된다. (㉢) 이때 가상화폐는 발행 기업의 서비스 내에서만 통용된다. (㉣) 이러한 가상화폐에 대한 관심이 높아지는 만큼 각 기업에서는 가상화폐 관련 사업을 확장시키는 것이 좋다.

〈 보기 〉

　　그러므로 개발자가 발행자로서 화폐의 발행 규모 등을 자율적으로 관리한다.

① ㉠　　　　　　② ㉡　　　　　　③ ㉢　　　　　　④ ㉣

3.

　　가심비는 최근의 소비 트렌드 중 하나로 가격이나 성능보다 심리적 안정과 만족감을 중시하는 소비 형태를 말한다. (㉠) 가격이나 성능을 가장 중시하는 가성비와 다르다. (㉡) 이러한 가심비 유행의 배경에는 경제적으로 성장이 느린 사회적 분위기가 많은 영향을 미쳤다. (㉢) 지갑이 얇아진 소비자들이 모든 부분에서 소비를 줄이지만 가장 좋아하는 물건에 대해서는 돈을 아끼지 않는 식으로 스트레스를 해소하는 것이다. (㉣) 호텔에서 휴가를 즐기는 호캉스, 고급 식당의 대중화, 해외여행 상품 등 가심비를 보여주는 상품들이 인기를 끌고 있다.

〈 보기 〉

　　이러한 소비자들의 심리를 파악한 기업들은 상품을 홍보할 때 가격보다는 디자인과 아이디어로 고객의 마음을 사로잡기 위해 노력한다.

① ㉠　　　　　　② ㉡　　　　　　③ ㉢　　　　　　④ ㉣

4.

　　여행 작가 김영호가 펴낸 일곱 번째 여행 에세이 『청춘의 시간』이 4주 연속 인기도서로 선정되었다. (㉠) 이번 여행 에세이는 뉴욕의 사계절을 작가 특유의 감성으로 담았다. (㉡) 사진에 어울리는 작가의 감성적인 글도 많은 독자들을 사로잡았다. (㉢) 최근에 김 작가는 지난 여섯 번째 여행 에세이의 성공으로 「올해의 여행 작가」에 선정되기도 하였다. (㉣)

〈 보기 〉

　　각 계절의 아름다움이 돋보이는 뉴욕의 사진을 감상할 수 있다.

① ㉠　　　　　　② ㉡　　　　　　③ ㉢　　　　　　④ ㉣

● 유형 소개

〈유형 5〉는 빈칸에 들어갈 알맞은 내용을 고르는 문제로 명사를 수식하는 표현을 찾거나, 문장 끝부분에 연결될 적절한 표현을 고르는 문항이다. 〈유형 5〉로 분류된 문항은 모두 지문의 전체적인 흐름을 파악하여 맥락에 맞는 답을 고른다는 점이 같다. 그러나 시험 뒷부분에 나오는 문항일수록 지문의 길이가 길어지고, 어휘와 문법의 수준이 높아진다. [19], [21] 문항은 빈칸에 들어갈 접속사와 관용표현을 골라야 하므로 이에 대해 미리 학습해 두는 것이 좋다.

● 〈유형 5〉의 문항

① 빈칸에 알맞은 내용 넣기 1 [16~18]
② 빈칸에 알맞은 내용 넣기 2 [28~31]
③ 빈칸에 알맞은 내용 넣기 3 [45, 49]
④ 접속사 고르기 [19]
⑤ 관용표현 고르기 [21]

> **유형 전략**
>
> 〈유형 5〉는 제시된 빈칸의 앞, 뒤 문장을 중심으로 글의 맥락을 이해하는 것이 중요하며 선택지의 의미를 꼼꼼하게 파악한 후 적절한 답을 찾아야 한다. 또한 지문의 길이가 길어지고 단어와 문법의 수준이 높아질수록 내용이 복잡해지므로 접속사에 유의하여 글의 흐름을 분석하는 연습이 필요하다. 지문 앞부분에 나타난 글의 내용이 끝까지 이어지는지 또는 상반되는 결론으로 전환되는지를 분석하고 빈칸이 있는 문장이 말하고자 하는 바를 파악해야 한다.

① 빈칸에 알맞은 내용 넣기 1 [16~18]

 기출 문제

16. 다음을 읽고 (   )에 들어갈 내용으로 가장 알맞은 것을 고르십시오.

> 사람들은 일반적으로 쓴맛을 꺼린다. 이것은 (   ) 본능과 관계가 있다. 식물 중에는 독성이 있어 몸에 해로운 것들이 있다. 그런데 이런 독이 있는 식물은 보통 쓴맛이 난다. 따라서 사람들은 무의식적으로 쓴맛이 나는 것을 위험하다고 여기고 이를 거부하게 되는 것이다.

① 지나친 과식을 피하려는
② 자신의 몸을 보호하려는
③ 맛없는 음식을 멀리하려는
④ 입맛이 변하는 것을 막으려는

〈52회 TOPIK II 읽기 기출문제〉

문제 풀이

[16~18] 문항은 지문을 읽고 빈칸에 들어갈 알맞은 내용을 고르는 유형이다. 지문에서 독이 있는 식물의 대부분은 쓴맛이 나기 때문에 사람들이 쓴맛을 본능적으로 거부하는 것이라 설명한다. 이를 통해 지문이 쓴맛과 보호 본능의 관계를 설명한 글임을 알 수 있다. 따라서 ②번 '자신의 몸을 보호하려는'이 정답이다.

오답 노트

①번, ③번, ④번: 식사, 식욕과 관련된 내용이므로 빈칸에 들어갈 내용으로 적절하지 않다.

단어 □ 일반적 □ 독성 □ 해롭다 □ 무의식적

연습 문제

[1~4] 다음을 읽고 (   )에 들어갈 내용으로 가장 알맞은 것을 고르십시오.

1.

> 마트에 가면 진분홍색밖에 없던 고무장갑이 최근에는 노란색, 회색, 진녹색처럼 다양한 색깔로 출시되기 시작했다. 설거지를 하거나 요리를 할 때 김칫국물이 스며들어 (   ) 언제나 진한 분홍색으로만 생산되던 고무장갑이 인테리어를 중요시하는 젊은층의 요구에 맞춰 주방 분위기를 해치지 않고 매일 기분 좋게 사용할 수 있는 색들로 새롭게 만들어졌다. 또한 김치를 집에서 담그지 않고 사서 먹는 세대가 늘어나면서 반드시 진분홍색 고무장갑을 고수해야 할 이유가 사라진 것도 다양한 색상의 고무장갑이 출시된 계기이다.

① 변색되는 것을 막고자
② 내구성을 튼튼하게 하고자
③ 쉽게 망가지는 것을 막고자
④ 냄새가 배는 것을 방지하고자

2.

커피 찌꺼기가 냄새 제거에 효과적이라는 것은 꽤 많은 사람에게 알려진 사실이다. 일부 축산 농가에서는 이를 활용하여 축사의 악취를 해결하고 있다. 생활 폐기물로 버려지는 커피 찌꺼기를 모아 (   ) 미생물을 적절한 비율로 혼합한 후 축사에 골고루 뿌리면 미생물이 가축 분뇨와 같이 악취의 원인이 되는 물질들을 분해하여 코를 찌르는 듯한 냄새가 현저히 감소하게 된다. 이에 국내외를 막론하고 각지의 축산 농가에서 커피 찌꺼기 탈취제가 각광을 받고 있다.

① 가축의 먹이가 되는
② 커피 찌꺼기를 줄이는
③ 악취를 감소시킬 수 있는
④ 냄새의 원인을 증가시키는

3.

집에서 컴퓨터나 태블릿으로 운동 동영상을 보며 홀로 운동을 즐기는 젊은 층이 급격히 늘고 있다. 언제 어디서나 따라할 수 있는 운동 동영상은 바쁜 일상에서 좀처럼 시간을 내어 운동을 배우러 다니기 힘든 직장인들이나 인파에서 벗어나 운동만큼은 혼자 조용히 하고 싶다는 사람들에게 주목을 받고 있다. 이에 최근에는 집에서 운동하는 사람들을 위해 실내에서 따라 해도 층간 소음은 일으키지 않으면서 (   ) 동작만을 모은 운동 영상이 인기를 끌었다. 이웃에게 피해를 주지 않고 집에서도 강도 높은 운동을 즐길 수 있다는 평이다.

① 암기하기 쉬운
② 운동량은 최대화한
③ 운동 부족을 보완하는
④ 운동 초보자에게 적합한

4.

장기적인 계획을 세워 거창한 목표를 달성하는 것도 중요하지만 일상에서 (   ) 꾸준히 이루는 것이 무엇보다 중요하다. 성취감은 무엇보다 강한 동기 부여가 되는데 꼭 거창하지 않더라도 나 자신과 약속한 무언가를 이루어냈다는 만족감은 마음속의 큰 버팀목이 되기 때문이다. 아침에 5분 명상하기, 자신에게 하루 한 번 칭찬해주기, 책 10장 읽기처럼 소소하지만 자신을 뿌듯하게 만드는 일들을 이뤄내면 스스로에 대한 믿음이 강해져 큰 목표를 이루는 데에도 도움이 된다.

① 번번이 실패했던 일들을
② 실현 가능한 작은 목표들을
③ 누구나가 했을 법한 목표들을
④ 좀처럼 경험하기 어려운 일들을

2 빈칸에 알맞은 내용 넣기 2 [28~31]

 기출 문제

30. 다음을 읽고 (   )에 들어갈 내용으로 가장 알맞은 것을 고르십시오.

> 전자레인지는 보통 음식을 따뜻하게 데울 때 사용된다. 그런데 전자레인지는 직접 열을 가하는 것이 아니라 음식에 포함된 물 분자의 움직임을 이용하여 음식을 데운다. 음식물에 전자레인지의 전자파가 닿으면 음식물 안에 있는 물 분자들이 진동하면서 열이 발생하는 것이다. 한편 얼음은 전자레인지의 전자파가 닿아도 녹지 않는다. 얼음 속의 물 분자가 얼어 있어서 (   ) 때문이다.

① 부피가 커지기
② 결합이 안 되기
③ 움직이지 못하기
④ 열을 모두 반사하기

〈52회 TOPIK II 읽기 기출문제〉

문제 풀이

[28~31] 문항은 [16~18]과 동일한 유형이나 지문에 더 어려운 문법과 단어가 제시된다. 전자레인지는 음식에 직접 열을 가하는 것이 아니라 분자의 움직임을 이용하기 때문에 얼음은 물 분자가 얼어 있는 상태이므로 전자레인지의 전자파가 닿아도 녹지 않는다는 내용이다. 따라서 얼음이 녹지 않는 이유로 적절한 것은 얼음의 분자가 움직이지 못한다는 ③번이다.

오답 노트

①**번:** 분자의 움직임과 관련이 없는 '부피'에 대한 내용이므로 오답이다.
②**번:** 분자의 움직임을 활발하게 하는 것이 전자레인지의 원리이므로 정답이 아니다.
④**번:** 열의 반사와 관련된 내용은 지문에 포함되지 않았으므로 오답이다.

단어 □데우다 □가하다 □진동하다 □닿다 □녹다 □결합 □반사

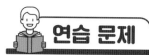

[1~4] 다음을 읽고 (　　　　)에 들어갈 내용으로 가장 알맞은 것을 고르십시오.

1.

　　햇빛이나 형광등의 빛을 보면 나도 모르게 재채기를 하는 사람들이 있다. 이는 몸이 (　　　　　　　) 반사적으로 재채기를 하기 때문인데 아츄 증후군이라 한다. 증상이 일어나는 구체적인 원인은 밝혀내지 못했으나 다수의 학자들은 갑자기 늘어난 빛의 양이 눈과 코로 연결된 삼차 신경에 과한 자극을 주어 재채기가 유발되는 것으로 추정한다. 세계 인구 중 대략 20~30%가 이 증후군을 앓고 있으나 빛을 본 후 재채기를 한다고 해서 건강에 문제가 있는 것은 아니므로 안심해도 된다.

① 빛의 파장을 분석하여
② 빛의 자극에 반응하여
③ 빛의 정도를 가늠하고자
④ 빛을 충분히 흡수하고자

2.

　　우리는 매우 다양한 곰팡이와 공존하고 있다. 눈에 보이지 않더라도 작은 포자는 공기 중에 떠돌고 있으며 (　　　　　　　　　) 환경이 되면 급속도로 번식한다. 곰팡이의 종류는 셀 수 없이 많지만 기본적으로 곰팡이들이 좋아하는 환경이 있다. 섭씨 2~30도로 따뜻하고 다습한 공간, 그리고 충분한 영양분이 공급되는 곳이다. 따라서 곰팡이가 퍼지는 것을 막기 위해서는 습도를 60% 이하로 낮추고 틈틈이 환기를 해주는 것이 좋다.

① 성장하기에 적합한
② 습도 조절이 용이한
③ 번식력을 퇴화시키는
④ 낮은 온도가 유지되는

3.

　　거꾸로 수업은 기존의 교수자가 일방적으로 강의를 하고 학습자가 이를 받아들이는 하향식 수업과 달리 학습자는 교수자가 사전에 준비한 강의를 미리 보고 온 후, 수업 현장에서 협업 활동을 통해 배움을 확장해 나간다. 이 교육법에 대해 학습자들은 본격적인 수업에 앞서 학습 내용을 미리 알 수 있다는 점과 다른 학습자들과 함께 활동하며 이해의 폭을 넓힐 수 있다는 점을 높이 평가하고 있다. 더욱이 교실에서는 다채로운 토론을 바탕으로 교수자뿐만 아니라 학습자 간의 (　　　　　　　　　　) 평이다.

① 교류가 저하된다는
② 경쟁이 심화된다는
③ 전문성이 결여된다는
④ 상호작용이 극대화된다는

4.

　　최근 일부 업체에서는 상품의 회사 이름 가리기에 열을 올리고 있다. 사회적 물의를 일으켜 불매 운동의 타격을 입거나 여러 이유로 기업의 신뢰도가 낮아진 업체들이 회사의 로고가 상품 판매 이익을 (　　　　　　　　　) 판단되면 과감히 로고를 지우고 상품명을 강조하는 것이다. 예를 들어 상품 전면 표기에는 회사 이름을 쓰지 않고 상품명만 기재하여 어느 회사의 제품인지를 모호하게 만든다. 그뿐만 아니라 상품 뒷면에 필수적으로 써넣어야 하는 회사 정보 역시, 회사의 로고는 지우고 이름만 작게 남기는 방법으로 상품의 출처를 파악하기 어렵게 하였다. 이러한 방법을 채택한 업체들은 소비자에게 신뢰도가 낮은 회사의 존재는 감추고 상품만을 강조하여 판매량이 늘기를 기대하고 있다.

① 올리기에 적합하다고
② 높이는 데 방해가 된다고
③ 급감시키는 효과가 있다고
④ 다방면으로 늘릴 수 있다고

③ 빈칸에 알맞은 내용 넣기 3 [45·49]

 기출 문제

45. 다음을 읽고 (   )에 들어갈 내용으로 가장 알맞은 것을 고르십시오.

> 보편적인 디자인이란 성별, 연령, 장애의 유무 등에 관계없이 누구나 편리하게 이용할 수 있도록 제품이나 사용 환경을 만드는 것을 말한다. 산업 혁명 시대에는 대량 생산을 목적으로 생산의 효율성을 추구하였다. 따라서 디자인을 할 때 (   ). 그러다 보니 여기에 속하지 못한 대상들은 불편을 겪을 수밖에 없었다. 이에 대한 비판과 반성에서 출발한 것이 보편적인 디자인이다. 대표적인 예가 계단이 없는 저상 버스인데 이 버스는 타고 내리기 쉬워 어린이와 노인, 임산부와 장애인 등 모두가 편리하게 이용할 수 있다. 다양한 대상의 특성을 고려한 보편적 디자인은 최대한 많은 사람들이 차별 없이 생활 할 수 있는 환경을 조성하는 데 큰 몫을 하고 있다.

① 생산할 제품의 특성을 최대한 반영하였다.
② 편리한 사용 환경을 마련해 주고자 하였다.
③ 당시 널리 퍼져 있던 유행의 흐름을 따랐다.
④ 표준이라 여기는 다수만을 기준으로 하였다.

〈52회 TOPIK II 읽기 기출문제〉

문제 풀이

[45·49] 문항은 [16~18], [28~31] 문항과 동일한 유형이나 지문에 고급 수준의 단어와 문법이 제시된다. 지문은 산업 혁명 시대에 제품의 사용 대상을 다수로 설정하여 대량 생산을 추구한 결과, 다수의 사용자에 포함되지 못한 대상들이 불편을 겪었다는 내용이다. 또한 빈칸 뒤에 이에 대한 반성으로 '보편적인 디자인'이 등장했다고 설명하므로 대량 생산의 한계점을 나타내는 내용이 포함된 ④번이 정답이다.

오답 노트

①번: 산업 혁명 시대에 생산된 물건들은 대상에 따른 특성을 고려하지 않았으므로 오답이다.
②번: 편리한 사용 환경을 조성하고자 했다는 긍정적인 내용이 나오므로 답이 될 수 없다.
③번: 유행과 관련된 내용은 지문에 제시되지 않았으므로 오답이다.

단어 □보편적이다 □편리하다 □생산 □효율성 □추구하다 □비판 □반성 □차별 □표준

 **연습 문제**

[1~4] 다음을 읽고 (   )에 들어갈 내용으로 가장 알맞은 것을 고르십시오.

1.

　국내 출판업계의 모 기업에서 근무 시간의 (   ) 재량근무제를 채택하였다. 틀에 박힌 생각에서 벗어나 참신한 콘텐츠를 기획, 생산하고 이를 가시적인 결과물로 만들어내도록 사원들의 역량을 끌어내기 위해 내린 결단이다. 이 기업의 대표는 재량근무제를 통해 사원들이 일과 삶의 균형을 찾을 수 있는 것은 물론, 개인마다 최상의 상태를 유지할 수 있는 근무 시간대가 다르므로 융통성 있는 근무 환경 조성이 회사를 더욱 성장시킬 것으로 보고 있다. 사내 직원뿐 아니라 작가, 책 디자이너 등 프리랜서들과의 소통 역시 빼놓을 수 없는 출판업계이므로 맡은 일에 따라 저마다 능률을 올릴 수 있는 시간대가 다채로울 수 밖에 없다. 따라서 해당 기업은 이와 같은 상황을 고려하여 재량근무제를 성장의 발판으로 활용하고자 했다. 또한 사원 간의 평가를 통해 서로 같은 시간대에, 같은 공간에서 일하지 않더라도 얼마나 성실히 임무를 완수해냈는지 꾸준한 점검이 이루어질 예정이다. 책임을 전제로 하는 자유로운 근무 환경을 조성하기 위해 박차를 가하고 있다.

① 연장을 고려하는
② 단축을 도모하는
③ 자율성을 확대하는
④ 융통성을 지양하는

2.

　예전과 비교하여 공교육에서 한자 교육의 입지가 작아지고 일상에서 역시 한자 사용이 감소함에 따라 학생들의 문해력이 급격히 떨어지고 있다. 고등학교 국어 시간에는 학생들이 교과서에 수록된 글의 전체적인 요지나 맥락을 이해하는 것은 제쳐두고 단어의 뜻을 몰라 원활한 수업이 진행되지 않아 난처하다는 교사가 늘고 있다. 한국어로 수업을 하는데도 마치 외국어 수업을 하듯 사전을 펼쳐 놓고 단어의 의미를 하나하나 풀이해야 하는 실정이다. 물론 한글 전용 세대에게 한자 교육을 하지 않아도 (   ) 큰 문제가 없을 수 있겠으나 학교는 단순히 먹고 살기 위해 필요한 최소한의 지식만을 전달하는 곳이 아니다. 때로는 답이 없는 문제를 고뇌하고 진리를 탐구하기도 하며 무한한 사고의 확장과 가능성을 열어주는 공간이다. 문해력은 이를 이루기 위한 가장 기초적인 요소이며 한자 교육의 부재로 문해력이 저하된다면 이는 모든 교육의 근간이 흔들리게 될 가능성이 있다.

① 취업 활동을 하는 데는
② 교과서를 분석하는 데는
③ 의무 교육을 행하는 데는
④ 일상의 삶을 살아가는 데는

3.

　　화장품 업계에서 환경 보호 운동에 동참하고자 시대의 흐름을 고려한 '다시 쓰기' 매장 활성화에 힘을 쏟고 있다. 다시 쓰기 매장에서는 소비자가 다 쓴 화장품 용기를 가져오면 적절한 소독 과정을 거쳐 희망하는 기초 화장품의 내용물을 다시 채워준다. 용기를 재활용하기 때문에 처음 산 제품보다 35%가량 저렴한 가격으로 제공되고, 화장품 용량 또한 구매자가 선택할 수 있다. 스킨, 로션과 같은 기초 화장품을 사용한 후, 재활용품으로 용기를 분리 수거 할 때는 내용물을 깨끗하게 씻어야 하는데 용기의 구조상 세척이 쉽지 않아 일반 쓰레기로 버려지는 경우가 많다. 이에 화장품 업계에서는 (　　　　　　　) 방안을 모색하던 중, 다시 쓰기 매장을 기획하였다고 한다. 아직 시행 초입 단계이므로 적극적인 홍보가 필요한 시점이지만 한 번이라도 다시 쓰기 매장을 이용한 적이 있는 소비자들은 만족도가 매우 높은 것으로 나타났다. 화장품 용기를 다시 쓴다고 하더라도 매장에서 3단계에 거쳐 충분히 소독을 하므로 안심하고 쓸 수 있다는 의견이 압도적이다.

① 용기의 단가를 낮출 수 있는
② 용기의 재사용률을 높일 수 있는
③ 용기와 내용물을 분리 할 수 있는
④ 용기의 소독 과정을 줄일 수 있는

4.

　　모바일 또는 컴퓨터 메신저를 활용하여 가족, 지인들과 소통하는 것은 오늘날의 일상이 되었다. 비단 메신저는 사생활의 영역만이 아니라 업무에서도 다채롭게 활용되고 있다. 그러나 이로 인해 공과 사의 구분이 모호해져 메신저로 행하는 업무 지시에 (　　　　　　　　　) 사람도 적지 않다. 메신저 알람이 울리기만 해도 스트레스를 받거나, 심하게는 휴대 전화를 보고 싶어 하지 않는 경우도 많다. 이에 국내 한 IT 기업에서 업무용 메신저를 개발하였는데 시간을 지정하면 알람이 울리지 않도록 설정되거나, 팀원들과 단체 채팅방을 만들어 실시간으로 회의 내용, 업무 일정 등을 공유할 수 있는 기능이 탑재되어 있다. 일반적인 메신저와 큰 차이가 없어 보일 수도 있으나 업무에 최적화된 요소들만 추려 비즈니스 용으로 제작되었다는 데 의의가 있다. 똑같은 업무 지시여도 개인용 메신저로 연락을 받는 것이 아니라 업무용 메신저로 연락을 받는다는 것만으로도 공과 사의 구분을 이루는 데 도움을 줄 수 있다는 것이 개발자의 소견이다.

① 당황스러워하는
② 만족감을 표하는
③ 강한 반감을 느끼는
④ 집중력이 향상된다는

4 접속사 고르기 [19]

 기출 문제

19. (   )에 들어갈 알맞은 것을 고르십시오.

> 시각 장애인의 안내견은 주인과 있을 때 행인에게 관심을 두지 않는다. (   ) 안내견
> 이 주인을 남겨 두고 행인에게 다가간다면 이는 주인이 위험에 처해 있다는 뜻이다. 안내견은 주인
> 에게 문제가 발생하면 곧장 주변 사람에게 달려가 도움을 요청하도록 훈련을 받기 때문이다. 안내
> 견이 행인의 주위를 맴돌면 안내견을 따라가 주인의 상태를 확인하고 구조 센터에 연락해야 한다.

① 비록   ② 물론   ③ 만약   ④ 과연

〈60회 TOPIKⅡ 읽기 기출문제〉

문제 풀이

[19] 문항은 빈칸에 들어갈 알맞은 접속사를 고르는 유형이다. 지문을 보면 빈칸 앞에서 안내견은 주인과 함께 있을 때
행인에게 관심을 두지 않는다고 하였지만, 빈칸 뒤에 이어지는 글에서는 만일 안내견이 주인을 남겨 두고 행인에게 간
다면 주인이 위험한 상태일 가능성이 크다고 설명한다. 따라서 가정 상황을 표현하는 ③번 '만약'이 정답이다.

오답 노트

①번: '비록'은 앞 문장과 뒤 문장의 내용이 반대될 때 사용하는 표현이므로 적절하지 않다.
②번: '물론'은 더 말할 것도 없이 당연하다는 뜻으로 빈칸의 내용에 어울리지 않는다.
④번: '과연'은 주로 생각과 실제가 같다는 것을 확인하는 표현이므로 오답이다.

단어 □ 시각   □ 장애인   □ 곧장   □ 요청하다   □ 상태

연습 문제

[1~4] (　　　)에 들어갈 알맞은 것을 고르십시오.

1.

일상에서 사용하는 다양한 생활용품은 우리의 예상보다 사용 기한이 훨씬 짧은 편이다. 수건이나 베개는 대략 2년 정도 사용하면 박테리아가 증식하기 때문에 교체하는 것이 좋고 머리빗 역시 세균 번식을 막기 위해 1년 주기로 바꾸는 것을 추천한다. (　　　　　) 다양한 음식을 담는 플라스틱 용기는 사용 기한이 굉장히 짧다. 오래 사용하면 유해 화학 물질이 발생하므로 3개월 이상 사용 후에는 처분하는 것이 바람직하다.

① 과연　　　　　② 또는　　　　　③ 한편　　　　　④ 특히

2.

16세기 이후 유럽 전역에서 유행하던 건물 양식을 바로크 양식이라 한다. 바로크는 일그러진, 찌그러진 진주를 의미하는 포르투갈어에서 유래된 단어로 고전 양식과 비교하여 과장된 느낌의 건축물을 비꼬는 말에서 시작되었다. (　　　　　) 시간이 지나면서 경멸의 의미는 사라지고 당대의 건축 양식을 일컫는 말로 자리 잡았다. 또한 이후에는 건축 양식뿐만 아니라 당시에 유행하던 음악, 미술과 같은 예술 영역을 아울러 바로크라 부르게 되었다.

① 그러나　　　　② 오히려　　　　③ 반면에　　　　④ 게다가

3.

고구마, 바나나, 토마토, 우유. 모두 아침 식사 대용으로 먹거나 아침 식사에 자주 등장하는 음식이다. 그러나 이와 같은 음식들은 공복에 섭취 시 우리 몸에 부담을 주게 된다. 쉽고 빠르게 포만감을 주다 보니 섭취 직후에는 안정감을 주는 듯하나, (　　　　　) 위산 분비를 촉진하여 위에 부담을 주거나 위장 장애를 악화시키기도 한다. 게다가 바나나는 혈액 안의 칼륨과 마그네슘의 불균형을 일으키기도 하므로 공복에는 섭취를 피하는 것이 좋다.

① 어쨌든　　　　② 그러면　　　　③ 오히려　　　　④ 그래서

4.

열등감은 결핍에서 오는 것이라 생각하기 쉽지만 자신이 누구보다 우월하다는 마음에서 비롯된다. 타인보다 우위에 있다고 생각했는데 그 타인이 어느 날 내가 가지지 못한 가치나 물질을 손에 넣으면 견딜 수 없는 패배감에 빠지게 되며 열등감에 젖어 든다. 다시 말해 그 사람이 아니라 내가 그것을 가졌어야 한다는 자만과 자기애에서 비롯되는 것이다. (　　　　　) 열등감은 오만이 일으키는 마음의 어둠이라 할 수 있다.

① 이처럼　　　　② 차라리　　　　③ 그래도　　　　④ 그러나

5 관용표현 고르기 [21]

 기출 문제

21. (　　　)에 들어갈 알맞은 것을 고르십시오.

> 　　문자 교육은 빠를수록 좋다고 믿는 부모들이 있다. 이들은 자신의 아이가 또래보다 글자를 더 빨리 깨치기를 바라며 문자 교육에 (　　　　　　　　　). 그런데 나이가 어린 아이들은 아직 다양한 능력들이 완전히 발달하지 못해 온몸의 감각을 동원하여 정보를 얻는다. 이 시기에 글자를 읽는 것에 집중하다 보면 다른 감각을 사용할 기회가 줄어 능력이 고르게 발달하는 데 어려움이 있을 수 있다.

① 손을 뗀다
② 이를 간다
③ 담을 쌓는다
④ 열을 올린다

〈60회 TOPIK Ⅱ 읽기 기출문제〉

문제 풀이

[21] 문항은 빈칸에 들어갈 알맞은 관용표현을 고르는 유형이다. 빈칸 앞부분에서 자녀의 문자 교육이 빠를수록 좋다고 믿는 부모들이 있다고 하였으나 '그런데'부터는 조기 교육의 부작용을 설명하고 있다. '그런데'는 앞의 내용과 상반되는 내용을 제시할 때 쓰는 표현이므로 빈칸이 포함된 문장까지는 문자 교육에 대한 부모의 높은 관심도에 대해 쓰는 것이 자연스럽다. 따라서 무언가에 열중한다는 ④번 '열을 올린다'가 정답이다.

오답 노트

①번: '손을 뗀다'는 어떤 일을 더 이상 하지 않는다는 뜻이므로 정답이 아니다.
②번: '이를 간다'는 화가 나서 분함을 참지 못하여 벼르고 있는 상태를 나타내므로 오답이다.
③번: '담을 쌓는다'는 마음을 닫는다는 뜻이므로 정답으로 적절하지 않다.

단어 □또래 □문자 □발달하다 □온몸 □감각 □동원하다 □얻다 □능력

연습 문제

[1~4] (   )에 들어갈 알맞은 것을 고르십시오.

1.

> 겉으로는 매우 다정하고 온화해 보이지만 마음속에서는 나만의 기준이 매우 분명한 사람들이 있다. 이들은 누군가가 자신이 정해둔 선을 넘는 행위를 하면 한두 번은 이해하려고 하지만 한계점을 넘어서면 뒤도 돌아보지 않고 그들과 (   ). 절연을 당한 이들은 영문을 모른 채 당황하지만 연락을 끊은 사람들은 이미 상대에게 마음속으로 여러 번의 기회를 주었던 것이다.

① 이를 간다
② 발을 뺀다
③ 앞뒤를 잰다
④ 담을 쌓는다

2.

> 요즘 패스트푸드점에 설치된 키오스크 앞에서 낯선 주문 방법에 (   ) 사람들은 비단 기성세대만이 아니다. 젊은 세대 역시 직관적으로 터치스크린을 작동하기는 하나 처음 보는 기계에는 다소 당황하기 마련이다. 이에 일부 패스트푸드점은 키오스크로만 주문을 받을 경우, 의무적으로 최소 1명의 점원을 두고 원활한 주문이 이루어 질 수 있도록 고객의 편의를 고려하기로 하였다.

① 고개를 숙이는
② 진땀을 흘리는
③ 머리를 맞대는
④ 발목이 잡히는

3.

전화 상담원에게 폭언, 욕설을 하거나 모욕을 주어 심리적인 피해를 입힌 경우 내려지는 법적 처벌이 내년 이후 상향될 예정이다. 대면하지 않은 상황에서 말로 가하는 폭력 또한 누군가의 마음에 (   ) 인식이 더욱 공고하게 사회에 안착할 필요가 있다. 이에 따라 유선으로 행해지는 협박, 언어적 폭력, 모욕에 기존과 비교하여 강도 높은 처벌이 이루어질 예정이다.

① 열을 올릴 수 있다는
② 못을 박을 수 있다는
③ 고개를 숙일 수 있다는
④ 골치가 아플 수 있다는

4.

최근 청소년들 사이에서 사는 곳에 따라 친구를 가려 사귀는 것이 유행처럼 번져 큰 사회 문제가 되고 있다. 요즘 중고생들은 메신저에 자기소개를 남길 때 거주하는 건물 이름이나 동네를 함께 표기하여 부를 과시한다고 한다. 자기소개로 친구들의 생활 수준을 가늠한 후 자신의 가정과 경제력이 유사한 친구들을 사귀겠다는 것이다. 이들은 마치 결혼을 하기 위해 자신이 희망하는 조건을 늘여놓고 (   ) 완벽한 배우자를 구하려는 듯한 태도를 취하고 있다. 물질만능주의 폐해가 극단적으로 드러난 예이다.

① 앞뒤를 재면서
② 가슴을 치면서
③ 귀를 기울이면서
④ 발걸음을 맞추면서

● 유형 소개

〈유형 6〉은 신문 기사의 제목을 보고 이에 대한 의미를 적절하게 설명한 선택지를 고르는 문항이다. 지문에는 의미가 함축된 기사 제목 외에 다른 정보가 없기 때문에 제시된 표현을 충분히 이해할 수 있는 풍부한 어휘력과 문법 이해도가 요구된다.

● 〈유형 6〉의 문항

❶ 기사 제목을 잘 설명한 문장 고르기 [25~27]

> **유형 전략**
>
> 〈유형 6〉은 짧은 신문 기사 제목을 읽고 이에 대한 적절한 설명을 골라야 하므로 신문 기사 제목에 주로 쓰이는 문체나 함축적인 표현을 학습해 두는 것이 중요하다. 또한 고급 수준의 단어와 뜻이 비슷한 쉬운 단어들을 묶어서 공부하면 도움이 된다. 더불어 기사 제목에는 의성어, 의태어가 자주 사용되므로 함께 공부하는 것이 좋다.

❶ 기사 제목을 잘 설명한 문장 고르기 [25~27]

 기출 문제

26. 다음 신문 기사의 제목을 가장 잘 설명한 것을 고르십시오.

> 연휴 마지막 날 교통 체증, 고속도로 몸살 앓아

① 연휴의 마지막 날에 고속도로에서 심각한 교통사고가 발생했다.
② 연휴에 실시한 고속도로 공사 때문에 사람들이 큰 불편을 겪었다.
③ 연휴가 끝나는 날 고속도로에 몰린 차들로 인해 길이 많이 막혔다.
④ 연휴 때마다 발생하는 교통 혼잡을 해결하기 위해 고속도로를 확장했다.

〈52회 TOPIK II 읽기 기출문제〉

문제 풀이

[25~27] 문항은 지문의 신문 기사 제목을 읽고 이와 같은 내용의 선택지를 고르는 유형이다. 기사 제목에서 '교통 체증'에 이어 고속도로가 몸살을 앓았다는 표현을 통해 연휴 동안 매우 복잡한 교통 상황이었음을 알 수 있다. 따라서 정답은 ③번이다.

오답 노트

①번: 복잡한 교통 상황이 아니라 교통사고에 대한 내용이므로 오답이다.
②번: 교통 체증과 무관한 고속도로 공사에 대한 내용이므로 정답이 아니다.
④번: 고속도로 확장에 대한 내용으로 지문과는 관련이 없으므로 오답이다.

단어 □ 연휴 □ 체증 □ 몸살 □ 앓다 □ 심각하다 □ 실시하다 □ 막히다 □ 확장하다

[1~4] 다음 신문 기사의 제목을 가장 잘 설명한 것을 고르십시오.

1.

> 현금 사용 불가한 패스트푸드 매장 개점, 찬반 의견 엇갈려

① 패스트푸드 매장에서의 현금 사용에 대한 투표가 열렸다.
② 향후 음식점 내 현금 사용을 대폭 줄이기 위한 토론회가 개최됐다.
③ 현금으로 결제할 수 없는 음식점에 대한 의견이 찬성과 반대로 나뉘었다.
④ 주주들의 투표로 현금 사용이 불가능한 매장의 개점 여부를 결정하고자 한다.

2.

> 인주시 공장 단지, 이익 창출에 눈멀어 노동자 안전은 뒷전

① 인주시에 있는 공장들은 타 지역 공장보다 노동 환경이 안전하다.
② 노동자의 안전을 최우선으로 생각하는 공장이 인주시에 증가하고 있다.
③ 인주시 공장 단지에서는 이익을 올리기 위해 안전한 근무 환경을 조성했다.
④ 인주시에 있는 공장들은 이익을 내는 것만 중시하여 안전 관리가 소홀하다.

3.

> 수확 앞두고 연일 이어지는 비, 농민들은 한숨

① 긴 가뭄 끝에 본격적인 장마가 시작되어 농민들이 안도하고 있다.
② 농산물이 자라기 시작하는 시기에 내린 폭우로 농민들이 피해를 입었다.
③ 예년보다 많은 강수량으로 농민들은 양질의 농산물이 수확될 것을 기대한다.
④ 농산물의 수확이 얼마 남지 않은 시점에 계속되는 비로 농민들이 힘들어한다.

4.

> 커피숍 내 일부 일회용품 사용 금지로 쓰레기 줄이기 효과 '톡톡'

① 커피숍에서 사용되는 일회용품을 모두 제한하여 이용자들이 불편을 겪었다.
② 커피숍에서의 일회용품 사용을 금지함으로써 쓰레기를 줄이는 데 효과를 봤다.
③ 소비자들이 커피숍에서 나오는 쓰레기를 분리 수거 하여 환경 보호에 도움을 줬다.
④ 커피숍 내 쓰레기통에는 의무적으로 일회용품을 버릴 수 없게 하여 쓰레기가 줄었다.

유형 ❼   글의 중심 생각 및 목적 고르기

● 유형 소개

〈유형 7〉은 글의 중심 생각을 고르거나 글을 쓴 목적을 고름으로써 필자가 지문을 통해 전달하고자 하는 내용을 잘 파악하는지 확인하는 유형이다. 이 유형에 해당되는 문항은 [22], [48]이다. 이 유형의 문항들은 중심 생각, 목적을 찾는 문제로 동일한 문항은 아니지만 필자가 글을 쓸 때 가장 중요하게 생각하는 내용이라는 점에서 같은 유형으로 분류하였다. 또한 각각 한 문항씩 출제되므로 다른 유형에 비해 상대적으로 출제 빈도가 낮지만 전략을 잘 이해하면 빠르게 답을 고를 수 있으므로 전체적으로 문제 풀이를 할 때 시간 조절을 잘 할 수 있다.

● 〈유형 7〉의 문항

❶ 글의 중심 생각 고르기 [22]
❷ 글을 쓴 목적 고르기 [48]

유형 전략

〈유형 7〉은 지문을 정독하기보다는 지문의 앞부분의 1~2문장을 간단히 살펴보고 지문의 뒷부분을 중심으로 읽으면서 중심 생각, 목적을 찾아야 한다. 한국에서는 보통 글의 뒷부분에 중심 생각이나 글의 목적이 나타나는 경우가 많으므로 뒷부분을 주의해서 보는 것이 좋다.

❶ 글의 중심 생각 고르기 [22]

 기출 문제

22. 위 글의 중심 생각을 고르십시오.

> 문자 교육은 빠를수록 좋다고 믿는 부모들이 있다. 이들은 자신의 아이가 또래보다 글자를 더 빨리 깨치기를 바라며 문자 교육에 (   ). 그런데 나이가 어린 아이들은 아직 다양한 능력들이 완전히 발달하지 못해 온몸의 감각을 동원하여 정보를 얻는다. 이 시기에 글자를 읽는 것에 집중하다 보면 다른 감각을 사용할 기회가 줄어 능력이 고르게 발달하는 데 어려움이 있을 수 있다.

① 문자 교육을 하는 방법이 다양해져야 한다.
② 아이의 감각을 기르는 데 문자 교육이 필요하다.
③ 이른 문자 교육이 아이의 발달을 방해할 수 있다.
④ 아이들은 서로 비슷한 시기에 글자를 배우는 것이 좋다.

〈60회 TOPIK II 읽기 기출문제〉

[22] 문항은 글의 중심 생각을 고르는 유형이다. 이 글에서는 '문자 교육이 빠를수록 좋다는 부모들이 많다'는 내용이 첫 번째 문장에 나온다. 마지막 문장에서는 '나이가 어린 아이들이~ 능력이 고르게 발달하는 데 어려움이 있을 수 있다.'는 내용으로 끝난다. 이른 문자 교육이 아이의 발달에 어려움을 줄 수 있다는 내용의 ③번을 답으로 고르면 된다.

①번: 지문에서 문자 교육의 방법이 다양해져야 한다는 내용은 언급되지 않았다.

②번: 문자 교육 때문에 감각을 사용할 기회가 줄어든다는 내용이 나오므로 답이 될 수 없다.

④번: 서로 비슷한 시기에 글자를 배워야 한다는 내용이 아닌 배우는 시기에 대한 내용이다.

단어 ▫ 문자 교육 ▫ 또래 ▫ 깨치다 ▫ 발달하다 ▫ 감각 ▫ 동원하다 ▫ 집중하다 ▫ 방해하다

 연습 문제

[1~4] 글의 중심 생각을 고르십시오.

1.

무인 결제 시스템이란 기계를 이용하여 소비자가 스스로 주문을 하고 결제를 할 수 있는 시스템을 말한다. 인건비를 부담스러워하는 사업자에게는 인건비를 절약하기 위한 좋은 방법이 될 수 있다. 소비자들에게도 직원의 눈치를 보지 않고 물건을 고를 수 있어서 좋고 사람이 몰리는 시간에 결제하는 시간을 절약할 수 있어 효율적이다. 물론 아직은 무인 결제 시스템이 불편한 소비자들도 있다. 특히 중장년층의 경우 낯설고 조금 어렵게 느껴질 수 있는데 사용 방법을 한번 배우면 쉽게 이용할 수 있고, 단점보다 장점이 더 많은 시스템이다.

① 무인 결제 시스템은 소비자들에게 불편함을 야기한다.

② 무인 결제 시스템은 사업자와 소비자에게 도움이 되는 시스템이다.

③ 소비자들은 무인 결제 시스템을 사용하면 물건을 빨리 골라야 한다.

④ 중장년층의 소비자들은 무인 결제 시스템을 받아들이기 어렵다고 생각한다.

2.

　　전 세계가 하나의 시장으로 여겨지는 세계화 시대에서 영어를 잘하는 사람이 직장이나 사회에서 좋은 대우를 받는 시대가 왔다. 그러나 한국 사회에서 공교육만으로는 실용적인 영어를 습득하기 어렵다는 의견이 많다. 영어를 잘하기 위해서는 따로 다른 사교육을 받거나 개인적으로 더 많은 노력을 기울여야 한다. 이러한 배경에서 조기 영어교육이 이슈가 되고 있다. 조기 영어교육은 많은 교육비, 아이들에게 주는 학업 스트레스, 모국어 습득에 방해가 되는 단점들로 비판의 시선도 적지 않다. 그러나 이러한 단점들을 개선하여 교육이 이루어진다면 장기적인 관점에서 봤을 때 아이가 성장하면서 갖출 수 있는 하나의 강력한 경쟁력이 될 수 있을 것이다.

① 한국 사회에서는 영어를 잘해야 한다.
② 공교육만으로도 영어 실력이 좋아질 수 있다.
③ 조기 영어교육을 비판적으로 바라보는 사람들이 많다.
④ 세계화 시대에서 아이에게 적절한 조기 영어교육은 필요하다.

3.

　　파이어족은 젊었을 때 경제적으로 자립하여 늦어도 40대에 일찍 직장을 은퇴하기를 희망하는 사람들을 말한다. 파이어족은 경제적으로 자립하기 위해 젊었을 때 임금을 극단적으로 절약하거나 노후 자금을 빨리 확보하기 위해 노력한다. 사회적인 노동 활동에서 벗어나 스트레스를 받지 않고 자신의 행복을 추구하는 파이어족들은 최근 많은 사람들에게 선망의 대상으로 여겨진다. 그러나 파이어족의 극단적인 절약과 청년들의 생산활동 감소는 금융 위기로까지 이어질 수 있는 심각한 경제 문제를 야기할 수 있다. 많은 경제 전문가들은 파이어족을 희망하는 청년들에게 직장을 완전히 그만두기보다는 싫어하는 일이나 돈 때문에만 하는 일을 멈추고 실제로 즐길 수 있는 일을 찾아보는 것을 조언한다.

① 파이어족의 증가는 경제적으로 부정적인 영향을 미칠 수 있다.
② 파이어족은 스트레스를 받지 않고 자신의 행복을 추구할 수 있다.
③ 파이어족의 절약과 생산활동은 경제적으로 사회에 많은 도움을 준다.
④ 경제 전문가들은 청년들에게 돈 때문에 하는 일을 멈추라고 조언한다.

4.

　　오늘날 한국 사회의 직장 내에는 다양한 세대가 함께 일을 하고 있다. 늘어난 수명과 함께 경제 활동 연령이 높아지면서 중간 관리자급인 70년대생부터 신입인 90년대생까지 한 사무실에서 근무한다. 직장 내 다양한 세대의 협업은 노련한 사회 경험과 새로운 아이디어와 같은 다양한 장점을 보여줄 수 있지만 세대 차이 때문에 갈등을 야기하기도 한다. 상사의 업무 지시가 비효율적이거나 월급에 비해 업무량이 많다고 느껴지면 90년대생은 바로 불만을 표현한다. 그렇지만 상사의 업무 지시에 무조건 따르는 환경에서 근무했던 70년대생들은 이러한 신입의 태도에 당황한다. 두 세대 모두 어느 한 편에 잘못이 있는 것은 아니다. 서로가 다른 환경에서 자라 왔는데 현재 같은 환경에서 업무를 하게 되어서 의견이 충돌하고 있을 뿐이다. 기성세대와 신세대들이 직장 내에서 서로의 사고방식의 차이를 있는 그대로 받아들이고 수용할 줄 아는 자세와 배려심이 필요한 시대가 되었다.

① 한국 사회에서는 직장 내 다양한 세대가 함께 근무한다.
② 고령화 현상과 함께 과거보다 경제 활동 연령이 높아졌다.
③ 신세대는 상사의 비효율적 지시에 참지 않고 바로 표현한다.
④ 직장 내 세대 간 갈등을 해결하기 위해 서로 이해하는 태도가 필요하다.

2 글을 쓴 목적 고르기 [48]

48. 위 글을 쓴 목적으로 알맞은 것을 고르십시오.

> 　　4차 산업은 그 분야가 다양하지만 연구 개발이 핵심 원동력이라는 점에서 공통점을 갖고 있다. 이러한 점을 고려하여 정부는 신성장 산업에 대한 세제 지원을 확대하기로 했다. 미래형 자동차, 바이오 산업 등 신성장 기술에 해당하는 연구를 할 경우 세금을 대폭 낮춰 준다는 점에서 고무적인 일이다. 하지만 현재의 지원 조건이라면 몇몇 대기업에만 유리한 지원이 될 수 있다. 해당 기술을 전담으로 담당하는 연구 부서를 두어야 하고 원천 기술이 국내에 있는 경우에만 지원이 가능하기 때문이다. 혜택이 큰 만큼 (　　　　　　　　　) 정부의 입장을 이해하지 못하는 것은 아니다. 그러나 이번 정책의 목적이 단지 연구 개발 지원에 있는 것이 아니라 연구 개발을 유도하고 독려하고자 하는 것이라면 해당 조건을 완화하거나 단계적으로 적용할 필요가 있다.

① 투자 정책이 야기할 혼란을 경고하려고
② 세제 지원 조건의 문제점을 지적하려고
③ 연구 개발에 적절한 분야를 소개하려고
④ 신성장 산업 연구의 중요성을 강조하려고

〈60회 TOPIK II 읽기 기출문제〉

문제 풀이

[48] 문항은 글을 쓴 목적을 고르는 유형이다. 이 글의 앞부분에서는 정부가 신성장 산업에 대해 세제 지원을 확대하기로 한 내용이 나온다. 마지막 문장에서는 접속사 '그러나'가 나오면서 정책의 조건을 완화하거나 단계적으로 적용할 필요가 있다는 내용으로 끝난다. 이를 통해 정부의 정책='세제 지원 조건'의 문제가 있음을 유추할 수 있다. 정부가 확대하기로 한 세제 지원 조건의 문제를 이야기하는 내용의 ②번을 답으로 고르면 된다.

오답 노트

①**번:** 지문에서 투자 정책이 야기할 혼란에 대한 내용은 언급되지 않았다.
③**번:** 지문에서 연구 개발에 적절한 분야를 새로 소개하는 내용도 제시되지 않았다.
④**번:** 지문에서 신성장 산업 연구의 중요성은 이미 정부에서 강조하고 있기 때문에 글을 쓴 목적으로 적절하지 않다.

단어 □ 4차 산업　□ 세제　□ 지원　□ 확대하다　□ 혼란　□ 경고　□ 지적하다　□ 강조하다

 **연습 문제**

[1~4] 글을 쓴 목적으로 알맞은 것을 고르십시오.

1.

다양한 저작물 사이에서 표절과 관련된 의혹이나 분쟁이 끊이지 않고 있다. '표절'이라는 용어는 일반적으로 두 저작물 간에 실질적으로 표현이 유사한 경우는 물론, 전체적인 느낌이 비슷한 경우까지 폭넓게 사용되고 있다. 이러한 표절은 타인의 저작물을 자신이 창작한 것처럼 속였다는 도덕적 비난이 강하게 내포되어 있다. 그러나 표절이라고 평가하기 전에 주의해야 할 것이 있다. (   ) 비교하는 대상이 저작물에 해당하지 않거나 저작권법의 보호 대상이 아닌 아이디어의 영역이 유사한 경우까지 표절이라는 용어를 사용한다는 점에서 아이디어 자체는 보호하지 않고 창작성 있는 구체적인 표현만을 보호하는 저작권 침해와 구별해야 할 필요성이 있다.

① 표절 사례를 분석하기 위해서
② 표절의 문제를 제기하기 위해서
③ 표절의 경계성을 역설하기 위해서
④ 표절과 저작권 침해와의 차이를 설명하기 위해서

2.

오늘날 지역 이기주의는 다양한 사회적 문제를 야기하는 부정적인 현상으로 평가된다. 그러나 민주주의의 관점에서 지역 이기주의는 민주주의의 미완성에서 비롯된 것이라는 입장으로 볼 수 있다. 지역화된 이익을 추구하는 것은 민주주의적 다원성이 일반화된 국가에서는 보편적인 현상이다. 그러나 이러한 이해관계가 지역 갈등과 지역 이기주의라는 형태로 나타난다는 것 자체가 우리 사회에 다원주의가 자리잡고 있지 못하다는 사실을 알려준다. (   ) 지역 이기주의는 민주주의의 부정적인 단면으로 이해되어서는 안되며 오히려 보다 높은 민주주의를 향한 과정의 하나로 인식되어야 한다. 다만 문제는 지역 이기주의를 민주주의라는 가치 하에서 어떻게 적절하게 순화시키며 다양한 이해관계 속에서 합의를 도출시킬 수 있는 제도적 완충 장치를 마련되어야 할 것이다.

① 지역 이기주의를 소개하려고
② 지역 이기주의를 분석하려고
③ 지역 이기주의의 문제점을 제기하려고
④ 지역 이기주의에 대한 새로운 시각을 제시하려고

3.

　　최근 돈을 벌기 위해 일하지 않고 일할 계획이 없는 청년 무직자, '니트족'이 증가하고 있는 추세다. 우리나라 '청년 니트족' 비중이 증가함에 따라 국가적으로 큰 경제적 손실이 발생하고 있다. 저출산과 고령화 현상으로 인한 인구구조 변화와 함께 생산가능인구가 지속적으로 감소하고 있는 상황에서 청년 니트족은 노동력 부족 문제를 더욱 심화시키고 있다. (　　　　　　　　　　) 전문가들은 향후 청년층 니트족들을 노동 시장으로 유도하기 위해 대안을 마련해야 한다고 입을 모은다. 대안을 마련하기 위해서는 니트의 근본적인 문제를 해결해야 한다. 사회 생활에 대한 두려움, 취업 의욕 상실 등의 문제를 해결하기 위해서는 청년층을 위한 취업 지원과 심리 상담 프로그램이 필요하다. 뿐만 아니라 니트족 비중 감소를 위해 투자와 노동 시장 개혁, 일자리 창출 등의 문제도 개선해야 한다.

① 노동력 부족 문제의 원인을 밝히기 위해
② 니트족이 인기 있는 이유를 설명하기 위해
③ 청년 니트족 문제의 해결 방안을 살펴보기 위해
④ 인구구조의 변화와 니트족의 관계를 분석하기 위해

4.

　　헬리콥터 부모란 자녀의 양육과 교육에 지나칠 정도로 관심을 쏟는 부모를 일컫는 용어다. 이름과 같이 헬리콥터처럼 자녀의 머리 위를 맴돈다고 해서 붙여진 이름이다. 헬리콥터 부모는 자녀의 청소년기를 넘어서 성인이 되어서도 영향력을 행사한다. 대학에서는 자녀의 성공적인 취업을 위해 학점에 문제가 생기면 말도 안 되는 이유로 항의하거나 자녀의 출석 시간을 위해 부모가 대신 대리 출석하는 경우도 있다. (　　　　　　　　　　) 헬리콥터 부모는 자녀의 사생활에도 간섭한다. 자녀의 SNS 게시물에 대해 참견하고 자녀의 일상생활을 하루종일 살핀다. 이러한 헬리콥터 부모는 자녀에게도 나쁜 영향을 준다. 가까운 곳에서 모두 챙겨주는 헬리콥터 부모 때문에 자녀들은 성년이 되어도 스스로 결정하지 못하고 자기 결정 장애를 앓고 살아가게 된다는 견해가 있다.

① 헬리콥터의 원리를 설명하기 위해
② 헬리콥터 부모의 행동을 분석하기 위해
③ 헬리콥터 부모들에게 조언을 해주기 위해
④ 헬리콥터 부모가 자녀에게 미치는 영향을 제시하기 위해

유형 ⑧ 인물의 심정 및 태도 고르기

● 유형 소개

〈유형 8〉은 지문에 나타난 인물의 심정이나 태도를 고르는 문항이다. 대부분 TOPIK II 읽기의 마지막 부분에 나오는 유형이므로 남은 시간 안에 긴 글을 빠르게 읽고 전반적인 흐름을 파악해야 한다. 일반적으로 인물의 심정을 고르는 문제의 지문에는 주로 소설이 나오고 인물의 태도를 고르는 문제는 어떤 일에 대한 글쓴이의 견해가 나타나는 글이 제시된다.

● 〈유형 8〉의 문항

❶ 밑줄 친 부분의 인물의 심정 고르기 [23, 42]
❷ 밑줄 친 부분의 인물의 태도 고르기 [50]

> **유형 전략**
>
> 인물의 심정 또는 의도를 잘 파악하기 위해 인물의 감정, 태도를 나타내는 단어를 모아 미리 학습하는 것이 좋다. 지문을 읽기 전에 선택지에 있는 표현들을 먼저 살펴보고 글의 전체적인 흐름을 파악한 후, 밑줄 친 부분에 나타난 인물의 심정과 의도를 분석해야 한다.

❶ 밑줄 친 부분의 인물의 심정 고르기 [23·42]

 기출 문제

23. 밑줄 친 부분에 나타난 나의 심정으로 알맞은 것을 고르십시오.

> 고향에 사는 아버지가 오랜만에 우리 집에 오셨다. 나는 남편과 함께 아버지와 이런저런 이야기를 나누며 거실에 앉아 있었다. 그때 갑자기 남편이 아버지를 모시고 영화관에 가자고 했다. 그 말에 나는 "영화관은 무슨? 아버지는 어둡고 갑갑해서 영화관 가는 거 안 좋아하셔." 하고 내뱉었다. 그래도 아버지에게 슬쩍 "영화 보러 가실래요?"하고 물었는데 손사래를 치실 것 같던 아버지는 그저 가만히 계셨다. 그 순간 나는 아버지의 마음을 읽을 수 있었다. <u>나는 왜 아버지가 영화관에 가는 것을 안 좋아하실 거라고 생각했을까.</u> 지금껏 내 기준에서 판단한 일들이 얼마나 많을까 생각하니 마음이 무거워졌다. 영화관에 갈 준비를 하며 옷도 살피고 모자도 쓰고 벗기를 반복하시는 아버지의 얼굴에는 미소가 가득했다. 그런 아버지를 보며 나는 앞으로 아버지가 무엇을 좋아하시는지 관심을 가지기로 했다.

① 부담스럽다
② 불만스럽다
③ 짜증스럽다
④ 죄송스럽다

〈60회 TOPIK II 읽기 기출문제〉

문제 풀이

[23 · 42] 문항은 지문에 나타난 인물의 심정을 고르는 유형이다. 밑줄 앞의 '아버지의 마음을 읽을 수 있었다'와 밑줄 뒤의 '지금껏 내 기준으로 판단한 일들이 많아서 마음이 무겁다'를 통해 글쓴이가 그동안 아버지의 마음을 잘못 이해했음을 알 수 있다. 또한 아버지의 속마음을 헤아리지 못한 글쓴이가 그간의 일들을 생각하니 마음이 무겁다고 반성하고 있으므로 ④번 '죄송스럽다'가 정답이다.

오답 노트

①번: '부담스럽다'는 어떤 일이나 상황이 감당하기 어려운 느낌이 있다는 뜻이므로 오답이다.

②번: '불만스럽다' 마음에 차지 않아 좋지 않은 느낌을 나타내는 표현이므로 오답이다.

③번: '짜증스럽다' 귀찮고 성가셔서 싫다는 뜻이므로 정답이 아니다.

단어 □모시다 □지금껏 □반복하다 □미소 □가득하다

연습 문제

[1~4] 밑줄 친 부분에 나타난 나의 심정으로 알맞은 것을 고르십시오.

1.

　　친구가 약속 시간에 늦는다기에 근처 카페에서 커피를 마시며 기다리기로 했다. 따뜻한 커피를 한 잔 주문하고 밖이 보이는 곳에 자리를 잡아 앉았는데 내 옆에는 서너 살쯤 돼 보이는 아이와 엄마가 앉아 있었다. 엄마는 아이를 제자리에 앉히려고 했지만, 어찌나 활기 넘치는 녀석인지 도통 말을 듣지 않아 애를 먹고 있는 모양이었다. 3분쯤 지나 주문한 커피를 받아서 들고 오니 그 짧은 사이에 무슨 일이 있었는지 아이 엄마의 음료는 반쯤 쏟아져 있었고, 아이는 그 와중에도 가만히 있지를 못해 엄마는 한계에 다다른 모습이었다.

　　그때 "너 자꾸 이렇게 말 안 들으면 이 이모한테 아주 혼쭐 내달라고 할 거야!"라며 아이 엄마는 대뜸 나를 가리켰다. 이 여성은 아이에게 따끔하게 뭔가 한마디 해 달라는 듯한 눈빛을 나에게 연신 보냈다. 조카도 없는 나는 생전 처음 겪는 일에 어찌할 바를 몰라 멀뚱멀뚱 서 있기만 했다. 결국 어색한 분위기에 나는 "그러지마…!"라고 아이에게 작게 읊조리고 조용히 자리에 앉았다.

① 불안하다

② 곤란하다

③ 안심하다

④ 희망하다

2.

　　누구보다 수학을 싫어했던 나는 중학교 2학년 때 우리 반에 들어오신 수학 선생님 덕분에 수학에 흥미를 갖게 됐다. 언제나 인자한 미소에 어딘가 모르게 푸근한 느낌이 들던 그 선생님은 학생들에게 제2의 엄마 같은 존재였다. 나 역시도 누구보다 선생님에게 많이 의지했고, 선생님과 더 이야기하고 싶고 가까워지고 싶은 마음에 수학 공부에 열중하게 되었다. 다만 남들보다 기초가 부족했던 터라 쉬운 문제도 따라가기가 벅찼고 종종 선생님께 따로 질문을 드리곤 했다. 처음에는 질문을 하는 것조차 부끄러웠지만 용기를 내서 질문한 내가 기특하다며 예뻐해 주시는 선생님 덕분에 자연스레 방과 후 교무실에 질문을 드리러 찾아가는 것이 하나의 일상이 됐다. 하루는 교실 청소를 마치고 평소보다 좀 늦게 수학 질문을 하러 교무실에 갔는데 교무실 안에서 수학 선생님과 옆자리 역사 선생님이 이야기를 나누는 소리가 들렸다.

　　"오늘은 걔가 웬일로 안 온대?" "몰라, 귀찮아 죽겠어. 수학 질문 지겹다니까 정말."

　　<u>나는 교무실 문 앞에서 고개를 숙인 채 한참을 서 있었다.</u> 천사 같던 선생님의 미소가 머릿속에서 일순간 사라졌다. 선생님의 속마음도 모르고 매일 찾아온 내가 한심하고 바보 같았다. 나는 두 번 다시 교무실에 찾아가지 않았다.

① 희망하다
② 실망하다
③ 답답하다
④ 조급하다

3.

　　이런 시골은 싫다며 죽기 살기로 공부해서 서울에 있는 대학교에 들어간 후, 서울에 있는 회사에 취직해서 홀로 타향살이를 한 지 어느덧 15년이 흘렀다. 20대 중반까지는 서울이 최고라며 내 눈에 흙이 들어와도 돌아가지 않겠노라 다짐했지만 회사 생활에 지쳐 집에서 혼자 맥주로 목을 축일 때면 언제부턴가 "그래, 깡촌에 진짜 아무것도 없었지만, 그때도 나름대로 좋았지."라고 생각하는 날이 늘었다. 인간은 원래 내 손 안에 있을 때는 소중함을 모른다고 하더니 고향을 떠나고 나서야 불현듯 느껴지는 소중함이었다. 회사와 집을 무한 반복하는 쳇바퀴 같은 일상은 도시의 화려한 네온사인도, 2호선을 타고 지날 때 보이는 한강과 63빌딩의 번쩍임도 무색하게 만들었다.

　　"김치는 있어? 밥은 잘 챙겨 먹는 거야?"

　　"김치 있어. 보내지 마. 저번에 받은 것도 다 못 먹었어."

　　"그거 얼마나 된다고 아직도 다 못 먹었어? 밥 먹고 다니는 거 맞아?"

　　"에휴, 맞대도…. 엄마 나 피곤하다 끊을게."

　　"주원아!"

　　점점 마음속 어딘가가 텅 비어가는 게 전화를 타고 전해졌는지 늘 하는 안부 전화를 끊고 며칠이 지난 뒤 부모님과 부모님 댁 근처에 사는 언니 부부까지 모두 서울로 놀러 오겠다고 하는 게 아닌가. 처음엔 성가시게 단체로 뭘 오냐고 오기만 해보라고 큰소리를 쳤지만 못 이기는 척 어느새 역에서 집까지 오는 법을 꼼꼼하게 알려주는 나를 발견했다. 그동안 내가 말을 안 하면 아무 소리도 안 들리던 집에서 대여섯 명의 목소리가 쉴 새 없이 들리니까 귀찮기도 했지만 그 소음이 싫지 않았다. 사람 사는 게 이런 거구나. 정말 오랜만에 느꼈다.

　　"반찬 떨어지면 얘기해. 굶지 말고."

　　"내가 무슨 초등학생이야? 혼자 밥도 못 차려 먹게."

　　"엄마가 얘기할 때 그냥 고맙다고 해."

　　"언니는 진짜 내 편은 안 들고… 빨리 가 이제!"

　　"저 성질머리는 진짜. 간다 가!", "처제 잘 있어. 또 올게!"

　　"다들 조심히 가요! 도착하면 전화하고!"

　　서울역에서 가족들을 배웅하고 집으로 돌아왔다. 여느 때나 다름없는 조용함이었지만 이틀간 시끌벅적했다고 갑자기 이 적막함이 너무나도 낯설게 느껴졌다. <u>집도 텅 비었지만 내 마음속이 텅 비어버린 것만 같았다.</u> 그리고 그날 나는 결심했다. 이제 그만 고향으로 돌아가자고.

① 비참하다

② 허전하다

③ 억울하다

④ 곤란하다

4.

　나는 삼수를 하고 대학에 들어간 탓에 동기들보다 언제나 형, 누나였지만 가정 형편이 넉넉하지 않아 아르바이트로 생활비에 학비까지 벌어야 하니 마음 놓고 "오늘은 형이 살게!" 소리 한번 못한 채 대학 생활이 끝났다. 입학할 때는 세 살 차이였지만, 학비를 마련해야 하니 휴학, 복학이 반복되어 졸업할 때쯤엔 같이 수업을 듣는 학생들보다 못해도 여섯, 일곱 살은 더 위였다. 나이가 많다고 꼭 밥을 살 필요는 없지만 그래도 한 번 정도는 동생들에게 학식 한 그릇 사주고 싶은 그런 날이 있지 않나. 아쉽게도 학교를 다니는 내내 멋있게 한턱낼 수 있는 날은 오지 않았다. 오히려 아르바이트에 시달리는 날 보며 동생들이 밥은 챙겨 먹고 일하는 거냐고 간식거리를 건네주곤 했다.

　그중에서도 영진이는 나를 잘 따르고, 가끔은 나보다 더 형처럼 챙겨주던 녀석인데 다시 수능 준비를 하겠다며 휴학을 했고 나는 마침 그때 군 복무가 시작되어 자연스레 연락이 끊겼다. 요즘 같아선 인터넷으로 이런저런 연결고리를 금방 찾을 수 있지만 내가 학교 다닐 때는 삐삐가 전부였던 세상이라 한번 연락이 끊기면 좀처럼 찾기가 어려웠다. 더군다나 영진이는 독한 마음을 먹고 공부하겠다고 동기들, 선후배들과도 연락을 끊고 잠적했던 터라 더더욱 멀어질 수밖에 없었다.

　그렇게 세월이 흘러 나는 두 딸의 아버지가 되었다. 주말에 친구 모임에 다녀오겠다는 아내를 약속 장소에 데려다주고 집에 곧장 돌아오려 했으나 외식하자고 떼를 쓰는 딸들의 외침에 못 이겨 결국 한 식당에 들렀다. 그런데 어디에서 많이 본 얼굴이 "어서 오세요!"라고 우렁찬 인사를 하는 것이 아닌가. 영진이었다. 나는 너무나도 반가운 마음에 잡고 있던 딸아이의 손도 놓은 채 "야! 영진아!"라고 소리치며 달려갔고, 영진이도 나를 알아보고는 "형!"이라며 덥석 안겼다. 식사를 마치고 서로 얼마 만이냐, 그동안 어떻게 지냈냐 한참을 떠들고 나니 딸아이들은 심심함에 지쳐 의자에 앉아 졸고 있었다. 더는 안되겠다 싶어서 계산하려고 바지 뒷주머니에 손을 넣었는데 아무것도 없었다. 나는 순간 몸이 얼어붙은 것처럼 일시 정지 상태가 되었다. 바지 앞주머니인가? 식당 의자 밑에 떨어졌나? 차 안에 있나? 지갑의 행방을 생각해보니 원래 아내만 데려다주고 곧장 집에 돌아갈 예정이었기에 집에서 들고나오지 않은 것이 떠올랐다. 결국, 사정을 말하고 집에 가서 지갑을 가져온 후 음식값에 용돈을 조금 보태 영진이 손에 쥐어주고 왔다. 모처럼 멋있는 선배가 돼보려고 했는데 하늘도 무심하다는 생각을 하며 집에 돌아왔다.

① 당황스럽다
② 짜증스럽다
③ 불만스럽다
④ 절망스럽다

2 밑줄 친 부분의 인물의 태도 고르기 [50]

기출 문제

50. 밑줄 친 부분에 나타난 필자의 태도로 알맞은 것을 고르십시오.

> 4차 산업은 그 분야가 다양하지만 연구 개발이 핵심 원동력이라는 점에서 공통점을 갖고 있다. 이러한 점을 고려하여 정부는 신성장 산업에 대한 세제 지원을 확대하기로 했다. <u>미래형 자동차, 바이오 산업 등 신성장 기술에 해당하는 연구를 할 경우 세금을 대폭 낮춰 준다는 점에서 고무적인 일이다.</u> 하지만 현재의 지원 조건이라면 몇몇 대기업에만 유리한 지원이 될 수 있다. 해당 기술을 전담으로 담당하는 연구 부서를 두어야 하고 원천 기술이 국내에 있는 경우에만 지원이 가능하기 때문이다. 혜택이 큰 만큼 (   ) 정부의 입장을 이해하지 못하는 것은 아니다. 그러나 이번 정책의 목적이 단지 연구 개발 지원에 있는 것이 아니라 연구 개발을 유도하고 독려하고자 하는 것이라면 해당 조건을 완화하거나 단계적으로 적용할 필요가 있다.

① 기술 발전이 산업 구조 변화에 미칠 영향을 인정하고 있다.
② 세제 지원의 변화가 투자 감소로 이어질 것을 우려하고 있다.
③ 세금 정책이 연구 개발에 미치는 부정적 영향을 비판하고 있다.
④ 신성장 기술에 대한 세제 지원 정책을 긍정적으로 평가하고 있다.

〈60회 TOPIK II 읽기 기출문제〉

문제 풀이

[50] 문항은 지문에 나타난 인물의 태도를 고르는 유형이다. 지문을 보면 4차 산업에서 연구 개발이 무엇보다 중요하다고 하였고, '고무적'이라는 표현을 통해 정부의 신성장 산업 세제 지원을 긍정적으로 평가하였음을 알 수 있다. 따라서 밑줄 친 부분은 정부의 신성장 산업에 대한 긍정적인 입장을 나타낸 ④번이 정답이다.

오답 노트

①번: 세제 정책이 아니라 기술 발전에 따른 변화를 기대한다고 하였으므로 오답이다.
②번, ③번: 세제 지원을 긍정적으로 보는 지문의 흐름과 반대되는 내용이므로 정답이 아니다.

단어 □연구 □개발 □핵심 □공통점 □고려하다 □세금 □고무적이다 □유리하다 □부정적 □긍정적

[1~4] 밑줄 친 부분에 나타난 필자의 태도로 알맞은 것을 고르십시오.

1.

　　수도권 외국인 거주자 수가 역대 최고치를 기록하면서 각 자치구에서는 재활용품 분리 수거 배출에 대한 안내 책자를 다국어로 번역하여 외국 국적 주민들에게 배부하기로 했다. 세계 최고 수준의 재활용률을 유지하기 위해서는 매우 세부적인 규제가 요구되는데 한국어에 익숙하지 않은 외국인 거주자들이 이에 대해 모어가 아닌 다른 언어로 안내를 받고 이해하기에는 다소 어려움이 있다. 따라서 분리 수거 안내문을 각국의 언어로 번역하여 한국어 숙달도에 상관없이 쉽게 분리 수거에 참여할 수 있도록 장려하겠다는 취지이다. 그러나 각 자치구에서 언어권 별로 안내문을 외국인 거주자에게 우편 배송하기 위해서는 많은 시간과 노력이 필요하다. <u>또한 무사히 주민들에게 안내문이 전달되었다 할지라도 이를 보고 얼마나 적극적으로 관심을 가질지, 실천으로 옮길지는 미지수이므로 많은 난관이 예상된다.</u> 그러므로 해당 서비스가 시행하기까지 예산 낭비에 그치지 않을 방안을 구체적으로 모색해야 할 것이다.

① 새롭게 시행되는 분리 수거 안내문 전달 서비스의 실효성을 우려하고 있다.
② 실현 가능성이 희박한 분리 수거 안내서비스를 중단할 것을 주장하고 있다.
③ 다국어 분리 수거 안내 서비스를 실현시킨 자치구의 추진력에 감탄하고 있다.
④ 재활용품 분리 수거에 대한 일부 주민들의 무관심을 강력하게 비판하고 있다.

2.

　　올해 전기차에 대한 보조금의 세부적인 내용이 대폭 개정될 예정이다. <u>그동안 전기차를 구매할 때만 일부 세금이 면제된 반면, 올해부터는 구매 후에도 전기차를 유지하는 데 실질적으로 도움이 될 만한 혜택들이 대거 등장하여 운전자들의 부담을 대폭 덜 것으로 보인다.</u> 전기차 보급에 박차를 가하기 위해 내놓은 안들을 구체적으로 살펴보면 고속도로 통행료 할인안 개편, 개별 소비세 및 취득세 면제, 자동차세 감면, 공영 주차장 주차요금 일부 면제 등이 있다. 일부 시간대에만 할인이 되던 고속도로 통행료를 모든 시간대로 확대하고, 공영 주차장 이용 시 두 시간에 해당하는 요금을 감면하겠다는 것이다. 또한 전기차 구매의 진입 장벽을 낮추고자 차량 구매 및 유지에 필수 불가결한 세금도 매우 파격적인 감면안을 제시하고 있어 전기차 구매를 희망하는 사람들에게는 좋은 소식이 될 전망이다.

① 유명무실한 기존 전기차 보조금의 개편이 시급하다고 주장한다.
② 전기차 판매량이 증가하였을 때만 혜택이 늘어나는 것을 우려하고 있다.
③ 기존에 면제되던 세금이 다시 부과되는 것에 대해 강력하게 비판하고 있다.
④ 전기차 보유자들이 누릴 수 있는 실질적인 혜택이 늘 것으로 예측하고 있다.

3. 　국내 최대 규모의 포털 사이트 이타아에서는 지난달 15일부터 말일까지 모든 기사에 실명으로만 댓글을 달 수 있게 하였다. 유명인, 일반인을 막론하고 악성 댓글로 피해를 입는 사건이 끊이지 않자 이에 극약처방을 한 것이다. 해당 사이트는 작년부터 연예 관련 기사에 한하여 댓글 창을 닫아 두었지만 악성 댓글을 줄이기 위한 근본적인 해결책이 될 수 없다고 판단하여 이와 같은 결단에 이르렀다고 설명한다. 일부에서는 <u>익명성의 보장이야 말로 인터넷의 장점인데 이타아의 결정은 이를 무시하였을 뿐만 아니라 사생활 침해가 될 수 있다고 주장하였으나</u> 악성 댓글이 만연한 인터넷 세상에 경종을 울렸다는 측면에서 의미가 깊다. 보름간 댓글 실명제를 도입한 결과 악성 댓글은 76% 감소하였고, 익명으로 댓글을 남길 때보다 훨씬 양질의 의견들이 제시되었다는 평이 주를 이루었다. 또한 이타아 사용자들 역시 다시 댓글 실명제를 시행하는 데 찬성한다는 의견이 62%로 반수 이상 긍정적인 평가를 내렸다.

① 실명 댓글 제도를 시행했을 때 야기되는 사생활 침해를 우려한다.
② 익명성 보장만을 강요하는 일부 네티즌들을 강력하게 비판하고 있다.
③ 비록 실패로 끝났지만 인터넷 댓글 문화를 개선하려고 했다는 점을 인정하였다.
④ 악성 댓글이 당연시되는 인터넷 문화를 되돌아보게 한 것을 긍정적으로 평가했다.

4. 　국내 여행 열풍이 불면서 지역 특산물 경쟁이 가속화되는 가운데 인주시에서는 누구에게나 친근한 과일을 고급 주류로 개발하여 큰 주목을 끌고 있다. 포도 생산량 전국 1위로 유명한 인주시는 그동안 부진해진 포도 판매량에 골머리를 앓고 있었는데 이를 만회하고자 포도로 주전부리, 잼 등의 가공 상품을 생산해 왔다. 그러나 포도로 만든 과자가 소비자에게는 다소 낯설어 구매로 이어지지 않았고, 잼은 너무 흔하다는 이유로 지역 특산물로써 특색을 갖추지 못해 판매가 저조하였다. 이에 인주시는 지역 시민이라면 누구나 참여할 수 있는 특산물 아이디어 공모전을 열어 새로운 상품 개발에 주력하였는데 이 공모전에서 발탁된 아이디어 상품이 요즘 전국적으로 인기를 끌고 있는 포도 소주이다. 이 상품의 인기는 <u>지역 부흥을 위해 시를 움직이는 결정은 일부 관료가 한다는 고정관념을 버리고 열린 정책을 시도하여 끌어낸 쾌거라 할 수 있다.</u> 인주시는 시민들의 의견을 최대한 수렴하여 국내 굴지의 주류업체와 협업을 이루는 등 포도 소주 개발에 박차를 가했으며 농가와 구매자가 모두 만족할 수 있는 상품을 만들어냈다.

① 전문가의 의견이 고려되지 않은 경제 활성화 정책을 비판하고 있다.
② 시민들의 의견을 적극적으로 수용한 지자체의 판단을 높이 평가한다.
③ 지역 밀착형 경제 발전을 위해 지자체 시민단체의 협력을 제안하였다.
④ 소수의 정책 자문팀을 구성하여 경제활성화를 이뤄야 한다고 주장한다.

PART 2

문항별 전략 (1)

[1~2] 빈칸에 문법 골라서 넣기

☀ COOL TIP
- **제시된 문장의 주어와 서술어 파악하기**
  서술어가 빈칸일 때는 주어와 관련된 핵심 단어를 파악하여 알맞은 문법을 고른다.

 기출 문제

1. ( )에 들어갈 가장 알맞은 것을 고르십시오.

> 나는 주말에는 보통 영화를 ( ) 운동을 한다.

① 보지만   ② 보거나   ③ 보려고   ④ 보더니

〈64회 TOPIK II 읽기 기출문제〉

문제 풀이

- **제시된 문장의 주어와 서술어 파악하기**
  제시된 문장은 주어인 '나'가 '주말에 보통 하는 것'을 설명하는 문장으로 '영화를 보다'와 빈칸 뒤에 '운동을 하다'가 동등하게 나열되거나 둘 중에 하나를 선택하는 의미의 문법을 선택해야 하는 문제임을 파악한다.

- **파악한 내용을 바탕으로 적절한 문법 고르기**
  네 개의 선택지 중에서 문장의 선행문과 후행문이 동등한 형태로 나열되거나 둘 중에 하나를 선택한다는 의미의 문법은 '-거나'이므로 정답은 ②번이다.

오답 노트

①번: '-지만'은 선행문과 후행문이 반대되는 내용이 나와야 한다.
③번: '-으려고'는 앞이 '목적', 뒤에는 '목적을 위한 행위'가 나와야 한다.
④번: '-더니'는 앞의 상황 다음으로 뒤에 '예상하지 못한 상황'이나 '변화된 상황'이 나와야 한다.

 연습 문제

[1~4] (　　　)에 들어갈 가장 알맞은 것을 고르십시오.

1.

아르바이트를 (　　　　) 방학 때 좀 바빴다.

① 하려면　　　　② 하도록　　　　③ 하더니　　　　④ 하느라고

2.

어제 저녁에는 숙제를 (　　　　) 바로 친구를 만나러 갔다.

① 하거나　　　　② 하든지　　　　③ 하고 나서　　　　④ 하다 보면

3.

미리 표를 (　　　　) 고향에 가는 비행기를 탈 수 있다.

① 예매해야　　　② 예매하려고　　　③ 예매하더니　　　④ 예매하도록

4.

공항에 도착하니까 가족들이 마중을 (　　　　).

① 나와 있었다　　② 나왔으면 했다　　③ 나오도록 했다　　④ 나오게 되었다

[3~4] 밑줄 친 부분과 비슷한 문법 고르기

🧭 COOL TIP

◉ 밑줄 친 부분의 어휘 및 문법 파악하기

밑줄 친 부분의 앞, 뒤 문맥을 보고 의미를 유추하거나 4개의 선택지에 같은 어휘를 사용했는지 확인한다. 문법의 형태만 다른 4개의 선택지가 나오는 경우도 있지만 각각 다른 어휘와 문법이 함께 제시된 경우에는 제시된 어휘의 의미를 주의깊게 살펴봐야 한다.

◉ 선택지에서 앞에서 파악한 어휘 및 문법과 비슷한 의미 고르기

4개의 선택지 중에서 제시된 어휘 및 문법과 관련 없는 것부터 소거하는 방법으로 문제를 풀면 보다 빠르고 정확하게 답을 고를 수 있다.

 기출 문제

3. 다음 밑줄 친 부분과 의미가 비슷한 것을 고르십시오.

> 정부는 일자리를 <u>늘리고자</u> 새로운 정책을 수립했다.

① 늘리자마자   ② 늘리더라도
③ 늘리는 대신   ④ 늘리기 위해

〈64회 TOPIK II 읽기 기출문제〉

문제 풀이

◉ 밑줄 친 부분의 어휘 및 문법 파악하기

밑줄 친 부분의 문법 '-고자'가 있으므로 선행문 '정부의 일자리를 늘리는 일'이 후행문 '새로운 정책 수립'의 목적임을 먼저 파악한다.

◉ 선택지에서 앞에서 파악한 어휘 및 문법과 비슷한 의미 고르기

선행문의 내용이 목적이 될 때 쓰는 표현인 '-고자'와 유사한 의미의 문법은 '-기 위해서'이므로 정답은 ④번이다.

오답 노트

①번: '-자마자'는 앞의 행동이 끝나고 바로 이어지는 행동을 연결해주는 문법이다.
②번: '-더라도'는 선행문의 상황이 생기는지의 여부와 관계없이 후행문의 행위를 하겠다는 의지를 보여줄 때 사용한다.
③번: '-는 대신'은 선행문의 내용이 후행문의 내용으로 대체되거나 보상을 받는 상황이 되어야 한다.

단어 □ 정부 □ 일자리 □ 정책 □ 수립하다

연습 문제

[1~4] 다음 밑줄 친 부분과 의미가 비슷한 것을 고르시오.

1.

발표를 할 때 너무 <u>긴장한 탓에</u> 실수를 많이 했다.

① 긴장할까 봐   ② 긴장하는 바람에

③ 긴장하는 사이에   ④ 긴장하는 대신에

2.

모르는 문제였지만 다른 사람들에게 무시를 당할까 봐 <u>아는 척했다.</u>

① 아는 듯했다   ② 아는 체했다

③ 아는 편이다   ④ 알기 마련이다

3.

어제 배탈이 <u>날 정도로</u> 많은 음식을 급하게 먹었다.

① 나고   ② 나서

③ 날 만큼   ④ 나는 대로

4.

많은 사람들이 나를 한국인이라고 생각하지만 나는 한국어를 배우는 <u>학생일 뿐이다.</u>

① 학생에 불과하다   ② 학생이라면 좋겠다

③ 학생일지도 모른다   ④ 학생이라고 볼 수 없다

[5~8] 주제어 고르기

🌞 COOL TIP

🔹 **선택지를 읽고 문항 내용 파악하기**
선택지를 읽고 문제와 관련된 주제를 파악한다. 그리고 상품광고, 장소, 공익광고, 안내문 중에서 무엇과 관련된 문제인지 확인한다.

🔹 **핵심 단어 표시 후, 관련 없는 내용 지우기**
지문에 핵심 단어를 표시한 후 가장 관련이 없는 선택지부터 지운다. 지문과 전혀 관련이 없는 선택지부터 지우고 점점 정답을 좁혀 나가는 것이 좋다.

🔹 **제시된 모든 내용과 관련된 답 찾기**
지문의 한 부분이 아니라 모든 내용과 관련이 있는 선택지를 고른다.

📖 기출 문제

6. 다음은 무엇에 대한 글인지 고르십시오.

> # 똑똑하게 모으자!
> ### 매일매일 쌓여 가는 행복한 미래
>
> ① 병원   ② 은행   ③ 여행사   ④ 체육관

〈64회 TOPIK II 읽기 기출문제〉

문제 풀이

🔹 **선택지를 읽고 문항 내용 파악하기**
'병원, 은행, 여행사, 체육관'을 보고 장소를 고르는 문제임을 알 수 있다.

🔹 **핵심 단어 표시 후, 관련 없는 내용 지우기**
'모으자!' '매일매일 쌓여 가는'이라는 표현을 통해 무엇인가를 모으고, 쌓을 수 있는 대상과 밀접한 장소임을 유추할 수 있다.

🔹 **제시된 모든 내용과 관련된 답 찾기**
그러므로 '돈'을 모아 쌓아 나갈 수 있고 이로 미래를 대비할 수도 있는 ②번 '은행'이 정답이다.

오답 노트

①번: '병원'은 '건강'이나 '병'과 밀접한데 이를 '모은다'는 것은 어색하므로 정답이 아니다.

③번: '여행사'는 여행으로 추억 쌓는다고 할 수 있지만 '여행'과 '매일 쌓여간다'는 표현과는 어울리지 않으므로 오답이다.

④번: '체육관'에서 '운동'으로 건강으로 미래를 대비할 수 있지만 이를 모은다는 표현은 어색하므로 오답이다.

단어 □ 똑똑하다   □ 모으다   □ 쌓이다

연습 문제

[1~4] 다음은 무엇에 대한 글인지 고르십시오

1.

> **상쾌한 욕실을 간편하고 빠르게!**
> **찌든 때, 악취 한 번에 강력 제거!**

① 향수　　　　　　② 세제　　　　　　③ 지우개　　　　　　④ 청소기

2.

> 전문가와의 상담으로 더욱 효과적인 학습 방법을 찾아 드립니다.
> 학생 여러분, 저희만 믿고 따라오십시오!

① 병원　　　　　　② 학원　　　　　　③ 식당　　　　　　④ 가게

3.

> 일회용 컵, 일회용 빨대 아직도 쓰시나요?
> 작은 실천이 아름다운 산과 바다를 지킵니다.

① 건강 관리　　　　② 예절 교육　　　　③ 환경 보호　　　　④ 안전 관리

4.

3000원 할인권	• 할인권은 다른 사람에게 양도할 수 없습니다. • 50,000원 이상 구매 시 사용할 수 있는 쿠폰입니다. • 다른 쿠폰과 중복 사용할 수 없습니다.

① 할인 상품　　　　② 구매 장소　　　　③ 사용 기간　　　　④ 사용 방법

[9~12] 자료의 내용과 같은 것 고르기

☀ COOL TIP

🌀 지문의 유형별로 자주 나오는 빈출 어휘 파악하기

문항 [9~12]는 보통 안내문 1문제, 도표(그림이나 그래프) 1문제, 설명문이나 수필, 기사문과 같은 지문에서 2문제가 출제된다. 특히 도표 문제의 경우 순위, 수치, 변화, 비교, 미래 추측 등의 어휘를 풍부하게 알고 있는 것이 문제를 풀 때 도움이 될 수 있다.

🌀 선택지 문장 파악에 필요한 정보를 제시된 자료에서 찾아 확인하기

제시된 자료를 꼼꼼하게 살펴보면서 읽기보다는 4개의 선택지 문장 파악에 필요한 내용을 지문에서 찾아 골라 읽으며 문제를 풀면 시간을 조금 더 단축시킬 수 있다.

 기출 문제

9. 다음 글 또는 그래프의 내용과 같은 것을 고르십시오.

제3회 한마음 걷기 대회

- **일시**: 2019년 9월 14일(토) 09:00~13:00
- **참가 대상**: 제한 없음
- **내용**: 3.8km 걷기(시민공원부터 인주기념관까지)
- **참가비**: 무료

① 이 대회는 이번에 처음으로 열린다.
② 이 대회에는 누구나 참가할 수 있다.
③ 이 대회에 참가하려면 돈을 내야 한다.
④ 이 대회의 출발 장소는 인주기념관이다.

〈64회 TOPIK II 읽기 기출문제〉

문제 풀이

🌀 선택지 문장을 파악하며 제시된 자료와 일치한지 확인하기

②번 선택지 문장에서 대회에 누구나 참가할 수 있다고 나와 있는데 자료의 '참가 대상: 제한 없음'을 보면 제한 없이 누구나 참가할 수 있음을 알 수 있기 때문에 정답은 ②번이다.

①번: 대회가 처음으로 열린다고 제시되어 있지만 자료의 '제3회 한마음 걷기 대회'를 통하여 이 대회는 세 번째 열린 대회임을 알 수 있다.

③번: 대회에 참가할 때 돈을 내야 한다고 했지만 자료의 '참가비: 무료'를 통해 선택지 문장이 자료와 일치하지 않음을 알 수 있다.

④번: 대회의 출발 장소가 인주기념관이지만 자료의 '내용'을 보면 '시민공원부터 인주기념관까지'므로 출발 장소는 시민공원이다.

단어 □일시 □참가 대상 □제한 □무료 □열리다

연습 문제

[1~2] 다음 글 또는 그래프의 내용과 같은 것을 고르십시오.

1.

제1회 한국 전통 음식 박람회
여름 방학 동안 한국의 전통 문화에 대해서 알아보자!

- 일정: 5월 15일 ~ 5월 22일
- 시간: 오전 10시 ~ 오후 6시
- 장소: 서울 시청 앞
- 입장료: 무료

※입장권은 인터넷으로 예매하시거나 현장 예매하시면 됩니다.
※선착순으로 입장하신 다섯 분에게 문화상품권을 증정해 드립니다.

① 이번 박람회는 5월 한 달간 열린다.
② 이번 박람회는 처음 열리는 행사이다.
③ 입장권은 인터넷으로만 예매할 수 있다.
④ 모든 관람객들에게 문화상품권을 선물로 준다.

2.

　　자기 전에 음악을 듣는 것이 수면의 질을 낮출 수 있다는 연구 결과가 나왔다. 이 연구에는 200명이 참여했으며 참가자들은 수면의 질과 음악 감상 습관 및 잠자기 전, 한밤중 깼을 때, 아침에 일어나자마자 특정 노래나 멜로디가 머릿속에서 끊임없이 맴도는 현상을 자주 경험하는지에 대한 설문에 답했다. 전문가들은 우리는 보통 음악이 수면에 도움이 된다고 생각하지만 연구 결과, 음악을 더 많이 듣는 사람일수록 수면의 질이 나빴다고 밝혔다. 그러므로 음악을 듣는 시간을 조절하거나 가끔 휴식을 취하고, 자기 전에는 음악을 듣는 것을 피하는 것이 좋다고 조언했다.

① 음악을 적게 듣는 사람들은 수면의 질이 나쁘다.
② 자기 전에 음악을 듣는 것이 수면의 질을 높일 수 있다.
③ 연구에 참여한 참가자들은 자신의 음악 감상 습관을 밝히지 않았다.
④ 많은 사람들은 자기 전에 음악을 듣는 것이 수면에 도움이 된다고 생각한다.

[13~15] 제시된 문장 순서 배열하기

☀ COOL TIP

첫 문장에서 자주 사용하는 표현을 바탕으로 첫 문장 찾기

문장의 순서를 배열하기 위해서는 가장 먼저 첫 문장을 찾는 것이 좋다. 보통 이야기의 첫 부분에서는 주제 어휘의 의미를 설명하거나 최근 사회의 분위기 등의 내용이 나온다.

뒤 문장의 특징을 바탕으로 제시된 문장들 배열하기

뒤에 오는 문장에는 '이, 그'와 같은 지시 표현, 앞 문장에 대한 이유를 보여주는 '-(으)니까'와 같은 표현이 나온다. '하지만'과 같은 접속사도 문장 사이에 오기 때문에 뒤에 오는 문장으로 사용된다. 그리고 배열된 문장 중에서 내용을 정리하거나 '그러므로'와 같은 결론을 나타내는 표현들이 사용된 문장은 마지막 문장으로 배열하는 것이 좋다.

 기출 문제

13. 다음을 순서대로 맞게 배열한 것을 고르십시오.

> (가) 회사의 1층 로비를 외부인에게 개방하는 회사가 많아졌다.
> (나) 사람들은 작품을 감상하고 커피를 마시면서 시간을 보낸다.
> (다) 미술관과 카페를 만들어 사람들이 와서 즐길 수 있게 한 것이다.
> (라) 이 공간을 이용하는 사람이 늘면서 회사의 이미지도 좋아지고 있다.

① (가)-(다)-(나)-(라) ② (나)-(라)-(다)-(가)
③ (다)-(나)-(라)-(가) ④ (라)-(나)-(가)-(다)

〈64회 TOPIK II 읽기 기출문제〉

문제 풀이

첫 문장에서 자주 사용하는 표현을 바탕으로 첫 문장 찾기

네 개의 문장 중에서 이유 표현, 지시어가 들어간 문장은 처음에 올 수 없으므로 (다), (라)를 소거한다. (가)는 장소에 관한 내용이고, (나)는 특정 장소에서 사람들이 하는 일에 대한 내용이므로 장소를 소개하는 (가)를 (나)보다 먼저 배열해야 한다. 그러므로 정답은 ①번이다.

뒤 문장의 특징을 바탕으로 제시된 문장들 배열하기

(나)의 주어인 '사람들' 뒤에 '-은' 조사가 붙은 것으로 보아 앞 문장에서 '사람들'이 언급되었음을 유추할 수 있으므로 (다)-(나)의 순서가 적절하다. (라)는 '공간의 효과'를 나타내므로 내용상 마지막 문장에 와야 한다. 뒤에 오는 문장의 특징, 문장 간 관계를 통해서도 정답은 ①번임을 알 수 있다.

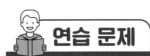

연습 문제

[1~2] 다음을 순서대로 맞게 배열한 것을 고르십시오.

1.

> (가) '노블레스 오블리주'라는 말이 있다.
> (나) 도덕적 책임과 의무를 다하려는 사회지도층의 노력으로 국민들을 한 데 모으는 긍정적인 효과를 기대할 수 있다.
> (다) 이러한 의무는 최근 국내외 대기업 오너들의 실천으로 나타나고 있다.
> (라) 이는 명예를 가진 사람이나 사회적 지위가 높은 사람에게 요구되는 높은 수준의 도덕적 의무를 뜻한다.

① (다)-(가)-(나)-(라) ② (가)-(라)-(나)-(다)
③ (다)-(가)-(라)-(나) ④ (가)-(라)-(다)-(나)

2.

> (가) 먼저 혈액순환을 활발히 하기 위해 무의식 중에 다리를 떤다.
> (나) 다리를 떠는 이유는 신체적인 이유와 정신적인 이유 두 가지로 설명할 수 있다.
> (다) 전문가들은 이런 사람들이 불안 심리에 지배돼 있어서 태아 때 자궁 안에서 느끼던 모체의 심장박동을 다시 느끼기 위해 다리를 떤다고 한다.
> (라) 다른 한편으로 정서불안증을 가진 사람들이 다리를 떤다.

① (라)-(다)-(나)-(가) ② (나)-(다)-(라)-(가)
③ (라)-(가)-(나)-(다) ④ (나)-(가)-(라)-(다)

[16~18] 빈칸에 알맞은 내용 넣기 1

☀ COOL TIP

🌀 첫 문장을 통해 글의 내용 유추하기

빈칸에 들어갈 알맞은 내용으로 고르는 문항은 보통 첫 문장에 핵심 키워드가 제시된다. 따라서 어떤 내용이 전개될지 첫 문장을 통해 유추할 수 있다.

🌀 빈칸이 있는 문장의 앞뒤 문장 흐름 파악하기

빈칸의 앞뒤 문장에는 많은 단서가 숨어있다. 또한, 글의 뒷부분에서 빈칸이 있는 문장의 내용을 보충하는 경우가 많다. 따라서 이 부분에 유의하여 빈칸에 들어가기에 적절한 선택지를 대입해 보는 것이 좋다.

🌀 선택지의 단어를 꼼꼼하게 확인하기

빈칸 뒤에 어떤 단어를 수식해야 하는지 살펴본다. 선택지에 따라 내용이 크게 달라지므로 선택지의 의미를 꼼꼼히 확인해야 한다.

 기출 문제

16. 다음을 읽고 (   ) 안에 들어갈 내용으로 가장 알맞은 것을 고르십시오.

> 상담을 통해 책을 추천해 주는 서점이 있어 화제가 되고 있다. 서점 주인은 손님과 오랜 시간 대화를 나눈 후 (   ) 책을 추천해 준다. 상처 받은 사람에게는 위로가 되는 책을, 자신감이 부족한 사람에게는 용기를 주는 책을 추천하는 방식으로 서비스를 제공한다.

① 내용이 재미있는   ② 지식을 전달하는
③ 사람들이 많이 읽는   ④ 손님의 상황에 맞는

〈64회 TOPIK II 읽기 기출문제〉

문제 풀이

🌀 첫 문장을 통해 글의 내용 유추하기

첫 문장에서 '상담을 해주는 서점'에 대한 이야기가 제시된다. 일반적인 서점이 아니라 '상담'을 한다는 것이 특징이므로 이와 관련된 내용이 이어 나올 것이라 유추할 수 있다.

🌀 빈칸이 있는 문장의 앞뒤 문장 흐름 파악하기

빈칸이 있는 문장의 주어는 '서점 주인'이고 서술어는 '추천해 준다'라는 것을 통해 빈칸 부분을 모르더라도 서점 주인에게서 여러 사람이 각자 상황에서 필요로 하는 책을 추천받았다는 것을 알 수 있다.

🌀 선택지의 단어를 꼼꼼하게 확인하기

위의 내용을 바탕으로 서점 주인이 각 손님에게 적절한 책을 추천했다는 ④번이 정답이다.

연습 문제

[1~2] 다음을 읽고 (　　　) 안에 들어갈 내용으로 가장 알맞은 것을 고르십시오.

1.

살다 보면 누구나 다른 사람에게 사과해야 할 때가 있다. 이럴 때 무엇보다 중요한 것은 사과하는 사람의 (　　　　　　　　　) 태도이다. 문제가 생긴 후 상대에게 곧바로 사과했다 하더라도 진심이 보이지 않는 사과는 받지 않는 것보다 상대를 더 기분 나쁘게 하곤 한다.

① 매우 당당한　　　　　　　　　② 감정에 충실한
③ 잘못을 인정하는　　　　　　　④ 의견을 결정하는

2.

바쁜 일상을 살아가는 현대인들은 거창한 식사보다 과일이나 우유로 간단하게 아침 식사를 해결하는 경우가 많다. 특히 먹기 편한 바나나, 사과 같은 과일은 식사 대용으로 인기가 많은데 모든 사람에게 적합한 것은 아니다. 포드맵(FODMAP)이 높은 과일이나 우유가 (　　　　　　　) 사람이 먹을 경우 속을 더 불편하게 하기 때문이다.

① 반드시 필요한　　　　　　　　② 체질에 맞지 않는
③ 항상 먹는 음식인　　　　　　　④ 건강에 꼭 필요한

[19] 접속사 넣기

☀ COOL TIP

🔊 **지문의 전체적인 내용 파악하기**
구체적인 내용을 세세하게 분석하기보다 전체적인 내용을 이해하는 것이 중요하다. 낯선 주제나 단어에 당황하지 않고 지문을 끝까지 읽은 후 글의 흐름을 파악하는 것이 좋다.

🔊 **지문의 흐름을 파악하여 글쓴이의 의도 파악하기**
처음부터 끝까지 글의 흐름이 이어지거나 상반되는 내용이 제시되기도 한다. 따라서 빈칸을 기점으로 앞과 뒤의 흐름이 바뀌었는지 동일하게 서술되었는지를 파악한다.

🔊 **의미별로 접속사, 부사를 묶어 미리 학습하기 (198쪽 참조)**
접속사를 의미별로 묶어서 학습하면 효율적으로 문제를 풀 수 있다.

📖 기출 문제

19. (   )에 들어갈 알맞은 것을 고르십시오.

> 해파리는 몸의 95%가 물로 구성되어 있어 열량이 낮다. 그래서 해파리를 먹고 사는 동물이 거의 없다고 알려져 있었다. 하지만 새나 펭귄, 뱀장어 등 많은 동물들에게 해파리는 좋은 먹잇감이다. 해파리에는 비타민이나 콜라겐 같은 영양 성분이 있기 때문이다. (   ) 해파리는 바다 어디에나 있고 도망치지 않아 사냥하기 쉽기 때문이다.

① 과연　　　　　② 만약　　　　　③ 게다가　　　　　④ 이처럼

〈64회 TOPIK II 읽기 기출문제〉

문제 풀이

🔊 **지문의 전체적인 내용 파악하기**
해파리는 많은 동물에게 좋은 먹잇감이며 비타민이나 콜라겐과 같은 영양 성분이 있고 사냥하기 쉽다는 부분을 통해서 '먹이로써의 해파리'에 대한 내용임을 알 수 있다.

🔊 **지문의 흐름을 파악하여 글쓴이의 의도 파악하기**
일부 동물들에게는 해파리가 좋은 먹잇감이라 서술하며 먹잇감으로써 해파리의 긍정적인 측면을 설명한다. 빈칸 다음 문장에서도 해파리가 좋은 먹잇감이 되는 이유를 나열하였으므로 정답은 ③번 '게다가'이다.

오답 노트

①번: '과연'은 보통 생각과 실제 상황이 같을 때 강조하여 사용하는 표현이므로 오답이다.
②번: '만약'은 일어나지 않은 상황을 가정할 때 사용하는 표현이므로 정답이 아니다.
④번: '이처럼'은 앞의 내용과 같이 뒤에 내용이 이어질 때 사용하는 표현이므로 오답이다.

단어 □ 구성되다　□ 열량　□ 알려지다　□ 먹잇감　□ 영양　□ 성분　□ 사냥하다

[1~2] (   ) 안에 들어갈 알맞은 것을 고르십시오.

1.

> 아빠들도 육아 휴직을 받을 수 있는 시대가 도래했다. 이미 일부 선진국에서는 남성들의 육아 휴직이 일반적인 제도가 되었다. (   ) 한국에서는 제도의 긍정적인 영향과는 별개로 남성들의 육아 휴직 사용을 낯설어하는 사람들이 많다. 비단 직장인뿐만 아니라 기업 역시 시행착오를 겪으며 제도의 허점을 개선하는 중에 있어 기업과 휴직 대상자가 육아 휴직 제도를 적극적으로 활용까지 다소 시간이 걸릴 것으로 보인다.

① 비록   ② 반면   ③ 과연   ④ 물론

2.

> 가축의 몸에 눈을 그리는 것만으로도 맹수의 공격을 피할 수 있다는 연구 결과가 나왔다. 맹수의 공격으로 골머리를 앓던 축산업 종사자들과 한 대학교의 연구팀이 최근 5년간 연구한 결과, 가축의 엉덩이에 눈을 그리면 맹수의 공격이 대폭 줄어드는 것으로 나타났다. 이는 맹수들이 항상 다른 동물의 뒤쪽에서 공격하는 성향을 역으로 이용한 것인데 몸 앞뒤의 구분이 모호하도록 엉덩이에 눈을 그린 결과 공격을 멈추었다는 것이다. (   ) 눈이 아니라 엉덩이에 선만 긋더라도 아무것도 그리지 않은 가축들이 공격을 받는 수보다 크게 감소한 것으로 확인되었다.

① 그러면   ② 하지만   ③ 게다가   ④ 차라리

[20] 글의 내용과 같은 것 고르기 1

COOL TIP

지문의 대략적인 내용 빠르게 파악하기

다른 문제와 함께 출제되는 문항이기 때문에 지문이 모두 완성된 내용은 아니어서 내용 파악에 어려움을 느낄 수 있다. 그러나 빈칸의 내용이나 어휘를 꼼꼼하게 이해하려는 것보다는 지문의 주제 어휘를 중심으로 전체적인 내용의 흐름을 먼저 빠르게 파악하는 것이 좋다.

선택지 문장의 내용을 제시된 지문에서 확인하기

위와 같이 전체적인 내용을 빠르게 파악한 후에 선택지 문장의 내용을 제시된 지문에서 찾아 같은지 확인한다. 이 때 같지 않은 부분을 소거하면서 답을 고른다.

기출 문제

20. 위 글의 내용과 같은 것을 고르십시오.

> 해파리는 몸의 95%가 물로 구성되어 있어 열량이 낮다. 그래서 해파리를 먹고 사는 동물이 거의 없다고 알려져 있었다. 하지만 새나 펭귄, 뱀장어 등 많은 동물들에게 해파리는 좋은 먹잇감이다. 해파리에는 비타민이나 콜라겐 같은 영양 성분이 있기 때문이다. (   ) 해파리는 바다 어디에나 있고 도망치지 않아 사냥하기 쉽기 때문이다.

① 해파리는 바다 생태계에 피해를 준다.
② 해파리는 잡기 어려운 먹이 자원이다.
③ 해파리는 여러 동물의 먹이가 되고 있다.
④ 해파리는 대부분 콜라겐으로 이루어져 있다.

〈64회 TOPIKⅡ 읽기 기출문제〉

문제 풀이

지문의 대략적인 내용을 빠르게 파악하기

위의 제시된 지문은 '해파리'를 주제로 한 설명문으로 해파리 몸의 구성, 해파리를 먹잇감으로 하는 동물들, 해파리의 영양 성분, 해파리 서식지 등의 내용으로 이루어져 있다.

선택지 문장의 내용을 제시된 지문에서 확인하여 답 찾기

③번 선택지 문장에서 해파리가 여러 동물의 먹이가 되고 있다고 했는데 지문의 세 번째 문장을 보면 '새나 펭귄, 뱀장어 등 많은 동물들에게 해파리는 좋은 먹잇감이다'라는 부분에서 여러 동물의 먹이가 되고 있음을 확인할 수 있다. 그러므로 정답은 ③이다.

오답 노트

①번: 해파리가 바다 생태계에 피해를 준다는 내용인데 지문에서는 바다 생태계에 피해를 준다는 내용이 없다.

②번: 해파리가 잡기 어려운 먹이 자원이라고 했는데 마지막 문장을 보면 '해파리는 바다 어디에나 있고 도망치지 않아 사냥하기 쉽기 때문이다'라는 설명이 나온다.

④번: 해파리가 대부분 콜라겐으로 이루어져 있다고 했는데 지문에서 '해파리는 몸의 95%가 물로 구성되어 있어 열량이 낮다'라고 하였다.

단어 □ 해파리   □ 구성되다   □ 열량   □ 먹잇감   □ 영양 성분   □ 도망치다   □ 사냥하다   □ 생태계

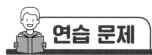
연습 문제

[1~2] 이 글의 내용과 같은 것을 고르십시오.

1.

> 우유는 몸에도 좋지만 상한 뒤에도 활용할 수 있는데 모르는 사람들이 많다. 작은 얼룩이 생겼을 때 굳이 드라이클리닝을 맡기지 않아도 우유를 뿌린 후 칫솔로 문질러서 물로 충분히 헹구면 된다. (   ) 광택 효과가 뛰어나서 구두나 가죽 가방, 소파에 우유를 적신 천으로 문지르면 광이 난다. 이러한 우유는 잡내 제거에도 효과가 있기 때문에 우유에 약 10분 정도 고기나 생선을 담가 두면 잡내가 사라지고 육질이 더욱 부드러워진다.

① 얼룩이 생겼을 때 우유로 충분히 헹구면 된다.
② 우유는 상한 뒤에 마실 수 없기 때문에 버리는 것이 좋다.
③ 우유를 적신 천으로 구두를 닦으면 새 구두처럼 빛이 날 수 있다.
④ 우유에 10분 정도 고기나 생선을 넣어 두면 좋지 않은 냄새가 생길 수 있다.

2.

> 지자체의 많은 노력에도 불구하고 무단횡단을 하는 사람들의 수는 증가하고 있다. 그 이유는 자신이 가려는 목적지를 빨리 가려는 마음이 앞서거나 바쁜 일상에 쫓겨서 시간을 단축하려고 하기 때문이다. (   ) 무단횡단 자체를 대수롭지 않게 생각하기 때문에 무심코 하게 된다는 이유도 있다. 이러한 행동은 자신을 위험에 스스로 노출시키는 것이다. 도로 위의 안전은 자신 스스로 지켜야 하며 교통법규를 준수하여 안전한 교통 문화 정착을 위해 모두가 노력해야 한다.

① 무단횡단 문제에 대해 지자체는 관심이 없다.
② 무단횡단을 하는 이유는 하나이기 때문에 쉽게 해결될 수 있다.
③ 무단횡단은 다른 사람을 위험에 노출시키는 행위라고 할 수 있다.
④ 사고가 나지 않는 안전한 도로를 위해서 모두의 노력이 필요하다.

[21] 관용표현 넣기

 **기출 문제**

21. (   )에 들어갈 알맞은 것을 고르십시오.

> 내비게이션은 목적지까지 길을 안내해 주는 기기이다. 내비게이션이 없이 낯선 곳에 갔다가 길을 못 찾아 (   ) 본 적이 있는 사람이라면 내비게이션이 얼마나 편리한지 느꼈을 것이다. 그러나 우리의 뇌는 스스로 정보를 찾았을 때 그 정보를 오래 기억하는 특성이 있다. 따라서 지나치게 디지털 기기에만 의존하다 보면 정보를 찾고 기억하는 능력이 점점 줄어들어 결국 그 능력을 사용할 수 없게 될지도 모른다.

① 앞뒤를 재어   ② 진땀을 흘려
③ 발목을 잡아   ④ 귀를 기울여

〈64회 TOPIK II 읽기 기출문제〉

문제 풀이

🔘 **선택지를 읽고 의미 파악하기**

관용표현은 함축적인 의미를 담고 있으므로 여러 예문을 참고하여 어떤 상황에서 쓰이는지 맥락을 이해해야 한다.

🔘 **빈칸이 있는 문장의 주어와 서술어를 분석하기**

빈칸이 있는 문장의 주어는 '(   ) 본 적이 있는 사람'이고 서술어는 '느꼈을 것이다'이다. 낯선 곳에서 길을 못 찾은 누군가가 내비게이션이 얼마나 편리한지를 느꼈다는 것인데 낯선 곳에서 길을 잃었을 때 일반적으로 느끼는 감정을 생각하면 매우 힘들거나 고생했다는 것을 짐작할 수 있다. 따라서 이러한 의미가 담긴 ②번 '진땀을 흘려'가 정답이다.

연습 문제

[1~2] (   ) 안에 들어갈 알맞은 것을 고르십시오.

1.

평균 수명이 늘어남과 동시에 혼자 사는 노년층이 급속도로 증가하고 있다. 특히 질병이 있는 노인들은 사회적 사각지대에 놓여 적절한 보살핌을 받지 못하는 경우가 많다. 이 중에서도 가장 문제가 되는 것은 치매 노인들이다. 자신을 온전히 챙기기 어려운 심신 상태에서 세금이 미납되어 살 곳을 잃거나 법적 분쟁이 휘말리기도 한다. 바로 옆집에 사는 이웃과도 (   ) 지내는 현대인들이 많은 요즘, 사각지대에 놓인 노인들을 구제하기 위해 치매 공공후견인 제도가 시행되고 있다. 이들은 정기적으로 치매 노인들을 방문하여 이들의 생활 전반을 보필한다. 이처럼 시대의 흐름을 반영한 해당 제도는 향후 단계적으로 확대될 예정이다.

① 손을 떼고   ② 발을 빼고
③ 담을 쌓고   ④ 이를 갈고

2.

신문이나 잡지와 같은 인쇄물을 정기적으로 받아 읽는 것을 '구독'이라 한다. 그런데 요즘은 '구독'이라는 단어가 활자물에 한정되지 않고 꽃, 음식, 그림 심지어는 속옷에 이르기까지 다양한 물품들과 같이 사용되고 있다. 인쇄물 외에 다른 물품들의 '구독'이란 개개인의 취향에 맞춰 정기적으로 상품을 배송하는 시스템인데 처음에는 소비자의 취향을 고려하지 않고 업체가 임의적으로 상품을 선택한다. 그러나 여러 번의 배송을 통해 고객의 의견에 적극적으로 (   ) 개개인의 취향을 분석하고 정기적으로 이에 맞는 꽃이나 그림 등을 구독자에게 배송한다.

① 귀를 기울여   ② 진땀을 흘려
③ 앞뒤를 재어   ④ 고개를 숙여

[22] 글의 중심 생각 고르기

 기출 문제

22. 글의 중심 생각을 고르십시오.

내비게이션은 목적지까지 길을 안내해 주는 기기이다. 내비게이션이 없이 낯선 곳에 갔다가 길을 못 찾아 (   ) 본 적이 있는 사람이라면 내비게이션이 얼마나 편리한지 느꼈을 것이다. 그러나 우리의 뇌는 스스로 정보를 찾았을 때 그 정보를 오래 기억하는 특성이 있다. 따라서 지나치게 디지털 기기에만 의존하다 보면 정보를 찾고 기억하는 능력이 점점 줄어들어 결국 그 능력을 사용할 수 없게 될지도 모른다.

① 디지털 기기는 편리한 생활을 위해 필요하다.
② 운전자에게 내비게이션은 활용도가 매우 높다.
③ 스스로 정보를 찾고 기억하려는 노력을 해야 한다.
④ 내비게이션을 잘 활용하면 기억력 향상에 도움이 된다.

⟨64회 TOPIK II 읽기 기출문제⟩

문제 풀이

◉ 글의 첫 문장을 빠르게 읽고 내용 파악하기

이 글에서는 첫 번째 문장에 '내비게이션'이 어떤 물건인지에 대한 설명이 나오고 사람들에게 길을 안내해 주는 좋은 기능을 가지고 있는 기기임을 보여주고 있다.

◉ 첫 문장의 내용을 생각하면서 마지막 문장을 읽고 글의 목적 유추하기

마지막 문장은 접속사로 시작되는데 '따라서 지나치게 디지털 기기에만 의존하다 보면 정보를 찾고 기억하는 능력이 점점 줄어들어 그 능력을 사용할 수 없게 될지도 모른다'고 하였다. 이를 통해 내비게이션은 편리한 기능을 주지만 기기에 의존하는 것이 아니라 스스로 정보를 찾고 기억하려는 노력이 필요하다는 필자의 생각을 유추할 수 있다. 정답은 ③번이다.

①번, ②번: 두 번째 문장에서 ①번과 ②번의 내용과 같이 디지털 기기가 편리하고 내비게이션의 활용도가 높다는 내용
　　　은 나오지만 다음 문장의 '그러나' 접속사를 통해 이러한 내용이 필자의 중심 생각은 아님을 알 수 있다.

④번: 마지막 문장에서 기억하는 능력이 줄어든다는 내용이 나오므로 답이 될 수 없다.

단어　□ 목적지　□ 낯설다　□ 지나치다　□ 기기　□ 의존하다　□ 활용하다　□ 향상

연습 문제

[1~2] 글의 중심 생각을 고르십시오.

1.

　　최근 들어 많은 직장인들에게 '투잡' 열풍이 불고 있다. 퇴근 후에도 영상 촬영과 편집, 강사 활동, 개인 사업 등 개인의 취미와 능력을 살려 '부업'을 이어간다. 단순히 미래에 대한 막연한 불안감이나 경제적인 문제 때문에 생긴 현상은 아니다. 직장인들은 어쩔 수 없이 부업을 하는 것이 아니라 스스로 부업을 선택한다. 직장인들은 부업을 통해 본업에서 느낄 수 있는 즐거움과는 다른 즐거움을 찾을 수 있기 때문이다. 뿐만 아니라 회사에서는 뽐내기 어려운 재능, 개성을 부업에서는 상대적으로 마음껏 나타낼 수 있기 때문에 이로 인해 얻게 되는 쾌감이 삶의 원동력이 된다.

① 퇴근 후에 부업을 하는 것은 쉬운 일이 아니다.
② 부업은 직장인들에게 긍정적인 영향을 줄 수 있다.
③ 회사에서는 개인의 재능과 개성을 마음껏 뽐낼 수 없다.
④ 미래에 대한 막연한 불안감과 경제적인 문제가 '투잡' 열풍의 원인이 되었다.

2.

　　일본 작가의 책에서 알려지게 된 새로운 결혼의 형태가 있다. 부부가 이혼하지 않은 상태로 각자 자신의 삶을 즐기는 결혼 형태이다. 이를 '졸혼'이라고 부르는데 '결혼을 졸업한다'는 뜻이다. 졸혼을 통해 부부는 서로를 간섭하지 않고 각자 자유롭게 사는 생활할 수 있다. 졸혼 상태의 부부는 혼인 관계를 지속하면서도 각자의 삶을 살기 때문에 대개 정기적으로 만나며 좋은 관계를 유지한다. 결혼이라는 틀을 깨지 않고도 자유롭게 생활할 수 있다는 점에서 자녀들의 독립 후, 결혼과 부부관계의 부담감에서 벗어나기 위해 졸혼을 선택하는 부부가 늘어날 것으로 보인다. 또한 늘어난 평균 수명으로 인해 과거보다 결혼 기간이 길어지면서 삶의 일정 기간은 오로지 자신에게 투자하려는 사람들이 늘었기 때문에 앞으로 졸혼의 증가는 더욱 가속화될 전망이다.

① 졸혼을 비판적으로 바라보는 사람들이 많다.
② 이혼하는 것보다 졸혼을 선택하는 것이 더 좋다.
③ 결혼 생활에서 혼인 관계를 유지하는 것이 가장 중요하다.
④ 졸혼의 장점으로 인해 앞으로 많은 부부가 졸혼을 선택할 것이다.

[23] 밑줄 친 부분의 인물의 심정 고르기 1

🌊 COOL TIP

🌀 선택지를 읽고 의미 파악하기

인물의 심정을 고르는 문항에서는 감정을 나타내는 형용사가 선택지로 제시된다. 따라서 먼저 선택지를 읽고 어떤 감정형용사가 제시되었는지 확인하는 것이 효율적이다. 선택지에는 보통 부정적인 감정을 나타내는 단어가 더 자주 나오지만 긍정적인 감정을 표현한 단어와 같이 나오기도 한다.

🌀 이야기의 흐름을 바탕으로 인물의 심정 파악하기

이야기의 기승전결을 파악하며 글쓴이의 태도와 심적 변화를 파악해야 한다.

 기출 문제

23. 밑줄 친 부분에 나타난 '나'의 심정으로 알맞은 것을 고르십시오.

> 놀이공원 매표소에서 아르바이트를 했다. 아르바이트가 처음이라 실수를 하지 않으려고 늘 긴장하면서 일을 했다. 어느 날, 놀러 온 한 가족에게 인원수만큼 표를 줬다. 그런데 그 가족을 보내고 나서 이용권 한 장의 값이 더 결제된 것을 알아차렸다. 바로 카드사로 전화해 고객의 전화번호를 물었지만 상담원은 알려줄 수 없다고 했다. 하지만 내 연락처를 고객에게 전달해 주겠다고 했다. 일을 하는 내내 일이 손에 잡히지 않았다. 퇴근 시간 무렵 드디어 그 가족에게서 전화가 왔다. 내가 한 실수에 <u>화를 낼지도 모른다는 생각에</u> 떨리는 목소리로 상황을 설명하자 그 가족은 "놀이기구를 타고 노느라 문자 메시지가 온 줄 몰랐어요. 많이 기다렸겠어요."라고 하며 따뜻하게 말해 주었다.

① 걱정스럽다
② 불만스럽다
③ 후회스럽다
④ 당황스럽다

〈64회 TOPIK II 읽기 기출문제〉

문제 풀이

🌀 선택지를 읽고 의미 파악하기

'걱정, 불만, 후회, 당황'과 같은 부정적인 감정을 나타내는 단어가 선택지로 제시됐다. 따라서 '나'가 구체적으로 어떤 부정적인 감정을 느꼈는지 더 상세히 파악해야 한다.

🌀 이야기의 흐름을 바탕으로 인물의 심정 파악하기

'나'가 아르바이트를 하다가 한 가족에게 실수를 했고 이 때문에 '일이 손에 잡히지 않았다'는 것을 통해 매우 긴장했음을 알 수 있다. 그 가족들이 '화를 낼지도 모른다'고 생각한 이유 역시 실수에서 비롯된 것임으로 정답은 ①번 '걱정스럽다'이다.

단어 □ 긴장하다   □ 인원   □ 결제   □ 알아차리다   □ 무렵

연습 문제

[1~2] 밑줄 친 부분에 나타난 '나'의 심정으로 알맞은 것을 고르십시오.

1.

> 몇 달 전부터 소화가 안 되는 것 같다고 하던 어머니께서는 고향에 있는 작은 동네 병원에서 대학 병원에 가 보는 게 좋겠다는 이야기를 듣고 내게 조심스레 전화를 거셨다. 고향에서 내가 사는 곳까지는 왕복 10시간이 넘게 걸리는 데다가 한 번에 올 수 있는 기차나 비행기도 없어서 큰마음을 먹고 와야 한다. 어머니는 전화기 너머 작은 목소리로 검사를 받고 결과가 나오는 일주일 동안 우리 집에 머물 수 있겠냐고 하셨다. 안 그래도 요즘 회사 부서가 바뀌어서 정신이 없는 데다가 어머니까지 오신다고 하니 일도 잘 해내고 어머니도 잘 챙겨드릴 수 있을지 자신이 없어서 <u>나도 모르게 한숨이 나왔다.</u>
>
> 전화를 끊고 일주일 후에 어머니는 우리 집으로 오셨다. 건강도 안 좋으시면서 무슨 반찬을 이렇게도 많이 싸서 오셨는지… "일하느라 바쁜데 밥 할 시간이 어디 있냐."고 부엌에서 반찬을 정리하는 어머니를 보며 "엄마는 왜 사서 고생을 해!"라고 괜히 큰소리만 쳤다. 못난 딸 걱정에 아픈 몸으로 꾸역꾸역 반찬을 만드셨을 어머니 모습을 생각하니까 눈물이 핑 돌았다. 어머니는 아무 말 없이 냉장고에 반찬을 하나하나 넣으셨다. 나는 그런 어머니를 뒤에서 꼬옥 안아 드렸다.

① 억울하다
② 한심하다
③ 당혹스럽다
④ 걱정스럽다

2.

　　초등학교를 졸업한 지 어느덧 20여 년의 세월이 흘렀다. 이런저런 이유로 한 번도 나가지 않았던 동창회지만 나이를 먹어서 그런지 옛 친구들이 그립기도 하고 지친 일상에서 벗어나 추억을 느끼고 싶다는 마음도 들어 처음으로 옛 동창들을 만나러 갔다.

　　언제나 수줍게 웃기만 하던 미선이, 같은 반 친구를 괴롭히는 애가 있으면 재빠르게 나서서 그러면 안 된다고 호령하던 은주, 그런 은주한테 언제나 혼나면서도 꼭 친구들한테 짓궂게 구는 재호, 모범생 영준이. 모두가 그리웠다. 그중에서도 제일 보고 싶었던 친구는 1학년 때 첫 짝꿍이었던 재우였다. 언제나 배려심 깊고 마음이 따뜻했던 아이였는데 지금은 어떤 어른으로 자랐으려나….

　　하나둘 모여 반갑게 인사를 나누고 기쁨의 환호성을 지르기도 하며 정신없이 시작된 동창회에 재우의 모습은 없었다. 분명 온다고 들었는데 재우가 나타나지 않자 아쉬움이 커졌다. 동창회가 절정에 다다를 무렵, 늦어서 미안하다며 허겁지겁 들어오는 사람이 있었다. 재우였다.

　　재우는 나와 눈이 마주치자마자 나를 알아보았다. 우리는 그간의 소식도 전하고 추억도 중간중간 되짚어 보며 무수한 이야기를 나누었고 근래 들어 가장 즐거운 시간을 보냈다. 한두시간쯤 지나 가게를 나가려고 돌아섰을 때 직원이 실수로 맥주를 쏟았다. 재우는 순간 완전히 다른 사람이 되어 직원을 나무라다 못해 윽박지르며 화를 내기 시작했다. 나는 몇 마디 더 의미없는 대화를 나눈 후 조용히 동창회에서 나와 혼자 집으로 가며 오늘의 기억을 지워버렸다. 차라리 만나지 않았다면 좋았을 거라고 수없이 되뇌이며 길을 걸었다.

① 씁쓸하다
② 고독하다
③ 답답하다
④ 담담하다

[24] 글의 내용과 같은 것 고르기 2

☀COOL TIP

🔵 **지문의 대략적인 내용 빠르게 파악하기**

문항 [24]의 경우 문항 [20]과 같이 선택지 문장을 읽으면서 답을 찾기 위해서는 전체적인 내용 파악이
우선되어야 하므로 처음부터 빠르게 주제 어휘를 중심으로 전체적인 내용을 이해하는 것이 중요하다.
이때, 훑어본다는 느낌으로 빠른 속도로 읽는 것이 좋다.

🔵 **선택지 문장의 내용을 제시된 지문에서 파악하기**

어려운 어휘 또는 표현을 다 이해하려고 노력하기 보다 선택지 문장과 지문의 내용이 일치하지 않은 것
을 소거하며 답을 고른다.

 기출 문제

24. 위 글의 내용과 같은 것을 고르십시오.

> 놀이공원 매표소에서 아르바이트를 했다. 아르바이트가 처음이라 실수를 하지 않으려고 늘 긴
> 장하면서 일을 했다. 어느 날, 놀러 온 한 가족에게 인원수만큼 표를 줬다. 그런데 그 가족을 보내
> 고 나서 이용권 한 장의 값이 더 결제된 것을 알아차렸다. 바로 카드사로 전화해 고객의 전화번호
> 를 물었지만 상담원을 알려 줄 수 없다고 했다. 하지만 내 연락처를 고객에게 전달해 주겠다고 했
> 다. 일을 하는 내내 일이 손에 잡히지 않았다. 퇴근 시간 무렵 그 가족에게서 전화가 왔다. 내가 한
> 실수에 화를 낼지도 모른다는 생각에 떨리는 목소리로 상황을 설명하자 그 가족은 "놀이 기구를
> 타고 노느라 문자 메시지가 온 줄 몰랐어요. 많이 기다렸겠어요."라고 하며 따뜻하게 말해 주었다.

① 그 가족은 나에게 화를 냈다.
② 카드 회사는 그 가족에게 연락을 했다.
③ 나는 그 가족에게 직접 전화를 걸었다.
④ 나는 그 가족을 찾아다니느라 일을 못 했다.

〈64회 TOPIK II 읽기 기출문제〉

문제 풀이

🔵 **지문의 대략적인 내용 빠르게 확인하기**

위의 지문의 경우에는 글을 쓴 사람이 놀이공원에서 아르바이트를 처음 하는데 실수를 했고, 고객에게 어떤 실수
를 했는데 마지막에는 잘 해결되었다는 정도의 내용을 먼저 간단하게 확인할 수 있다.

🔵 **선택지 문장의 내용을 제시된 지문에서 파악하기**

②번 선택지 문장에서 카드 회사에서 그 가족에게 연락을 했다고 했는데 지문에서 '하지만 내 연락처를 고객에게
전달해 주겠다고 했다.'는 내용을 통해 카드 회사가 그 가족에게 연락을 했음을 유추할 수 있으므로 정답은 ②이다.

①번: 지문의 마지막 문장에서 '그 가족은 놀이기구를 ~ 라고 하며 따뜻하게 말해 주었다.'는 내용을 통해 그 가족이 화를 내지 않았음을 알 수 있다.

③번: 글쓴이가 그 가족에게 직접 전화를 했다고 제시되었지만, 지문에서는 '바로 카드사로 전화해 고객의 전화번호를 물었지만, 상담원은 알려 줄 수 없다고 했다.'고 했기 때문에 글쓴이는 그 가족에게 직접 전화를 걸 수 없었다.

④번: 그 가족을 글쓴이가 찾아다니느라 일을 못 했다고 했는데, 일하는 내내 일이 손에 잡히지 않은 것은 맞지만 글쓴이는 그 가족을 찾아다니지 않았고, 일했으므로 지문의 내용과 맞지 않는다.

단어 □인원수 □결제되다 □알아차리다 □상담원 □전달 □손에 잡히지 않는다 □무렵 □상황

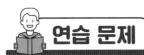

연습 문제

[1~2] 이 글의 내용과 같은 것을 고르십시오.

1.

> "저기…"
> 승우는 한참 뜸을 들였다. 나는 승우에게 무슨 일이라도 생긴 건 아닐까 내심 걱정이 됐다.
> "저기… 그러니까. 내 영화를 부산에서 상영한다고 하던데."
> 승우가 나지막이 말했다.
> "뭐라고? 너 영화 찍었어? 언제?"
> 영화를 그만둔다고 고향으로 간 승우가 고향에 가서 영화를 찍었다고 했다. 아주 작은 영화. 돈이 거의 들지 않은 영화. 아무도 없는 스튜디오에서 찍었다고 했다.
> "너 시간 되면 보러 올래? 아니다. 너 요즘 놀아서 시간 많잖아."
> 승우 말이 다 맞는 말이었는데 아무리 그래도 부산까지 가는 건 쉬운 일이 아니었다. 그래도 승우 때문에, 승우의 영화 때문에 나는 버스를 타고 부산으로 갔다.

① 나는 요즘 일이 없어서 쉬고 있다.
② 승우는 내 영화를 보러 부산에서 올라올 것이다.
③ 승우는 많은 돈을 들여서 이번 영화를 제작했다.
④ 나는 부산이 너무 멀어서 승우의 영화를 보러 가지 못했다.

2.

제임스가 청혼하자 은경은 거절하지 않았다. 다만 이렇게 물었다.

"저는 이혼한 경력이 있어요. 당신은 내가 괜찮아요?"

제임스는 무조건 괜찮다고 했다. 왜냐하면 제임스가 생각하는 은경은 자기에게 정말 과분한 사람이었다. 특히 아이들을 사랑하는 모습이 좋았다. 은경은 가끔 생각한다. 제임스는 그때 자신을 사랑한 걸까, 아니면 자신의 아이도 좋아해 주고 잘 돌봐줄 사람을 구한 걸까 하고. 은경은 미국에 오자마자 제임스의 딸을 만났다. 바로 마리였다. 마리는 그때 막 걸음마를 하던 아이였다. 은경은 아직 말을 못하는 마리에게 이야기했다.

"내 이름은 은경이야. 언젠가 너도 네 이름을 말해주렴."

① 은경은 제임스의 청혼을 거절했다.

② 은경은 제임스와 두 번째 결혼을 했다.

③ 은경에게는 마리라는 이름의 딸이 하나 있었다.

④ 은경은 제임스가 아이를 사랑하는 모습을 특히 좋아했다.

[25~27] 신문 기사 제목을 잘 설명한 문장 고르기

☀ COOL TIP

◉ **신문 기사 제목에 자주 쓰이는 문체와 의성어·의태어 학습하기**
신문 기사 제목은 조사 생략이 많고 문장이 명사로 끝나는 경우가 많다. 또한, 의성어, 의태어를 사용하여 말하고자 하는 바를 짧고 효과적으로 제시한다.

◉ **신문 기사 제목을 읽고 각 단어의 의미 파악하기 (199쪽 참조)**
신문 기사 제목에는 어려운 한자어가 자주 사용된다. 따라서 쉬운 표현으로 바꾸어 선택지에서 유사한 의미를 찾아보는 것이 좋다.

◉ **' ' 안에 함축된 표현의 뜻을 유추하기**
신문 기사 제목에는 사전에 나오는 뜻으로 해석하기 어려운 표현이 자주 등장한다. 따라서 맥락을 고려하여 함축적인 의미를 파악해야 한다.

 기출 문제

27. 다음 신문 기사의 제목을 가장 잘 설명한 것을 고르십시오.

> 민간 우주선 무사 귀환, 우주여행 시대 '성큼'

① 사람들의 응원 속에 민간 우주선이 긴 우주여행을 마치고 돌아왔다.
② 사람들은 민간 우주선이 우주여행에서 무사히 돌아오기를 기대했다.
③ 민간 우주선이 무사히 돌아오면서 우주여행의 가능성이 더욱 높아졌다.
④ 민간 우주선이 돌아오지 않자 우주여행에 대한 우려의 목소리가 커졌다.

〈64회 TOPIK II 읽기 기출문제〉

문제 풀이

◉ **신문 기사 제목을 읽고 각 단어의 의미 파악하기**
'민간, 우주선, 무사, 귀환, 우주여행, 성큼' 등의 단어들이 나열됐는데 이중에서 '무사, 귀환, 성큼' 등의 단어를 통해 긍정적인 내용임을 알 수 있다.

◉ **' ' 안에 함축된 표현의 뜻을 유추하기**
'성큼'을 이해하기 어렵더라도 앞서 '민간 우주선'이 무사히 돌아왔다는 것을 파악할 수 있다면 이로 인해 우주여행의 시대가 '열렸다, 가까워졌다'와 같은 내용이 제시되어야 자연스럽다는 것을 알 수 있다. 따라서 정답은 ③번이다.

오답 노트

①번, ②번: 무사 귀환을 응원을 했다거나 기대했다는 내용은 찾아볼 수 없으므로 오답이다.
④번: 기사 제목에서 무사 귀환했다고 한 우주선이 돌아오지 않았다고 했으므로 오답이다.

단어 □민간 □우주선 □무사 □귀환

 **연습 문제**

[1~2] 다음 신문 기사의 제목을 가장 잘 설명한 것을 고르십시오.

1.

얼어붙은 경기에도 명품 소비 '껑충', 미소 짓는 백화점

① 백화점 업계에서는 명품 소비를 늘려 침체된 경기를 회복하고자 한다.
② 백화점에서는 경제 상황에 맞춰 명품 가격을 인하하여 판매량을 늘렸다.
③ 최근 명품 소비가 급격하게 감소함에 따라 백화점 업계 역시 타격을 입었다.
④ 불황에도 불구하고 명품을 사는 사람들이 늘어 백화점 업계가 호황을 맞았다.

2.

폭락하는 배춧값 예년 대비 절반, 대책 마련에 '빨간불'

① 배추의 수확량이 절반 이하로 급감하여 값이 대폭 상승하였다.
② 급격하게 떨어진 배추 가격에 대한 대책 마련이 시급한 현황이다.
③ 배추에 대한 소비자의 수요가 늘어 수확량을 늘리는 데 힘을 쏟고 있다.
④ 연일 이어진 악천후로 배추 수확량의 절반 이상을 폐기해야 하는 실정이다.

PART 3

문항별 전략 (2)

☀ COOL TIP

문항 [28~31]은 문항 [16~18]과 동일한 유형이며 아래와 같은 전략을 사용할 수 있다. 그러나 앞의 문항과 다르게 어휘와 문법의 수준이 높아지고 지문의 내용도 과학, 사회 현상과 같은 어려운 주제를 다룬다.

- 첫 문장을 통해 글의 내용 유추하기
- 빈칸이 있는 문장의 앞뒤 문장 흐름 파악하기
- 선택지의 단어를 꼼꼼하게 확인하기

첫 문장을 읽고 지문의 핵심 키워드가 될만한 단어를 중심으로 대략적인 내용을 유추한다. 그리고 다음 문장들을 읽어나가며 세부 내용을 파악하는 것이 좋다.

 기출 문제

29. 다음을 읽고 (   ) 안에 들어갈 내용으로 가장 알맞은 것을 고르십시오.

> 무지개는 빛이 공기 중의 물방울을 통과할 때 굴절되어 나타나는 현상이다. 그래서 비가 그친 직후 해가 뜰 때 무지개가 잘 생긴다. 이때 (   ) 않으면 무지개가 만들어지기 어렵다. 공기에 먼지 등의 오염 물질이 섞이면 물방울들이 먼지 주위로 모여 빛이 통과하는 것을 막기 때문이다.

① 해가 뜨지
② 비가 그치지
③ 빛이 약하지
④ 공기가 깨끗하지

〈64회 TOPIK II 읽기 기출문제〉

문제 풀이

첫 문장을 통해 글의 내용 유추하기
첫 문장의 주어와 서술어를 보면 '무지개는 ~ 현상이다'로, 무지개의 개념을 과학적으로 설명하고 있다.

빈칸이 있는 문장의 앞뒤 문장 흐름 파악하기
빈칸 앞에서는 비가 그친 직후 무지개가 잘 생긴다고 하였으나 빈칸 뒷부분에서는 공기에 오염 물질이 섞이면 빛의 통과를 막으므로 무지개가 만들어지기 어렵다고 한다. 이를 통해 '오염 물질'이 섞이지 않은 깨끗한 상태여야 무지개가 생성되기 쉽다고 해석할 수 있으므로 정답은 ④번이다.

연습 문제

[1~2] 다음을 읽고 (   ) 안에 들어갈 내용으로 가장 알맞은 것을 고르십시오.

1.

> 장마철에 항상 무릎이나 허리의 통증을 호소하는 노인들을 쉽게 볼 수 있다. 단순히 노화로 인한 증상으로 볼 수도 있지만 날씨가 통증을 악화시키는 데는 과학적인 이유가 있다. (   ) 관절 내부의 압력이 높아지는데 이때 관절 안에 있는 윤활액이 팽창하면서 통증을 느끼게 된다. 또한 기압과 반대로 습도는 높아질수록 몸 안의 수분 증발을 막아 관절을 붓게 하여 통증을 유발한다.

① 노화가 진행되면
② 기압이 낮아지면
③ 윤활액이 줄어들면
④ 체내 수분이 증발되면

2.

> 한국 청소년들은 OECD에 가입한 다른 나라의 청소년들보다 평균 1시간을 덜 자는 것으로 나타났다. 입시 경쟁이 치열한 한국 사회에서는 (   ) 더 많은 공부 시간이 확보되어 학업 성취도가 향상될 것이라 여겨지곤 한다. 그러나 충분히 수면을 취한 학생들의 학업 성취도가 그렇지 않은 학생들의 학업 성취도보다 높은 것으로 나타났다. 이제는 짧은 수면 시간과 성적이 비례한다는 그릇된 인식을 바꾸어야 할 때이다.

① 잠을 줄이면
② 꾸준히 낮잠을 자면
③ 수면 장소를 바꾸면
④ 양질의 수면을 취하면

[32~34] 글의 내용과 같은 것 고르기 3

 COOL TIP

문항 [32~34]는 문항 [20], [24]와 동일한 유형이며 아래와 같은 전략을 사용할 수 있다. 그러나 문항 [32~34]는 문항 [20]에 비해서 어휘 및 문법의 수준이 높고, 주로 일상적인 소재의 문학 작품이 출제되는 문항 [24]와는 다른 설명문로 출제된다.

- ◉ 지문의 대략적인 내용 빠르게 파악하기
- ◉ 선택지 문장의 내용 제시된 지문에서 확인하기

 기출 문제

32. 다음을 읽고 내용이 같은 것을 고르십시오.

> 나비 박사 석주명은 나비의 종류를 분류하고 이름을 지어 준 생물학자이다. 1931년부터 나비를 연구한 그는 한국의 나비가 총 844종이라는 당시의 분류를 248종으로 수정하였다. 날개 무늬나 모양이 조금만 달라도 다른 종이라고 판단한 기존의 분류가 틀렸음을 배추흰나비 16만여 마리의 무늬를 비교해서 밝혔다. 또한 그때까지 한자어나 외래어로 명명된 나비에 '떠들썩 팔랑나비'와 같은 고유어 이름을 지어 주는 데 앞장섰다.

① 석주명은 한국의 나비를 총 844종으로 분류하였다.
② 석주명은 나비 이름을 고유어로 바꾸려고 노력하였다.
③ 석주명은 자신의 배추흰나비 연구에 문제가 있음을 알았다.
④ 석주명은 나비의 날개 모양이 다르면 종이 달라짐을 밝혔다.

〈64회 TOPIK II 읽기 기출문제〉

문제 풀이

◉ **지문의 대략적인 내용 빠르게 파악하기**

지문은 '나비 박사 석주명'에 대한 이야기이고, 석주명의 업적들을 나열하고 있다.

◉ **선택지 문장의 내용 제시된 지문에서 확인하기**

②번의 경우 마지막 문장에서 한자어나 외래어로 명명된 나비에 '떠들썩한 팔랑나비'와 같은 고유어 이름을 지어 주는 데 앞장섰다는 내용이 나오므로 정답은 ②이다.

오답 노트

①**번:** 한국의 나비를 총 844종으로 분류하지 않았고, 이를 248종으로 수정하였으므로 일치하지 않는다.
③**번:** 배추흰나비 연구는 석주명의 분류가 아닌 기존의 분류이고, 이러한 기존의 분류가 틀렸음을 석주명이 배추흰나비 16만여 마리의 무늬를 비교해서 밝혔다.

④번: 석주명은 나비의 날개 모양이 조금만 달라도 다른 종이라고 판단한 기존의 분류가 틀렸음을 밝혔기 때문에 일치하지 않는다.

단어   □ 분류하다   □ 생물학자   □ 수정하다   □ 무늬   □ 판단하다   □ 기존   □ 밝히다   □ 고유어

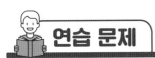 연습 문제

[1~2] 다음을 읽고 내용이 같은 것을 고르십시오.

1.
> 한국의 전통 무술이라고 할 수 있는 태권도는 경기 중에 손기술과 발기술을 사용하여 유효 타격 부위에 명중하면 점수를 얻게 된다. 손기술은 주먹의 앞부분을 이용한 공격이어야 하고 발기술은 복숭아뼈 이하의 발 부위를 이용한 공격이어야 한다. 남녀 모든 경기 시간은 2분의 3회전으로 같다. 회전 간 휴식 시간은 1분이 주어지고 각 회전의 시작은 주심의 "시작!" 선언으로 개시되며 종료는 "그만!" 선언으로 종료된다. 주심은 경기 결과를 승자의 손을 들어 선언하게 되는데 부상으로 인해 승자가 선수 위치에 서 있지 못할 때는 주심이 자신의 승자 쪽 손을 들어 경기 결과를 발표한다.

① 태권도 경기 결과는 주심이 알려준다.
② 발기술은 무릎을 이용하여 공격해야 한다.
③ 태권도는 손기술로만 점수를 얻을 수 있다.
④ 각 회전 간 3분 동안 휴식을 취할 수 있다.

2.
> 1840년 파리에서 태어난 화가 모네는 어렸을 때부터 공부보다 그림 그리기를 좋아했다. 이런 모네를 이해해주는 어머니가 어렸을 때 돌아가신 후, 장사를 도와주기를 원한 아버지와 사이가 좋지 않아 방황했다. 혼자 살고 있던 모네에게 아마추어 화가인 고모는 모네가 화가로서 성장하는 데 결정적인 도움을 주었다. 고모의 도움으로 화가 글레이르의 화실에 들어가게 되었다. 여기에서 모네는 후에 인상주의 운동을 함께 할 평생의 동료들을 만났다. 1867년 모네는 이렇게 평생 그에게 많은 도움과 영향을 준 고모와 애인 카미유 사이에서 얻은 아들과 함께 바다가 있는 노르망디로 내려가서 마음의 안정을 얻고 많은 그림을 그리게 되었다.

① 모네는 1867년에 가족들과 함께 노르망디를 떠났다.
② 모네는 어렸을 때 그림 그리기보다 공부를 더 좋아했다.
③ 모네의 아버지는 모네가 그림을 그리는 것을 응원하셨다.
④ 모네는 고모 덕분에 인상주의 운동을 함께 할 동료들을 만날 수 있었다.

[35~38] 주제 문장 고르기 1

☀ COOL TIP

🔘 반복되는 핵심 단어를 찾아 무엇에 대한 글인지 파악하기
지문을 전체적으로 보고 반복되는 단어를 찾아 무엇에 대한 글인지를 파악한다. 또한, 지문 내용을 무시하고 배경 지식을 바탕으로 정답을 고르지 않도록 유의해야 한다.

🔘 글 뒷부분에 유의하여 지문 읽기
'주제 문장 고르기'는 세부적인 내용을 모두 아우르는 주제를 골라야 하며 글 앞부분에 어떤 내용이 나올지 소개한 후 뒷부분에 글의 주제가 나오는 경우가 많다. 따라서 세부적인 내용을 파악하되, 글쓴이가 궁극적으로 말하고자 하는 바를 이해해야 한다.

🔘 지문에서 가장 주제가 뚜렷하게 드러나는 선택지 고르기
오답 중에서는 지문의 일부 내용과 일치하는 선택지가 있다. 그러나 글 전체의 주제를 포함하지 못한다면 오답이므로 모든 선택지를 꼼꼼하게 읽어야 한다.

 기출 문제

35. 다음 글의 주제로 가장 알맞은 것을 고르십시오.

> 문화재 복원 작업은 복원된 부분이 자연스러워야 하고 그 과정에서 문화재가 추가로 손상되지 않아야 한다. 이 때문에 정확한 측정으로 복원할 부분을 원래 모습과 동일하게 만들어 내는 것은 복원의 성공을 결정하는 중요한 요건이다. 최근 3D 스캐너와 프린터가 등장하여 이러한 요건을 충족할 수 있게 되면서 정밀하고 안전한 문화재 복원이 가능해졌다.

① 첨단 장비 덕분에 문화재 복원이 수월해졌다.
② 문화재는 손상 예방을 위한 사전 관리가 중요하다.
③ 복원 환경 탓에 원본이 변형되는 경우가 많아지고 있다.
④ 복원 기술자를 대상으로 한 3D 장치 사용 교육이 필요하다.

〈64회 TOPIK II 읽기 기출문제〉

문제 풀이

🔘 반복되는 핵심 단어를 찾아 무엇에 대한 글인지 파악하기
지문을 보면 '문화재'와 '복원'이 여러 번 서술되었다. 이를 통해 문화재 복원과 관련된 내용임을 유추할 수 있고 첫 문장에서 자연스러운 문화재 복원의 중요성을 강조한 후 다음 문장에서 정확한 측정이 성공적인 복원의 핵심이라 설명하고 있다.

글 뒷부분에 유의하여 지문 읽기

지문의 앞부분에서 성공적인 문화재 복원의 중요한 요소들을 언급하였다. 그리고 마지막 문장에서 3D 스캐너와 프린터로 수월한 문화재 복원이 가능해졌다고 하며 글을 마무리한다.

지문에서 가장 주제가 뚜렷이 드러나는 선택지 고르기

따라서 글을 전반적으로 보았을 때, 가장 궁극적으로 전하고자 하는 주제는 ①번이다.

오답 노트

②번: 이 글은 손상된 문화재 복원에 대한 내용이므로 정답이 아니다.

③번: 복원 과정에서 추가적인 손상이 없어야 한다고 언급하였을 뿐이므로 오답이다.

④번: 3D 장치 재교육 또한 지문에 제시된 바가 없기 때문에 정답이 아니다.

단어 □문화재 □복원 □손상되다 □측정하다 □동일하다 □요건 □첨단 □장비 □변형되다

연습 문제

[1~2] 다음 글의 주제로 가장 알맞은 것을 고르십시오.

1.

> 해마다 어김없이 찾아오는 추석을 맞아 제사 음식과 더불어 추석 선물 준비로 고민하는 사람들이 적지 않다. 시대에 따라 명절 선물의 종류는 매우 빠른 속도로 변화하였는데 당시에 선호되던 선물을 보면 시대상도 함께 엿볼 수 있다. 전쟁의 아픔과 상처를 치유하기에 바빴던 1950~60년대에는 밀가루, 달걀과 같이 한 끼 배를 채울 수 있는 식품류가 최고의 선물이었다. 그러나 1970~80년대는 경제 개발과 더불어 질 좋은 의류, 가전제품 등의 선물이 인기를 끌었으며 1990년대부터 요즘에 이르기까지는 건강식품, 한우, 와인, 홍삼, 엄선된 과일과 같이 고급화된 선물이 대세이다. 이와 같은 현상은 단순한 부의 증가를 넘어 질적으로 풍족해진 삶을 더욱 윤택하게 보내고자 하는 국민들의 마음이 반영된 것으로 보인다.

① 적절한 추석 선물을 선택하는 데 어려움을 겪는 사람들이 많다.

② 식품은 시대를 막론하고 모든 연령층에게 가장 인기있는 추석 선물이다.

③ 시대의 흐름에 따라 사람들이 선호하는 추석 선물은 다양하게 변화해 왔다.

④ 부의 상징성을 중요시하는 요즘은 고급스러운 육류 및 주류 선물이 대세이다.

2.

　　인터넷을 통해 공유되는 영상 콘텐츠가 매우 빠르게 발전하며 다양한 정보 제공의 수단으로 급부상하는 요즘. 대중이 활자 정보에서 영상 정보로 시선을 돌리게 된 가장 큰 이유는 문자로 오롯이 담아내기 힘든 정보를 영상은 입체적이고 생생하게 전달할 수 있기 때문이다. 그러나 영상으로 집약된 정보를 얻는 데에 익숙해진 현대인들은 활자를 접하는 시간이 감소함에 따라 문해력이 저하되는 새로운 문제를 겪고 있다. 이와 같은 현상을 현대판 난독증이라 일컫는다. 게다가 단편적인 영상으로 정보를 획득하기 때문에 새로운 지식을 접해도 깊은 사고로 이어지지 않아 사유하는 힘과 집중력이 급감하고 있다. 현대인이 겪는 새로운 부작용을 줄이기 위해서 대책이 시급한 상황이다. 영상 콘텐츠의 확산을 막을 수 없다면 무분별한 영상 정보의 습득을 지양하고 활자 매체와의 적절한 공존이 반드시 이루어져야 할 것이다.

① 집약된 정보를 파악하기 쉬운 영상 콘텐츠가 빠른 속도로 확산되고 있다.

② 활자 정보가 외면되는 상황이 지속됨에 따라 난독증을 앓는 사람이 늘었다.

③ 영상 및 활자 콘텐츠를 모두 균형있게 활용하여 적절한 정보를 얻어야 한다.

④ 짧은 시간에 많은 정보를 얻을 수 있는 영상 콘텐츠 다양하게 활용해야 한다.

[39~41] 알맞은 곳에 〈보기〉 문장 넣기 1

☀ COOL TIP

문항 [39~41]은 문항 [13~15]와 동일한 유형에 속하지만 첫 문장을 찾아 문장들을 순서에 맞게 배열하는 것이 아닌, 완성된 글에 〈보기〉의 문장을 어울리는 곳에 넣어야 하는 문제이므로 아래와 같은 전략을 사용하는 것이 좋다.

〈보기〉 문장 먼저 파악하기

〈보기〉 문장의 주어와 서술어를 빠르게 읽으면서 문장의 내용을 파악하는 것이 좋다. 이때, 접속사가 있는 경우, 앞 문장에 나올 내용을 유추해 본다.

제시문에서 〈보기〉 문장의 주어가 언급된 부분을 찾아 넣어 보기

〈보기〉 문장의 주어가 언급되거나 설명된 부분을 중심으로 살펴본다. 〈보기〉 문장에 접속사가 있는 경우, 접속사의 사용이 어울리는 부분을 찾아야 한다.

🧑‍🏫 기출 문제

39. 다음 글에서 〈보기〉의 문장이 들어가기에 가장 알맞은 곳을 고르십시오.

> 왕관은 과거 지배 계층이 착용했던 대표적인 장신구이다. (㉠) 장식도 화려하게 더해져 그것을 쓴 왕의 지위를 더욱 돋보이게 했다. (㉡) 오늘날 왕관이 가졌던 힘과 지위의 의미는 약화되었으나 고귀한 이미지는 남아 여러 디자인에서 발견된다. (㉢) 아름다움이 강조되어야 할 신부의 머리 장식이나 여러 액세서리에 왕관이 활용되고 있는 것이다. (㉣)

――――――――――― 〈 보기 〉 ―――――――――――
그래서 백성들이 구하기 힘든 매우 귀하고 값비싼 재료로 만들어졌다.

① ㉠   ② ㉡   ③ ㉢   ④ ㉣

〈64회 TOPIK II 읽기 기출문제〉

문제 풀이

〈보기〉 문장 먼저 파악하기

'그래서' 접속사 뒤에 '백성들이 구하기 힘든 재료로 만들어졌다'는 내용이 나오므로 선행되는 문장의 내용에 '백성들이 구하기 힘든 재료로 만든 이유'가 나와야 함을 파악한다.

제시문에서 〈보기〉 문장의 주어가 언급된 부분을 찾아 넣어 보기

〈보기〉 문장의 주어는 명시되지 않았지만 '매우 귀하고 값비싼 재료로 만들어진 물건'으로 생각할 수 있다. 따라서 〈보기〉 문장 앞에는 '백성들이 구하기 힘든 재료로 만든 이유'와 '물건'의 이름이 명시되어 나와야 한다. ①번 ㉠ 앞의 문장은 '장식이 화려하게 더해져 왕의 지위를 더욱 돋보이게 했다'는 내용이 나온다. 백성들이 구하기 힘든 값비싼 재료로 왕관을 만든 이유이므로 정답은 ①번이다.

단어 □ 지배 계층 □ 착용하다 □ 장신구 □ 화려하다 □ 지위 □ 약화되다 □ 강조되다 □ 귀하다

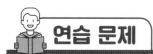 **연습 문제**

[1~2] 다음 글에서 〈보기〉의 문장이 들어가기에 가장 알맞은 곳을 고르십시오.

1.

토론에서 타인을 설득한다는 것은 그 사람을 자신이 원하는 방향으로 움직인다는 것을 의미한다. (㉠) 직장에서 동료와 상사를 설득하는 일, 가까운 가족들과 친구들에게 내가 원하는 것을 이해시키는 일까지 설득은 인간과 뗄 수 없는 관계이다. (㉡) 이러한 설득은 상대방을 공감하는 능력에서 시작된다. (㉢) 상대방의 마음을 읽으면서 배려할 때 상대방은 마음의 문을 열게 되고 내가 원하는 방향으로 천천히 설득이 될 것이다. (㉣)

――――〈 보기 〉――――
토론 뿐만 아니라 살면서 많은 사람들은 일상생활에서도 누군가를 설득하고 설득당하며 살아간다.

① ㉠   ② ㉡   ③ ㉢   ④ ㉣

2.

치킨 게임이란 상대방이 무너질 때까지 경쟁을 하는 것을 말한다. (㉠) 다시 말하면 어느 한 쪽이 양보하지 않을 경우 모두 파국으로 치닫게 되는 게임이다. (㉡) 원래 치킨 게임은 1950년대 미국 젊은이들 사이에서 유행하던 자동차 게임의 이름이었다. (㉢) 한밤중에 도로의 양쪽에서 두 명의 운전자가 자신의 차를 몰고 정면으로 돌진하다가 충돌 직전에 핸들을 꺾는 사람이 지는 경기이다. (㉣) 이 용어는 미국과 소련 사이의 극심한 군비 경쟁을 비판하는 용어로 차용되면서 국제 정치학 용어로 굳어지게 되었다.

――――〈 보기 〉――――
그러나 어느 한 쪽도 핸들을 꺾지 않을 경우 승패가 결정되지 않은 데다가 결국 충돌해서 양쪽 모두 피해를 입게 된다.

① ㉠   ② ㉡   ③ ㉢   ④ ㉣

[42] 밑줄 친 부분의 인물의 심정 고르기 2

COOL TIP

문항 [42]는 문항 [23]과 동일한 유형이며 아래와 같은 전략을 사용할 수 있다. 그러나 앞의 문항보다 지문이 길어진 만큼 인물의 심정 변화가 더욱 세세하게 나타난다. 그러므로 밑줄 친 부분에 유의하여 지문을 읽되, 단락별로 인물의 심정을 파악하며 전체적인 흐름을 이해하는 것이 중요하다.

- ⬤ 선택지를 읽고 의미 파악하기 (201쪽 참조)
- ⬤ 이야기의 흐름을 바탕으로 인물의 심정 파악하기

기출 문제

42. 밑줄 친 부분에 나타난 '소희'의 심정으로 알맞은 것을 고르십시오.

그때 소희네는 이사를 앞두고 있었는데 엄마는 그렇게 집을 나가 돌아오지 않았다. 작별 인사는 커녕 아무 신호도 낌새도 없이 휙 사라졌다. (중략) 엄마가 집 나가고 열흘쯤 지났을 땐가, 소희가 텔레비전을 보고 있는데 본희가 현관에서 신을 신으며 잠깐 나갔다 오겠다고 했다.

"잠깐 어디?" "친구네." "친구 누구?" 소희가 눈을 맞추려 했지만 본희는 돌아보지 않았다. "늦으면 친구네서 자고 올지도 몰라. 기다리지 말고 자." 돌아서 나가는 본희가 멘 가방이 이상하게 커 보여 소희는 자리에서 벌떡 일어났다. 가만히 서 있다가 갑자기 현관문을 열고 맨발로 뛰어나가 계단을 올라가는 본희 뒷모습에 대고 외쳤다. "언니야. 올 거지?" 본희는 멈춰 섰지만 돌아보지 않았다. <u>소희는 묻고 또 물었다.</u> (중략)

한참 있다가, 몇 년은 지난 거 같은데 몇 시간쯤밖에 안 지난 한밤중에 언니가 문자를 했다. 소희는 언니가 올 때까지 휴대 전화를 손에 꼭 쥐고 문자를 보고 또 보았다. 그러지 않으면 문자가 감쪽같이 날아갈 것 같았다.

삼겹살 사가지고 가께. 라면 끓여먹지 말고 기다려.

① 불안하다
② 흡족하다
③ 실망스럽다
④ 감격스럽다

〈64회 TOPIK II 읽기 기출문제〉

🔘 **선택지를 읽고 의미 파악하기**

일반적으로 부정적인 감정을 다룬 선택지가 자주 나오지만, 위의 질문처럼 긍정적인 감정의 단어가 함께 나오기도 한다. 이러한 문항은 먼저 선택지가 긍정과 부정 중 어느 쪽에 속하는지를 나눈다.

🔘 **이야기의 흐름을 바탕으로 인물의 심정 파악하기**

동생을 보지도 않고 밖에 나가려는 언니에게 소희가 "언니야, 올 거지?"라고 계속 묻는 내용이 나온다. 이를 통해 언니가 다시 돌아오지 않을까 봐 자꾸 확인하고 싶은 소희의 마음을 유추할 수 있다. 따라서 정답은 ①번 '불안하다'이다.

오답 노트

②**번:** '흡족하다'는 무언가에 대해 만족하거나, 큰 감동을 나타내는 표현이므로 오답이다.

③**번:** '실망스럽다'는 이미 일어난 일에 대해 마음이 상한 상황을 나타내므로 오답이다.

④**번:** '감격스럽다'는 매우 큰 감동을 느꼈을 때 쓰는 표현이므로 정답이 아니다.

단어 ▫작별 ▫낌새 ▫한참

[1~2] 밑줄 친 부분에 나타난 인물의 심정으로 알맞은 것을 고르십시오.

1.

십여 년 전 어느 여름날. 내가 교단에 선지 4개월 남짓의 시간이 흘렀을 때이다. 애써 담담한 척 분필을 잡고 있었지만, 남들 앞에만 서면 긴장하는 탓에 누가 봐도 어리숙한 내 모습은 마치 '신입 교사'라고 온몸으로 외치고 있는 듯했다.

숫기도 없거니와 왜소한 체격의 나는 내 몸집의 두 배는 커 보이는 녀석들에게 만만해 보이지 않으려고 괜히 미간을 찌푸리거나 싸늘한 표정을 짓곤 했다. 임용고시에 합격한 후 선배들로부터 사춘기 남학생들은 무조건 기선제압이라고 귀가 닳도록 들었던지라 강해 보여야 한다는 강박에 짓눌렸던 것이리라. 지금 생각해보면 그런다고 누가 나를 무섭게 볼까 싶다만 당시엔 몇 날 며칠 밤을 새워 생각해 낸 묘안이었다. 학생들에게 더 다가가고 싶은 마음과 함께 행여 친해져서 '나를 무시하면 어떡하지?'라는 생각이 교차할 때마다 나는 결국 싸늘한 표정으로 무장하고 교실 문을 열었다.

그렇다고 수업을 성의 없이 한다거나 학생들의 말을 무시하는 일은 일절 없었다. 마음속으로는 누구보다 내 첫 제자들을 사랑했고 언젠가는 진심이 전해지길 바랄 뿐이었다. 그렇게 시간이 흘러 계절이 바뀌어 세상이 온통 하얘진 어느 날, 나는 교무실에 남아 학생들의 작문 숙제를 보다가 익살스러운 표현을 발견하여 나도 모르게 웃고 있었다. 그렇게 무방비 상태였던 내 어깨를 누군가가 톡톡 쳤다.

"저 선생님…."

"어머, 그래 강인아 무슨 일이니?" . "숙제 드리고 가는 걸 깜빡해서…."

"그래 이제 가 보렴, 다음에 교무실 들어올 때는 꼭 노크하고."

"죄송합니다. 안녕히 계세요."

<u>나는 황급히 숙제를 낚아채듯 받고 괜히 죄 없는 책상만 뒤적이며 바쁜 척을 했다.</u> 어찌나 창피했는지 불이 뿜어져 나올 만큼 빨개진 얼굴이 책상 틈 너머 거울에 비쳤다. 그리고 나는 깨달았다. 아무리 가면을 써도 마음까지 무장할 수 없다는 것을. 애꿎은 학생에게 인상을 쓰며 대답한다 한들 마음까지 대담해질 수 없다는 것을.

다음 날 나는 미소와 함께 교실 문을 열었다.

① 허탈하다
② 담담하다
③ 곤혹스럽다
④ 당황스럽다

2.

　　나는 학창시절 늘 상위권의 성적을 유지했고 어느 학원에 가도 선생님들께 곧잘 따라오거니와 이해력이 좋다며 칭찬을 받았다. 나도 그들의 말을 믿고 아무리 수능을 망친다 한들 중위권 대학은 갈 거라고 철석같이 믿었는데 고3 입시는 그 누구도 예상하지 못한 대재앙으로 끝이 났다. 내 이름 석 자가 적힌 성적표를 보고도 음모론이라 생각될 만큼 초등학교, 중학교, 고등학교 12년간 경험해본 적 없는 최악의 성적이 나왔다. 내 점수로 원서를 넣을 수 있는 곳이란 평생 내가 갈 대학의 마지노선으로도 여기지 않았던 곳들뿐이었다. 원서에 내 이름을 쓰는 것마저도 자존심이 용서치 않아 나는 조금의 망설임도 없이 재수의 길로 들어섰다.

　　그리고 일 년이면 끝날 것이라 생각한 암흑의 터널은 5년간 계속되었다. 첫 수능의 실패는 생각보다 큰 후유증을 남겼다. 모의고사에서는 전성기 때처럼 좋은 성적을 냈지만, 시험장에만 들어서면 고3 입시의 악몽이 떠올라 손이 떨리고 머릿속이 하얘졌다. 해를 거듭할수록 조금씩 나아지기는 했으나 과거의 내가 만족할만한 점수는 끝끝내 나오지 않았다. 그리고 다섯 번째 수능. 나에게 더는 물러설 곳도 없었다.

　　수능을 마치고 집에 돌아오니 부모님은 이제 어땠냐고 물어보지도 않고, 아무 날도 아닌 듯 텔레비전을 보고 계셨다. 정말 무심해서가 아니라 그렇게 하는 게 나를 돕는 거라는 걸 자연스럽게 알게 되신 거다. 연년생 여동생은 내가 재수를 하던 해에 대학에 입학했고 이제는 졸업을 앞두고 있다. 고등학교 때까지는 매일 온종일 재잘재잘 이런저런 얘기를 나누었는데 첫 수능 이후 내 눈치를 보느라 엠티며 소개팅이며 대학생이면 누구나가 경험할 법한 에피소드는 되도록 꺼내지 않는 게 느껴졌다. 그러다 보니 서로 대화가 점점 줄었고 이제는 직장 동료처럼 날씨 얘기나 하는 사이가 돼버렸다. 식구들 모두에게 눈칫밥을 먹게 한 이 죄인은 조용히 방에 들어와 채점할 준비를 했다. 이 세상의 모든 신에게 마음속으로 나를 외면하지 말아 달라고 되뇌며 시험지를 끌어안고 두 눈을 질끈 감았다. 30분 후, 나는 눈물 콧물 범벅이 된 얼굴로 가족들을 불렀다.

　　"너 왜 그래? 응? 왜 울어? 또 잘 안됐어?"

　　"언니 울지 마. 울지 말고 얘기해 봐."

　　"아빠가 있잖아. 우리 딸 울지 말고. 시험 좀 못 보면 어떠니"

　　"아니야… 아니야…"

　　"아니야? 뭐가 아니야?"

　　나는 채점한 시험지를 가족들에게 건넸다. 이대로만 성적이 나온다면 상위권 대학은 어디들 들어갈 수 있을 만한 점수가 나왔다. 한 명씩 시험지를 돌려보고는 온 가족이 서로를 끌어안고 엉엉 울었다. 그날 나는 암흑의 터널에서 드디어 나오게 되었다.

① 야속하다

② 간절하다

③ 거만하다

④ 괘씸하다

[43] 글의 내용과 같은 것 고르기 4

 기출 문제

43. 위 글의 내용과 같은 것을 고르십시오.

> 그때 소희네는 이사를 앞두고 있었는데 엄마는 그렇게 집을 나가 돌아오지 않았다. 작별 인사는 커녕 아무 신호도 낌새도 없이 휙 사라졌다. (중략) 엄마가 집 나가고 열흘쯤 지났을 땐가, 소희가 텔레비전을 보고 있는데 본희가 현관에서 신을 신으며 잠깐 나갔다 오겠다고 했다.
>
> "잠깐 어디?" "친구네." "친구 누구?" 소희가 눈을 맞추려 했지만 본희는 돌아보지 않았다. "늦으면 친구네서 자고 올지도 몰라. 기다리지 말고 자." 돌아서 나가는 본희가 멘 가방이 이상하게 커 보여 소희는 자리에서 벌떡 일어났다. 가만히 서 있다가 갑자기 현관문을 열고 맨발로 뛰어나가 계단을 올라가는 본희 뒷모습에 대고 외쳤다. "언니야. 올 거지?" 본희는 멈춰 섰지만 돌아보지 않았다. 소희는 묻고 또 물었다. (중략)
>
> 한참 있다가, 몇 년은 지난 거 같은데 몇 시간쯤밖에 안 지난 한밤중에 언니가 문자를 했다. 소희는 언니가 올 때까지 휴대 전화를 손에 꼭 쥐고 문자를 보고 또 보았다. 그러지 않으면 문자가 감쪽같이 날아갈 것 같았다.
>
> 삼겹살 사가지고 가께. 라면 끓여먹지 말고 기다려.

① 본희는 밤늦게 소희에게 연락을 줬다.
② 엄마는 이사하는 날에 집으로 돌아왔다.
③ 본희는 소희를 데리고 친구 집에 놀러 갔다.
④ 소희는 엄마를 기다리며 휴대 전화를 놓지 못했다.

〈64회 TOPIK II 읽기 기출문제〉

지문의 대략적인 내용 빠르게 파악하기

지문은 소희와 본희의 두 자매의 이야기이다. 이사를 앞두고 집을 나가 돌아오지 않는 엄마 때문에 소희는 언니 본희가 집을 나설 때 엄마처럼 돌아오지 않을까봐 불안해 하고 있다.

선택지 문장의 내용 제시된 지문에서 확인하기

지문에 '한밤 중에 언니가 문자를 했다.'는 내용이 있으므로 정답은 ①번이다.

오답 노트

②번: '엄마는 그렇게 집을 나가 돌아오지 않았다.'는 내용을 통해 '엄마는 이사하는 날에 집으로 돌아오지 않았다.'는 사실을 알 수 있다.

③번: 지문에 '본희가 현관에서 잠깐 나갔다 오겠다고 했다.'는 내용이 나오기 때문에 ③번과 같이 본희는 소희를 데리고 같이 친구 집에 놀러 가지 않았다는 것을 알 수 있다.

④번: 소희는 엄마가 아니라 언니가 올 때까지 문자를 보았기 때문에 일치하지 않는다.

단어 □앞두다   □작별   □신호   □낌새   □사라지다   □벌떡   □한참   □감쪽같이

 **연습 문제**

[1~2] 글의 내용과 같은 것을 고르십시오.

1.

> 선미에게 집에 있는 식탁이 작고 무겁다고 불평했던 것을 영미도 기억하고 있었다. 그러나 심각한 수준은 아니었고, 엉망으로 어질러진 집안을 보여주는 것도 내키지 않았으나 영미는 현관문을 활짝 열었다. 테이블은 세 사람이 달라붙어서 비스듬히 기울이고 나서야 간신히 현관문을 통과했다. 몸이 불편한 준석이 멀찌감치 서서 이리로 저리로 방향을 일러주고 난 다음이었다.
>
> "식 올리고 인사도 제대로 못했잖아. 선물이라고 생각해요. 바퀴가 있어서 엄청 편해."
>
> 선미가 테이블을 밀어 보이자 하얀 테이블이 부드럽게 움직였다. 네 사람은 이른 저녁을 먹었다. 누군가 찾아왔다는 사실에 들뜬 준석의 표정과 여유롭게 느껴지는 선미 부부의 모습. 베란다 창으로 들어오는 선선한 바람에 북적거리는 분위기가 영미의 기억 속에 사진처럼 남았다.
>
> "내년에 이사할 때 우리도 이 정도 크기로 알아보자. 방이 두 개는 있어야지. 둘이 지내기엔 방이 너무 좁아. 마을버스도 빨리 끊기고. 아예 중고차를 하나 살까? 다른 건 몰라도 냉장고는 진짜 살 거야. 안 쓰는 것도 싹 갖다 버리고."
>
> 식사가 끝날 즈음 선미가 찬우에게 소곤거렸다. 찬우는 조심스럽게 사방을 살피며 말이 없었고 대답을 한 건 영미였다.
>
> "이보다 더 넓은 집으로 가야지. 둘이 버는데 뭐가 걱정이야. 그러지 말고 적당한 집을 사. 자꾸 세 살면서 옮겨 다니지 말고."

① 영미는 선미를 초대해서 집안을 보여주고 싶었다.
② 준석은 테이블을 옮기는 것을 적극적으로 도와줬다.
③ 찬우가 선미에게 방이 두 개인 집으로 이사하자고 했다.
④ 선미와 찬우는 지금 월세집에서 살고 있으며 아직 집을 사지 못했다.

2.

　　고등학교 2학년이 되어서 문과와 이과로 반을 나누게 되었다. 지수가 나에게 아무 말도 없이 문과를 택한 것을 나중에 알고 서운했다. 지수의 어머니는 문과를 별로 좋아하지 않으셨는데 나는 지수에게 서운함이 사라지지는 않았지만 처음에는 지수의 편을 들어 줬다.

　　"어머니, 문과를 간다고 해서 꼭 문학을 전공하고 취업을 못하는 것은 아니에요."

　　어머니를 설득하려고 했지만 어머니에게도 사정이 있었다. 지수의 오빠가 문과로 진학하여 문학을 전공했는데 사회에 제대로 참여해서 돈 한 푼 벌지 못하고 결국 경제적 어려움에 우울증까지 걸린 사실이 어머니에게는 큰 아픔이 되었다. 지수마저 그런 힘든 인생이 될까봐 겁을 먹은 지수의 어머니는 결국 학교에 가서 담임 선생님에게 부탁했다.

　　"지수, 이과로 전과할 수 없을까요?"

　　어머니의 간절한 마음과 지수의 오빠 이야기를 듣고 나는 끝까지 어머니를 말릴 수 없었다. 그래서 이번에는 지수를 설득하려 했다.

　　"너희 담임 선생님이 너는 인문계보다는 이공계가 더 적성에 맞을 거라고 하셨어. 내가 보기에도 너는 이과로 진학을 하면 정말 잘할 것 같아."

　　지수는 말이 없었다.

　　결국 지수는 어머니와 나의 입김에 못 이겨 이과로 전과하게 되었고 대학 진학도 공대로 진학하기로 마음먹었다. 그러나 지수가 희망하는 공대에 그해 유난히 우수한 지원자가 몰려서 결국 대학 입시에 낙방하게 되었다. 지수는 재수는 절대 할 수 없다고 주장하면서 결국 이름 없는 작은 대학교 토목과에 들어가게 되었다.

　　지금 돌이켜 보면 나와 지수 어머니의 선택이 지수의 인생을 더 힘들게 바꾼 것은 아닐까 생각이 든다.

　　"알겠어."

　　지수의 어머니와 나의 강한 설득 끝에 지수가 내뱉은 한마디는 알겠다는 말과 씁쓸한 미소였다. 당시에는 지수가 문과에 대한 아쉬움이 생각보다 크지 않아서 다행이라고만 생각했다. 그런데 지수의 반짝이는 눈빛, 생기 있는 목소리를 못 듣게 된 건 그때부터였던 것 같다. 인생에서의 중요한 선택, 지수의 꿈을 여러 상황 때문에 억누른 어머니와 나의 모습이 계속 마음에 걸린다.

　　"네가 하고 싶은 것을 선택해!"

　　"네가 선택하는 게 맞는 거야!"

　　지수가 듣고 싶었던 말들을 해 주지 못한 것이 후회된다. 자신의 선택과 꿈을 응원받지 못한 채 성인이 되는 지수가 안쓰러웠다.

① 지수의 어머니는 지수의 선택을 응원했다.
② 지수는 고등학교 과 선택을 나와 미리 상의했다.
③ 지수는 어머니와 나의 말을 듣고 고등학교 때 과를 옮겼다.
④ 나는 지수의 선택과 꿈을 응원해 주지 못한 것을 후회하지 않는다.

[44] 주제 문장 고르기 2

기출 문제

44. 다음 글의 주제로 알맞은 것을 고르십시오.

> 성대하고 까다로운 제사 준비 탓에 유교 예법을 비판하는 사람들이 많다. 하지만 현재 우리가 지키고 있는 예법은 (   ) 잘못된 예법이 전해져 온 것이다. 유교 전문가들은 제사든 차례든 조상을 공경하는 마음과 자손들의 화목이 중요하다고 말한다. 선조들은 제사를 드릴 때 좋은 음식을 많이 준비하는 것보다 그 음식을 준비하는 마음과 정성을 중시했던 것이다. 유서 깊은 집안에서는 이러한 제사의 본질을 제대로 이해하여 상차림은 간소하게 하되 집안 사람들이 모두 모여 함께 제사를 드리는 경우가 많다. 형식보다 정성이 중요하다는 유교의 가르침을 지키고 있는 것이다.

① 조상을 모시는 제사상 차림은 점차 간소화되고 있다.
② 유교 문화는 후손들에 의해 유동적으로 변화되고 있다.
③ 명절에 제사를 드리는 전통은 예법에 맞게 유지되고 있다.
④ 유교 예법에서 중요한 것은 정성을 다해 예를 갖추는 것이다.

〈64회 TOPIK II 읽기 기출문제〉

문제 풀이

● 반복되는 핵심 단어를 찾아 무엇에 대한 글인지 파악하기

지문과 선택지에서 '유교, 예법'이 자주 등장하므로 이와 관련된 글임을 알 수 있다. 또한, 핵심 단어의 뜻을 정확히 모르더라도 맥락 안에서 의미를 유추하고 전체적인 내용을 파악해야 한다.

⬤ 글 뒷부분에 유의하여 지문 읽기

사람들이 믿는 대부분의 예법은 잘못 전해져 내려온 것이라 설명하며 글의 중반에서는 이를 뒷받침하는 근거들이
제시된다. 글의 뒷부분에서 제사의 본질을 이해하고 형식보다 정성의 중요성을 강조하는 것이 유교의 가르침이라
서술한다.

⬤ 지문에서 가장 주제가 뚜렷이 드러나는 선택지 고르기

위의 내용을 바탕으로 유교에서 가장 중요한 것이 형식보다 '정성'이라는 것을 알 수 있다. 따라서 정답은 ④번이다.

오답 노트

①번: 지문에서 옛날에도 제사의 본질을 중시하고 간소하게 상차림을 준비했다고 하였으므로 오답이다.
②번, ③번: 글의 앞부분에서 잘못된 예법이 전해져 내려오고 있다고 하였으므로 오답이다.

단어 □ 성대하다   □ 까다롭다   □ 제사   □ 유교   □ 비판하다   □ 전해지다   □ 중시하다   □ 본질

연습 문제

[1~2] 다음 글의 주제로 가장 알맞은 것을 고르십시오.

1.

예쁘고 화려한 용기, 깨끗한 피부를 꿈꾸게 하는 광고 모델, 합리적인 가격 등을 제치고 안정성 높은
성분이 화장품을 고르는 새로운 요소로 떠오르고 있다. 요즘 화장품을 구매하기에 앞서 어려운 화학
용어가 즐비한 성분표 분석에 열을 올리는 사람들은 더이상 일부가 아니다. 기존의 소비자들이 광고 모
델을 보며 그들과 같은 미모를 꿈꿨다면 이제는 내 몸에 직접 바르는 제품이 얼마나 안전하고 효과적인
가를 구체적으로 분석하는 똑똑한 소비자로 거듭났다.

이러한 현상은 화장품 업계 전반에 지대한 영향을 미쳤다. 이제는 유명하지 않더라도 안전하고 순한
제품, 나의 피부와 가장 맞는 성분이 많이 함유된 제품, 용기는 투박하더라도 내용물은 믿고 쓸 수 있는
제품을 바라는 소비자가 늘어나면서 막연한 아름다움을 추구하는 화장품은 설자리를 잃게 되었다. 더
욱이 화장품 성분을 분석해주는 전문 블로그부터 어플리케이션까지 등장하여 다수의 소비자들이 화장
품 브랜드의 명성으로 화장품을 사던 기존의 풍토가 송두리째 바뀌었다. 이제는 막을 수 없는 화장품
성분 분석 열풍은 만족도 높은 소비를 갈망하는 현대인들의 자연스러운 흐름으로 보아야 할 것이다.

① 요즘 소비자들은 안전한 성분과 입증된 효과를 바탕으로 화장품을 고른다.
② 화장품 성분을 분석하는 전문가가 새로이 전망있는 직업으로 떠오르고 있다.
③ 미모의 광고 모델 고용만으로는 예전과 같은 화장품 판매 수익을 기대하기 어렵다.
④ 유명하지 않지만 효과가 좋은 화장품을 찾아 사람들에게 정보를 공유하는 것이 유행이다.

2.

　　어깨와 목이 뻣뻣할 때 머리가 같이 아프고 유독 오후에 더 심한 통증이 나타나는 두통으로 고생한 적이 있다면 '긴장성 두통'을 앓았던 것이다. 이는 책상 앞에 오래 앉아있거나 반복되는 작업으로 어깨, 등, 목의 근육이 경직되어 유발되는 두통으로 스트레스의 장기화 역시 원인이 된다. 또한 지나치게 무언가를 걱정하거나 모든 것을 완벽하게 해내려고 노력하는 사람, 쉽게 화를 내는 사람이 긴장성 두통에 노출될 확률이 높다.

　　긴장성 두통은 다른 두통과 마찬가지로 진통소염제를 먹거나 가벼운 휴식을 취하면 호전되는 경우가 많다. 그러나 근본적인 원인은 과도한 긴장 상태에서 오는 근육의 경직, 원활하지 않은 혈액순환이므로 동일한 자세를 한 시간 이상 취하지 않고, 수시로 스트레칭과 뭉친 근육을 풀어주는 것이 좋다. 특히 긴장성 두통은 재발이 잦고 근육 경직에 따라 통증이 가중될 수 있기 때문에 약물에 의존하기보다 앞서 제시한 근본적인 해결책에 초점을 두어 생활 습관을 개선하고자 노력해야 한다.

① 과도한 학업이나 업무로 긴장성 두통을 앓는 사람이 늘고 있다.
② 지나치게 완벽함을 추구하거나 다혈질인 사람은 두통에 노출되기 쉽다.
③ 긴장성 두통은 통증의 정도에 따라 단계적으로 약물 투여를 늘려가야 한다.
④ 긴장성 두통의 가장 적절한 치료는 같은 자세를 유지하지 않고 스트레칭을 하는 것이다.

[45·49] 빈칸에 알맞은 내용 넣기 3

☀ COOL TIP

문항 [45·49]는 문항 [16~18, 28~31]과 같은 유형이며 아래와 같은 전략을 사용할 수 있다.

- 🌀 첫 문장을 통해 글의 내용 유추하기
- 🌀 빈칸이 있는 문장과 앞뒤 문장의 흐름 파악하기
- 🌀 선택지의 단어를 꼼꼼하게 확인하기

'빈칸에 알맞은 내용 넣기 1, 2'와 마찬가지로 첫 문장을 통해 글의 키워드를 파악한 후 접속사에 유의하여 지문을 읽으면서 전체적인 흐름을 이해해야 한다.

 기출 문제

49. (　　　　)에 들어갈 내용으로 가장 알맞은 것을 고르십시오.

> 올해 '자치경찰제'가 전국으로 확대될 예정이다. 자치경찰제는 지방자치단체가 경찰의 운영 및 관리를 담당하도록 하는 제도를 말한다. <u>이 제도가 실시되면 경찰이 지역 주민의 삶에 밀착돼 지역 특성에 맞는 다양한 서비스를 주민들에게 제공할 수 있을 것으로 보인다.</u> 그러나 제도적 취약점과 예측되는 부작용이 있을 수 있다. 무엇보다 현장에서의 혼선이 예상된다. 제도에 따르면 자치경찰은 교통사고나 가정 폭력 조사 등 생활 안전 부분을 담당하고 국가 보안이나 전국 단위의 수사는 지금처럼 국가경찰이 맡는다. 이처럼 경찰 조직이 이중 구조일 때 어려움을 겪는 것은 국민이 될 수 있다. 영역 구분이 애매한 사건이 발생하면 자치경찰과 국가경찰이 함께 출동하거나 사건을 서로 떠넘기다가 신속하고 치밀한 대응이 이뤄지지 않을 수 있기 때문이다. (　　　　　　　) 치안의 질이 떨어진다면 새 제도의 서행 의의가 퇴색될 수 있을 것이다.

① 경찰들의 업무 과다로
② 업무의 충돌과 혼선으로
③ 자치경찰의 배치 감소로
④ 제도의 단계적 시행으로

〈64회 TOPIK II 읽기 기출문제〉

문제 풀이

🌀 **접속사에 유의하여 글의 흐름 파악하기**

글의 앞부분에서는 '자치경찰제'에 대한 긍정적인 의견이 제시되지만 '그러나'를 기점으로 글쓴이가 예상하는 제도의 한계점이 제시되었다.

🌀 **빈칸이 있는 문장과 앞뒤 문장의 흐름 파악하기**

빈칸이 있는 문장에서 무엇인가로 인해 제도가 퇴색될 수 있다고 하였으므로 자치경찰제를 실패하게 만드는 요인이 빈칸에 포함되어야 함을 알 수 있다. 또한 빈칸 앞부분에서 자치경찰과 국가경찰의 영역 구분이 애매해지는 것을 우려하는 내용이 반복하여 나오므로 정답은 ②번이다.

오답 노트

①번: 경찰에게 과도한 일이 주어졌다는 내용은 없으므로 정답이 아니다.
③번: 이 글은 자치경찰제의 향후 확대 계획에 대한 내용이므로 오답이다.
④번: 지문에서 제도가 단계적으로 시행된다는 내용은 없으므로 오답이다.

단어 □확대 □운영 □제도 □실시하다 □부작용 □보안 □영역 □대응 □치안

연습 문제

[1~2] 다음을 읽고 (　　　　) 안에 들어갈 내용으로 가장 알맞은 것을 고르십시오.

1.

　　국내 쓰레기 매립지 부족 현상에 대한 심각도가 나날이 가중되고 있다. 이에 따라 카페의 플라스틱 빨대, 호텔 어메니티가 사라지고 식품 배송 업체의 이중포장에 대한 규제를 강화하는 등 환경보호를 위한 제도가 마련되고 있으나 가시적인 효과가 나타는 데는 역부족이라는 평이 이어져 심히 우려되는 상황이다.
　　특히 수도권은 향후 5년 안에 대다수의 매립지 수명이 다할 것으로 보여 쓰레기와의 본격적인 사투가 예측되고 있다. 이마저도 수도권이 아닌 제 3지역에서 새로운 매립지를 설립하는 것을 전제로 현 매립지 운영 기간을 늘린 것인데 아직까지 매립지 확보는 고사하고 해당 사안을 둘러싼 각 부처 간의 예산 조율조차 이루어지지 않은 실정이다. 이는 각 지자체가 쓰레기 매립지 부족 현상에 대한 책임을 서로에게 떠넘기고 있기 때문이다. 또한 어느 지역에서도 (　　　　　　　　) 곳이 없어 수도권 쓰레기 처리에 대한 계획이 전혀 마련되지 않은 실정이다.
　　당장 5년 후의 쓰레기 처리를 어떻게 해야 할지에 대한 논의가 매우 시급한 현황에서 각 지자체는 이기심을 내려놓고 현실적인 대안책을 마련해야 할 것이다.

① 환경 보호를 실천하겠다는
② 쓰레기 배출량을 줄이겠다는
③ 매립지 축소 공사를 하겠다는
④ 쓰레기 매립지를 설립하겠다는

2.

　　꽁꽁 얼어붙은 취업 시장에 골머리를 앓는 취업 준비생들의 고민이 늘어날 전망이다. 반세기 이상 유지되어 온 채용 방식에 큰 변화가 불고 있다. 소위 대기업이라 불리는 다수의 회사에서는 그동안 공개 채용 방식을 취하여 대규모로 인재를 선별하였으나 올해부터는 상시 채용, 또는 수시 채용으로 전환할 예정이다.

　　이미 일부 기업에서 채용 방식 전환에 박차를 가하고 있으며 아직 공개 채용을 유지하는 기업 역시 1년 이내에 상시 채용 비율을 70% 이상으로 늘릴 전망이다. 매년 비슷한 시기에 채용이 이루어지는 공개 채용과 달리 그때그때 필요한 인력만을 모집하는 상시 채용의 경우, 취업 준비생들이 기업의 채용 일정을 미리 알 수 없다는 점과 경력직이 우선으로 채용된다는 점에서 취업문이 더욱 좁아지고 있다.

　　그러니 기업의 입장에서는 막대한 비용을 들여 수천 명씩 뽑는 그간의 채용 방식을 수시 채용으로 전환하면 경제적인 측면에서 회사에 (　　　　　　　　　　) 각 부서에서 필요한 인재만을 뽑아 채용의 효율성을 높일 수 있다. 이처럼 양측의 입장이 판이한 상황에서 취업 시장이 안정되기까지 여러 난관에 부딪힐 것으로 예상된다.

① 큰 기여가 될 뿐만 아니라
② 손해가 발생할 뿐만 아니라
③ 예측 불가능한 상황이 발생할 뿐만 아니라
④ 안정적인 수익 구조가 생길 뿐만 아니라

[46] 알맞은 곳에 〈보기〉 문장 넣기 2

☠ COOL TIP

문항 [46]은 문항 [39~41]과 동일한 유형이며 아래와 같은 전략을 사용할 수 있다. 그러나 문항 [46]은 문항 [39~41]과 같이 설명문이지만 지문의 어휘, 문법의 수준이 높고 지문이 길어서 문장을 꼼꼼하게 해석하기보다는 전체적인 내용의 흐름을 파악해야 한다.

- 〈보기〉 문장 먼저 파악하기
- 제시문에서 〈보기〉 문장의 주어가 언급된 부분을 찾아 넣어 보기

 기출 문제

46. 위 글에서 〈보기〉의 글이 들어가기에 가장 알맞은 곳을 고르십시오.

> 1인 미디어 시대가 되면서 개인 방송을 이용한 새로운 시장 형태가 등장해 주목받고 있다. 이 시장은 SNS를 통해 제품이 유통되고 판매된다는 특징이 있다. (㉠) 대표적인 판매 방식은 1인 미디어 운영자가 방송 중에 특정 물건을 의도적으로 노출하여 구매를 유도하는 것이다. 이때 관심이 생긴 시청자는 그 운영자에게서 물건을 산다. (㉡) SNS 계정만 있으면 누구든지 판매를 시작할 수 있으며 제품 홍보부터 구매까지 모든 과정이 SNS상에서 이루어진다. (㉢) 덕분에 초기 사업 비용이 거의 들지 않는다는 장점이 있다. (㉣) 하지만 개별 사업자의 수가 무한하게 늘 수 있기 때문에 향후 경제 변화를 이끌 핵심 시장으로의 성장이 예상된다.

> ──── 〈 보기 〉 ────
> 이와 같은 시장 형태가 전체 소비 시장에 미치는 영향력은 아직 미미하다.

① ㉠   ② ㉡   ③ ㉢   ④ ㉣

〈64회 TOPIK II 읽기 기출문제〉

문제 풀이

- **〈보기〉 문장 먼저 파악하기**
'이와 같은 시장 형태가 ~'와 같은 내용이 나왔으므로 선행문에 '시장 형태'에 대한 설명이 있어야 하고, 문장의 주어와 서술어의 내용이 '시장 형태의 영향력이 미미하다.'고 했기 때문에 언급된 시장 형태에 대해 영향력이 적고, 다소 부정적인 전망이 들어가면 좋은 곳을 찾아야 한다.

- **제시문에서 〈보기〉 문장의 주어가 언급된 부분을 찾아 넣어 보기**
④번 ㉣의 경우, 뒷 문장에서 접속사 '하지만'이 나온 후 '성장 가능성'이라는 희망적인 전망이 나오기 때문에 ㉣ 앞에 '부정적인 현실, 전망'이라는 반대 의미의 내용이 들어가는 것이 적절하므로 정답은 ④ ㉣이다.

①**번:** ㉠ 앞은 시장 형태의 특징이 언급되어 있지만 〈보기〉의 '미미한 영향력'이라는 다소 부정적인 내용이 갑자기 들어
간다면 내용의 흐름이 어색해질 수 있다.

②**번, ③번:** ②번의 ㉡ 앞, ③번의 ㉢앞은 시장 형태의 판매 방법, 장점에 대한 설명이어서 〈보기〉의 다소 부정적인 전망
이 들어가기에는 전체 이야기의 흐름과 어울리지 않는다.

단어 □등장하다　□주목받다　□유통되다　□의도적　□유도하다　□홍보　□향후　□미미하다

[1~2] 다음 글에서 〈보기〉의 문장이 들어가기에 가장 알맞은 곳을 고르십시오.

1.

리플리 증후군은 현실을 부정하면서 자신이 만든 허구를 진실이라고 믿고 거짓말과 거짓 행동을 반복하는 반사회적 인격 장애를 말한다. (㉠) 리플리 증후군의 이름은 미국 소설 〈재능 있는 리플리씨〉에서 이름이 유래되었다. 전문가들은 이러한 리플리 증후군의 원인이 정확하게 밝혀지지 않았지만 허언증과 관련이 있다고 본다. (㉡) 리플리증후군 환자들은 자신에게 결여된 것에 대한 콤플렉스에서 출발해서 거짓으로 다른 사람의 신분을 사칭하게 된다. (㉢) 그 거짓말에서 위안을 느끼며 사실과 자신의 거짓말, 가상 세계와의 차이를 인식하지 못한다. (㉣)

〈 보기 〉

다시 말하면 현실과 욕망의 차이를 거짓말로 극복하면서 그 거짓말을 사실로 믿어버리는 증상이다.

① ㉠   ② ㉡   ③ ㉢   ④ ㉣

2.

현대 사회에서 가족의 의미는 과거와 다르다. (㉠) 과거에 많은 사람들은 가족이 결혼과 양육으로 형성되며 한곳에 함께 살아야 한다고 생각했다. (㉡) 멀리 떨어져 사는 가족, 한부모 가족, 동거, 위탁 가정, 동성애 가족 등을 정상 가족의 형태로 바라보는 이들이 많아지고 있다. (㉢) 다양하게 나타나고 있는 가족의 양상은 사회적으로도 이슈가 되고 있다. 그 중에서도 1인 가족과 동성 가족 유형이다. (㉣) 특히 동성 가족의 경우 사회적 편견이 심화되어 있으며 사회적으로 소외되어 있다. 그러나 사회적 찬반 문제이기 때문에 가족을 형성할 수 없어서 법적인 보호를 받지 못하는 현실이다.

〈 보기 〉

하지만 현대 사회에서는 가족의 유형이 확대되었다.

① ㉠   ② ㉡   ③ ㉢   ④ ㉣

[47] 글의 내용과 같은 것 고르기 5

 기출 문제

47. 위 글의 내용과 같은 것을 고르십시오.

> 1인 미디어 시대가 되면서 개인 방송을 이용한 새로운 시장 형태가 등장해 주목받고 있다. 이 시장은 SNS를 통해 제품이 유통되고 판매된다는 특징이 있다. (㉠) 대표적인 판매 방식은 1인 미디어 운영자가 방송 중에 특정 물건을 의도적으로 노출하여 구매를 유도하는 것이다. 이때 관심이 생긴 시청자는 그 운영자에게서 물건을 산다. (㉡) SNS계정만 있으면 누구든지 판매를 시작할 수 있으며 제품 홍보부터 구매까지 모든 과정이 SNS상에서 이루어진다. (㉢) 덕분에 초기 사업 비용이 거의 들지 않는다는 장점이 있다. (㉣) 하지만 개별 사업자의 수가 무한하게 늘 수 있기 때문에 향후 경제 변화를 이끌 핵심 시장으로의 성장이 예상된다.

① 1인 미디어 운영자는 이 시장의 운영에 참여할 수 없다.
② 이 시장의 운영자들은 시장 경제에 부정적인 영향을 미친다.
③ 1인 미디어 시청자는 방송을 보다가 제품을 구매할 수 있다.
④ 이 시장을 처음 시작할 때는 충분한 자본 투자가 필수적이다.

〈64회 TOPIK II 읽기 기출문제〉

문제 풀이

⚙ **지문의 대략적인 내용 빠르게 파악하기**

지문은 '개인 방송을 이용한 새로운 시장 형태'에 관한 내용으로 SNS를 통해 이루어지는 새로운 시장 형태의 특징을 나열하고 있으며 마지막에는 향후 성장 가능성을 예상한다.

⚙ **선택지 문장의 내용을 제시된 지문에서 확인하기**

'방송을 보다가 제품을 구매할 수 있다.'는 선택지 문장과 지문에 '방송 중에~ 관심이 생긴 시청자는 그 운영자에게서 물건을 산다.'는 내용이 일치하므로 정답은 ③번이다.

 **연습 문제**

[1~2] 이 글의 내용과 같은 것을 고르십시오.

1.
> 　최근 우리 사회에서 수술실에 CCTV를 설치하여 의사가 환자에게 수술을 하는 장면을 촬영하여 수술 내용에 대한 영상 증거 등을 남기도록 의무화하자는 주장이 이슈가 되고 있다. (㉠) CCTV 설치에 찬성하는 입장에서는 대리 수술 문제, 환자 성폭행 범죄, 의료 사고시 소송의 어려움 등을 해결하기 위해서 주장하고 있다. (㉡) 반면 반대 측에서는 수술 중 의료진의 심리적 부담감 증가, 직업 자율성 침해, 환자의 프라이버시 침해 등을 이유로 반대하고 있다. (㉢) CCTV 설치를 원하는 환자들이 증가하자 일부 병원들은 CCTV를 스스로 설치하고 이를 병원 홍보 수단으로 삼았다. (㉣) 앞으로 수술실 내 CCTV 의무화와 관련하여 어떤 결론이 날지 많은 관심이 모아지고 있다.

① 수술실 내 CCTV 의무화에 대해 모두 반대한다.
② 수술실 내 CCTV 설치를 원하는 환자들이 줄어들고 있다.
③ CCTV를 수술실에 설치하면 대리 수술 문제를 해결할 수 있다.
④ CCTV를 수술실에 설치하면 의료진의 심리적 부담감이 줄어들 수 있다.

2.

　　관성의 법칙은 자신의 상태를 유지하려고 하는 성질을 말한다. 즉, 가만히 있는 물체는 계속해서 가만히 있으려고 하고 움직이는 물체는 계속해서 움직이려고 하는 성질이다. 그래서 가만히 있는 물체를 움직이려면 힘이 많이 필요하고 움직이고 있는 물체를 정지시키려면 더 큰 힘이 필요하다. (㉠) 이러한 관성의 법칙은 물체에만 한정하여 적용되는 법칙이 아니다. 우리의 생활 습관, 심리 상태, 시장에서도 적용될 수 있는 규칙이다. (㉡) 예를 들어 정신이 또렷하지 않은 아침에 무의식적으로 이불을 개는데 이는 어떤 상태라도 운동을 지속하려는 관성의 법칙과 관련되어 있다. 심리 상태도 마찬가지로 적용되는 규칙인데 긍정적인 생각을 반복적으로 주입시키는 것이 좋다고 한다. (㉢) 뇌과학자들은 긍정적인 생각을 반복적으로 주입시키면 뇌를 속이는 행동을 통해 즐거운 상태를 유지할 수 있다고 한다. (㉣) 또 이런 행동이 성공과 연결된다고 주장한다.

① 관성의 법칙은 물체에만 적용되는 법칙이다.
② 관성의 법칙은 긍정적인 생각을 하면 성공한다는 법칙이다.
③ 움직이는 물체가 멈추려고 하는 것은 관성의 법칙의 한 현상이다.
④ 긍정적인 생각을 주입시켜서 즐거운 상태를 유지하는 것은 관성의 법칙을 활용한 것이다.

[48] 글을 쓴 목적 고르기

☀ COOL TIP

문항 [48]은 문항 [22]와 동일한 유형이며 아래와 같은 전략을 사용할 수 있다. 그러나 문항 [22]보다 지문의 길이가 길고 수준이 높은 단어, 문법, 내용으로 이루어졌다.

🌀 글의 앞부분을 빠르게 읽고 내용 파악하기
첫 문장만 읽기보다는 앞부분을 빠르게 읽고 주제어, 도입 부분을 파악하는 연습이 필요하다. 그리고 나서 글의 마지막 문장을 읽으면서 필자의 목적을 유추하는 것이 좋다.

🌀 첫 문장의 내용을 생각하면서 마지막 문장을 읽고 글의 목적 유추하기
문항 [22]에서 언급했던 바와 마찬가지로 보통 "따라서, 그러나"와 같은 접속사로 시작하는 경우가 많은데 이러한 접속사 뒤에 필자의 목적이 뚜렷하게 드러나는 경우가 많다.

 기출 문제

48. 글을 쓴 목적으로 알맞은 것을 고르십시오.

올해 '자치경찰제'가 전국으로 확대될 예정이다. 자치경찰제는 지방자치단체가 경찰의 운영 및 관리를 담당하도록 하는 제도를 말한다. 이 제도가 실시되면 경찰이 지역 주민의 삶에 밀착돼 지역 특성에 맞는 다양한 서비스를 주민들에게 제공할 수 있을 것으로 보인다. 그러나 제도적 취약점과 예측되는 부작용이 있을 수 있다. 무엇보다 현장에서의 혼선이 예상된다. 제도에 따르면 자치경찰은 교통사고나 가정 폭력 조사 등 생활 안전 부분을 담당하고 국가 보안이나 전국 단위의 수사는 지금처럼 국가경찰이 맡는다. 이처럼 경찰 조직이 이중 구조일 때 어려움을 겪는 것은 국민이 될 수 있다. 영역 구분이 애매한 사건이 발생하면 자치경찰과 국가경찰이 함께 출동하거나 사건을 서로 떠넘기다가 신속하고 치밀한 대응이 이뤄지지 않을 수 있기 때문이다. (   ) 치안의 질이 떨어진다면 새 제도의 시행 의의가 퇴색될 수 있을 것이다.

① 제도 확대 시행의 의의를 강조하기 위해서
② 제도 시행의 구체적 방안을 제시하기 위해서
③ 제도의 취지와 주민 요구의 차이를 설명하기 위해서
④ 제도 시행 후 생길 수 있는 문제를 지적하기 위해서

〈64회 TOPIK II 읽기 기출문제〉

◉ **글의 앞부분을 빠르게 읽고 내용 파악하기**

이 글에서는 올해 확대될 예정인 '자치경찰제'에 대한 내용이다. 앞부분에서 '자치경찰제'에 대한 설명, 장점 및 단점, 생길 수 있는 문제에 대해 언급을 하고 있음을 파악할 수 있다.

◉ **첫 문장의 내용을 생각하면서 마지막 문장을 읽고 글의 목적 유추하기**

마지막 문장에서 '치안의 질이 떨어진다면 새 제도의 시행 의의가 퇴색될 수 있을 것'이라는 내용으로 끝난다. 이를 통해 새로 시작되는 '자치경찰제' 제도를 시행할 때 생길 문제를 말하는 것이 목적임을 유추할 수 있다. 문제를 지적하기 위해서라는 내용의 ④번이 정답이다.

①번: 의의는 제시되었지만 네 번째 문장과 같이 '그러나' 접속사를 통해 의의를 강조하기보다는 부작용을 지적하는 것이 목적임을 보여준다.

②번: 제도에 따른 조직 체계만 제시되었을 뿐 구체적인 방안은 제시되지 않았다.

③번: 주민의 요구는 제시되지 않았기 때문에 답이 될 수 없다.

단어 □ 실시되다 □ 취약점 □ 부작용 □ 애매하다 □ 떠넘기다 □ 신속하다 □ 의의 □ 퇴색

 **연습 문제**

[1~2] 다음의 글을 쓴 목적을 고르십시오.

1.

　　청년 구직활동 지원금이란 만 18세 이상에서 만 34세 미만의 청년들에게 구직활동에 쓰이는 비용을 지원해주는 정책 사업이다. 고용노동부 주관으로 최대 6개월의 기간 동안 매달 50만 원씩 청년들에게 지원된다. 이러한 청년 구직활동 지원금의 자격의 기준이 올해 7월부터 완화될 것이다. 하나의 유형으로 통합되었는데 이는 고용 완화를 생각한 결과이다. 먼저 7월 1일부터 34세 이하 청년들의 가구 단위 재산이 3억 원에서 4억 원까지 확대된다. 9월부터는 가구당 중위소득을 50%에서 60%까지 늘릴 예정이다. 뿐만 아니라 취업 경험 요건을 청년에게 폐지할 계획이다. 작년에는 청년 구직활동 지원금 신청 자격이 되지 않았던 사람들도 올해부터 변경된 사항들에 따라 지원이 가능하기 때문에 경쟁률이 늘어날 전망이다.

① 청년 구직활동 지원의 경쟁률을 확인하기 위해
② 청년 구직활동 지원으로 인한 문제점을 분석하기 위해
③ 청년 구직활동 지원금의 지원 자격 완화를 알리기 위해
④ 청년 구직활동 지원으로 인해 예상되는 이익을 설명하기 위해

2.

　　TV 끄기 운동은 2000년대 중반부터 시작된 운동으로 TV를 끄고 지내는 경험을 통하여 자신과 가족의 삶을 돌아보고 그동안 얼마나 많은 미디어에 길들여진 채 살아가고 있는지를 깨닫고 성찰해 보는 기회를 가질 수 있는 활동이다. 한국에서는 2005년에 80여 가족이 4일 동안 TV 끄기 활동에 성공했다. 이후 일주일 간의 TV 끄기에 성공한 가정 중에서 여러 가정이 한 달 혹은 6개월 이상 TV 끄기를 실천했다. 이 운동이 끝나고 일부 가정은 TV를 없애기도 하였다. TV 끄기 운동은 TV 시청의 문제점에서 시작되었다. TV 시청은 우선 시력 저하와 비만의 원인이 된다. 게다가 폭력적인 장면에 지속적으로 노출이 되면 폭력에 대한 간접 학습이 이루어지게 된다. 뿐만 아니라 수많은 광고들을 통해서 나쁜 소비 습관에 길들여지며 과소비를 하게 될 가능성이 크다. 이는 아이들에게는 더 나쁜 영향을 줄 수 있다. 누구나 TV의 장점으로 생각하는 새로운 정보의 획득은 오히려 정보를 수동적으로 받아들이는 습관을 들이게 되어서 아이들의 능동적인 탐구 활동과 창의적인 사고를 가로막을 수 있다. TV 끄기 운동은 현대인의 지나친 TV 시청에 대해 경고의 메시지를 주는 것과 동시에 TV 시청의 문제점을 깨닫게 해 주는 역할을 하고 있다.

① TV 끄기 운동의 단점을 강조하기 위해
② TV 끄기 운동의 방법을 설명하기 위해
③ TV 끄기 운동이 시작된 배경을 밝히기 위해
④ 여러 나라의 TV 쓰기 운동을 비교하기 위해

[50] 밑줄 친 부분의 인물의 태도 고르기

☀ COOL TIP

▨ 선택지를 읽고 의미 파악하기 (202쪽 참조)

문항 [50]의 선택지에 자주 출제되는 표현이 있으므로 이를 미리 학습하면 효율적으로 문제를 풀 수 있다. 특히 선택지에 나온 서술어를 꼼꼼하게 읽고 이해한다.

▨ 밑줄 친 부분을 중점으로 인물의 태도 파악하기

지문에서 말하고자 하는 바가 밑줄 친 부분에 나타난 인물의 태도와 일치할 때도 있지만 그렇지 않은 경우도 있다. 그러므로 지문의 전체적인 내용을 파악하되 밑줄 친 부분에 집중하여 필자의 태도를 파악해야 한다.

 기출 문제

50. 밑줄 친 부분에 나타난 필자의 태도로 알맞은 것을 고르십시오.

> 올해 '자치경찰제'가 전국으로 확대될 예정이다. 자치경찰제는 지방자치단체가 경찰의 운영 및 관리를 담당하도록 하는 제도를 말한다. <u>이 제도가 실시되면 경찰이 지역 주민의 삶에 밀착돼 지역 특성에 맞는 다양한 서비스를 주민들에게 제공할 수 있을 것으로 보인다.</u> 그러나 제도적 취약점과 예측되는 부작용이 있을 수 있다. 무엇보다 현장에서의 혼선이 예상된다. 제도에 따르면 자치경찰은 교통사고나 가정 폭력 조사 등 생활 안전 부분을 담당하고 국가 보안이나 전국 단위의 수사는 지금처럼 국가경찰이 맡는다. 이처럼 경찰 조직이 이중 구조일 때 어려움을 겪는 것은 국민이 될 수 있다. 영역 구분이 애매한 사건이 발생하면 자치경찰과 국가경찰이 함께 출동하거나 사건을 서로 떠넘기다가 신속하고 치밀한 대응이 이뤄지지 않을 수 있기 때문이다. (   )치안의 질이 떨어진다면 새 제도의 서행 의의가 퇴색될 수 있을 것이다.

① 자치경찰과 지역 주민의 관계 변화에 대해 예상하고 있다.
② 자치경찰제가 주민에게 미칠 긍정적 영향을 기대하고 있다.
③ 자치경찰제가 제공해야 할 서비스의 조건을 강조하고 있다.
④ 지역 친화적 서비스가 특정 지역에 쏠릴 것을 우려하고 있다.

〈64회 TOPIK II 읽기 기출문제〉

문제 풀이

▨ 선택지를 읽고 의미 파악하기

인물의 태도를 고르는 문항의 선택지는 문장 끝에 '예상하다, 기대하다, 강조하다, 평가하다, 우려하다, 비판하다, 감탄하다' 등과 같이 글쓴이의 태도를 알 수 있는 어휘가 나오므로 이에 유의하여 읽어야 한다.

밑줄 친 부분을 중점으로 인물의 태도 파악하기

글 앞부분에서 자치경찰제가 확대될 것이라 설명하며 밑줄 친 문장에서는 지역 주민들에게 이 제도를 통한 서비스 제공이 실시될 시, 주민들에게 다양한 서비스가 제공될 것이라 서술하고 있다. 따라서 제도의 긍정적인 영향을 기대한다는 ②번이 정답이다.

①번, ③번: 지문에서 자치경찰제에 따른 주민과의 관계 변화, 제공될 서비스 조건의 강화 등은 언급되지 않았으므로 오답이다.

④번: 밑줄 친 부분에서 글쓴이가 자치경찰제를 고무적으로 보고 있으므로 정답이 아니다.

단어 □확대되다 □제도적 □취약점 □부작용 □폭력 □조직 □이중 □애매하다 □치밀하다 □퇴색되다

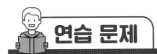

연습 문제

[1~2] 밑줄 친 부분에 나타난 필자의 태도로 알맞은 것을 고르십시오.

1.

> 저녁에 주문하면 새벽에 배송을 온다는 신개념 배송 서비스로 소비자의 주목을 끈 국내 스타트업 기업이 큰 호응을 얻으면서 대형마트는 물론 편의점에서 홈쇼핑에 이르기까지 다양한 분야의 '새벽 배송' 경쟁이 시작 되었다.
>
> 현대인의 바쁜 생활 패턴에 맞추어 변형된 새벽 배송 시스템은 집에서 클릭 한번으로 시간과 노동 에너지를 절약할 수 있다는 점을 무기로 단숨에 소비자를 사로잡았다. 이에 따라 국내유통 업계 신선식품 배송 경쟁을 시작으로 각계의 기업들이 얼마만큼 빨리 소비자에게 상품을 전달할 수 있는가에 열을 올리고 있다. 그러나 국내 농축수산물 온라인 거래 총액이 2조가 넘어간 현시점에서 무작정 빠르게만 배송하는 시스템은 과연 문제점이 없는 것일까.
>
> 무엇보다 새벽 배송의 이면으로 지적을 받는 것은 택배 기사의 업무 강도이다. 배송 속도와 비례하여 택배 기사의 고충 역시 급속도로 늘고 있다. 단순히 물건을 전달하는 데에서 그치지 않고 '고객 맞춤형' 서비스가 부상하며 배송 전 알림 메시지 발송, 부재 시 택배 배송 장소 고지 등 속도와 세세함을 고루 충족시켜야 하는 실정이다. 뿐만 아니라 과도한 업무 할당량으로 노동 강도까지 더 해지는 지금 상황에서 어디까지 속도를 유지해야 하는가를 심히 고심해 봐야 할 것이다.

① 스타트업 기업에서 시작된 새벽 배송 시스템의 확산 속도에 감탄하고 있다.
② 국내 농축수산물 온라인 시장의 확대와 안정성 보장을 강력히 요구하고 있다.
③ 빠른 배송과 더불어 가격 경쟁력까지 갖춘 배송 시스템을 높이 평가하고 있다.
④ 새벽 배송 보급으로 야기된 택배 업무의 과부하 및 과열된 경쟁을 우려하고 있다.

2.

　　최근 패스트푸드점에서 주문을 받는 점원들의 모습이 사라졌다. 패스트푸드점 뿐만 아니라 편의점, 마트에서도 디지털 무인화 시스템을 도입하여 면대면 접객을 하던 대부분의 점원들이 그 모습을 감췄다. 그 결과 정보 취약 계층의 노인들이 햄버거 하나 사 먹지 못하고 돌아서야 하는 일이 발생하기에 이르렀다.

　　무인 주문 기기의 도입으로 서비스를 제공하는 사측은 인건비를 절감하고 소비자는 간편하게 주문할 수 있다는 점이 대두되며 4차 산업 혁명이 시작되는 듯 보였다. 그러나 새로운 디지털 기술에 대한 접근성은 일상생활에서 이를 두루 활용하는 젊은 층에게 한정되어 노인을 비롯한 사회적 소외 계층에게 정보격차가 가중된다는 지적이 늘고 있다. 다시 말해 디지털 무인화 시스템 및 정보를 다룰 만한 환경은 갖추어졌으나 모든 대중이 이를 활용하기까지는 곱절의 노력과 시간이 필요하다는 뜻이다.

　　정부는 정보격차를 점진적으로 감소시키기 위해 정보 교육을 확대하고자 노력하고 있으나 예산 편성 등의 문제로 난항이 이어지는 실정이다. 그러나 이에 굴복하지 않고 무인기기 앞에서 물건 하나 구매하기 어려워 발길을 돌리는 사각지대의 암흑을 거두어 낼 불길이 필요하지 않을까. 디지털 무인화의 명암, 무인화 시스템 보급에 발맞춰 필히 모든 계층이 새로운 시대를 맞이할 수 있도록 노력해야 할 것이다.

① 디지털 무인화 시스템의 도입 강화함에 따라 취업 시장이 얼어붙은 것을 비판하고 있다.
② 정보취약 계층을 위해 패스트푸드점, 마트 등의 직원 채용을 늘리는 것을 우려하고 있다.
③ 새로운 디지털 기술에 익숙하지 않은 계층이 고루 정보 교육을 누릴 수 있도록 장려하고 있다.
④ 향후 정부에서 추진하고자 하는 정보 취약계층 대상 정보화 교육을 부정적으로 평가하고 있다.

PART 4
실전 모의고사

제1회
실전 모의고사

한국어능력시험 II
(중 · 고급)

읽기

수험번호(Registration No.)		
이름 (Name)	한국어(Korean)	
	영 어(English)	

유 의 사 항
Information

1. 시험 시작 지시가 있을 때까지 문제를 풀지 마십시오.
   Do not open the booklet until you are allowed to start.

2. 접수번호와 이름은 정확하게 적어 주십시오.
   Write your name and application number on the answer sheet.

3. 답안지를 구기거나 훼손하지 마십시오.
   Do not fold the answer sheet; keep it clean.

4. 답안지의 이름, 접수번호 및 정답의 기입은 컴퓨터용 펜을 사용하여 주십시오.
   Use the optical mark reader(OMR) pen only.

5. 정답은 답안지에 정확하게 표시하여 주십시오.
   Mark your answer accurately and clearly on the answer sheet.

6. 문제를 읽을 때에는 소리가 나지 않도록 하십시오.
   Keep quiet while answering the questions.

7. 질문이 있을 때에는 손을 들고 감독관이 올 때까지 기다려 주십시오.
   When you have any questions, please raise your hand.

※ **[1~2]** ( )에 들어갈 가장 알맞은 것을 고르십시오. (각 2점)

1. 엄마가 눈앞에 ( ) 아기는 울기 시작했다.

    ① 안 보이니까 ② 안 보이거나
    ③ 안 보이거든 ④ 안 보이려고

2. 동생은 공부는 ( ) 운동은 잘한다.

    ① 못해야 ② 못해도
    ③ 못하다가 ④ 못하든지

※ **[3~4]** 다음 밑줄 친 부분과 의미가 비슷한 것을 고르십시오. (각 2점)

3. 지난달에는 회사에서 성과를 <u>올리고자</u> 날마다 야근을 했다.

    ① 올리기 무섭게 ② 올리는 반면에
    ③ 올리기 위해서 ④ 올리는 대신에

4. 학생들이 <u>잘 볼 수 있게</u> 칠판에 글자를 크게 썼다.

    ① 잘 볼 수 있는지 ② 잘 볼 수 있도록
    ③ 잘 볼 수 있더니 ④ 잘 볼 수 있느라

※ **[5~8]** 다음은 무엇에 대한 글인지 고르십시오. (각 2점)

5.

피부에 닿는 순간 느껴지는 푹신함!
빠른 건조와 흡수력으로 샤워 후에도 쾌적하게

① 신발   ② 이불   ③ 수건   ④ 침대

6.

겨울 내내 입은 코트, 아직도 그대로인가요?
저희에게 맡기고 내년에도 깨끗하게 입으세요!

① 병원   ② 식당   ③ 편의점   ④ 세탁소

7.

건강한 산, 푸른 산
작은 실천이 우리의 산을 아름답게 합니다.

① 자연 보호   ② 건강 관리   ③ 화재 예방   ④ 날씨 안내

8.

1. 마감 기한: 2025년 4월 21일(수) 18:00 까지
2. 제출 서류: 이력서, 자기소개서
  * 관련 서류는 이메일로 보내십시오.

① 이용 안내   ② 주의 사항   ③ 사용 순서   ④ 접수 방법

※ **[9~12]** 다음 글 또는 그래프의 내용과 같은 것을 고르십시오. (각 2점)

9.

> ## 2022 대학생 창업 동아리 지원 사업
>
> • **신청 대상:** 대학생 10명 이상의 동아리
> • **신청 기간:** 2021년 12월 15일~12월 31일
> • **지원 금액:** 최대 500만 원
> • **사업 기간:** 2022년 1월 1일~6월 30일

① 동아리 활동비는 500만 원 이상 받을 수 없다.
② 2022년 1월부터 동아리 지원 사업에 신청할 수 있다.
③ 선정된 창업 동아리는 6개월 동안 지원을 받을 수 있다.
④ 동아리 회원이 9명으로 이루어진 동아리라도 신청할 수 있다.

10.

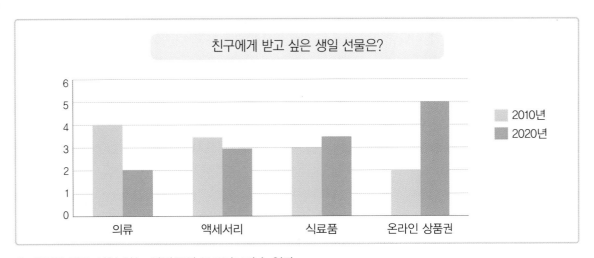

① 의류를 받고 싶어 하는 사람들이 2010년보다 늘었다.
② 2020년에는 생일 선물로 의류보다 식료품을 더 받고 싶어 한다.
③ 두 해 모두 생일 선물로 온라인 상품권을 가장 많이 받고 싶어 한다.
④ 2010년에는 액세서리보다 온라인 상품권이 생일 선물로 인기가 많다.

11.

커피를 섭취할 때 주의해야 할 점이 있다. 숙면을 취하지 못하는 사람들의 경우 오후 3시 이전에 커피 섭취를 끝내는 것이 좋다. 왜냐하면 피의 카페인 성분이 몸속에서 사라지는 시간이 8시간 정도 걸리기 때문이다. 그러므로 오후 3시 이전에 커피 섭취를 끝내면 밤 11시~12시에 잠들기가 수월해진다. 커피의 장점보다 단점이 몸에 더 큰 영향을 미칠 경우에는 커피를 마시지 않는 게 좋다.

① 커피의 단점과 관계없이 커피를 마시는 것은 건강에 도움이 된다.
② 잠을 잘 자는 사람들의 경우 오후 3시 이전에 커피를 마셔야 한다.
③ 커피를 오후 3시 이후에 마시면 밤 11시~12시에 쉽게 잠들 수 있다.
④ 커피 섭취 후 8시간 정도 후에는 카페인 성분이 몸속에서 사라진다.

12.

밥을 먹었는데도 돌아서자마자 또 뭔가 먹고 싶을 때가 있다. 이러한 현상은 스트레스와 지루함과 관련이 있다. 우리는 스트레스를 받으면 스트레스가 해소될 때까지 계속 먹을 것을 찾는다. 심심하거나 지루할 때도 마찬가지로 이러한 현상이 나타난다. 미국에서 500명 이상의 학생들을 대상으로 연구한 결과, 지루함을 못 견디는 사람일수록 과식하기 쉽다는 사실을 발견했다. 밥을 먹었는데 배가 고플 때는 정말 배가 고픈 건지, 아니면 그저 뭔가 할 일이 필요한 건지 한 번 더 생각해 볼 필요가 있다.

① 심심하거나 지루할 때는 식욕이 떨어진다.
② 계속 배가 고픈 이유는 스트레스와 관계가 없다.
③ 미국에서 직장인을 대상으로 지루함과 과식의 관계를 연구했다.
④ 지루함을 못 견디는 사람들은 밥을 많이 먹는다는 연구 결과가 나왔다.

13.

> (가) 인삼을 찌고 말리는 과정을 반복하면 홍삼이 만들어진다.
>
> (나) 그러나 두통, 어지러움, 고혈압 등의 부작용이 나타날 수 있다.
>
> (다) 손쉽게 접할 수 있는 건강기능식품인 홍삼은 쉽게 말해 인삼을 찐 것이다.
>
> (라) 이러한 홍삼은 피로 회복에 도움을 주고 면역력을 올려주며 노화 방지 효과도 있다.

① (가)-(나)-(다)-(라)　　　　② (가)-(라)-(다)-(나)
③ (다)-(가)-(라)-(나)　　　　④ (다)-(나)-(가)-(라)

14.

> (가) 외국인들에게 한국어를 가르치는 일은 참 행복한 일이다.
>
> (나) 이렇게 행복을 느낄 때도 있지만 어렵고 힘든 순간들도 많다.
>
> (다) 하지만 힘든 순간들이 금세 잊힐 만큼 한국어를 가르칠 때 큰 보람을 느낀다.
>
> (라) 다양한 국적의 학생들과 소통하며 한국의 언어, 문화를 널리 알릴 수 있기 때문이다.

① (가)-(다)-(라)-(나)　　　　② (가)-(나)-(다)-(라)
③ (나)-(가)-(라)-(다)　　　　④ (나)-(다)-(가)-(라)

15.

> (가) 이 도로는 청계천 구간을 한 바퀴 돌 수 있도록 조성됐다.
>
> (나) 서울시는 청계광장에서 고산자교를 잇는 '청계천 자전거 전용 도로'를 개통했다.
>
> (다) 이처럼 서울시는 자전거 도로 개통을 통해 탄소 배출을 줄이는 방안을 추진 중이다.
>
> (라) 이를 위해 2030년까지 단계적으로 자전거 도로를 1330km까지 확장하겠다는 목표다.

① (나)-(가)-(다)-(라)　　　　② (나)-(라)-(가)-(다)
③ (라)-(나)-(다)-(가)　　　　④ (라)-(가)-(나)-(다)

16.

최근 플라스틱류의 분리 수거가 한층 더 엄격해졌다. 특히 패트병은 다른 플라스틱과 함께 배출하지 않고 따로 모아 배출해야 하며 이를 어겼을 경우 벌금형에 처해질 것으로 보인다. 패트병을 둘러 싸고 있는 비닐 포장지를 제대로 벗기지 않고 분리 수거 하는 경우 결국 (   ) 경우가 많아 이와 같은 대책안이 제시되었다.

① 보관이 생각보다 어려운
② 다시 사용할 양이 너무 많은
③ 쓰레기 수거 업체의 수거가 쉬워지는
④ 재활용되는 자원으로 사용하지 못하는

17.

다른 사람과 대화를 할 때 나도 모르게 고개를 끄덕이거나, 별 뜻은 없지만 상대의 말을 듣고 있다는 뜻으로 '아아, 맞아요, 네, 그렇군요'와 같은 말을 할 때가 있다. 언어권 별로 이와 같은 맞장구의 텀이 다르게 나타나는데 영어권에 비해 한국어를 사용하는 화자들은 상대적으로 텀이 매우 긴 것으로 밝혀졌다. 따라서 영어권 화자와 대화할 때, 한국인과 이야기를 나눌 때처럼 텀을 길게 하면 상대방은 자신의 이야기를 (   ) 의문을 가질 수도 있다.

① 듣고 요약할 수 있을지
② 제대로 듣고 있는 것인지
③ 꼼꼼하게 분석하고 있는지
④ 다른 사람에게 잘 전달할지

18.

자신만의 에코백을 가방 속에 넣고 다니는 사람들이 늘고 있다. 물건을 사고 받는 비닐봉투의 사용을 줄이고자 시작된 에코백 운동은 처음에는 일부 주부들을 (   ) 이제는 누구나가 참여하는 국민 운동이 되었다. 이제 에코백은 남녀노소를 가리지 않고 마트나 슈퍼뿐만 아니라 서점이나 대형 쇼핑몰 등 다양한 장소에서 쓰이고 있다.

① 대상으로 실험했지만
② 중점으로 확산되었지만
③ 끌어들이기 위해 마련됐지만
④ 제외하고 다수가 함께 참여했지만

※ **[19~20] 다음을 읽고 물음에 답하십시오. (각 2점)**

> 영양가가 높은 성게는 다양한 이름으로 불린다. 먼저 밤톨같이 가시를 두르고 있는 것이 특징이어서 순우리말로 '밤송이 조개'라고 불린다. (   ) 성게는 철분과 칼륨이 많아서 빈혈과 고혈압 예방에 효과가 있고 오메가-3 지방산이 풍부해 심혈관 질환 예방에도 도움이 되기 때문에 '바다의 호르몬'이라는 별명도 생겼다.

19. (   )에 들어갈 알맞은 것을 고르십시오.

① 만약   ② 또한   ③ 과연   ④ 역시

20. 위 글의 내용과 같은 것을 고르십시오.

① 성게는 가시가 없는 매끈한 형태이다.
② 빈혈이 있는 사람은 성게를 먹으면 안 된다.
③ 성게는 철분과 칼륨이 풍부한 보양식품이다.
④ 성게는 오메가-3 지방산이 많아서 심혈관 질현이 생길 수 있다.

※ **[21~22] 다음을 읽고 물음에 답하십시오. (각 2점)**

> 성공한 축산인으로 평가받고 있는 이 대표는 경북 군위에서 10마리도 안 되는 소를 사육하기 시작해 어느덧 400마리 규모의 농장을 일궈냈다. 그가 이렇게 안정적인 성장을 이뤄낼 수 있었던 비결은 소들에 대한 세심한 관찰이다. 그리고 농장의 규모를 확대하면서 소를 관리하는 것에 대해서 집중도를 놓지 않기 위해 아내와 아들, 이 대표가 각각 분업과 협력을 통해 함께 운영한다. 가족 구성원들이 각자의 역할을 유기적으로 맡아 (   ) 농장이 확대되었음에도 비교적 빠르게 안정을 찾을 수 있었다.

21. (   )에 들어갈 알맞은 것을 고르십시오.

① 손이 커서   ② 발이 넓어서   ③ 손발을 맞춰서   ④ 귀를 기울여서

22. 위 글의 중심 생각을 고르십시오.

① 성공을 위해서는 특별한 비결이 필요하다.
② 가족들의 도움보다 개인의 노력이 더 중요하다.
③ 성장을 위해서는 사업의 규모를 확대해야 한다.
④ 성공하려면 개인의 많은 노력과 주위 사람들의 협력이 필요하다.

건축 사무소에 근무한 지도 어언 7년이 지났다. 회사에 들어온지 2년 쯤 됐을 때인가. 그때 저지른 나의 실수담은 회사 내에서 일종의 전설처럼 아직도 회자되고 있다. 한 자치구에서 주민들을 위한 다목적 공간을 조성하고자 했으며, 공모전을 열어 이 건물의 디자인과 주변 조경을 담당하는 업체를 선정할 예정이었다. 우리 팀은 몇 개월 동안 밤을 새워 포트폴리오를 준비했고 나는 팀원들의 결실을 공모전 접수처까지 가져가는 중대한 임무를 맡았다.

오랜만에 KTX를 타니 기분도 좋고 출장이라기보다는 바람 쐬러 간 것처럼 상쾌함마저 느껴졌다. 그냥 지나치기가 아쉬워 접수처가 있는 지역에서 유명한 카페에 들러 커피도 샀다. 들뜬 마음에 콧노래를 부르며 한 손에는 커피를 들고 공모전 접수처로 거의 들어섰을 때쯤, 큰 상자를 옮기던 사람들과 부딪쳐 소중한 포트폴리오 자료들과 접수 신청서, 그리고 내 커피가 함께 바닥으로 내동댕이쳐졌다. 정신을 차리고 보니 커피로 갈색물이 든 서류가 눈에 들어왔다. <u>나는 심장이 무너져 내리는 듯한 싸늘함과 동시에 할 말을 잃었다. 아무것도 할 수 없었다.</u> 시멘트 바닥에 넘어져 팔꿈치가 까져 피가 나고 있었지만 고통을 느끼는 것은 사치였다. 나는 이제 어쩌면 좋은가. 몇 개월간 밤을 새워 일해 온 동료들에게 뭐라고 말해야 할까. 이대로 사직서를 내야 하는 것일까. 나는 그대로 털썩 주저앉은 채 일어설 수 없었다.

23. 밑줄 친 부분에 나타난 '나'의 심정으로 알맞은 것을 고르십시오.

① 불만스럽다   ② 실망스럽다   ③ 짜증스럽다   ④ 절망스럽다

24. 위 글의 내용과 같은 것을 고르십시오.

① 이 사람은 회사에 다닌지 2년 정도 되었다.
② 이 사람은 실수를 자주 저질러 회사에서 전설이 되었다.
③ 이 사람은 포트폴리오를 만들기 위해 KTX를 타고 출장을 갔다.
④ 회사 동료들과 함께 포트폴리오를 만들기 위해 몇 개월간 고생했다.

※　**[25~27]** 다음 신문 기사의 제목을 가장 잘 설명한 것을 고르십시오.

25.

> 못난 채소도 괜찮아, 하자 제품 가격 인하 판매로 구매 상승도 '껑충'

① 하자가 있는 채소의 판매를 규제하여 정상 제품 판매가 늘었다.
② 하자가 없는 채소와 하자가 있는 채소를 함께 판 결과 판매가 대폭 늘었다.
③ 외관이 보기 안 좋은 채소의 구매를 희망하는 사람들에게 대량으로 판매하였다.
④ 외관이 보기 안 좋은 채소의 가격을 크게 낮춰 판매한 결과 구매자가 크게 늘었다.

26.

> 예년보다 길어진 맑은 가을 날씨, 미소 짓는 여행 업계

① 맑은 가을 날씨가 이어져 우울감이 해소된 사람들이 늘었다.
② 무더위가 평년보다 길어져 가을 여행을 포기하는 사람들이 많아졌다.
③ 일반적인 평균 가을 날씨보다 맑은 날이 이어져 여행 업계가 호황을 맞았다.
④ 내년 가을 날씨가 매우 맑을 것으로 예상되어 미리 여행 계획을 짜는 사람들이 늘었다.

27.

> 끝끝내 약물 투여 부인, 침묵 깬 올림픽 금메달 리스트에게 남은 싸늘한 시선

① 적절하지 않은 약을 환자에게 복용시킨 의료인이 비판을 받았다.
② 끝까지 약을 먹지 않았다고 주장한 운동선수에게 부정적인 여론이 남았다.
③ 금메달 리스트들의 만연한 약물 투여에 올림픽 개최를 반대하는 움직임이 일어났다.
④ 올림픽 위원회는 적절하지 않은 약을 선수들에게 허용하지 않았다고 강하게 주장했다.

28.

> 할 일을 계속 미루고 마감 기한이 코앞에 와서야 일을 한꺼번에 몰아서 하는 사람들은 게으른 것이 아니라 (   ) 경우가 많다. 그래서 어설픈 결과물이 나올 바에야 일을 하지 않고 준비가 될 때까지 미루는 것이다. 이와 같은 불안감을 호소하는 사람들은 10분 단위, 30분 단위로 짧게 끊어 완성도와 상관없이 일단 일을 시작해보는 연습을 반복하는 것이 중요하다. 꼭 좋은 결과로 이어지지 않더라도 일을 하고 있다는 데에 의의를 두는 훈련을 함으로써 완성도에 대한 집착을 떨쳐낼 수 있다.

① 타인의 지시를 싫어하는
② 자신에 대한 자신감이 부족한
③ 모든 일이 완벽하기를 바라는
④ 타고나길 모든 일에 무관심한

29.

> 국립 언어 사용 연구소에서는 무분별한 외래어 사용을 지양하고자 우리말로 바꿀 수 있는 표현들을 찾아 새말을 만들고 (   ) 힘을 쓰고 있다. 이러한 우리말 다듬기 운동의 가장 성공적인 사례 중 하나가 '댓글'이다. '댓글'은 영어 '리플(reply)'을 우리말로 바꾼 것으로 요즘에는 리플보다 더 많이 사용되고 있으며 대댓글, 비밀 댓글, 댓글 보기와 같이 다양하게 응용되어 온전히 일상언어로 자리 잡았다. 수많은 외래어 다듬기를 시도함에 따라 실패하는 경우도 있고, 성공하는 경우도 있으나 국립 언어 사용 연구소는 아름다운 우리말 지킴이로서의 몫을 성실히 해내고 있다.

① 이를 보급하는 데
② 옛말을 없애는 데
③ 국어 사전에 올리고자
④ 국외에 널리 알리고자

30.

마그네슘을 2주 이상 복용할 경우 우울감이 감소하는 것으로 나타났다. 최근 연구에 따르면 20세 이상 60세 이하 성인 200명을 대상으로 조사한 결과, 일일 적정 복용량에 맞춰 마그네슘을 꾸준히 먹은 그룹과 그렇지 않은 그룹 간의 우울감의 차이가 크게 차이가 나는 것으로 밝혀졌다. 이는 마그네슘이 우울증과 연관이 있는 (   ) 나타나는 효과로 볼 수 있다. 마그네슘을 복용한 그룹의 60%는 체내에서 심신 안정에 부정적인 영향을 미치는 요소가 줄어들며 우울감뿐만 아니라 불안함, 스트레스 등이 개선되었다고 하였다.

① 세포를 연구함으로써
② 항체를 검사함으로써
③ 호르몬을 감소시킴으로써
④ 스트레스를 증폭시킴으로써

31.

누구나 보관용 지퍼백에 넣어둔 채소가 지퍼백 속에 고인 습기로 인해 빨리 상해서 버려야 했던 경험이 있을 것이다. 이를 막고자 농가에서 포도를 포장하는 용도로 쓰이는 일명 '포도봉투'를 지퍼백 대신 채소 보관 용기로 쓰는 사람들이 늘고 있다. 이 포도봉투는 한 면이 한지로, 다른 면은 비닐로 되어있으며 이 비닐에는 (   ) 습기 차는 것을 막아주고 통기성이 좋아 채소가 쉽게 상하지 않는다고 한다.

① 단열 효과가 있어
② 미세한 구멍이 있어
③ 채소에 좋은 영양분이 있어
④ 해충을 막는 약이 묻어 있어

※ **[32~34]** 다음을 읽고 내용이 같은 것을 고르십시오. (각 2점)

32.

다산 정약용은 농촌 사회의 모순에 관심을 두고 정치 개혁과 사회 개혁에 대해 체계적으로 연구한 조선 후기 실학자이다. 〈경세유표〉, 〈목민심서〉 등을 통해 실현 가능한 구체적인 방안을 제시했으며 다양한 분야에서 두각을 나타낸 천재적인 학자이다. 정치, 사회뿐만 아니라 자연 과학에도 관심을 기울여서 홍역과 천연두의 치료법에 관한 책을 내기도 했다. 또한 도량형과 화폐의 통일을 제안했으며 건축 기술인 거중기를 고안하기도 했다.

① 정약용은 도량형과 화폐의 통일을 반대했다.
② 정약용은 정치, 사회 개혁에만 관심을 둔 실학자이다.
③ 정약용은 다양한 분야의 연구 활동을 통해 성과를 거두었다.
④ 〈경세유표〉, 〈목민심서〉에 농업 기술이 구체적으로 제시된다.

33.

퇴직금 지급은 아르바이트나 비정규직에 상관없이 모든 사업장에 해당된다. 또한 5인 미만의 사업장도 지급하는 것이 원칙이다. 근속 기간의 경우 무조건 1년 이상인 주당 15시간 이상 근무한 근로자만 퇴직금을 신청할 수 있다. 그리고 비정규직이었다가 나중에 정규직으로 전환되었어도 모든 날이 근로일에 해당한다. 지급 기한은 퇴사한 날로부터 2주 이내에 지급하는 것이 원칙이다. 다만 사업주와 근로자 간 합의로 연장할 수 있다.

① 퇴직금은 정규직으로 근무한 사람만 받을 수 있다.
② 4명이 근무하는 사업장은 퇴직금을 지급하지 않아도 된다.
③ 처음부터 정규직으로 근무했던 근로자만 퇴직금을 받을 수 있다.
④ 사업주와 근로자가 서로 합의하면 퇴직금을 2주 후에 지급해도 된다.

34.

십장생은 해, 산, 물, 돌, 소나무, 달 또는 구름, 거북, 학, 사슴, 불로초를 말하며 여기에 대나무를 포함하는 경우도 있다. 이것들은 늙지 않고 오래 사는 불로장생을 뜻하는 사물들이며 신선 사상에서 유래되었다. 열 개의 사물들은 지역, 사람, 분류 기준에 따라 몇 가지가 제외되거나 추가되기도 한다. 사람들은 옛날부터 십장생을 바라보거나 작품에 그리거나 새기면서 장생을 소망하였다. 병풍에도 산수화와 더불어 주요한 소재로 널리 쓰였고, 사찰의 담벽이나 내부의 벽면에서도 흔히 발견된다.

① 십장생에 대나무가 꼭 포함되어야 한다.
② 사찰에서 십장생을 소재로 한 그림을 보기 어렵다.
③ 사람들은 십장생을 보면서 오래 사는 것을 소망했다.
④ 십장생은 어느 지역에서나 동일한 열 개의 사물을 말한다.

※ **[35~38]** 다음 글의 주제로 가장 알맞은 것을 고르십시오. (각 2점)

35.

> 최근 폴더폰 개통을 희망하는 사람들이 다시금 늘고 있다. 스마트폰의 발달과 동시에 다양한 SNS가 등장하였고 소통의 원활함은 편리함을 주었지만 때로는 공과 사의 구분을 방해하는 가장 큰 원인이 되었다. 이에 사내 메신저를 제외하고 업무 연락은 문자 또는 전화로만 받기를 희망하여 업무용 폴더폰을 개통하고자 하는 사람들이 늘고 있다. 소통의 원활함이 무엇보다 중요한 시대에 살고 있지만 때와 장소를 막론하고 쏟아지는 연락은 개인의 에너지를 갉아먹고 있다. 아날로그의 부활은 단순히 폴더폰의 재인기를 넘어 적절한 상호간 거리감을 무시하는 이들에게 경종을 울리는 하나의 신호로 볼 수 있다.

① 과도한 스마트폰 사용으로 인한 스트레스를 분출해야 한다.
② 근무 시간 외 업무 지시에 대한 강력한 규제가 이루어져야 한다.
③ 폴더폰의 인기를 통해 스마트폰의 한계점을 인지하고 발전시켜야 한다.
④ 공과 사를 나누는 사회적인 거리감에 대한 중요성을 간과해서는 안 된다.

36.

> 공개 채용의 감소와 상시 채용의 증가로 취업 시장에서 언제나 '을'일 수 밖에 없는 취업 준비생들이 더 큰 고통을 떠안게 되었다. 경제 침체로 인해 막대한 비용을 지불하고 공개 채용을 시행하는 대신 그때그때 필요한 인력만을 뽑으려는 기업들이 늘고 있다. 따라서 올해 취업 시장에서는 스펙 쌓기에만 열을 올릴 것이 아니라 질 높은 정보력을 갖춰야만 승산이 있을 것으로 보인다. 향후 취업 준비생들은 평소 취업을 희망하는 업종의 구인 정보에 상시 관심을 가지고, 관심 분야가 아니더라도 유사 직종의 채용 현황 또한 지켜봐야 하는 이중고를 이겨내야 할 전망이다.

① 경제 침체를 극복하기 위해 상시 채용을 적극 활용해야 한다.
② 공개 채용을 다시 부활시켜 취업 준비생들의 부담을 덜어야 한다.
③ 채용 형태 전환에 따라 취업 준비생은 스펙 쌓기에 더욱 열중해야 한다.
④ 상시 채용의 특성에 맞춰 현재 이루어지는 채용 정보에 관심을 두어야 한다.

37.

　　인터넷 쇼핑몰의 과대광고에 대한 규제가 강화될 예정이다. 특히 다이어트나 붓기 감소의 효과에 대해 허위 및 과대광고를 하는 쇼핑몰들의 문제가 대두되면서 이에 대한 대응책이 마련될 것으로 보인다. 최근 SNS를 중심으로 광고법에 위반되는 허위광고를 지속적으로 개재하여 다이어트 식품을 홍보해 막대한 수입을 올렸을 뿐만 아니라, 구매자들의 부작용에 대해서도 모른 채하고 판매를 지속한 업체들이 급증하여 사회적인 문제가 되었다. 따라서 식품에 대한 광고를 매우 엄격히 규제함으로써 전문성이 결여된 판매자들에게 소비자가 기만당하지 않도록 법적 장치 조성에 더욱 힘써야 할 것이다.

① 과도한 다이어트를 부추기는 광고계를 지탄해야 한다.
② 다이어트 식품에 대한 부작용을 간과하는 일이 없어야 한다.
③ 인터넷 상의 허위 광고 및 과대광고에 대한 규제가 시급하다.
④ 온라인 쇼핑몰의 허위 광고에 소비자가 예민하게 반응해야 한다.

38.

　　아날로그는 과연 낡고 쓸모없는 것인가. 요즘 초등학교에서는 숫자로 표시되는 전자시계가 아니면 시계의 시침, 분침, 초침을 읽지 못하는 학생들이 늘고 있다고 한다. 일각에서는 시대의 흐름이라는 의견도 있지만 이대로 괜찮은 것인가 우려를 표하는 입장도 보인다. 스마트폰이 지시해 주지 않으면 길을 못 찾는 어른들, 숫자 표시가 아니면 몇 시 몇 분인지도 알지 못하는 아이들. 아무리 문명의 이기를 누리는 현대 사회라지만 기계의 도움에 모든 것을 의존할 수는 없다. 기계가 없더라도 기존의 방식으로 많은 문제를 해결할 수 있다는 중요한 사실이 점점 잊혀지고 있다.

① 어른 아이를 막론하고 스마트폰 의존도가 나날이 높아지고 있다.
② 전자시계를 못 읽는 아이들을 위한 적절한 교육이 시행되어야 한다.
③ 현대 사회에서 새로운 능력으로 급부상하고 있는 것은 기계 사용의 능숙도이다.
④ 기계에만 의존하여 기본적인 문제조차 혼자 해결하지 못하는 생활은 지양해야 한다.

※ **[39~41]** 다음 글에서 〈보기〉의 문장이 들어가기에 가장 알맞은 곳을 고르십시오. (각 2점)

39.

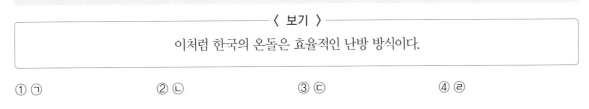

온돌은 열기로 방바닥에 놓인 돌판을 덥혀서 난방하는 방식을 말한다. (㉠) 서양에서는 불 옆을 사용하여 가장 뜨거운 불 윗부분의 열기는 굴뚝으로 내보낸다. (㉡) 이러한 서양식 난방법은 열기의 측면 일부만을 이용하므로 비효율적이다. (㉢) 반대로 한국에서는 연기와 불을 나누어 방에 연기를 발생시키는 것이 아니라 불을 뉘어서 사용하기 때문에 서양의 벽난로처럼 불을 세워서 사용하지 않는다. (㉣) 한국의 온돌 문화는 고유성과 과학성, 문화적 가치를 인정받아서 2018년 5월 국가무형문화재로 지정되었다.

─〈 보기 〉─
이처럼 한국의 온돌은 효율적인 난방 방식이다.

① ㉠   ② ㉡   ③ ㉢   ④ ㉣

40.

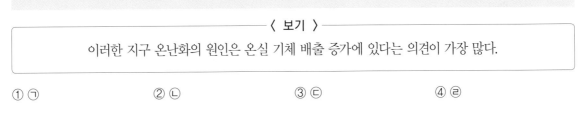

지구 온난화는 지구 표면의 평균 기온이 상승하는 현상이다. (㉠) 최근 100년간 그동안 적절하게 유지되었던 지구의 기온이 급격하게 상승하고 있다. (㉡) 산업이 발전하면서 석유, 석탄 같은 화석 연료의 사용량이 크게 늘어 온실 기체의 배출이 증가하였다. (㉢) 게다가 농업 생산량을 늘리기 위해 숲이 파괴되면서 온실 효과가 강화되고 있다. (㉣) 국제 사회는 지구 온난화에 따른 기후 변화에 대응하기 위하여 '교토 의정서' 등을 채택하였다.

─〈 보기 〉─
이러한 지구 온난화의 원인은 온실 기체 배출 증가에 있다는 의견이 가장 많다.

① ㉠   ② ㉡   ③ ㉢   ④ ㉣

41.

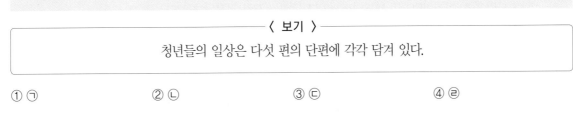

소설가 이정원은 이번에 다섯 번째 소설집 『꿈꾸는 시간들』을 펴냈다. (㉠) 특별한 것 없는 직업과 평범한 이름을 가졌지만, 어느 날 특별한 일상을 살아가게 된 청년들의 이야기이다. (㉡) 기발한 상상력과 따뜻한 이야기로 독자의 사랑을 받아 온 소설가 이정원은 이번 작품도 출간 전부터 많은 기대를 얻었다. (㉢) 최근에 이 작가는 문학성과 다양성, 참신성으로 「올해의 젊은 작가」로 선정되기도 하였다. (㉣)

─〈 보기 〉─
청년들의 일상은 다섯 편의 단편에 각각 담겨 있다.

① ㉠   ② ㉡   ③ ㉢   ④ ㉣

혼자서는 일어서지도 앉지도, 밥을 먹지도 못하던 아기가 어엿한 성인이 될 때까지 애지중지 키워주신 부모님. 이제 머리 좀 컸다고 내가 잘나서 혼자 스스로 자란 줄 아는 못난 자식이지만 마흔이 다 된 몸이라도 하나밖에 없는 딸이라고 부모님께서는 아직도 나를 6살짜리를 대하듯 걱정하실 때가 있다. 어디 아픈 데는 없냐, 애들 것만 챙기지 말고 네 밥도 잘 챙겨 먹어라. 늘 자식 걱정뿐이시다.

하루는 두 분께서 남들 다 쓰는 스마트폰인지 뭔지 나도 한번 써보고 싶으시다며 같이 개통하러 가줄 수 있냐고 부탁을 하셨다. 아들을 학교 보내고 나서 부모님과 같이 점심도 먹고 핸드폰도 살 겸 시내에 나갔다. 부모님께서는 장난감을 처음 보는 어린아이들처럼 스마트폰을 요리조리 신기하게 쳐다보기도 하시고, 이걸로 영상통화니 뭐니 다 되는 거냐며 신통방통하다, 세상 좋아졌다는 말씀을 하시더니 결국 제일 싼 걸 쥐어드셨다. 사는 김에 좀 더 좋은 거 사시라니까 이걸로 충분하다며 나중에 문자 메시지 보내는 법도 좀 알려줄 수 있냐고 하시는데 내심 좀 귀찮았지만 오늘은 효도하는 날이겠거니 생각하고 셋이 함께 카페로 가 열심히 가르쳐드렸다.

한 30분쯤 지나서였을까. 내 목소리는 점점 높아지고 있었다.

"어머니, 아버지 잘 보세요. 아니~. 잘 보시래도. 그 버튼이 아니고!"

"이게… 이건가…?"

"여보 말시키지 마요. 나도 모르겠어."

"아휴 나도 더는 못 하겠네. 오늘은 여기까지만 하고 다음 주에 다시 해요!"

"그래 네가 오늘 고생했다."

나도 모르게 잔뜩 짜증을 내고 카페를 나왔다. 부모님은 그 길로 부모님댁에 가셨고 나도 아이들 하교 시간이 돼서 서둘러 집에 왔다. 저녁 식사를 마치고 아침에 걸어둔 빨래를 개고 나니 어느덧 시계는 밤 10시를 향하고 있었다. 그때 휴대 전화 알림음과 함께 문자 메시지가 한 통 왔다.

알려줘서 고마워 -엄마아빠가-

<u>문자를 읽고 하염없이 눈물이 났다.</u> 이 못난 딸한테 뭐가 고맙다고. "앞으로 더 잘할게요. 사랑해요. 엄마아빠."라고 답장을 드렸다.

42. 밑줄 친 부분에 나타난 '나'의 심정으로 알맞은 것을 고르십시오.

① 따분하다   ② 절박하다   ③ 죄송스럽다   ④ 사랑스럽다

43. 위 글의 내용과 같은 것을 고르십시오.

① 이 사람은 지금도 혼자 걷기가 어려워서 부모님께 도움을 받고 있다.

② 이 사람은 성인이 되었지만 부모님께서 아직도 이런저런 걱정을 하신다.

③ 이 사람의 부모님께서는 문화 센터에 가서 스마트폰 교육을 받고 오셨다.

④ 이 사람은 부모님께서 문자를 기다렸지만 너무 늦게 답장이 와서 걱정했다.

컴퓨터, 스마트폰, 태블릿 보급과 함께 눈 건강에 관심을 갖는 사람들이 기하급수적으로 늘고 있다. 스크린 앞에 눈이 장시간 노출되어 젊은층임에도 불구하고 백내장이 빠른 속도로 진행되거나 안구 건조를 호소하는 등, 다양한 증세로 고통받는 이들이 급증하였다.

최근 연구를 통해 오이는 비타민 K의 섭취 및 체내 수분 증가에 기여할 뿐만 아니라 눈 건강을 지키는 데 큰 도움을 주는 것으로 나타났다. 흔히 눈의 건강을 돕는 데는 루테인, 제아잔틴, 항산화제 등의 성분이 작용한다. 루테인과 제아잔틴은 눈이 제 기능을 하기 위해 필요한 성분이자 유일한 카로티노이드이며, 이와 같은 영양소를 적절히 섭취하는 것이 건강한 눈을 지키는 가장 빠르고 안전한 방법이다. 오이는 이 두 카로티노이드를 하루 섭취량의 10%가량 함유하고 있으며, 이 성분들은 연령에 따라 일어나는 황반변성의 위험성을 낮추는 데도 매우 효과적이다.

또한 노화 세포로부터 신경 세포를 보호하고, 강력한 항산화제이자 염증 감소에 탁월한 피세틴이라는 성분이 오이에 다량 함유되어 노화에 따른 눈 건강의 (   ) 효능이 있다. 따라서 눈 건강이 염려된다면 하루 적정 섭취량을 준수하여 오이를 섭취함으로써 눈 건강을 지킬 수 있다. 그러나 무엇보다 눈 건강을 해치는 생활 습관 개선에 신경을 쓰고 오이도 섭취하며 상승 효과를 기대하는 것이 바람직하다.

44. 위 글을 쓴 주제로 알맞은 것을 고르십시오.

① 스마트폰, 태블릿, 컴퓨터 사용에 따른 부작용을 고지해야 한다.
② 비타민 K섭취에 따른 눈 건강의 긍정적인 효과에 대한 연구가 확대되었다.
③ 오이를 다량 섭취하여 약품에 의존하지 않고 눈 건강을 지킬 수 있어야 한다.
④ 적절량의 오이 섭취와 더불어 생활 습관을 고침으로써 건강한 눈을 가질 수 있다.

45. (   )에 들어갈 내용으로 가장 알맞은 것을 고르십시오.

① 악화를 막는 데도
② 한계점을 파악하는
③ 체계가 구성될 수 있는
④ 항체가 형성될 수 있는

※ **[46~47]** 다음을 읽고 물음에 답하십시오. (각 2점)

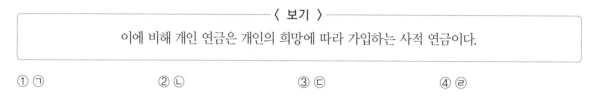

정년이 되어서 은퇴하게 되면 소득이 사라지거나 많이 감소하기 때문에 안정적인 노후 생활을 위한 대비가 필요하다. (㉠) 이를 위해 필요한 금융 상품이 연금이다. 연금에는 국가가 보장하는 국민 연금, 기업이 보장하는 퇴직 연금, 개인이 준비하는 개인 연금이 있다. (㉡) 국민 연금은 개인의 노후 생활에 필요한 최소한의 생활비를 보장해 주기 위해 국가적으로 시행하는 제도이다. 만 18세 이상 60세 미만인 자는 의무적으로 가입해야 하는 공적 연금이다. (㉢) 노후 생활을 대비한 저축 상품의 일종이며 증권 회사를 제외한 전 금융 회사에서 가입할 수 있다. (㉣) 퇴직 연금의 경우, 기업이 임직원의 노후 소득을 보장하기 위하여 재직 중에 퇴직 급여를 별도의 금융 회사에 적립하고 직원이 퇴직할 때 일시금 또는 연금 형태로 지급한다.

46. 위 글에서 〈보기〉의 글이 들어가기에 가장 알맞은 곳을 고르십시오.

─────────── 〈 보기 〉 ───────────
이에 비해 개인 연금은 개인의 희망에 따라 가입하는 사적 연금이다.

① ㉠　　　　　② ㉡　　　　　③ ㉢　　　　　④ ㉣

47. 위 글의 내용과 같은 것을 고르십시오.

① 개인 연금은 의무적으로 가입해야 한다.
② 퇴직 연금은 기업에서 지급하는 형태의 연금이다.
③ 국민 연금을 원하지 않는 사람은 해지할 수 있다.
④ 정년이 되면 큰 소득을 얻기 때문에 노후를 준비할 필요가 없다.

평등법이란 성별, 장애, 연령, 출신 국가, 종교 등의 모든 요소를 막론하고 인간은 누구나 존중받아 마땅한 존재이며 이에 따라 누구든 내가 아닌 다른 이에게 차별을 받아서는 안된다는 것을 강력하게 주장하는 법안이다. 국가에 따라서는 차별금지법, 인권법, 민권법, 일반평등대우법 등의 다양한 표현으로 불리지만 모든 인간에게 동등한 권리와 존경을 표한다는 기본적인 취지는 동일하다.

더 구체적으로 살펴보면 평등법은 가족의 형태나 언어, 성적 정체성 또는 지향, 병력 등의 수많은 요소들을 차별의 근거로 두어서는 안된다고 표명한다. 일부 정치 집단들의 반대로 오랜 시간 제정이 미뤄졌으나 평등법에 대한 논의가 시작된 지 10년 만에 결실을 이루었다.

수위에 따라 다른 처벌이 내려질 수는 있으나 기본적으로 평등법에 위반되는 언행을 하였다고 하여 모든 경우가 처벌 대상이 되는 것은 아니다. 평등법은 처벌을 내리는 것이 궁극적인 목표가 아니라 사회 구성원의 인식을 고양하고 (   ) 더 동등하고 살기 좋은 사회를 꾸려가는 데 목적이 있다. 따라서 평등법은 각 사회 구성원의 가치를 인식하고 우리가 일삼는 수많은 언행 속에 어떠한 차별이 숨겨져 있는가를 지상으로 끌어올려 인식의 개선과 전환으로 이어질 수 있도록 하는 주춧돌이라 할 수 있다.

48. 위 글을 쓴 목적으로 알맞은 것을 고르십시오.

① 평등법 발의의 의의를 설명하기 위해서
② 평등법을 다양한 실례들을 분석하기 위해서
③ 평등법의 한계점과 발전 가능성을 논하기 위해서
④ 평등법을 어겼을 시 내려지는 처벌을 구체화하기 위해서

49. (   )에 들어갈 내용으로 가장 알맞은 것을 고르십시오.

① 처벌을 강화함으로써
② 집단 의식을 높임으로써
③ 개개인의 가치 존중을 강조함으로써
④ 인종 차별 논란에 강하게 대응함으로써

50. 밑줄 친 부분에 나타난 필자의 태도로 알맞은 것을 고르십시오.

① 평등법 발의에 너무 오랜 시간이 걸린 것은 다소 시간 낭비이다.
② 평등법에 대한 부정적인 시각이 있었으나 결국 제정된 점을 긍정적으로 보고 있다.
③ 평등법 발의를 반대하던 집단에 더 강력하게 반발하지 못한 것에 대해 비판하고 있다.
④ 평등법에 반대하는 사람들의 의견을 모두 수렴하지 못한 것이 이번 발의의 한계점이다.

제2회
실전 모의고사

한국어능력시험 II
(중 · 고급)

읽기

수험번호(Registration No.)		
이름 (Name)	한국어(Korean)	
	영 어(English)	

유 의 사 항
Information

1. 시험 시작 지시가 있을 때까지 문제를 풀지 마십시오.
   Do not open the booklet until you are allowed to start.

2. 접수번호와 이름은 정확하게 적어 주십시오.
   Write your name and application number on the answer sheet.

3. 답안지를 구기거나 훼손하지 마십시오.
   Do not fold the answer sheet; keep it clean.

4. 답안지의 이름, 접수번호 및 정답의 기입은 컴퓨터용 펜을 사용하여 주십시오.
   Use the optical mark reader(OMR) pen only.

5. 정답은 답안지에 정확하게 표시하여 주십시오.
   Mark your answer accurately and clearly on the answer sheet.

   marking example ① ● ③ ④

6. 문제를 읽을 때에는 소리가 나지 않도록 하십시오.
   Keep quiet while answering the questions.

7. 질문이 있을 때에는 손을 들고 감독관이 올 때까지 기다려 주십시오.
   When you have any questions, please raise your hand.

※ **[1~2]** ( )에 들어갈 가장 알맞은 것을 고르십시오. (각 2점)

1. 개발이 계속되면서 지구 온난화 현상은 ( ) 심해지고 있다.

① 갈수록　　　　　　　　　　　② 가도록

③ 가거든　　　　　　　　　　　④ 가거나

2. 내일 반 친구들과 함께 치킨을 ( ).

① 먹는 중이다　　　　　　　　　② 먹기로 했다

③ 먹는 편이다　　　　　　　　　④ 먹은 적이 있다

※ **[3~4]** 다음 밑줄 친 부분과 의미가 비슷한 것을 고르십시오. (각 2점)

3. 비가 많이 <u>온 바람에</u> 경기가 취소됐다.

① 온 김에　　　　　　　　　　　② 온 탓에

③ 온 대신　　　　　　　　　　　④ 온 대로

4. 이번 시험의 성적은 <u>노력하기에 달려 있다.</u>

① 노력할 모양이다　　　　　　　② 노력할 따름이다

③ 노력하기 나름이다　　　　　　④ 노력하기 십상이다

※ **[5~8]** 다음은 무엇에 대한 글인지 고르십시오. (각 2점)

5.

> **장시간 업무와 공부에도 끄떡없게 만드는 과학의 힘!**
> **소중한 당신의 허리, 우리와 함께 지키세요.**

① 의자　　　　② 조명　　　　③ 책상　　　　④ 침대

6.

> **1인 가구 맞춤형 채소와 과일 상품 등장!**
> 24시간 배고플 때는 집 근처에서 찾는 나만의 즐거움!

① 식당　　　　② 편의점　　　　③ 백화점　　　　④ 세탁소

7.

> **파란불이 당신에게 인사할 때까지**
> **아무도 없어도 양심을 지킵시다.**

① 자연 보호　　　　② 전기 절약　　　　③ 건강 관리　　　　④ 교통 안전

8.

> ■ 하단의 작은 버튼을 뾰족한 것으로 눌러 초기화합니다.
> ■ 화면에 숫자가 나타나면 상단에 있는 버튼을 길게 누릅니다.
> ■ 오전·오후, 시간, 요일 순으로 맞게 설정한 후 10초간 기다립니다.
> ■ 현재 시각에 맞게 설정된 것을 확인한 후 사용하십시오.

① 구입 문의　　　　② 전기 절약　　　　③ 사용 방법　　　　④ 접수 방법

[9~12] 다음 글 또는 그래프의 내용과 같은 것을 고르십시오. (각 2점)

9.

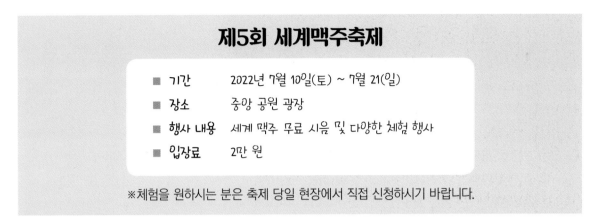

① 축제는 무료로 즐길 수 있다.
② 축제는 7월 한 달 동안 진행된다.
③ 체험을 원하는 사람은 미리 예약해야 한다.
④ 축제에서 세계 여러 나라의 맥주를 무료로 마셔 볼 수 있다.

10.

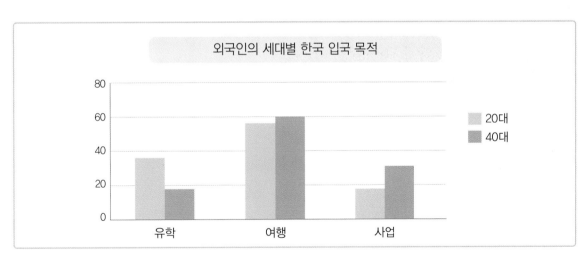

① 20대는 유학을 목적으로 한국에 입국한 비율이 가장 높다.
② 20대와 40대 모두 사업을 목적으로 입국한 비율이 가장 낮다.
③ 여행보다 사업을 목적으로 한국에 입국한 40대 외국인들이 많다.
④ 여행을 목적으로 입국한 사람의 비율은 20대보다 40대가 더 많다.

11.

　　방 탈출 카페는 방에 갇힌 사람들이 여러 단서를 찾으며 추리해서 탈출하는 놀이 공간이다. 원래 미국이나 유럽 등지에서 이벤트 형식으로 열리던 것으로 비디오 게임 장르 중 탈출 게임을 현실로 재현한 것이다. 2010년대에 들어서 캐나다, 중국, 한국에서 인기를 끌었다. 한국에서는 2015년에 서울 홍대 및 강남을 중심으로 시작이 되어 현재 180개 이상의 매장이 운영 중이다. 탈출할 방의 구조는 한 개의 방일 수도 있고, 여러 개의 방이 이어질 수도 있으므로 단서를 위한 문제를 풀 때 적절한 시간 분배가 필요하다.

① 모든 방 탈출 카페는 한 개의 방만 탈출하면 된다.
② 방 탈출 카페는 컴퓨터로 비디오 게임을 하는 공간이다.
③ 2015년부터 한국에서 활발한 매장 운영이 이루어지고 있다.
④ 2010년대에 들어서 미국에서 방 탈출 카페가 인기를 끌었다.

12.

　　브로콜리는 다양한 영양소를 포함하고 있어서 건강을 잘 관리할 수 있다. 시력을 강화하고 신체를 해독할 수 있으며 혈압 조절에 도움이 된다. 게다가 조기 노화를 예방할 수 있으며 심장 건강을 향상시킬 수 있다. 이러한 브로콜리를 굽거나 튀겨서 먹지 말고 찜기에 쪄서 먹는 것이 가장 영양 성분을 보존하면서 효율적으로 먹을 수 있는 방법이다. 또한 브로콜리의 머리 끝부분만 먹는 것이 아닌 줄기 부분도 같이 섭취해야 모든 성분을 골고루 섭취할 수 있다.

① 브로콜리의 줄기 부분은 먹으면 안 된다.
② 브로콜리는 한 가지 영양소만 갖춘 채소이다.
③ 브로콜리는 심장이 약한 사람들에게 도움이 된다.
④ 브로콜리를 구워서 먹으면 영양 성분을 보존할 수 있다.

13.

> (가) 최근 들어 캠핑을 하는 사람들이 늘고 있다.
> (나) 다른 취미 활동과 함께 할 수 있다는 장점이 있기 때문이다.
> (다) 게다가 이렇게 다양한 취미를 가족들과 함께 공유할 수 있는 이상적인 활동이다.
> (라) 캠핑을 하러 가면 낚시, 등산, 여행도 할 수 있고, 직접 요리해서 식사도 할 수 있다.

① (가)-(나)-(라)-(다)   ② (가)-(다)-(나)-(라)
③ (라)-(가)-(나)-(다)   ④ (라)-(다)-(가)-(나)

14.

> (가) 문화마다 편안함을 느끼는 거리가 다르다.
> (나) 반면에 서양에서는 타인과 가까워지면 불편함을 느낀다.
> (다) 먼저 동양에서는 타인과의 가까운 거리를 통해 친밀감과 편안함을 느낀다.
> (라) 이러한 차이는 갈등을 일으킬 수 있어서 서로 문화를 이해하려는 태도가 필요하다.

① (가)-(다)-(나)-(라)   ② (가)-(라)-(다)-(나)
③ (다)-(가)-(라)-(나)   ④ (다)-(나)-(가)-(라)

15.

> (가) 회의 결과 이번 워크숍은 외국에서 하기로 의견을 모았다.
> (나) 그러나 몇몇 총무부 직원들은 워크숍 비용 문제 때문에 반대했다.
> (다) 회사 직원들이 오전에 워크숍 일정 및 장소에 대하여 회의를 열었다.
> (라) 해외 워크숍을 진행하면 다른 프로젝트 예산에 문제가 생길 것이라고 봤기 때문이다.

① (가)-(나)-(다)-(라)   ② (가)-(다)-(라)-(나)
③ (다)-(가)-(나)-(라)   ④ (다)-(라)-(가)-(나)

[16~18] 다음을 읽고 (   )에 들어갈 내용으로 가장 알맞은 것을 고르십시오. (각 2점)

16.

> 한 동물보호단체의 조사 결과에 따르면 최근에는 애완동물이라는 말 대신 반려동물이라는 표현을 선호하는 사람들이 급격히 늘어난 것으로 나타났다. 이들은 반려동물을 단순히 사람과 같이 사는 귀여운 '애완'의 대상으로 보지 않고 온전한 가족의 구성원으로 여긴다. 동물도 가족의 일원으로 품고자 하는 (   ) 현상이라 볼 수 있다.

① 문제점이 강조된
② 강박에서 비롯된
③ 인식의 전환으로 일어난
④ 사고방식의 퇴화로 야기된

17.

> 인간은 보통 3주 정도가 지나면 과거에 대한 기억이 미화되기 시작한다. 물론 사건의 심각성, 당사자의 심리 상태에 미친 영향에 따라 심한 경우에는 외상 후 스트레스나, 적응장애, 불안장애 등을 일으키는 경우도 있으나 일반적인 사건으로 한정하였을 경우 3주를 기점으로 (   ) 부정적인 기억은 작아지고 긍정적인 기억이 더 확대되는 과정을 거쳐 기억 저장고에 남게 된다. 따라서 '시간이 약이다.'라는 말은 과학적인 근거가 있는 표현이다.

① 기억을 모두 삭제하여
② 당시의 기억을 재구성하여
③ 타인의 기억으로 대체되어
④ 기억의 시간적 흐름이 뒤섞여

18.

> 너무나도 분명하게 인지하고 있는 단어는 글자의 순서를 바꾸어 써도 원래 그 단어의 표기대로 읽게 된다. 예를 들어 '훈민정음'을 '훈정민음'이라고 쓰면 대개의 사람들은 틀렸다는 걸 알면서도 '훈민정음'이라고 읽거나 틀린 것조차 눈치채지 못하고 '훈민정음'이라 읽는다. 이는 뇌에 저장되어 (   ) 어휘에 대한 인지가 잘못된 표기도 제대로 된 표기로 읽게 만들기 때문이다. 따라서 한번 기억한 단어는 철자가 다르게 쓰여 있어도 원래 철자대로 읽게 되는 것이다.

① 이제 막 습득한
② 새롭게 재구성된
③ 쓰임에 따라 재분류된
④ 이미 확고하게 자리 잡은

간편 결제는 지갑에서 플라스틱 카드를 꺼내지 않고도 온·오프라인에서 결제할 수 있는 서비스를 의미한다. 기존의 모바일 결제는 키보드 보안 프로그램 등 여러 프로그램을 설치하고 매번 카드 정보나 개인 정보를 입력해야 해서 복잡했다. (   ) 간편 결제는 이러한 번거로움을 줄이기 위해 복잡한 단계를 없앴다. 카드 정보를 한 번 입력하면 다음번에 사용할 때는 아이디와 비밀번호, SMS 등을 이용한 간단한 인증만으로도 쉽고 간편하게 결제할 수 있다. 이러한 간편 결제 서비스는 한국 시장뿐만 아니라 세계 시장에서 점차 확대될 전망이다.

19. (   )에 들어갈 알맞은 것을 고르십시오.

① 또한
② 그리고
③ 그러나
④ 게다가

20. 위 글의 내용과 같은 것을 고르십시오.

① 간편 결제 서비스는 한국 시장에서만 확대될 것이다.
② 간편 결제는 기존 모바일 결제의 복잡함을 간소화했다.
③ 간편 결제는 플라스틱 카드를 통해 결제하는 서비스를 말한다.
④ 간편 결제 서비스를 사용할 때마다 카드 정보를 입력해야 한다.

운전자가 술을 마신 것을 알면서 차를 운전할 수 있도록 자신의 차를 빌려주거나 음주 운전자가 운전하는 차에 같이 탄 경우 등에는 음주운전 방조죄가 성립된다. 많은 사람들이 음주운전 방조죄는 직접 음주운전을 한 것이 아니어서 가볍게 처벌될 것이라고 잘못 생각할 수가 있다. 술을 마신 것을 알면서 (   ) 벌금형을 선고받는데 상황에 따라 음주 운전자보다 더 큰 처벌을 받을 수 있다. 그러므로 음주운전 방조죄로 처벌받지 않도록 주의해야 하고, 억울하게 음주운전 방조죄로 처벌받게 되면 운전자의 음주운전을 적극적으로 말렸다는 것을 입증할 수 있는 객관적인 증거를 확보해야 한다.

21. (   )에 들어갈 알맞은 것을 고르십시오.

① 눈이 높으면

② 눈 감아 주면

③ 귀를 기울이면

④ 길눈이 어두우면

22. 위 글의 중심 생각을 고르십시오.

① 음주운전 방조죄로 처벌받지 않게 주의해야 한다.

② 본인이 음주운전을 하지 않았다는 증거를 확보해야 한다.

③ 음주운전 방조죄는 항상 음주 운전자보다 가벼운 처벌을 받아야 한다.

④ 술을 마시고 운전을 하는 운전자와 같이 차를 타면 방조죄가 성립된다.

※ **[23~24] 다음 글을 읽고 물음에 답하십시오. (각 2점)**

가난한 시골 마을, 작은 책방의 딸이었던 나는 이렇게 태어난 게 억울하다고 해도 과언이 아닐 만큼 못생긴 데다가 또 여드름은 왜 그렇게 많이 났는지…. 얼굴도 부족해 목까지 난 여드름을 감추겠다고 머리를 길러서 나만의 방어막인 양 고개를 푹 숙이고 다녔다. 학교에 가면 남자아이들은 못생겼다고 놀리고 여자아이들은 내 여드름이 징그럽다며 자기들끼리 모여 수군댔다. 학창시절은 매일매일이 지옥이었다.

하지만 나에게도 유일한 아군이 있었으니 그건 책이었다. 어차피 친구도 없었지만 집이 워낙 가난해서 밖에 나가 뭘 할 수 있는 처지가 아니었기에 서점에 틀어박혀 읽는 것만이 내가 누릴 수 있는 유일한 오락이었다. 그러던 어느 날, 책방에 종종 오던 손님이 책방 구석에 박혀 독서에 열을 올리던 나에게 책을 한 권 내밀었다. <u>나는 토끼 눈을 하고 말없이 그 손님을 올려다봤다.</u>

"항상 여기에서 책 읽고 있지? 내 책 사는 김에 네 책도 같이 샀어. 받아."

"네…?"

"새 책 때 안 타게 읽으려면 힘들잖아. 선물이라고 생각하고 마음 편히 받아."

"아 네… 감사합니다."

멀리 다른 지역 소도시에서 시골 면사무소로 발령받아서 온 그 언니도 아는 사람 한 명 없는 타지에서 유일한 친구가 책인 사람이었다. 그렇게 우리는 친구가 됐고 언니가 다른 지역으로 발령받아 전근할 때까지 한참을 책 동무로 함께 했다.

23. 밑줄 친 부분에 나타난 '나'의 심정으로 알맞은 것을 고르십시오.

① 답답하다
② 당황하다
③ 곤란하다
④ 갈망하다

24. 위 글의 내용과 같은 것을 고르십시오.

① 이 사람은 졸업 후 시골에서 서점을 운영했다.
② 이 사람은 학창시절 따돌림으로 괴로운 시간을 보냈다.
③ 이 사람은 서점에서 책을 읽는 것으로 사람들과 교류하고자 했다.
④ 이 사람에게 책을 준 사람은 지금까지도 서점 근처에서 살고 있다.

※ **[25~27]** 다음 신문 기사의 제목을 가장 잘 설명한 것을 고르십시오. (각 2점)

25.

신형 독감 집단 면역을 위한 예방 접종, 천만 명 돌파

① 새로운 종류의 독감 확산을 막기 위해 시행한 예방 접종을 천만 명 이상 받았다.
② 기존에 유행하던 독감의 재확산을 막고자 천만 명에게 예방 접종을 할 예정이다.
③ 독감이 퍼지는 것을 막기 위해 천 만 명 이상 수용 가능한 접종 장소가 마련되었다.
④ 그동안 연구 대상이 아니었던 종류의 독감을 연구하기 위해 천만 명에게 접종을 했다.

26.

해외에서도 인기 만점, 외국인들 입맛 사로잡은 '김'

① '김' 생산량이 대폭 늘어 해외 수출이 급증하였다.
② 외국인들 입맛에 맞는 '김'을 수출용으로 만들었다.
③ 국외에서도 '김'의 맛이 호평을 받아 관심을 끌고 있다.
④ 국내에서는 판매가 저조한 '김'이 해외에서는 인기가 많아졌다.

27.

학교에서 너도나도 명품 과시, 기이한 과소비 유행으로 부모 허리는 휘청

① 학교에서 명품 구매를 부추기는 교육이 이루어져 부모들의 항의를 받았다.
② 사치품을 과시하는 것이 학교 생활에서 친구를 사귀는 새로운 방법이 되었다.
③ 명품이 없으면 학교 생활을 하는 데 어려움이 있다고 호소하는 학생이 늘었다.
④ 비싼 명품 구매가 학생들 사이에서 유행이 되어 부모들의 경제적 부담이 커졌다.

[28~31] 다음을 읽고 (　　　)에 들어갈 내용으로 가장 알맞은 것을 고르십시오. (각 2점)

28.

> 　사찰 음식이 재조명을 받고 있다. 절에서만 먹는 음식으로 여겨지던 사찰 음식은 슬로우 푸드, 웰빙 푸드 열풍에 힘입어 건강한 음식의 대명사로 자리매김하고 있다. 또한 단순히 먹는 데서 그치지 않고 신체의 건강뿐 아니라 경건한 자세로 재료를 정성스레 준비하는 요리과정을 통해 (　　　　　　　) 사찰 음식의 인기는 국내외로 빠르게 퍼지고 있다. 또한 최근들어 채식주의자의 증가와 함께 한식으로 재탄생한 채식이라는 새로운 가능성이 제시하고 있어 사찰 음식의 확산이 기대된다.

① 마음의 안정까지 이루는
② 강박 증세를 완화 시켜주는
③ 요리법을 체계적으로 익힐 수 있는
④ 자신감 회복에 탁월한 효과가 있는

29.

> 　예쁜 사진을 찍으려고 다운로드를 받은 어플리케이션 때문에 개인 정보가 해외로 유출되고 있다는 사실을 알고 있는가? 화장을 하지 않아도, 꾸미지 않아도 사진만 찍으면 몇 번의 클릭으로 화장 효과를 낼 수 있을 뿐만 아니라 배경까지 아름다운 여행지로 바꿔주는 어플리케이션은 젊은층을 중심으로 큰 인기를 끌고 있다. 그러나 이런 해외 어플리케이션이 사용자의 개인 정보를 모두 빼내어 해외로 유출시키는 피해 사례가 속출하고 있다. 가상의 아름다움이 과연 나의 개인 정보보다 더 소중한 것인지 (　　　　　) 것이다.

① 다시금 생각해 봐야 할
② 지인에게 조언을 구해야 할
③ 세심한 분석이 이루어져야 할
④ 여러 업계가 함께 고민해야 할

30.

　　거울 효과는 마치 거울을 보고 있는 것과 같이 호감이 있는 상대의 행동이나 말을 무의식적으로 따라 하는 행위이다. 그런데 이와 같은 언행의 복제는 서로의 몸짓이나 언어, 동작들을 유사하게 번복함으로써 상호 간의 신뢰감이 형성되어 (　　　　　　　　　) 효과가 있다고 한다. 그러므로 관심이 있는 상대와 대화를 할 때는 상대의 말과 행동을 거울처럼 따라 해보는 것이 어떨까? 사랑으로 이어지는 지름길이 될 가능성이 높다.

① 가족처럼 느껴지는
② 호감으로 이어지는
③ 대화가 더 쉽게 연결되는
④ 상대의 마음을 읽을 수 있는

31.

　　장 건강을 지키기 위해 많이 섭취하는 요거트를 식전에 먹거나 가벼운 야식으로 저녁 식사 후 먹는 사람들이 많다. 그러나 공복에 먹을 경우, 요거트 안의 유산균이 위산의 방해를 받아 온전히 효과를 발휘하지 못할 때가 많다. 또한 저녁 식사 후에 요거트를 먹으면 밤 시간 동안 위장 운동을 촉진시켜 (　　　　　　　　　). 늦은 시간에 과식을 하면 더 피곤해지는 것과 유사한 증상이다. 그러므로 가능하면 아침 식사나 점심 식사 후 또는 식사 중에 함께 먹는 것이 가장 바람직하다.

① 소화를 돕는다
② 다이어트 효과가 있다
③ 포만감을 느끼게 한다
④ 피로를 불러올 수 있다

32.

> 장영실은 조선 세종 때 많은 업적을 쌓은 과학자, 기술자이자 천문학자이다. 우리나라 최초의 자동 물시계인 보루각의 자격루를 만들었다. 이후에도 천체 관측 기구, 해시계와 같은 많은 과학적 발명품들을 만들었다. 1441년에는 강수량의 명확한 측정을 위한 기구 제작을 해서 세계 최초의 우량계인 측우기를 발명하기도 했다. 그러나 다음 해, 세종이 온천여행을 갈 때 타고 갈 가마를 장영실이 제작했는데 가마가 부서지는 사고가 생겨서 죄인이 되었고 이후 역사에서 사라졌다.

① 장영실은 자동 해시계인 자격루를 발명했다.
② 장영실은 1441년에 한국 최초의 천체 관측 기구를 만들었다.
③ 장영실은 자기가 타고 갈 가마에 문제가 생겨서 죄인이 되었다.
④ 장영실은 비의 양을 정확하게 측정할 수 있는 기구를 최초로 만든 사람이다.

33.

> 월세란 집을 빌려 쓴 대가로 매달 집주인에게 지불해야 하는 돈을 말한다. 우리나라 주택 제도는 집주인에게 매달 일정한 돈을 지불하는 월세, 집주인에게 2년에 한 번 돈을 지불하고 다시 이사 갈 때 돌려받을 수 있는 전세, 큰돈을 들여서 집을 자기의 소유로 사는 매매로 크게 나뉜다. 입주자의 상황에 따라서 선호하는 주택 제도가 각각 다르지만 보통 월세보다는 전세를 선호하고, 전세보다는 매매를 선호한다. 그러나 한국의 많은 젊은 세대들은 달마다 내는 비용이 많이 들어도 월세를 택한다. 월세와 비교하면 훨씬 높은 전세금이나 매매금을 마련하기 쉽지 않기 때문이다.

① 다른 사람에게서 집을 사는 것을 전세라고 한다.
② 한국 사회에서는 많은 사람들이 보통 월세를 선호한다.
③ 월세는 집주인에게 2년에 한 번만 돈을 지불하면 된다.
④ 젊은 세대들은 매매금이 부담이 되기 때문에 월세를 선택한다.

34.

　　고려 시대의 도자기, 금속 공예를 살펴보면 화려하고 격조가 높다. 특히 도자기가 발달하였는데 그 중의 가장 아름다운 것은 비색 도자기이다. 비색 도자기는 따뜻한 기운이 감돌며 부드러운 곡선에 상감 무늬가 어우러져 고려 최고의 미술품으로 손꼽힌다. 청자 상감 운학무늬 매병, 청자 상감 당초무늬 주전자 등이 대표적인 작품이다. 금속 공예는 은을 입히는 입사라는 독특한 기법으로 제작되었는데 불교와 함께 발달했다.

① 고려 시대의 금속 공예는 화려하며 불교와 관계가 있다.
② 고려 시대의 도자기는 소박하고 무늬가 단순해서 아름답다.
③ 고려 시대의 금속 공예는 금을 입히는 독특한 방식으로 만들어졌다.
④ 고려 시대의 가장 아름다운 도자기를 살펴 보면 차가운 분위기가 느껴진다.

※ **[35~38]** 다음 글의 주제로 가장 알맞은 것을 고르십시오.

35.

　　지난달 시행된 인구조사에서 인주광역시는 역대 최고 인구 감소율을 기록하며 자치구가 편성된 이래 처음으로 조안광역시보다 인구가 2만 명가량 적어져 제2의 도시라는 이름이 무색해졌다. 한때는 관광지와 해상 무역으로 수도 못지않게 안정된 생활 기반을 구축하였으나 일자리 감소와 젊은 층의 이주로 인구가 급격하게 감소하기 시작하였다. 그러나 이는 비단 인주광역시만의 문제가 아니며 전국적으로 일어나는 현상이다. 수도권 인구 밀집에 따라 지방에서는 사라지는 날 만을 앞둔 농어촌이 급격히 증가하고 있으며 지역 불균형의 문제가 그 어느 때보다 크게 대두되고 있다. 장기적으로 보았을 때 지방 소도시의 몰락은 수도권의 몰락으로 이어진다. 이제는 남의 일처럼 방관하지 말고 중앙 정권과 각 지방자치단체가 협력하여 인구 분산에 총력을 기울여야 할 때이다.

① 인주광역시의 인구 감소를 막기 위해 새로운 산업 기반을 조성해야 한다.
② 수도권으로 인구가 몰리는 현상을 막기 위해 모든 자치구가 협력해야 한다.
③ 급격한 인구 감소는 인주광역시의 고유한 문제로 지역 맞춤형 대안이 필요하다.
④ 지방 소도시에서 대도시로 젊은 층이 이주하는 것은 지극히 자연스러운 현상이다.

36.

　　유독 도서관이나 방에서는 너무 조용한 게 오히려 신경이 쓰여 공부나 업무에 집중할 수 없다는 사람들이 있다. 이런 사람들은 카페에 가거나 도서관에 가더라도 다소 소음이 있는 곳에서 집중하기가 더 쉬워지는데 이는 백색소음의 영향을 받기 때문이다. 일반적으로 소음이라 하면 듣기에 거슬리는 소리를 떠올린다. 그러나 백색소음이란 일상생활에서 흔히 들을 수 있는 생활 배경음으로, 듣다 보면 사람에 따라서는 안정감을 느껴 마음과 몸이 편안한 상태가 되는 적당한 소음을 일컫는다. 그렇다고 백색소음을 듣기 위해 꼭 외부에 나가야 하는 것은 아니다. 최근에는 실제 카페에서 들릴 법한 소리를 모아 영상을 제작하여 올린 사이트나, 다양한 백색소음을 선택하여 들을 수 있게 한 어플리케이션 등이 제작되었다. 이러한 매체의 등장으로 백색소음을 들으며 공부하기 위해 꼭 일정한 장소에 가야 한다는 개념이 무마되고 있다.

① 집중하기 어려울 때 백색소음을 활용하면 학업 효과가 상승한다.
② 조용한 공간에서 집중하기가 어려운 사람들은 카페를 활용할 수 있다.
③ 다양한 백색소음을 모아서 제공하는 업체는 향후에 발전 가능성이 높을 것이다.
④ 다양한 매체의 등장으로 공부에 집중하기 위해 특정 장소를 고집할 필요가 없어졌다.

37.

　　해외 유명 대학에서 30년에 거쳐 사회적으로 성공한 사람과 그렇지 못한 사람의 차이점을 연구한 결과, 이 두 집단을 나누는 가장 중요한 요소는 '끈기'인 것으로 나타났다. 해당 교육기관의 연구팀은 30년간 대학교에 재학 중인 학생들에게 런닝머신을 일정 시간 뛰게 하였고 자신의 한계치에서 조금이라도 더 달려보려고 버텼던 학생들이 그렇지 않은 학생들보다 졸업 후 사회적 지위가 높거나 연 소득이 26% 이상 많았다고 한다. 더불어 놀라운 사실은 지능은 성공을 하는 데 중요한 요소이기는 하나 결정적인 요소는 아니었다는 것이다. 흔히 말하는 똑똑한 사람이 아니어도 끝까지 버텨서 해보겠다는 끈기와 인내가 성공의 길을 연 것이다.

① 30년 이상 축적된 학생들의 데이터가 성공을 나누는 핵심 요소이다.
② 끈기와 인내는 성공하는 데 중요한 요소이나 지능을 능가할 만큼은 아니다.
③ 일정 시간 이상 달리는 행위를 반복하면 끈기가 길러져서 성공에 가까워진다.
④ 성공하기 위해서는 하고자 하는 일을 포기하지 않고 버티는 마음가짐이 중요하다.

38.

우울증을 극복하는 데 무엇보다 효과적인 방법이 규칙적인 생활 습관이라는 것은 누구나 한 번쯤 들어봤을 것이다. 그러나 이보다 더 빠르게, 그리고 장기적으로 효과를 보는 방법은 하루에 한 번 반드시 외출하는 것이다. 의식적으로 규칙적인 생활을 하려고 자신을 스스로 압박하는 것보다 자연스럽게 밖에 나갈 준비를 하며 씻고, 밥을 먹고, 채비하는 것이 자연스레 일상생활로의 복귀로 이어진다는 이유 때문이다. 우울증을 앓고 있는 다수의 사람들은 무력감을 겪게 되며 이는 식욕 감퇴나, 수면 부족으로 이어지기 때문에 몸을 움직임으로써 무력감에 젖어 들지 않게 된다. 그러나 근본적인 우울감 퇴치에는 운동, 대인 관계 활성화와 같은 구체적인 목표를 세워 부담을 느끼는 것보다 자연스럽게 다음 행동으로 이어지도록 꾸준한 노력을 하는 것이 더욱 효과적이다.

① 우울증을 극복하기 위해서는 세부적인 목표를 세워야 한다.
② 무력감에서 비롯되는 우울증의 극복 방안은 규칙적인 생활이다.
③ 우울증을 개선하는 가장 효율적인 방법은 걷기 운동을 지속하는 것이다.
④ 외출을 통해 자연스럽게 신체 활동을 이어가며 우울감을 감소시킬 수 있다.

※ **[39~41]** 다음 글에서 〈보기〉의 문장이 들어가기에 가장 알맞은 곳을 고르십시오. (각 2점)

39.

주로 경기도와 충청남도에서 재배되는 한국 인삼은 품질이 좋아 해외 수출량이 증가하고 있다. (㉠) 인삼 재배는 씨를 뿌려 약 6년이 지나면 수확하는데 9월에 수확을 하는 것이 가장 알맞다. (㉡) 인삼의 나이는 머리 부분에 남아 있는 해마다 나온 줄기의 흔적으로 알 수 있다. (㉢) 이러한 인삼은 정신 장애, 학습, 기억 감각 기능의 개선에 효능이 있다. (㉣)

───── 〈 보기 〉 ─────
이렇게 해외 수출량이 증가함에 따라 국내 재배 및 생산량도 증가하고 있다.

① ㉠   ② ㉡   ③ ㉢   ④ ㉣

40.

현대 사회에서는 경제 성장이 추진되면서 자연 개발이 활발하게 진행되고 있다. (㉠) 이러한 상황 속에서 환경 파괴로 인한 다양한 문제점이 나타나고 있다. (㉡) 자연과 공존하면서 풍요로운 삶을 누리려고 하는 '지속 가능한 발전', 즉 환경을 파괴하지 않으면서 자연 개발이 이루어지는 것이 바람직하다는 원칙은 모두가 동의할 수 있다. (㉢) 자연 개발과 환경 보존의 방향을 어떻게 설정하느냐의 문제가 현대인의 어려운 숙제가 될 것이다. (㉣)

─〈 보기 〉─

하지만 현실에서는 두 가지 방향이 충돌하는 것을 볼 수 있다.

① ㉠   ② ㉡   ③ ㉢   ④ ㉣

41.

이준호 영화감독의 첫 장편 영화 '전화'가 다음 주 개봉을 앞두고 있다. (㉠) '전화'는 서로 다른 시간대의 인물이 각자 처한 어려운 상황을 바꿔주면서 이야기가 시작된다. (㉡) 이준호 감독은 반전에 반전을 거듭하는 전개와 실험적 기법의 단편 영화들로 2020년 영화계에 신선한 충격을 줬기 때문에 국내외 영화제에서 수상을 휩쓸었다. (㉢) 많은 영화 평론가들은 이번 영화 '전화'도 좋은 평가를 받을 수 있을 거라고 예상한다. (㉣)

─〈 보기 〉─

그래서 이번 영화가 개봉 전부터 국내외 영화계에서 많은 주목을 받고 있다.

① ㉠   ② ㉡   ③ ㉢   ④ ㉣

※   **[42~43]** 다음 글을 읽고 물음에 답하십시오. (각 2점)

멀쩡하게 다니던 회사를 때려치우고 유학길에 오른 것은 서른다섯 살 때이다. 벌이도 나쁘지 않고 꽤 이름이 알려진 회사라 어디든 명함 내놓기도 좋았지만 다니면 다닐수록 내면을 갉아먹는 듯한 공허함을 이로 견딜 수 없었다. 취업이 잘 된다길래 성적에 맞춰 경영학과에 들어갔지만, 지금까지도 나는 그곳에서 뭘 배웠는지 잘 기억이 안 난다. 그래도 거슬러 올라가면 학창시절 입시 공부는 제법 잘했던지라 영어는 그럭저럭 기초실력이 갖춰졌고 유학 준비하는 데 많은 도움이 됐다.

비교문학을 공부하러 영국으로 떠나겠다고 부모님께 말씀드렸더니 어머니는 앓아누우시고 아버지는 몇 날 며칠이고 입을 다물어버리셨다. 어렸을 때부터 문학책 좋아하는 건 익히 알고 있으니 잠깐 휴가 내고 집에서 온종일 책 읽어라. 며칠 그렇게 쉬면 마음이 바뀔 거다. 나를 어르기도 하시고 제정신이냐고 윽박도 지르시고 오락가락하시는 어머니를 보며 이 나이 먹고 이렇게 불효를 저질러야 하나 고민도 됐지만 이미 정한 마음은 내 맘대로 지울 수가 없었다. 그리고 폭탄선언을 했을 때는 이미 유학 준비가 꽤 진척된 이후였다.

그렇게 나는 결국 부모님의 반대를 무릅쓰고 서른 중반에 영국으로 떠났다. 영어로 보는 모든 시험 점수야 출중했지만, 영어권에서 단 한 번도 살아본 적이 없는 나는 기본적인 의사소통도 버거웠다. 이해는 다 하는데 입이 떨어지지 않았다. 그래도 어찌어찌 수업은 들었지만 발표하는 날이 돌아오거나 토론을 해야 하는 수업이 있으면 전날부터 잠이 오지 않았다.

어느 날, 강의 중 교수가 나에게 질문을 했고 그날따라 영어가 잘 들리지 않던 나는 이해도 할 수 없거니와 뭐라 말해야 할지 대답도 떠오르지 않아 호명되었음에도 고개를 숙이고 있었다. 머릿속이 하얘진 나는 초점 잃은 눈도 눈이지만 손이 떨려 펜을 들고 있을 수조차 없었다. 교수는 그게 자신의 수업을 듣는 태도냐며 화를 냈고, 나는 그날 집에 가서 아침이 될 때까지 울었다. 두 번 다시 이런 치욕은 경험하지 않으리라 마음에 깊이 새겨넣었다. 그리고 이후 졸업할 때까지 이날을 기억하며 버티고 또 버텼다.

42. 밑줄 친 부분에 나타난 '나'의 심정으로 알맞은 것을 고르십시오.

① 아쉽다
② 속상하다
③ 당황하다
④ 홀가분하다

43. 위 글의 내용과 같은 것을 고르십시오.

① 이 사람은 서른다섯 살이 될 때까지 경영학이 적성에 맞다고 생각했다.
② 학창시절부터 영어공부는 열심히 해왔지만 현지에서의 대화는 쉽지 않았다.
③ 부모님께 미리 말씀드리지 않고 영국 유학을 준비하여 경제적 지원이 끊겼다.
④ 강의에서 영어를 사용하는 것에 익숙해지지 않아 도중에 유학을 중단하고 돌아왔다.

단청장이란 단청을 하는 장인을 일컫는 말로 화사, 화공 등의 이름으로 불리기도 한다. 사찰이나 고궁에 가면 볼 수 있는 오방색의 아름다운 그림과 무늬를 만들어내는 사람들이 바로 이들이다.

단청은 온도 변화나, 습도, 강수량의 영향으로 쉽게 변형되는 목재 건물의 (   ) 천연 재료로 칠을 한 것이 유래이다. 그러나 시간이 지나면서 요즘에는 건물의 보존을 위해 단순히 칠을 하는 것이 아니라 갖가지 안료를 사용하여 채색을 하게 되었으며 가칠, 타분, 시채 등의 공정을 거쳐 화려하고 아름다운 문양과 그림을 건물에 입힌다. 단청의 기본적인 틀은 예나 지금이나 큰 차이가 없으나 옛날에는 중국에서 들여온 값비싼 안료를 사용하였다면 최근에는 20여 가지의 화학 안료를 사용하는 변화도 나타났다.

하지만 시대가 아무리 바뀌어도 변할 수 없는 것이 있으니, 그것은 단청을 하는 장인들의 손이다. 1970년대 초, 처음으로 나라에서 지정한 단청장이 나온 이후 꾸준히 그 길을 이어가는 장인들이 전통을 지키고 있으나 매년 단청장 보유자는 감소하고 있으며 전승에 어려움을 겪고 있다. 이에 전통문화보존 재단에서는 단청장을 알리고 단청을 실제로 경험해볼 수 있는 문화 이벤트를 개최할 예정이며 젊은이들의 관심을 끌기 위해 SNS에서도 활발한 홍보 활동을 시행하고자 한다. 국가 차원의 단청장 홍보는 매우 고무적인 일이며 지속 가능한 홍보 전략을 마련하여 아름다운 전통문화 계승이 이어져야 할 것이다.

44. 위 글을 쓴 주제로 알맞은 것을 고르십시오.

① 최근 단청장의 권위 실추에 대해 적극적인 대응이 시급하다.
② 기후 변화에 따른 전통 목제 건물 보존과 유지에 힘을 써야 한다.
③ 국가 차원의 단청 홍보를 꾸준히 이어가 전통문화가 전승되도록 해야 한다.
④ 시대의 흐름에 맞는 단청 방법에 관한 연구가 단청자를 중심으로 이루어져야 한다.

45. (   )에 들어갈 내용으로 가장 알맞은 것을 고르십시오.

① 속성을 바탕으로
② 단점을 보완하고자
③ 이점을 강화하기 위해
④ 특성을 적극 활용하여

모바일 앱 시장 분석 서비스로 만 20세 이상 한국인 스마트폰 이용자를 조사한 결과, 중고거래 플랫폼 이용자 수는 전년 대비 2배 이상 늘었다. (㉠) 이렇게 인기를 끌고 있는 중고거래 플랫폼은 시장의 역할뿐만 아니라 따뜻한 커뮤니티의 역할도 맡게 되었다. (㉡) 먼저 가까운 곳에서 중고거래를 하는 사람들과 서로 동네 정보를 공유할 수 있는 기능을 도입했다. (㉢) 그리고 자신에게 불필요한 물건을 플랫폼을 통해 이웃들에게 무료로 나누기도 한다. (㉣) 이제는 중고거래 플랫폼이 현대 사회의 '사랑방'으로 확대되어 자리 잡고 있다.

46. 위 글에서 〈보기〉의 글이 들어가기에 가장 알맞은 곳을 고르십시오.

〈 보기 〉

이러한 결과는 최근 한국 사회에서 중고거래 플랫폼이 큰 성장을 보임을 알 수 있다.

① ㉠   ② ㉡   ③ ㉢   ④ ㉣

47. 위 글의 내용과 같은 것을 고르십시오.

① 중고거래 플랫폼에서는 무료로 물건을 나눠줄 수 없다.
② 최근의 중고거래 플랫폼에는 물건을 사고파는 기능만 있다.
③ 중고거래 플랫폼 이용자 수는 전년보다 2배 이상 감소했다.
④ 중고거래 플랫폼의 기능이 확대되면서 역할과 의미도 함께 확대되었다.

　　타인의 동의를 구하지 않고 과한 집착을 보이거나 사생활을 침범해서까지 접촉을 시도하려 하는 행위를 '스토킹'이라 한다. 최근 몇 년간 연이어 발생한 스토킹 범죄가 언론에 보도된 이후 대책이 시급하다는 여론이 기하급수적으로 확대되었으며 지난 21일 스토킹범죄처벌법이 법안을 통과하였다.

　　그간 스토킹 행위에 대한 구체적인 법안이 없어 (　　　　　　　　　　) 경고 조치로 훈방되거나 집행 유예와 같이 상대적으로 가벼운 형을 받은 가해자들이 일의 심각성을 인지하지 못하고 다시 범죄를 저지르는 경우가 다수 보고되었다. 따라서 해당 법안에서는 스토킹 행위를 범죄로 명확히 규정하였고, 이를 어기는 행위로 간주될 경우 6년 이하의 징역 또는 6천만원 이하의 벌금을 물릴 예정이다.

　　<u>그뿐만 아니라 스토킹 범죄의 피해자 보호와 재발 방지를 위한 시스템 도입에도 박차를 가하고 있으며 이는 매우 고무적으로 여겨진다.</u> 스토킹 범죄 피해자는 국가 지정 심리지원센터에서 장기간의 심리 상담을 받을 수 있고 엄격한 관리하에 익명성을 보장받을 수 있다. 이와 더불어 여러 기관의 치밀한 연계를 통해 부가적인 안전 조치를 희망할 경우 담당 보호관을 지정하여 안심 귀가 서비스, 피해 신고 직통 번호, 담당 자치구의 순찰 강화 등을 신청할 수 있다. 범죄의 특성상 심리적인 고통을 호소하는 피해자가 많은 것을 간과하지 않고 신속하고 정확한 대응을 이뤄야 초범, 재범 발생률을 낮출 수 있을 것이다. 무엇보다 이번 법안 통과를 기점으로 점진적으로 사회 전반에 스토킹이 심각한 범죄라는 인식을 심을 수 있도록 힘을 모아야 할 것이다.

48. 위 글을 쓴 목석으로 알맞은 것을 고르십시오.

① 스토킹에 대한 사회 전반의 인식 전환을 주장하기 위해서
② 스토킹 범죄 피해자의 안전 대책 마련을 촉구하기 위해서
③ 현대 사회에서 급증하는 스토킹 범죄에 대한 원인을 분석하기 위해서
④ 스토킹 범죄 가해자의 처벌을 강화하기 위한 제도를 마련하기 위해서

49. (　　　　)에 들어갈 내용으로 가장 알맞은 것을 고르십시오.

① 치안 유지를 위해
② 처벌받아 마땅하나
③ 각 기관이 협력하여
④ 무죄 선고를 받기 위해

50. 밑줄 친 부분에 나타난 필자의 태도로 알맞은 것을 고르십시오.

① 스토킹 재발 방지를 위한 장치 마련이 미흡했던 정부 기관을 비판한다.
② 새로이 시행되는 스토킹 범죄 재발 시스템의 한계점이 부각되어 염려된다.
③ 스토킹 범죄 재발 시스템과 피해자 보고 장치 마련에 투자가 다소 과하다.
④ 스토킹 범죄의 반복을 막고 피해자를 보호하려는 움직임을 긍정적으로 평가한다.

부록

접속사	예문
게다가	오늘은 아침부터 비가 왔다. **게다가** 바람까지 많이 불었다.
과연	광고를 보고 건강식품을 구매했다. **과연** 효과가 있을지 모르겠다.
그래도	우리 팀은 발표를 정말 열심히 준비했다. **그래도** 좋은 점수를 받지 못했다.
그러나	학비를 모으기 위해 아르바이트를 해야 한다. **그러나** 요즘 일자리를 찾기가 힘들다.
그러므로	환경 문제가 갈수록 심해지고 있다. **그러므로** 하루빨리 해결 방법을 찾아야 한다.
그런데	유리가 지금 울고 있더라. **그런데** 왜 우는 거야?
그럼에도 불구하고	현준 씨는 이번 시험을 잘 못 봤다. **그럼에도 불구하고** 시험이 끝났다는 사실이 행복했다.
더불어	그 영화를 보고 많은 감동을 받았다. **더불어** 인생에 대해서 많은 것을 배우게 된 계기가 되었다.
또는	지민이는 이번 주말에 집에서 쉴지 **또는** 친구와 만나서 놀지 고민하였다.
또한	오이는 염분 배출에 **또한** 눈의 노화를 방지하는 데도 효과적이다.
만약	**만약** 내일 비가 온다면 야외 일정은 취소하고 실내에서 행사를 진행하기로 했다.
물론	**물론** 새로운 기능을 추가할 수는 있지만, 기능이 늘어나는 만큼 상품 가격도 오르게 된다.
반면(에)	둘은 같은 해에 입사하였지만 한 명은 고속 승진을 한 **반면**, 다른 한 명은 3년째 승진을 못 하고 있다.
비록	**비록** 오래되어 볼품없어 보이는 물건일지라도 나에게는 추억이 깃든 소중한 물건이다.
뿐만 아니라	내일부터 열리는 특가 세일에서는 오래된 모델**뿐만 아니라** 신제품도 할인을 받을 수 있다고 한다.
역시	**역시** 그는 변호사 출신이라 그런지 아주 논리정연하게 발표를 이끌어갔다.
예컨대	아침 식사 대용으로 많이 먹는 음식들, **예컨대** 고구마, 바나나, 우유 등은 공복에 먹지 않는 것이 좋다.
오히려	약을 먹었지만 **오히려** 증세가 심해져 다시 병원에 가야 했다.
왜냐하면	곰팡이는 여름에 번식하기 쉽다. **왜냐하면** 고온 다습한 환경에서 잘 번식하기 때문이다.
이처럼	매일 30분씩 운동한 사람들은 고혈압 증상이 크게 완화되었다. **이처럼** 운동을 꾸준히 하는 것이 중요하다.
차라리	**차라리** 아무 말을 하지 않았으면 좋았을 텐데 거짓말을 해서 일을 더 크게 만들었다.
특히	최근 주가가 대폭 상승하였는데 **특히** 30대 여성들의 수익률이 높은 것으로 나타났다.
하필	오랜만에 하얀색 바지를 입었는데 **하필** 소나기가 와서 빗물에 옷이 얼룩져 버렸다.
한편	중부지방은 연일 비가 내리고 있는 **한편**, 남부 지방은 오늘도 맑은 날이 이어지고 있다.
혹은	1년 **혹은** 2년쯤 유학을 할 예정이다.

신문 기사 표현	예문
건지다	소방 대원들의 적절한 대처로 건물 안에 갇혀있던 시민들이 목숨을 **건졌다.**
껑충	5년 전과 비교하여 수도권의 집값이 5배 이상 **껑충** 뛴 것으로 나타났다.
뒷전	건물을 빨리 지으려고만 하고 안전은 신경쓰지 않은 채 **뒷전**인 건축 업체가 늘고 있다.
뚝뚝	오랜 불황으로 하반기 취업률 역시 상반기와 마찬가지로 **뚝뚝** 떨어졌다.
몸살 앓다	출퇴근 시간마다 **몸살을 앓고** 있는 서울 시내 도로를 파악한 후, 교통량 분배를 위한 대책안을 마련할 예정이다
미지수	거센 태풍으로 내일 비행기가 이륙할 수 있을지 **미지수**이다.
봄바람	3년만에 무역 흑자로 전환되면서 제조업계의 새로운 **봄바람**이 불고 있다.
불 붙다	각 기업들은 SNS 유명인을 자사 광고 모델로 선점하기 위한 경쟁에 **불이 붙었다.**
빨간 불	과도한 당분 섭취로 건강에 **빨간 불**이 켜지기 전에 운동을 열심히 해야 한다.
성큼	가전제품에도 다양한 인공지능이 도입되면서 AI와 일상을 함께하는 세상이 **성큼** 앞으로 다가왔다.
쑥쑥	그 식당은 동네 주민들만 아는 곳이었지만 방송에 소개된 이후 매출이 **쑥쑥** 늘었다.
오락가락	요즘 비가 오다 말다 하며 **오락가락**하는 날씨가 이어지고 있다.
웃다	여름 성수기 이후, 화창한 가을 날씨가 이어져 여행객이 급증함에 따라 여행 업계의 **웃음**이 이어지고 있다.
웃음 가득	피아니스트의 공연에 만족한 관객들의 얼굴에 **웃음이 가득했다.**
제자리걸음	가뭄이 이어져 급격히 상승한 채소 값은 이번주에도 떨어지지 않고 계속 **제자리걸음**이다.
줄 잇다	새로 발급된 교통카드의 오류가 다수 발생하면서 재발급 요청이 **줄이어 잇따르고 있다.**
청신호	신도시 개발이 급증하면서 대형 건설사들의 3분기 실적 전망도 **청신호**로 보여진다.
침묵 깨다	표절 의혹에 대해 어떤 대응도 하지 않았던 유명 작곡가가 오랜 **침묵을 깨고** 기자회견을 열었다.
톡톡	폭염주의보 알림 서비스는 시민들의 안전 지킴이로서 역할을 **톡톡히** 하고 있다.
폭발	이 아이돌의 새 곡이 세계 각지의 음악 순위에서 1위를 차지하며 **폭발적인** 인기를 끌고 있다.
한숨	예년보다 길어진 장마와 가뭄으로 인해 농산물 수확이 힘들어진 농민들의 **한숨**이 끊이질 않는다.
훨훨 날다	국내 유명 제약회사에서 개발된 신약의 수출이 급증하여 해외 매출이 **훨훨 날고** 있다.

관용표현	예문
가슴을 치다	너, 그 사람을 놓치면 나중에 **가슴을 치고** 후회할 거야. 지금 연락해 봐.
고개를 숙이다	사장은 회사에 문제가 발생한 것에 대해 죄송하다며 직원들에게 **고개를 숙였다.**
골치가 아프다	요즘 나는 진로, 인간관계, 학교생활 등 걱정거리가 너무 많아서 **골치가 아프다.**
귀가 솔깃하다	친구는 좋아하는 배우가 나온다는 말에 **귀가 솔깃하여** 연극을 보러 갔다.
귀를 기울이다	부모님 말씀에 **귀를 기울이지 않고** 마음대로 행동한 것을 후회한다.
눈치가 빠르다	하늘 씨는 **눈치가 빨라서** 다른 사람의 기분이나 상황의 분위기를 빠르게 파악한다.
눈코 뜰 사이가 없다	연말이면 직장인들은 정리해야 하는 업무가 많아서 **눈코 뜰 사이가 없이** 바쁘다.
담을 쌓다	요즘은 같은 건물에 살아도 이웃과 인사도 하지 않고 **담을 쌓은** 사람이 많다.
머리를 맞대다	지금은 다 같이 모여서 **머리를 맞대고** 해결 방법을 찾는 것이 중요하다.
머리를 식히다	이번 방학에는 **머리를 식히기** 위해 가까운 곳이라도 여행을 다녀오려고 한다.
못을 박다	동료에게 다시는 상황을 불편하게 만드는 말을 하지 말라고 **못을 박아** 이야기했다.
발걸음을 맞추다	나는 미선 씨와 같은 회사에서 오랜 시간 동안 **발걸음을 맞추며** 함께 해 왔다.
발목을 잡다	외국어 시험 점수가 합격에 **발목을 잡았다.**
발을 빼다	일이 잘 안 풀리자 상사는 모든 책임을 부하들에게 떠넘기며 교묘하게 **발을 뺐다.**
비행기를 태우다	그는 항상 사장에게 듣기 좋은 말만 하며 **비행기를 태운다.**
손을 떼다	이 기업은 음향기기 산업에서 **손을 떼고** 컴퓨터 부품 개발에 집중할 계획이다.
시치미를 떼다	동생은 그릇을 깨 놓고 엄마에게 혼이 날까 봐 모르는 일인 것처럼 **시치미를 뗐다.**
앞뒤를 가리다	**앞뒤를 가리지 않고** 일단 일을 밀어붙이는 상사 때문에 부하 직원들이 힘들어하고 있다.
앞뒤를 재다	완벽한 배우자를 찾고자 이것저것 **앞뒤를 재다** 보니 좀처럼 마음에 드는 상대를 만나기가 힘들다.
열을 올리다	국내 식품 업계는 새로운 수출 시장을 개척하고자 **열을 올리고 있다.**
이를 갈다	막무가내로 월세를 올리는 건물주의 횡포에 상인들은 **이를 갈며** 분노하였다.
입을 모으다	재판에 소환된 증인들은 모두 **입을 모아** 그가 범인이라고 말했다.
진땀을 빼다 /흘리다	더운 날씨에 소나기까지 내려 수해 복구 작업에 **진땀을 뺐다.**
콧대가 높다	인성, 외모, 학벌까지 무엇하나 빠지는 것이 없으니 **콧대가 높을만 하다.**
허리띠를 졸라매다	가난한 농가에서 자식을 넷이나 키우기 위해 부모님은 **허리띠를 졸라매고** 검소한 생활을 이어가셨다.

감정 형용사	예문
감격스럽다	열심히 고생하면서 준비했던 경기에서 우승을 하게 되어 **감격스럽습니다**.
걱정스럽다	미선 씨는 외국으로 딸을 혼자 유학을 보내기가 **걱정스러웠다**.
곤란하다	면접 준비를 할 때 대답하기 **곤란한** 질문에 대해서도 미리 준비를 해야 한다.
난처하다	가족 행사와 친구의 결혼식이 같은 날짜여서 **난처하게 되었다**.
놀랍다	지난 주말에 다녀온 콘서트에서 가수들이 정말 **놀라운** 무대를 보여줬다.
답답하다	마음이 **답답할** 때는 잠깐 바람이라도 쐬고 오는 것이 좋다.
당황스럽다	갑자기 예상치 못한 해고 통보를 받아서 **당황스러웠다**.
부끄럽다	많은 사람들 앞에서 발표를 하는 중에 실수를 해서 너무 **부끄러웠다**.
부담스럽다	옷가게에서 편하게 구경하고 싶은데 직원이 자꾸 따라다녀서 **부담스러웠다**.
불만스럽다	우진 씨는 이번에 회사에서 승진을 못하게 되었는지 **불만스러운** 얼굴을 하고 있다.
불안하다	시험에서 또 떨어질까봐 **불안했다**.
서운하다	가족들이 내 말을 믿어 주지 않아서 정말 **서운했다**.
섭섭하다	친구가 모처럼 내가 사는 지역에 출장을 왔는데 아무 말 없이 돌아가서 **섭섭했다**.
속상하다	진심으로 그녀를 사랑하는데 그녀는 내 마음을 알아주지 않아서 **속상하다**.
실망스럽다	기대가 큰 전시였는데 막상 가보니 그다지 좋은 작품이 없어서 **실망스러웠다**.
안타깝다	장래가 유망한 선수였는데 부상으로 선수 생활을 접어야 한다니 매우 **안타깝다**.
억울하다	단 한 번도 그를 욕한 적이 없는데 내가 그를 욕했다는 소문이 돌아서 너무 **억울하다**.
의심스럽다	시험 시간 중에 부정행위로 생각되는 **의심스러운** 행동을 하면 바로 0점 처리됩니다.
자랑스럽다	피나는 노력 끝에 합창대회에서 우승한 우리 반 학생들이 진심으로 **자랑스럽다**.
조급하다	인생을 살아가며 늦었다고 생각할 때일수록 **조급해하지 말고** 나를 돌아봐야 한다.
죄송스럽다	수험 생활에 보태라며 매달 생활비를 보내주시는 부모님께 너무 **죄송스럽다**.
짜증스럽다	내가 쓴 보고서를 집요하게 하나하나 지적하는 상사의 말투가 **짜증스러웠다**.
허전하다	자식들이 모두 독립하여 큰 집에 혼자 남으니 **허전한** 마음뿐이었다.
허탈하다	평생을 일해 온 회사에 한순간에 정리해고를 당하니 너무나도 **허탈하였다**.
혼란스럽다	과장님은 이 일을 하라고 하고, 부장님은 하지 말라고 하니 **혼란스러울** 따름이다.
후회스럽다	부모님께 감사한 마음을 조금 더 자주 전해드리지 못한 것이 **후회스럽다**.
흡족하다	그는 자신이 완성한 꽃다발을 보고 아주 마음에 든다는 듯 미소를 지으며 **흡족해했다**.

인물의 태도	예문
가정하다	우리는 비가 올 상황을 **가정해** 실내 프로그램을 계획했다.
감탄하다	팀장님의 뛰어난 아이디어에 회의실 안에 있던 모든 사람들이 **감탄하며** 박수를 쳤다.
강조하다	어머니께서는 어렸을 때부터 긍정적인 사고방식이 제일 중요하다고 **강조하셨다**.
걱정하다	가족들은 내가 해외에서 홀로 유학 생활을 잘 할 수 있을지 **걱정했다**.
경계하다	어두운 밤에 운전할 때는 특히 사고가 나지 않도록 평소보다 더 **경계해야 한다**.
고민하다	대학을 졸업한 후에 대학원에 진학할지 취업을 준비할지 **고민하고 있다**.
공감하다	내 이야기를 듣고 고개를 끄덕이며 **공감을 표현하는** 친구도 있었지만 공감하지 않는 듯 고개를 가로젓는 친구들도 있었다.
기대하다	2년 만에 가족들이 모두 모여 가는 해외여행이어서 모두들 **기대하고 있다**.
동정하다	텔레비전 프로그램에 나오는 형편이 어려운 사람들을 **동정하며** 적은 돈이지만 바로 기부금을 보냈다.
비판하다	언론은 사회 계층 간 경제적 격차를 야기시킬 수 있는 정부의 새 정책을 **비판했다**.
염려하다	어떤 일이든 부정적인 측면만 생각하고 **염려하다** 보면 아무것도 이룰 수 없다.
예상하다	고등학교 교사들은 이번 수능 시험이 작년에 비해서 더 어려울 것으로 **예상하고 있다**.
예측하다	요즘 경제 상황은 다양한 변화로 인하여 갈수록 **예측하기** 어려워지고 있다.
옹호하다	모두가 그를 비판했지만 그의 부인은 남편을 **옹호했다**.
요구하다	학생들은 학교 도서관에 한 번에 대출할 수 있는 권수를 늘려 달라고 **요구했다**.
요청하다	학생들은 도서관에 무인반납함 설치를 **요청하였다**.
우려하다	전문가들은 급격한 물가 상승으로 인해 경제 위기가 다가오는 것을 **우려하고 있다**.
인정하다	친구에게 실수를 했을 때 자신의 잘못을 **인정하지 않으면** 그 사람과의 관계를 회복하기 어렵다.
전망하다	패션 업계에서는 내년에 긴 치마와 원피스가 유행할 것이라고 **전망하였다**.
제안하다	이번 프로젝트에 적합한 직원을 새로 뽑자고 **제안했다**.
주장하다	토론이 끝났는데도 두 사람은 서로 자신의 의견이 맞다고 **주장하고 있다**.
지적하다	다른 사람을 **지적하는 것은** 쉬운 일이지만 타인의 지적을 받아들이는 일은 매우 어렵다.
평가하다	어떤 사람의 외모만 보고 그 사람의 모든 것을 **평가하면** 안 된다.
회의적이다	이번 사업에 대해 **회의적인** 태도를 가진 사람들은 끝까지 사업의 진행을 반대하였다.
고무적이다	기업들은 공개 채용에서 상시 채용으로 전환되는 흐름에 매우 **고무적인** 태도를 보였다.

한국어능력시험

COOL
TOPIKⅡ
──── 읽기 ────

초판발행	2022년 1월 1일
초판 2쇄	2024년 1월 26일

저자	이현지, 김리나
편집	권이준, 김아영
펴낸이	엄태상
디자인	이건화
조판	이서영
콘텐츠 제작	김선웅, 조현준, 장형진
마케팅본부	이승욱, 왕성석, 노원준, 조성민, 이선민
경영기획	조성근, 최성훈, 김다미, 최수진, 오희연
물류	정종진, 윤덕현, 신승진, 구윤주

펴낸곳	한글파크
주소	서울시 종로구 자하문로 300 시사빌딩
주문 및 교재 문의	1588-1582
팩스	0502-989-9592
홈페이지	http://www.sisabooks.com
이메일	book_korean@sisadream.com
등록일자	2000년 8월 17일
등록번호	제300-2014-90호

ISBN	979-11-6734-011-5 (14710)
	978-89-5518-533-1 (set)

한국어능력시험

COOL TOPIK II

— 읽기 —

정답 및 해설

한국어능력시험

COOL
TOPIK II
읽기

정답 및 해설

한글파크

정답 및 해설

PART 1

유형 ① 알맞은 문법 표현 고르기

▮ 빈칸에 문법 골라서 넣기 [1~2]

1. ① **2.** ③ **3.** ② **4.** ④

1. ①

> 주말에 가족들과 함께 새로 생긴 식당에서 밥을 (★먹기로 했다).

▶ 주말에 가족들과 밥을 먹는 행동에 대해 서술하는 문장이다. 〈진행〉, 〈습관〉, 〈의견〉이 아닌 〈경험〉 또는 〈계획〉을 표현하는 문법을 사용해야 한다. 〈계획〉을 나타내는 '-기로 했다' 문법이 자연스러우므로 정답은 '① 먹기로 했다'이다.

2. ③

> 동생이 밤 12시가 (★넘도록) 오지 않아서 걱정이다.

▶ 밤 12시가 넘다. → (동생이) 오지 않아서 걱정이다.
앞의 내용인 '밤 12시가 넘는다.' 내용과 '그렇게 될 때까지'의 의미를 나타내는 '-도록' 문법이 결합하여 '밤 12시가 넘을 때까지 동생이 오지 않아서 걱정이다.'로 내용이 전개되는 것이 적절하므로 정답은 '③ 넘도록'이다.

3. ②

> 과일 가게에서 사과를 싸게 (★팔길래) 10개나 샀다.

▶ 과일 가게에서 사과를 싸게 판다. → 10개나 샀다.
앞의 내용인 '사과를 싸게 파는 것'이 뒤의 내용인 '(사과를) 10개나 샀다.'의 원인이 되므로 우연히 발견한 상황이 〈원인〉이 될 때 사용하는 문법 '-길래'를 선택해야 한다. 따라서 정답은 '② 팔길래'이다.

4. ④

> 일주일에 영화를 5편 정도 보니까 자주 (★본다고 할 수 있다).

▶ 일주일에 영화를 다섯 번 정도 보니까 → 자주 본다
〈이유〉를 나타내는 문법 '-(으)니까' 앞에 '일주일에 다섯 번' 같은 규칙적인 행동, 양, 횟수 등의 표현이 나오면 상대방에게 자신의 판단, 의견을 근거를 들어 다소 간접적으로 드러내는 '-는다고 할 수 있다'가 적절하다. 따라서 정답은 '④ 본다고 할 수 있다'이다.

▮ 밑줄 친 부분과 비슷한 문법 고르기 [3~4]

1. ① **2.** ① **3.** ② **4.** ③

1. ①

> 오늘 버스를 <u>놓치는 바람에</u> 지각했다.

▶ '-는 바람에'는 부정적인 결과와 그 결과를 만든 예상치 못한 〈이유〉를 함께 표현할 때 사용하는 문법이다. 따라서 선택지 중에 가장 비슷한 문법인 '-는 탓에'를 찾아야 하므로 정답은 '① 놓친 탓에'이다.

2. ①

> 오늘 한 시간 동안 걸어서 학교에 갔으니까
> <u>운동한 거나 마찬가지이다.</u>

▶ '는/은/ㄴ 것이나 마찬가지이다' 문법은 앞에 제시된 상황과 뒤의 상황이 비슷함을 나타낸다. 선택지 중에서 '-는 셈이다' 문법이 이와 유사한 의미의 문법이므로 정답은 '① 운동한 셈이다'이다.

3. ②

> 주말에 집에만 <u>있을 게 아니라</u> 공원에서 산책하는 게 어때요?

▶ '-을 게 아니라' 문법은 '앞의 행동을 하지 말고 뒤의 행동을 하는 것'을 부드럽게 제안하는 상황에서 사용한다. 선택지 중에서 '-지 말고'와 동일한 의미이기 때문에 정답은 '② 있지 말고'이다.

4. ③

> 성공은 <u>노력하기에 달려 있다.</u>

▶ '-에 달려 있다'는 앞의 행동에 따라서 결과가 정해진다는 의미를 나타내는 문법이다. 선택지 중에서 '-기 나름이다' 문법 역시 앞의 행동을 어떻게 하는지에 따라서 일의 결과가 결정된다는 의미이기 때문에 정답은 '③ 노력하기 나름이다'이다.

정답 및 해설

유형 ❷ 알맞은 주제 고르기

◻1 주제어 고르기 [5~8]

1. ② **2.** ③ **3.** ① **4.** ④

1. ②

> **하루에 필요한 영양이 한 병에 쏙~**
> 내 몸에 필요한 채소를 매일 아침 마셔요.

▶ '영양, 한 병, 채소, 마시다'라는 핵심어를 통해 마실 수 있고 병에 들어있는 음식물이라는 것을 알 수 있다. 따라서 정답은 '② 주스'이다.

단어 영양 / 필요하다

2. ③

> **의류부터 가전까지 파격적인 *가격 인하!***
> 올해 마지막 기회를 놓치지 마세요!

▶ '의류부터 가전까지 가격을 인하'한다는 내용을 통해 다양한 상품을 판매하는 공간임을 알 수 있다. 따라서 정답은 '③ 백화점'이다.

단어 의류 / 가전 / 파격적이다 / 가격 / 인하

3. ①

> 내가 버린 작은 불씨
>   자연도 사람도, 모두의 생명을 앗아갑니다.

▶ '불씨, 자연, 사람, 생명, 앗아가다'라는 핵심어를 통해 불씨로 인해 자연뿐 아니라 인명 피해도 발생할 수 있음을 경고하는 내용이 제시되었다. 따라서 정답은 '① 화재 예방'이다.

단어 불씨 / 생명 / 앗아가다

4. ④

> ※ 반드시 식간에 복용해야 합니다.
> ※ 약을 복용한 후 4시간 이상 텀을 두고 다음 약을 드셔야 합니다.

▶ 전체적인 내용을 통해 지시문이 약의 복용 안내라는 것과 '-해야 한다.'가 반복되어 나오므로 약 복용 시 주의 사항임을 알 수 있다. 따라서 정답은 '④ 주의 사항'이다.

단어 식간 / 복용하다 / 이상 / 텀

◻2 주제 문장 고르기 1 [35~38]

1. ③ **2.** ② **3.** ② **4.** ④

1. ③

> 　세탁 세제를 넉넉하게 넣으면 평소보다 깔끔하고 깨끗하게 빨래가 될듯한 기분이 든다. 하지만 이는 우리의 희망 사항에 지나지 않는다. ⓐ 정량보다 많은 양의 세제를 넣어도 세정력에는 큰 차이가 없다. 오히려 깨끗하게 헹궈지지 않아 세탁물에 세제가 남을 수 있으며, 이로 인해 섬유가 훼손되거나 변색을 일으킬 수 있다. ★따라서 과한 욕심을 버리고 세제에 제시된 적정량을 지키는 것이 가장 깨끗하게 빨래를 하는 방법이다.

▶ 정량보다 많은 세제를 넣어도 세정력에는 차이가 없고 적당한 양을 넣는 것이 가장 바른 빨래 방법이라 설명하므로 정답은 '③ 깨끗한 빨래를 위한 최선의 방법은 세탁물의 양에 맞게 세제를 넣는 것이다.'이다.

▶ ①번: ⓐ와 상반되는 내용이므로 오답이다.
　②번: 지문과 일치하는 내용이나 글 전체를 아우르는 내용이 아니다.
　④번: 적절한 세제의 종류를 택해야 한다고 했으나 지문은 세제량에 대한 내용이므로 답이 될 수 없다.

단어 세제 / 정량 / 헹구다 / 과하다 / 욕심

2. ②

> 　다른 사람에게 칭찬을 들으면 간결하게 '고맙습니다'라고 하는 사람보다 '아니에요'라고 칭찬의 내용을 부정하는 사람들이 많다. 상대의 말에 진심으로 공감을 하지 못해서라기보다 왠지 아니라고 해야 겸손한 사람인 것 같고 너무 빨리 납득하면 거만해 보일 듯해서 쉽사리 '고맙다'라고 하지 못한다. ★그러나 타인의 칭찬에 어떻게 반응해야 할지 복잡하게 생각할 필요는 없다. 순수한 마음으로 칭찬을 받아들인 후 미소와 함께 감사를 표하면 말한 이도 자신의 칭찬이 상대를 기쁘게 했다는 사실에 함께 기뻐할 수 있을 것이다.

▶ 타인의 칭찬에 어떻게 반응해야 할지 어렵게 생각하지 말고 순수하게 감사 인사를 전하라는 것이 이 글의 주제이므로 정답은 '② 타인의 칭찬을 있는 그대로 받아들이고 감사를 전하는 것이 좋다.'이다.

▶ ①번: 칭찬을 받았을 때 쉽게 납득하면 거만해보일까봐 우려한다는 내용이 있지만 '인간의 기본적인 습성'이라 정의하고 있지는 않으므로 오답이다.
　③번: ①번의 내용과 동일한 이유로 답이 아니다.
　④번: 감사를 행동으로 보이라는 내용은 없었으므로 답이 될 수 없다.

단어 칭찬 / 간결하다 / 납득하다 / 부정하다 / 순수하다

3. ②

누군가에게 잘못을 했을 때, 상대방의 마음을 풀기 위해 무작정 미안하다는 말만 반복하는 사람들이 있다. 그러나 ★타인의 마음을 헤아리지 못한 채 순간의 상황만 모면하려는 사과는 진심이 전해지지 않거니와 상대를 더욱 화나게 할 뿐이다. Ⓐ 먼저 상대방이 화를 내는 이유를 충분히 이해하고 있으며 자신이 상대의 입장에서 문제를 바라보고 있음을 전해야 한다. 그리고 앞으로 같은 일이 일어나지 않도록 구체적으로 어떤 대책을 세울지 설명하는 것이 좋다. 순간을 모면하려 하지 말고 지금의 상황에 얼마나 진심으로 임하고 있는지를 표현해야 상대의 마음을 움직일 수 있다.

▶ 그릇된 사과는 오히려 역효과를 불러 일으킨다고 지적하며 Ⓐ에서 구체적으로 바른 사과 방법을 제시하고 있다. 해당 내용이 적절하게 반영된 정답은 '② 충분한 공감과 자기 반성으로 상대가 납득할 수 있도록 사과해야 한다.'이다.

▶ ①번: 지문과 일치하는 내용이나 글 전체를 아우르는 내용이 아니다.
③번: 잘못을 한 사람의 상대에게 충분히 공감하고 있음을 전하라고 했으므로 답이 아니다.
④번: 상대에게 공감하고 있는 듯한 태도를 보이라고 했으나 진심 어린 행동이 아니므로 답이 될 수 없다.

단어 상대방 / 무작정 / 타인 / 대책 / 세우다 / 모면하다 / 상황

4. ④

Ⓐ 직장에서 직급으로 불리던 호칭을 없애고 이름이나 별명을 부르는 회사가 늘고 있다. 직급에서 느껴지는 거리감이나 수직적인 사내 분위기 때문에 서로의 의견을 온전히 공유하기 어렵다는 의견에서 비롯된 움직임이다. 그러나 예상외로 이름으로 서로를 부르는 새로운 흐름에 직급이 높은 직원들이 만족감을 표하고 젊은 직원들은 심적인 부담을 느끼는 것으로 나타났다. ★호칭만 바뀌었을 뿐 직급의 힘으로 아랫사람들의 의견을 무시하는 경향이 그대로 남아있어 문제 개선은 이루어지지 않은 채 어색하게 이름을 불러야 하는 고통만 가중됐다는 것이다. 형식만 바뀌고 인식의 변화가 뒷받침되지 않은 결과이다.

▶ 직장에서 수직적인 분위기를 개선하고자 호칭의 변화를 주었지만 인식의 변화가 따라오지 못했다는 점을 지적하는 글이므로 정답은 '④ 직장 내 수직적인 분위기를 개선하기 위해서는 사원들의 인식이 먼저 바뀌어야 한다.'이다.

▶ ①번: 지문의 내용이 직급을 없앴다는 것이 아니다.
②번: Ⓐ에 제시된 바와 상반되는 내용이다.
③번: 상사의 이름을 불러야 고충이 있다는 점은 일치하나 바뀌지 않는 사내 분위기가 지문에서 지적하는 근본적인 문제이므로 답이 될 수 없다.

단어 호칭 / 수직적이다 / 공유하다 / 만족감 / 심적 / 부담 / 강행하다 / 인식

3 주제 문장 고르기 2 [44]

1. ② **2.** ④ **3.** ① **4.** ④

1. ②

Ⓐ 일상의 소소한 행복을 추구하는 젊은 층이 많아지며, 이들 사이에서 단 음식으로 스트레스를 푸는 것은 새로운 유행이 되었다. 이와 같은 흐름에 맞추어 달콤함을 강조한 음료나, 과자, 디저트 등이 불티나듯 팔리고 있는데 식품 업계뿐 아니라 빵집, 카페 등 개인 사업자가 운영하는 매장에서도 누가 더 단 음식을 파는가 경쟁하듯 Ⓑ 달콤함을 주력으로 내놓은 상품들이 쏟아져 나오고 있다. 이러한 음식들을 한두 번 섭취했다고 해서 건강이 급격히 나빠지지는 않지만 나이에 상관없이 당을 과도하게 섭취할 경우 성인병을 유발할 가능성이 커진다. 따라서 개개인이 건강한 식습관에 대한 올바른 인식을 가지고 적절한 양의 당을 섭취하는 것도 중요하지만 ★무엇보다 이익 창출에만 눈이 멀어 건강에 치명적인 단 음식을 하나의 유행처럼 조장하는 사회 분위기에 제동을 걸어야 할 것이다.

▶ '단 음식'이 지문에서 반복되었으며 Ⓐ, Ⓑ를 통해 젊은 층에서 단 음식이 유행하고 있고 이를 기회로 잡고자 다수의 식품 업체에서 디저트 상품이 출시되고 있음을 알 수 있다. 그러나 ★을 보면 이는 이익 창출만 고려한 것으로 현대인의 건강은 전혀 고려하지 않은 일이라고 하였으므로 정답은 '② 사회 전반에 거쳐 단 음식에 대한 위험성이 인지되어야 한다.'이다.

단어 일상 / 소소하다 / 추구하다 / 스트레스를 풀다 / 운영하다 / 경쟁하다 / 섭취하다

2. ④

Ⓐ 여학생은 치마, 남학생은 바지. 마치 절대 불변의 공식처럼 존재하던 교복의 고정관념을 타파하려는 움직임이 전국 각지에서 일어나고 있다. 청소년들이 영하의 날씨에도 반드시 치마를 입어야 하고, 한여름에도 긴 바지를 입어야 하는 정당성은 어디에도 없다. 이에 자율성과 다양성을 존중하여 성별의 구분 없이 학생들이 입고 싶은 교복을 선택하고, 때에 따라서는 등교 시 체육복을 입는 것을 허용하는 학교가 증가하는 현황이다. 물론 교복을 통해 학교의 소속감을 느끼고 모교의 학생이라는 자부심을 가질 수도 있다. 그러나 이를 구체적으로 규율화하여 학생들에게서 필요 이상의 자유를 뺏는 순간, 교복의 근본적인 존재 이유는 사라지고 무엇을 위한 제도인가에 대해 의문을 던지게 된다. ★더이상 교복의 정의는 학교의 전통, 학생으로서의 단정함을 요구하는 제복이 아니라 자라나는 청소년들이 마음 편히 학교생활을 할 수 있도록 돕는 날개로 바뀌어야 할 것이다.

정답 및 해설

▶ '교복'이 지문에서 반복되었으며 ⓐ를 통해 정형화된 교복의 틀을 깨려는 움직임이 나타나고 있음을 알 수 있다. 이어 ★에서 기존의 교복의 역할에서 벗어나 학생들의 자율성을 보장해야 한다고 하였으므로 정답은 '④ 교복에 대한 형식적인 규율에 집착하지 말고 학생들의 자율성을 인정해야 한다.'이다.

[단어] 고정관념 / 타파하다 / 각지 / 다양성 / 존중 / 증가하다 / 구체적

3. ①

다양한 매체를 통해 바쁜 현대인의 삶에서 '나만의 시간'을 갖는 소중함이 강조되고 있다. 그러나 월요일부터 금요일까지 쉴 새 없이 일하는 요즘 사람들에게 누구한테도 방해받지 않고 온전히 ⓐ 나만의 시간을 마련하기란 좀처럼 쉬운 일이 아니다. 이에 새벽 시간을 활용하여 취미 활동, 운동, 공부 등을 즐기는 사람들이 늘고 있다. 대중교통 첫차가 움직이는 시간즘 일어나, 출근 전에 조용히 홀로 다양한 활동을 하며 나만의 시간을 만끽한 후 회사로 향하는 것이다. 그러나 이 세상의 모든 사람이 아침형 인간일 수 없기에 오히려 새벽 시간을 활용한 후, 급격한 피로감을 느끼거나 '나는 왜 다른 사람들처럼 더 부지런하지 못하는가'라고 자책하는 사람들이 급증하고 있다. '나만의 시간'을 확보하기에 앞서 가장 먼저 해야 할 일은 스스로 무리하지 않고 즐길 수 있는 시간을 탐색하는 것이며 그 시간대를 쪼개서 나에게 맞는 보상을 주어야 한다. 사회 곳곳에서 추천하고 열풍처럼 번진 방법이라고 해서 반드시 나에게도 적합할 것이란 보장은 없다. 그러므로 ★새벽형 인간, 아침형 인간이 절대적으로 옳다는 생각을 내려놓고 내 몸이 받아들일 수 있는 나만의 시계를 차분히 들여다보아야 한다.

▶ '나만의 시간'이 지문에서 반복되었으며 ⓐ를 통해 새벽 시간대를 활용하여 취미나 자기계발을 하는 현대인들이 늘고 있음을 알 수 있다. 그러나 ★에서 모든 사람이 새벽형, 아침형 인간이 아니며 개개인에게 맞는 시간대를 활용하는 것이 중요하다고 하였으므로 정답은 '① 각자에게 가장 맞는 시간대를 찾아 개인 시간으로 활용하는 것이 좋다.'이다.

[단어] 다양하다 / 매체 / 방해 / 마련하다 / 확보하다 / 보상 / 열풍

4. ④

일정 기간 계획적으로 운동을 하고 만족스러운 몸매가 된 것을 자축하듯 기념 사진을 촬영하는 사람들이 늘고 있다. 단순하게 생각하면 운동을 하고 좋은 성과를 얻어 사진으로 남기는 것에 아무 문제가 없는 듯 보인다. ⓐ 하지만 실상은 이와 같은 기념 사진을 찍기 위해서 혹독한 식단 조절과 운동을 병행하게 된다. 여기에서 가장 큰 문제는 찰나의 아름다움을 위해 극단적으로 체중을 감량하면 이전의 몸무게로 돌아가는 요요 현상뿐만 아니라 신진대사의 체계를 무너뜨리는 심각한 부작용을 떠안을 수 있다는 점이다. 결국, 날씬하고 아름다

운 몸매는 사진으로만 남고 실질적으로는 건강을 해치는 경우가 많다. 그럼에도 불구하고 이와 같은 기이한 현상이 자기만족이라는 이름으로 젊은이들 사이에서 유행하고 있다. 더욱이 체중 감량 기념 사진은 아름다운 몸이란 마르고 탄탄해야 한다는 강박관념을 생산한다. ★타인에게 보여 주기 위한 사진 한 장을 찍고자 우리의 건강을 담보로 삼기에는 잃는 것이 너무 많다. 진정으로 건강한 몸과 정신이 무엇인지 깊게 생각해 보아야 할 때이다.

▶ '기념 사진'이 지문에서 반복되었으며 운동 후 자신의 모습을 기념하기 위해 찍는 사진임을 알 수 있다. 그러나 ⓐ를 통해 기념 사진을 위한 체중 감량으로 야기되는 부작용의 심각성이 제시되었다. 더불어 ★에서 건강한 몸과 정신에 대한 중요성을 강조하고 있으므로 정답은 '④ 외적인 아름다움만을 추구하기보다 내면과 외면의 건강 관리에 힘써야 한다.'이다.

[단어] 계획적 / 성과 / 식단 / 조절 / 병행 / 체중 감량 / 부작용 / 강박관념

유형 ③ 본문과 같은 내용 고르기

1 자료의 내용과 같은 것 고르기 [9~12]

1. ④ **2.** ③ **3.** ④ **4.** ③

1. ④

ⓐ **제22회 외국인 노래 대회**

- 행사 일정: ⓑ 2022년 5월 28일(토)
- 장소: 중앙 공원 앞 광장
- 신청 기간: 2022년 5월 23일(월) ~ 5월 28일(토)

※ 노래 대회 참가를 원하시는 분은 ★대회 당일 ⓒ 현장 접수도 가능하고, 홈페이지에서도 온라인 접수가 가능합니다.

① 대회는 올해 처음 열린다.
　→ ⓐ 대회는 처음 열리는 것이 아니다.
② 대회는 5일 동안 진행된다.
　→ ⓑ 대회는 하루만 진행된다.
③ 홈페아저에서만 접수가 가능하다.
　→ ⓒ 현장 접수도 가능하다.
④ 대회 당일에도 참가 신청을 할 수 있다.
　→ ★ 정답

[단어] 참가 / 당일 / 현장 접수 / 가능하다

2. ③

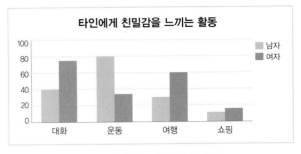

타인에게 친밀감을 느끼는 활동

① 여자는 여행을 통해 친밀감을 가장 많이 느낀다.
　→ 대화를 통해 친밀감을 가장 많이 느낀다.
② 대화를 통해 남녀 모두 친밀감을 가장 많이 느낀다.
　→ 남자는 대화가 아니라 운동할 때 많이 느낀다.
③ 남녀 모두 쇼핑을 통해 친밀감을 느끼는 경우가 가장 적다.
　→ ★ 정답
④ 남자는 운동보다 대화를 할 때 타인과 친밀감을 더 많이 느낀다.
　→ 남자는 대화보다 운동을 할 때 타인과 친밀감을 더 많이 느낀다.

단어 타인 / 친밀감 / 경우

3. ④

　아침에 바쁘고 피곤하다는 이유로 아침 식사를 하지 않는 사람이 많다. ⑧ 식사하지 않은 채로 출근하거나 집안일을 하면 건강에 좋지 않다. 이는 ★점심 과식의 원인이 되어서 ⓐ 다이어트에도 악영향을 미친다. ⓒ 바쁜 아침에는 삶은 달걀과 브로콜리가 간편하고 각종 영양소들을 빠르게 섭취할 수 있는 건강한 아침 식사가 될 수 있다. 전날 달걀을 삶아 놓고 브로콜리를 데쳐서 준비해 놓으면 아침에 번거롭지 않게 건강한 식사를 할 수 있을 것이다.

① 아침을 먹지 않는 것은 다이어트에 도움이 된다.
　→ ⓐ 다이어트에도 악영향을 미친다.
② 바쁜 아침에는 식사하지 않아도 건강에 영향이 없다.
　→ ⑧ 건강에 좋지 않다.
③ 삶은 달걀과 브로콜리로 준비하는 아침은 준비 과정이 어렵다.
　→ ⓒ 간편하다.
④ 아침을 먹지 않으면 점심 때 지나치게 많이 먹을 가능성이 있다.
　→ ★ 정답

단어 과식 / 원인 / 악영향 / 섭취하다 / 번거롭다

4. ③

　'글루텐'이라는 단백질 때문에 밀가루 음식만 먹으면 ⓐ 속이 더부룩해지는 사람이 있다. 이 단백질은 밀가루를 반죽하는 과정에서 생기는 단백질로 쫄깃한 질감을 만든다. ⑧ 글루텐을 소화시키는 효소가 없거나 부족한 사람은 ★글루텐을 먹었을 때 두통, 소화불량부터 심하면 알레르기 반응까지 생길 수 있다. 이렇게 ⓒ 글루텐을 소화시키기 어려운 사람들은 글루텐 프리 식품이나 통곡물 등으로 대체하는 것이 좋다. 밀가루 음식을 끊게 되면 부종이 빠지는 효과를 볼 수 있다.

① 글루텐이 들어간 밀가루 음식을 먹으면 속이 편안해진다.
　→ ⓐ 속이 더부룩해지는 사람이 있다.
② 모든 사람들의 몸속에는 글루텐을 소화시키는 효소가 많다.
　→ ⑧ 소화시키는 효소가 없거나 부족한 사람들도 있다.
③ 글루텐을 먹고 머리가 아프거나 소화가 안 되는 사람들도 있다.
　→ ★ 정답
④ 글루텐을 잘 소화시키지 못하는 사람들은 밀가루 음식을 먹는 것이 좋다.
　→ ⓒ 글루텐 프리 식품이나 통곡물 등으로 대체하는 것이 좋다.

단어 더부룩하다 / 소화시키다 / 대체하다 / 부종

2 글의 내용과 같은 것 고르기 1 [20]

1. ③　**2.** ③　**3.** ②　**4.** ③

1. ③

　ⓐ 살을 빼기 위해서는 소비하는 칼로리가 섭취하는 칼로리보다 많아야 한다. 많은 사람들은 소비 칼로리를 늘리기 위해 운동하는 게 도움이 된다고 생각한다. ⓒ 하지만 운동을 통한 에너지 소모량은 생각보다 크지 않아서 운동만으로 살을 빼는 것은 굉장히 어려운 일이다. ★이러한 이유로 소비 칼로리를 늘림과 동시에 섭취 칼로리를 줄이는 것도 중요하다. ⑧ 평소 섭취 칼로리의 20%를 적게 먹고 요요 현상이 오지 않도록 운동을 하는 것이 살을 빼는 데 가장 효과적이다.

① 살을 뺄 때는 섭취하는 칼로리가 많아야 한다.
　→ ⓐ 살을 뺄 때는 소비하는 칼로리가 많아야 한다.
② 평소 소비 칼로리의 20%를 늘려야 다이어트에 도움이 된다.
　→ ⑧ 평소 섭취 칼로리보다 20% 줄여야 한다.
③ 소비 칼로리와 섭취 칼로리 모두 체중 감량에 중요한 요소이다.
　→ ★ 정답
④ 운동을 해서 소비 칼로리를 늘리기만 하면 체중을 줄일 수 있다.
　→ ⓒ 섭취 칼로리를 줄이는 것도 중요하다.

단어 소비 / 소모량 / 요요 현상 / 효과적

정답 및 해설

2. ③

> ⑧ 누구나 조용한 장소에서 배에서 나는 꼬르륵 소리 때문에 민망했던 경험이 있을 것이다. 이 꼬르륵 소리를 '장음'이라고 하는데 ⑥ 장음은 섭취한 음식물과 공기가 장을 통과하면서 소리가 발생하는 정상적인 현상이다. 그러나 옆 사람이 들을 수 있을 만큼 큰 소리가 나거나 ⑧ 때를 가리지 않고 너무 자주 물소리, 공기 소리가 나게 되면 불편함을 느끼게 된다. 이렇게 과도한 장음이 생기는 현상을 ★'장음항진증'이라고 한다. 이 증세는 여러 질환의 신호가 될 수 있기 때문에 평소 배에서 소리가 크게 자주 나는 편이라면 증상을 잘 살펴보아야 한다.

① 장음은 조용한 장소에서만 들을 수 있다.
  → ⑧ 조용한 장소에서만 들을 수 있는 것은 아니다.
② 배에서 소리가 나는 것은 특별한 현상이다.
  → ⑧ 누구나 일어날 수 있는 정상적인 현상이다.
③ 장음항진증이라고 의심이 되면 진찰을 받는 것이 좋다.
  → ★ 정답
④ 장음은 섭취한 음식물이 소화되지 않을 때 나는 소리이다.
  → ⑥ 장음은 섭취한 음식물과 공기가 통과하면서 소리가 발생하는 정상적인 현상이다.

단어 민망하다 / 섭취하다 / 통과하다 / 발생하다 / 정상 / 증세 / 질환

3. ②

> ★유리창이 햇빛을 받아 스스로 전기를 생산하고 빛의 밝기를 조절하는 기능성 필름이 개발되었다. ⑧ 눈에 보이지 않지만 이 기능성 필름 안에 유기물로 된 반도체가 전기를 만든다. 이렇게 생산된 전기는 소형 가습기를 작동시키고 휴대 전화 충전도 가능하게 한다. 전기 생산의 효율성도 크게 높이며 필름으로 만들었기 때문에 유연성을 높여 많은 주목을 받고 있다. ⑧ 기존의 실리콘과 같은 무기질 소재는 평면에만 쓸 수 있었으나 ⑥ 이 필름은 자동차와 비행기 유리창 같은 다양한 곡면에서도 활용될 수 있을 것으로 기대된다.

① 실리콘 소재는 다양한 곡면에서 활용할 수 있다.
  → ⑧ 실리콘 소재는 평면에만 쓸 수 있다.
② 기능성 필름은 햇빛을 이용하여 전기를 생산한다.
  → ★ 정답
③ 기능성 필름은 전기를 생산하는 과정을 눈으로 볼 수 있다.
  → ⑧ 전기를 생산하는 과정을 볼 수 없다.
④ 기능성 필름은 일반 창문과 같은 평면에서만 사용할 수 있다.
  → ⑥ 다양한 곡면에서도 활용될 수 있다.

단어 생산 / 조절하다 / 개발되다 / 유기물 / 반도체 / 효율성 / 평면 / 곡면

4. ③

> 최근 들어 ★아이들에게 잠재되어 있는 창의력과 상상력을 이끌어내고자 ⑧ 미술 교육을 접하는 부모들이 많아지고 있다. 미술 활동은 유아기의 아이들에게 상당한 영향을 준다. 아이들은 미술을 통해 자신의 생각과 감정뿐만 아니라 욕구와 에너지를 표출한다. 뿐만 아니라 그림을 그리기 전에 관찰을 위한 집중력과 기발한 발상을 하게 만드는 창의력, 손 감각의 발달 등 ⑧ 다양한 방면으로 성장하게 된다. 이러한 장점들이 있기 때문에 ⑥ 아이들은 건강한 발달을 위하여 어릴 때부터 미술을 접하게 하는 것이 좋다.

① 요즘 부모들은 아이들의 미술 교육에 관심이 없다.
  → ⑧ 요즘 부모들은 아이들의 미술 교육에 관심이 많아지고 있다.
② 미술 활동은 유아기의 아이들에게 악영향을 미친다.
  → ⑧ 다양한 방면으로 성장하게 된다.
③ 아이들은 미술을 통해 잠재된 여러 재능을 발전시킬 수 있다.
  → ★ 정답
④ 미술 교육은 가급적 늦게 시작하는 것이 아이의 건강에 도움이 된다.
  → ⑥ 어릴 때부터 미술을 접하게 하는 것이 좋다.

단어 잠재되다 / 창의력 / 상상력 / 접하다 / 집중력 / 성장하다 / 발달

3 글의 내용과 같은 것 고르기 2 [24]

1. ① 2. ① 3. ③ 4. ④

1. ①

> 나에게는 형이 있다. ⑧ 우리 형은 나보다 1살이 더 많다. 형과 나는 다른 점이 많고 나이 차이도 별로 나지 않아서 자주 싸운다. 하지만 난 형에게 싸운 뒤에 한 번도 사과를 한 적이 없다. ⑧ 내 친구들에게 형과 싸운 내용과 이유를 말하면 다들 내가 잘못했다고 한다. 하지만 난 그렇게 생각하지 않았다. 올해 5월까지는 말이다.
> 5월 따뜻하고 평화로운 봄날, 나는 다른 날처럼 컴퓨터 앞에서 떨어지지 않았다. ★세 시간 쯤 지났는데도 내가 컴퓨터 하는 것을 멈추지 않으니까 형이 나에게 달려들었다.
> "너 왜 이렇게 오래 해?" 먹잇감을 찾는 사자처럼 형이 말한 후에 "뭐가 어때서? 조금만 기다려 봐!" ⑥ 나도 지지 않고 쏘아붙였다. 아무렇지 않은 듯 다시 컴퓨터에 몰입하는 나의 모습을 본 형은 약이 올랐는지 내 옆을 떠나지 않았다. 우리의 싸움이 다시 시작되었다.

① 컴퓨터 때문에 형과 갈등이 생겼다.
  → ★ 정답

② 나는 나이 차이가 많은 형이 1명 있다.
→ Ⓐ 형과 나이 차이가 크지 않다.
③ 형과 싸우면 내 친구들은 형이 잘못했다고 한다.
→ Ⓑ 내 친구들은 내가 잘못했다고 한다.
④ 형이 컴퓨터를 그만하라고 해서 오래 할 수 없었다.
→ Ⓒ 계속 컴퓨터를 했다.

단어 사과 / 떨어지다 / 먹잇감 / 쏘아붙이다 / 몰입하다 / 약이 오르다 / 갈등

2. ①

Ⓒ 학교에서 쉬는 시간이 끝났음을 알리는 종이 울리자 선생님이 말씀하셨다.
"이번 시간에는 이 종이에 자신의 장래 희망과 그 이유를 적은 후에 발표할 거예요."
선생님의 말씀이 끝나자마자 아이들은 종이에 각자의 장래 희망을 적었다. 이런 와중에 조용하고 소심한 혜진이만 장래 희망을 선뜻 적지 못하고 있었다.
평소 아이들은 Ⓑ 말이 없고 조용한 혜진이를 별로 좋아하지 않았기 때문에 장래 희망이 없다며 놀려댔다. 아이들은 제각각 의사, 선생님 등 장래 희망을 발표했고 서로의 발표를 들으며 박수를 치는 시간으로 채워졌다. 긴장한 혜진이의 차례. Ⓐ 혜진이는 우주인이 되고 싶다고 조심스레 입을 열었다. ★ 혜진이의 말이 끝나자 나와 아이들은 박장대소를 하며 웃었다. 혜진이의 얼굴은 붙타는 것처럼 붉어졌고 몇몇 짓궂은 아이들은 혜진이를 우주인이라며 놀리기 시작했다.

① 아이들은 혜진이의 꿈을 무시했다.
→ ★ 정답
② 혜진이는 장래 희망을 발표하지 못했다.
→ Ⓐ 혜진이는 우주인이 되고 싶다고 발표했다.
③ 혜진이는 평소 성격이 적극적이고 활발하다.
→ Ⓑ 혜진이는 말이 없고 조용하다.
④ 학교에서 쉬는 시간에 자신의 장래 희망을 적은 후 발표했다.
→ Ⓒ 쉬는 시간이 끝나고 수업 시간에 발표했다.

단어 장래 희망 / 제각각 / 박장대소 / 짓궂다

3. ③

사람마다 좋아하는 나무가 각각 다르다. 각자 그 나무를 왜 좋아하는지 이유를 물어보면 보통은 어떤 특별한 개성 때문이라고 답한다. 나는 소나무를 좋아한다. Ⓐ 내가 소나무를 좋아하는 이유는 특별한 개성이 아닌 "남에게 말할 수 없는 개성을 가지고 있는 것"이라고 대답한다.
★소나무는 일 년 내내 푸르다. 다른 나무들이 붉거나 노랗게 변하면서 각자의 아름다움을 표현할 때 소나무는 늘 언제나 푸른색으로 변치 않는 특별함을 강조한다. 여름에는 푸른색과 어울려 협동심을 보여 주기도 한다. 이런 개성을 가진 소나무는 끈기, 인내심의 상징이라고 생각한다. 여름에 Ⓒ 자기

몸에 매미가 앉아서 성가시게 해도 빨간 마음을 표현하지 않고 항상 순수한 마음으로 맞아준다. Ⓑ 소나무는 여름에 더워도 빨갛게 달아오르지 않고 양반처럼 땀도 흘리지 않고 항상 푸른 모습을 하고 있다.

① 나는 소나무가 특별한 개성이 있어서 좋아한다.
→ Ⓐ 나는 남에게 말할 수 없는 개성을 가지고 있어서 소나무를 좋아한다.
② 소나무는 여름에 더우면 양반처럼 땀을 흘린다.
→ Ⓑ 소나무는 여름에 땀을 흘리지 않는다.
③ 소나무는 일 년 내내 색이 바뀌지 않는 특별함이 있다.
→ ★ 정답
④ 소나무는 자기 몸에 매미가 앉아서 성가시게 하면 빨갛게 변한다.
→ Ⓒ 소나무는 매미가 성가시게 해도 안 변한다.

단어 개성 / 푸르다 / 강조하다 / 협동심 / 끈기 / 인내심 / 성가시다 / 양반

4. ④

나는 화려한 몸짓과 아름다움을 지닌 나비를 예전부터 부러워했다. Ⓐ 예전부터 예쁘지 않았던 들꽃 같은 나는 주변에서 Ⓑ 나비 같은 아이들에게 꿀을 내주듯 당할 수밖에 없었다. 그 아이들에게 날개는 아이들의 인기 즉, 세력이라는 용어였다. 들꽃 같은 우리들은 스스로를 질책할 수밖에 없었다. 나비 같은 아이들을 따라해 보고, 날개도 펴 보려고 노력했지만 돌아오는 건 어색함과 비난뿐이었다.
Ⓒ 어른이 된 지금, 나는 그들도 그들 나름대로의 번데기 시절이 있었다는 것을 알게 되었다. 다른 사람들에게 아름다움을 뽐낼 그 날만을 생각하며 '그때'를 번데기 상태로 꿈꾸면서 보이지 않는 노력이 있었다는 것을. 그래서 많은 사람들이 알았으면 좋겠다. ★나비가 되었다 해도 오랜 번데기 시절이 없다면 오래 못 갈 것이라는 걸.

① 나는 어렸을 때 나비 같은 아이였다.
→ Ⓐ 나는 예쁘지 않은 들꽃 같은 아이였다.
② 들꽃 같은 아이들은 늘 인기가 많다.
→ Ⓑ 나비 같은 아이들은 늘 인기가 많다.
③ 나는 어른이 돼서 나비 같은 사람이 되었다.
→ Ⓒ 나는 어른이 돼서 나비 같은 사람들의 번데기 시절을 알게 되었다.
④ 나비가 되려면 번데기 시절을 보내며 노력해야 한다.
→ ★ 정답

단어 화려하다 / 당하다 / 세력 / 질책하다 / 비난 / 번데기 / 뽐내다

정답 및 해설

4 글의 내용과 같은 것 고르기 3 [32~34]

1. ② **2.** ② **3.** ④ **4.** ③

1. ②

> Ⓐ 한국에서는 아기가 태어난 지 1년이 되었을 때 큰 잔치를 하는 한국의 전통 풍습이 있다. 이 풍습을 돌잔치라고 부른다. Ⓑ 과거에는 아기의 사망률이 높았기 때문에 한국에서는 1년을 못 넘기고 죽는 아기가 많았다. 첫 생일을 무사히 넘긴 것을 기념하고 ★아기의 장수를 기원하는 것이 돌잔치의 배경이다. 돌잔치에서 아기는 여러 물건 중에서 마음에 드는 물건을 선택하는 돌잡이를 하고 Ⓒ 돌잡이에 참여한 어른들이 아기의 장래와 관련하여 아기의 미래를 예상하기도 한다.

① 돌잔치는 아기의 백일을 기념하는 잔치이다.
   → Ⓐ 돌잔치는 아이의 첫 생일을 축하하는 잔치이다.
② 돌잔치는 아기가 오래 사는 것을 바라는 풍습이다.
   → ★ 정답
③ 과거의 한국에서는 대부분의 아기들이 태어난 지 1년 뒤에도 건강했다.
   → Ⓑ 1년을 넘기지 못하고 죽는 아기가 많았다.
④ 돌잡이에서는 어른들이 아기의 미래 직업을 예상한 후에 물건을 고른다.
   → Ⓒ 아기가 물건을 고른다.

단어 잔치 / 풍습 / 과거 / 기념하다 / 장수 / 기원하다 / 장래 / 예상하다

2. ②

> Ⓐ 최근 반려동물을 키우는 가구가 늘어남에 따라서 동물 권리의 보호 문제에 대하여 공감대가 형성되고 있다. 갈수록 커져가는 동물 학대 범죄율도 동물의 법적 지위를 격상해야 한다는 목소리에 힘을 실어 주고 있다. 최근 법무부가 실시한 Ⓑ 여론 조사 결과 응답의 89%는 민법상 동물과 물건의 지위를 구분해야 한다는 데 찬성하였다. 이러한 지위 구분에 대한 문제도 법률 개정안으로 마련되어 ★동물 보호 문제가 많은 관심 속에 다뤄지고 있다. Ⓒ 전문가들은 이전까지는 법적으로 물건이었던 동물의 법적 지위가 앞으로 '동물' 자체로 올라갈 것으로 전망한다.

① 반려동물을 키우는 사람들이 갈수록 감소하고 있다.
   → Ⓐ 반려동물을 키우는 가구가 늘어나고 있다.
② 동물 권리 보호 문제에 대해서 많은 사람들이 관심을 가진다.
   → ★ 정답
③ 많은 사람들은 민법상 동물과 물건의 지위를 구분하면 안된다고 생각한다.
   → Ⓑ 많은 사람들은 동물과 물건의 지위를 구분해야 한다는 데 찬성하였다.
④ 전문가들은 앞으로 동물의 법적 지위가 낮아질 것으로 전망하며 우려를 표하고 있다.
   → Ⓒ 전문가들은 동물의 법적 지위가 '동물' 자체로 올라갈 것으로 전망한다.

단어 가구 / 권리 / 공감대 / 학대 / 지위 / 격상하다 / 전망하다

3. ④

> Ⓑ 직장인들에게 굉장히 어려운 '일과 삶의 균형을 맞추는 것'을 뜻하는 Ⓐ '워라밸'이라는 신조어가 요즘 젊은 세대들에게 많은 주목을 받고 있다. 많은 직장인들이 장시간 노동을 줄이는 대신에 일과 개인적인 삶의 균형을 맞추는 문화의 필요성에 관심을 보이고 있다. 〈한국의 유행〉에서는 1988년생부터 1994년생들을 '워라밸 세대'라고 규정했다. ★이 워라밸 세대들은 Ⓒ 자신을 희생하면서까지 무리하게 일을 하지 않고 일정 수준의 소득에 만족한다. 퇴근 후에는 일과 철저하게 분리되며 개인의 여가 생활에 집중하고 개인의 시간을 각자의 방법으로 즐긴다.

① '워라밸'은 만들어진 지 오래된 용어이다.
   → Ⓐ 새로 생긴 신조어이다.
② 직장인들이 일과 삶의 균형을 맞추는 것은 쉽다.
   → Ⓑ 일과 삶의 균형을 맞추는 것은 어렵다.
③ 워라밸 세대는 개인보다 회사를 더 중요하게 생각한다.
   → Ⓒ 회사를 더 중요하게 생각하지 않는다.
④ 워라밸 세대는 월급보다 개인의 행복과 만족감이 더 중요하다고 본다.
   → ★ 정답

단어 균형 / 주목 / 규정하다 / 희생하다 / 무리하다 / 철저하다 / 분리되다

4. ③

> 강원 지역에서는 아이들과 가족이 함께 참여할 수 있는 주말농장을 이달 말 분양할 계획이다. 주말농장을 통해 Ⓑ 도시에 살고 있는 많은 사람들에게 농촌 체험의 기회를 제공하고 체험 후 수확물을 가져갈 수 있는 프로그램이기 때문에 신청 전부터 많은 관심을 받고 있다. 연 5만 원의 분양 금액의 주말농장은 총 30가구에게 분양할 예정이다. Ⓐ 분양 신청 인원이 모집 인원을 초과할 경우 저소득층 가정에 우선 분양된다. Ⓒ 분양 신청은 직접 방문하거나 전화를 통해서만 가능하며 다음 달 1일부터 12일까지 신청할 수 있다.

① 주말농장은 30가구만 선착순 분양할 예정이다.
   → Ⓐ 저소득층 가정에 우선 분양된다.
② 강원 지역에 있는 가정만 주말농장을 분양을 신청할 수 있다.
   → Ⓑ 도시에 살고 있는 사람들도 신청할 수 있다.
③ 분양 인원이 많을 경우에는 소득이 적은 가정에 우선권이 있다.
   → ★ 정답

④ 분양 신청은 전화 및 인터넷 접수도 가능하며 12일 동안 받을 예정이다.
→ ⓒ 분양 신청은 직접 방문하거나 전화를 통해서만 신청할 수 있다.

단어 분양 / 농장 / 제공 / 수확물 / 저소득층

5 글의 내용과 같은 것 고르기 4 [43]

1. ④ 2. ② 3. ③ 4. ③

1. ④

할머니는 맛있는 삼계탕으로 유명한 한식집을 운영하셨다. ⓑ 한 5년 전만 해도 식당은 손님들로 붐볐지만 요즘은 가게 문을 닫았다. 왜냐하면 할머니도 힘드시고 두 이모 분이 일을 하셔서 돈을 버시기 때문이다. ⓐ 식당 문을 닫으셨지만 할머니께서는 그래도 우리가 오면 솜씨를 발휘하셔서 가게의 자랑이었던 삼계탕을 만들어 주신다. 한 입만 먹으면 그 맛을 잊을 수가 없다. 할머니의 음식은 음식이 아닌 예술 그 자체였다.
하지만 요즘은 할머니 댁에 가는 횟수가 점점 줄어들고 있다. 정말 슬픈 일이다. 그 맛있는 삼계탕을 먹지 못하기 때문이다. ⓒ 할머니는 요즘 가게를 닫으신 후에 좀 심심해하시는 것 같다.
식당을 그만두신 할머니의 모습은 정말 시무룩해 보였다. 할머니께서 식당을 운영하셨을 때는 정말 즐거워하셨고, 생동감이 넘쳐 보였는데 지금의 할머니는 정말 힘이 없고 살아가는 재미를 잃어버리신 것 같다. ★나는 사랑하는 할머니의 기운 빠진 모습을 보고 계속 마음에 걸려서 언니와 함께 작전을 짜기로 했다. 어떻게 하면 할머니를 기쁘게 해 드릴 수 있을지 언니와 머리를 맞대고 고민해 보았다.

① 식당 문을 닫으신 후에 할머니께서는 요리를 하시지 않는다.
→ ⓐ 할머니께서는 식당 문은 닫으셨지만 우리가 오면 삼계탕을 만들어 주신다.
② 할머니가 운영하시는 한식집은 5년 전에는 손님들이 별로 없었다.
→ ⓑ 5년 전만 해도 손님들이 많았다.
③ 할머니께서는 가게 문을 닫으신 후에 편안하게 쉴 수 있어서 만족하신다.
→ ⓒ 할머니께서는 가게 문을 닫으신 후에 심심해하시고, 힘이 없으시며 살아가는 재미를 잃으신 것 같다.
④ 나는 언니와 함께 할머니를 즐겁게 해 드릴 수 있는 계획을 짜려고 한다.
→ ★ 정답

단어 운영하다 / 붐비다 / 솜씨 / 발휘하다 / 생동감

2. ②

나에게 이모의 집은 제2의 쉼터이다. ⓒ 엄마가 동생을 낳으려고 병원에 있었던 한 달 동안 난 이모의 집에서 생활했다. 나는 이모를 잘 따르고 좋아했기 때문에 그 시간이 즐겁기만 했다. ★이모의 집에 있을 때 나는 공주 대접을 받았다. 아들만 있었던 이모의 가족들에게 나는 사랑을 듬뿍 받는 존재가 되었다.
그런데 얼마 후 동생이 태어났다. 동생은 아직 어린아이였던 철없는 나에게는 짜증이 나는 존재였다. ⓐ 항상 울면서, 웃으면서 동생은 엄마와 아빠의 관심을 내게서 가져가 버렸다. 그때 나에게 위안을 준 사람은 이모였다. 이모는 나에게 동생이 싫으냐고 물었다. 나는 아무 말도 하지 못했다. 이모는 그 날 이후로 내게 자주 말을 걸고 내 앞에서는 동생 이야기를 꺼내지 않으셨다. ⓑ 이모의 세심한 노력으로 나는 점점 동생을 이해하게 되었다.
나에게는 친동생 말고도 귀여운 사촌 동생들이 있다. 수민이와 민현이다. 나보다 어린 외사촌인데 나를 정말 잘 따르는 동생들이다. 정말 귀엽고 사랑스럽게 생겼는데 성격은 정반대다. 덕분에 이모 집에 있는 물건들은 모두 부서지고 말았다.

① 동생이 태어난 후에 나는 공주 대접을 받았다.
→ ⓐ 동생이 태어난 후에 나에 대한 부모님의 관심을 동생이 가져가 버렸다.
② 나는 이모의 집에 있는 동안 많은 사랑을 받았다.
→ ★ 정답
③ 이모가 노력하셨지만 나는 동생을 이해할 수 없었다.
→ ⓑ 이모의 세심한 노력으로 나는 동생을 이해하게 되었다.
④ 어모가 병원에 있었던 시간 동안 나는 엄마와 이모의 집에서 생활했다.
→ ⓒ 엄마가 병원에 있었던 시간 동안 나는 이모의 집에서 생활했다.

단어 쉼터 / 대접 / 철없다 / 위안 / 세심하다

3. ③

ⓐ 어릴 때부터 형제가 없는 나는 맞벌이 부부였던 부모님마저 집을 비워 집에 혼자 있을 때마다 늘 심심했다. 어느 날 집 밖에 ⓑ 작은 그림자가 나타났다. "엄마야!"하고 소리치며 다가가 보니 귀여운 강아지 한 마리가 서 있었다. 평소에 강아지를 키우고 싶던 나는 길 잃은 강아지를 품에 소중히 안고 집으로 돌아왔다. 엄마 몰래 내 방으로 조용히 들어갔다. 나는 귀여운 강아지 앞에서 눈을 뗄 수 없었다. 그때 갑자기 방문이 열리더니 엄마가 들어오셨다.
"어머! 이게 뭐니? 웬 개야?"
나는 강아지가 길을 잃어서 불쌍해서 데려왔다고 말하였고 ★엄마는 그럴 때는 경찰서로 데려가야 한다고 말씀하셨다. 엄마의 그 한 마디에 나는 눈물이 뺨에 흘렀다. 강아지도 나와 함께 울어주는 것 같았다.

정답 및 해설

ⓒ 어쩔 수 없이 나는 강아지를 경찰서에 데려다주었다. 경찰서에 데려다주고 집까지 걸어오는 동안 나는 눈물을 멈출 수 없었다. 짧은 만남이었지만 강아지가 나를 잊지 않고 생각해 주었으면 좋겠다고 생각했다.

① 나는 어렸을 때 형제가 없었지만 심심하지 않았다.
   → Ⓐ 나는 어렸을 때 형제가 없어서 심심했다.
② 나는 어렸을 때 집 밖에 서 있는 강아지를 보고 무서워했다.
   → Ⓑ 처음에는 그림자 때문에 무서웠지만 강아지인 것을 확인하고 귀여워했다.
③ 어머니는 길을 잃은 강아지를 집에서 키우는 것을 반대하셨다.
   → ★ 정답
④ 나는 강아지를 경찰서에 데려다주지 않고 다시 집으로 데리고 돌아왔다.
   → ⓒ 나는 강아지를 경찰서에 데려다주었다.

단어 맞벌이 / 그림자 / 품 / 불쌍하다

4. ③

따뜻한 봄날, 어두운 흙 속을 헤치고 꿋꿋하게 새싹을 피우는 작은 씨앗 하나가 있었다. 그때 옆에 있던 진달래꽃이 말을 하였다.
"너는 왜 그렇게 못생겼어? 호박과도 비교가 안 되잖아?"
Ⓑ 개나리꽃은 화가 나는 것을 꾹 참고 가만히 있었다. 그러자 진달래꽃은 화를 돋우며
"너는 꿀먹은 벙어리처럼 대답도 못하니? 대답을 왜 안 해?" 하고 다그쳤다. 서러운 하루를 보낸 개나리꽃은 속으로 다짐했다.
'무슨 일이 있어도 울지 않을 거야!'
다음날 진달래꽃은 개나리꽃에게 보라는 듯 화려하고 예쁘게 활짝 피어 있었다. 하지만 Ⓐ 개나리꽃은 부러운 기색을 보이지 않았다. 진달래꽃은 다시금 개나리꽃에게 말을 걸었다.
"너는 왜 그렇게 키가 작니?"
개나리는 자기 키가 작은 것을 알면서
"그렇지만 나는 자꾸자꾸 클 거야. 그래서 너보다도 클 거야! 기다려 봐!" 하며 울먹이며 말하였다. ⓒ 밤이 되자 개나리꽃은 잠이 들었고 꿈을 꾸었다. 자신이 키도 부쩍 크고 외모도 아름다워져서 진달래꽃을 혼내주는 꿈이었다. 그런데 그 꿈이 반 정도는 맞은 듯했다. ★다음날 개나리꽃은 자신의 키가 늘어 있는 것을 확인했고, 초록색 꽃봉오리까지 빼꼼 얼굴을 내밀고 있었다.

① 개나리꽃은 진달래꽃을 부러워했다.
   → Ⓐ 개나리꽃은 진달래꽃을 부러워하지 않았다.
② 개나리꽃은 진달래꽃에게 화를 냈다.
   → Ⓑ 개나리꽃은 진달래꽃 때문에 화가 났지만 화를 참았다.
③ 개나리꽃은 꿈을 꾼 다음날 꿈처럼 키가 커졌다. → ★ 정답
④ 개나리꽃은 꿈속에서 진달래꽃이 되는 꿈을 꾸었다.
   → ⓒ 개나리꽃은 자신이 키가 크고 외모도 아름다워져서 진달래꽃을 혼내주는 꿈을 꾸었다.

단어 헤치다 / 꿋꿋하다 / 돋우다 / 다그치다 / 다짐하다 / 기색 / 울먹이다

6 글의 내용과 같은 것 고르기 5 [47]

1. ③   **2.** ④   **3.** ④   **4.** ④

1. ③

현대 사회에서 갈수록 인터넷 속 세상이 3차원으로 진화하고 있다. (㉠) Ⓐ 이러한 배경에서 더욱 빠르게 발전하고 있는 기술인 '메타버스'에 많은 관심이 모아지고 있다. (㉡) 가상 현실의 개념보다 더 확장된 의미로 Ⓑ 가상 세계가 현실 세계와 합쳐진 형태를 말한다. (㉢) 메타버스의 발전은 미래에 ★가상 세계에서도 현실과 같은 경제 활동이나 일상 활동을 가능하게 할 수 있다. (㉣) 가상 세계에서 수익을 내고 소비를 하는 것이 일상적인 일들로 자리 잡게 된다. ⓒ 영화 속에서만 가능할 거라고 생각했던 일들이 이제는 현실과 가까워지고 있다.

① 현대 사회에서 메타버스에 대한 관심이 줄어들고 있다.
   → Ⓐ '메타버스'에 많은 관심이 모아지고 있다.
② 메타버스는 현실 세계를 포함하지 않는 가상 세계만을 의미한다.
   → Ⓑ 현실 세계가 합쳐진 형태이다.
③ 메타버스 기술을 활용하면 가상 세계에서도 실제로 돈을 벌고 쓸 수 있다.
   → ★ 정답
④ 메타버스는 현실에서 일어날 수 없는 영화 속 장면을 연출하는 촬영 기법을 의미한다.
   → ⓒ 메타버스는 촬영 기법이 아니고 영화 속에서만 가능할 거라고 생각했던 일들을 실현시켜 준다고 언급되었다.

단어 진화하다 / 가상 현실 / 개념 / 합치다 / 확장 / 수익 / 일상적

2. ④

Ⓑ 학생들이 정식 학교에 가지 않고 가정에서 부모님 또는 개인적으로 교육을 받는 것을 홈스쿨링이라고 한다. Ⓐ 모든 학생들이 공교육을 받는 것에 대한 적절성과 관련해서 많은 의문과 불만이 제기되어 왔다. (㉠) ⓒ 학교에서 교실 안의 많은 학생들 개개인의 특성과 적성을 모두 맞춰서 교육을 실시하는 것은 실제적으로 불가능하다. (㉡) 학교 폭력 및 입시 스트레스 등 공교육의 문제점도 뿌리 뽑기 어려운 현실이다. (㉢) 학생을 누구보다 잘 아는 부모님이 직접 가르치고 교육하는 홈스쿨링의 장점에 관심을 가지기 시작했다. ★ 미국에서는 유치원에서 대학까지의 모든 교과 과정을 집에서 가르칠 수 있게 되었지만 한국의 경우 초등학생 과정이 의무교육으로 정해져 있어서 미국과 같은 홈스쿨링은 어렵다. (㉣)

① 학원에서 실시하는 교육에 대해 학부모들의 불만이 많아지고 있다.
→ Ⓐ 학교에서 실시하는 공교육에 대해 불만이 제기되어 왔다.
② 홈스쿨링을 통해 학생들은 학교에서 배운 내용을 효과적으로 이해할 수 있다.
→ Ⓑ 홈스쿨링은 학교에서 배우는 내용에 도움이 되는 교육이 아닌 학교 교육을 대신하는 것이다.
③ 공교육은 학생들의 개성을 살릴 수 있고 각자의 적성에 맞춰 교육시킬 수 있다.
→ Ⓒ 학교 교실 내의 모든 학생들을 고려한 교육은 실제적으로 불가능하다.
④ 미국에서는 한국과 다르게 초등학생들도 모든 교과 과정을 집에서 가르칠 수 있다.
→ ★ 정답

단어 정식 / 공교육 / 적절성 / 의문 / 제기되다 / 적성 / 실제적 / 의무교육

3. ④

Ⓐ 사회공포증은 당황스러움을 줄 수 있는 특정한 사회적 상황을 지속적으로 두려워하고 피하려 하는 질환이다. 이러한 상황을 피할 수 없을 때는 바로 심각한 불안 반응을 보이기도 한다. (㉠) Ⓑ 구체적으로 다른 사람들에게 주목을 받거나 관찰되는 상황에서 창피를 당할 수 있다는 생각에 두려움을 느끼게 되어서 증상이 발현된다. (㉡) 사회공포증은 유전적 요소가 관여하게 된다. (㉢) Ⓒ 또한 환경적인 요인과도 관련이 있는데 환자가 어린 시절에 자신에게 중요하다고 여기는 인물이 창피를 주고 놀리거나 모욕을 당하는 일을 겪었을 때 이 인물을 하나의 이미지로 내면화하여 오랜 시간 기억하게 된다. (㉣) ★이후 주변 인물들에게까지 어린 시절 상처를 받았던 인물의 이미지가 투영되어 환자는 모든 사람들이 자신에게 창피를 주고 모욕하며 비판할 것이라는 잘못된 인식에 사로잡혀서 공포를 느끼게 된다.

① 사회공포증은 특정한 사람을 두려워하고 기피하는 병이다.
→ Ⓐ 사회공포증은 당황스러움을 줄 수 있는 특정한 사회적 상황을 두려워한다.
② 사회공포증이 있는 사람은 항상 다른 사람들에게 관심을 받고 싶어 한다.
→ Ⓑ 사회공포증은 다른 사람에게 주목을 받거나 관찰되는 상황에서 두려움을 느낀다.
③ 사회공포증은 환경적인 요인과는 무관하며 유전적 요소로 결정되는 질환이다.
→ Ⓒ 사회공포증은 환경적 요인과 관련이 있다.
④ 사회공포증의 환경적 요인은 과거에 상처를 받은 경험이 공포를 느끼게 하는 것이다.
→ ★ 정답

단어 지속적 / 주목 / 관찰되다 / 유전적 / 관여 / 모욕 / 내면화 / 투영되다

4. ④

직장에 출근해 일하는 상근자에 비해서 상대적으로 재택근무자들은 동료들과의 의사소통이 부족하기 때문에 소외감을 느끼고 주위의 도움을 받지 못한다. (㉠) 또한 Ⓐ 재택근무를 하게 되면 직장 동료들과 멀리 떨어져 있어서 동료들의 피드백을 정확하게 해석하는 것이 어렵고 간혹 의사소통에서의 오류가 생길 때가 있다. 뿐만 아니라 집에서 혼자 오랜 시간을 보내다가 보면 자기의 생각에 갇혀서 지나치게 상대방의 의미를 확대하여 해석할 여지가 있다. (㉡) 이러한 비이성적 의심을 멈추고 재택근무를 할 때도 상근자와 동일한 업무 환경을 만들기 위해 다음과 같은 노력이 필요하다. (㉢) 먼저 다른 사람의 기분을 자신이 너무 무리해서 맞추고 있지 않은지 살펴보는 것이다. Ⓑ 상대방의 기분을 맞추고 부탁이나 요구에 응하는 것보다 자신의 기분과 스케줄을 자세하게 살펴보는 것이 우선되어야 할 것이다. 다음으로 ★ 타인의 행동을 객관화할 필요가 있다. 그들의 작은 말 한마디를 비판이나 모욕으로 받아들이는 것이 아니라 내가 말한 것으로 가정해서 어떤 생각으로 그 말을 했는지 생각해 보거나 가장 긍정적인 의미로 해석해 보려고 하는 것도 좋은 방법이 될 수 있다. (㉣)

① 재택근무자들은 동료들과 원활한 의사소통을 할 수 있다.
→ Ⓐ 재택근무자들은 동료들과 원활한 의사소통을 하기 어렵다.
② 직장에 출근하는 상근자들은 의사소통에서 오류가 생길 수 있다.
→ Ⓐ 재택근무자들은 동료들 간의 의사소통에서 오류가 생길 수 있다.
③ 재택근무자들은 항상 동료들의 기분을 파악하는 것이 우선되어야 한다.
→ Ⓑ 자신의 기분과 스케줄이 우선되어야 한다.
④ 동료들의 행동을 주관적으로 이해하는 것이 아니라 객관적으로 파악해야 한다.
→ ★ 정답

단어 상근자 / 재택근무 / 소외감 / 해석하다 / 여지 / 비이성적 / 의심 / 객관화

유형 ④ | **문장의 순서 배열하기**

☑ 제시된 문장 순서 배열하기 [13~15]

1. ② 2. ① 3. ② 4. ②

1. ②

(가) 한국에는 '콩 한쪽도 나누어 먹는다.'라는 말이 있다.
(나) 대기업이 장학재단을 운영하는 것에서부터 할머니가 폐지를 모아 번 돈으로 장학금을 내놓은 것까지 사회 곳곳에서 나눔을 실천하는 아름다운 모습들을 볼 수 있다.

정답 및 해설

(다) 이러한 나눔의 전통은 오늘날까지 계속되고 있다.
(라) 이는 작은 것이어도 주위 사람들과 함께 나누는 한국의 아름다운 전통을 보여준다.

(1) (가)와 (라) 중에서 첫 번째 문장을 찾아야 한다.
(2) (라)는 '이는' 과 같이 앞 내용을 다시 가리키는 표현이 있으므로 첫 번째 문장이 될 수 없다.
(3) (가)로 시작하는 내용으로 구성하며 (다)의 '이러한 나눔의 전통' 앞에 (라)의 '아름다운 전통'이 언급되어야 한다.
(4) 정답은 ② (가)-(라)-(다)-(나)이다.

단어 장학재단 / 폐지 / 전통

2. ②

(가) 그러므로 친밀감에서 느낄 수 있는 소유욕을 항상 경계해야 한다.
(나) 타인과 가까워질수록 기대하는 것이 많아지면서 강한 소유욕을 느끼게 되는 것이다.
(다) 타인과의 친밀감은 소유욕을 가져올 때가 있다.
(라) 그런데 이러한 소유욕은 관계를 망치는 결과를 가져오게 된다.

(1) (다)와 (라) 중에서 첫 번째 문장을 찾아야 한다.
(2) (라)는 두 문장을 연결해 주는 접속사 '그런데'로 시작되므로 첫 번째 문장이 될 수 없다.
(3) (다)로 이야기가 시작되어야 하며 (다) 다음에 (나)와 같이 '타인과의 친밀감'과 '소유욕'의 관계를 풀어서 설명하는 내용이 오는 것이 자연스럽다. 그리고 (가)에서 소유욕을 경계해야 한다는 내용 앞에 (라)와 같이 경계해야 하는 이유가 먼저 언급되는 것이 적절하다.
(4) 정답은 ② (다)-(나)-(라)-(가)이다.

단어 친밀감 / 소유욕 / 경계하다 / 망치다

3. ②

(가) 1995년에 만들어진 우리나라 최대의 환경단체가 있다.
(나) 구체적으로 탄소 줄이기, 친환경 매장 운영, 환경 교육 등의 활동을 하고 있다.
(다) 그리고 친환경적인 사회를 만들기 위해 노력하고 있다.
(라) 이 단체는 50여개의 지역 조직이 있으며 세계 환경 보호 단체에도 가입되어 있다.

(1) (가)와 (라) 중에서 첫 번째 문장을 찾아야 한다.
(2) (라)는 단체를 대명사 '이'로 다시 언급하며 설명하기 때문에 첫 번째 문장이 될 수 없다.
(3) (가)로 이야기가 시작되어야 하며 (가) 다음에 (라)와 같이 단체를 설명하는 내용이 오는 것이 적절하다. 그리고 (나)에서 구체적으로 단체에서 하는 활동, 노력이 언급되므로 (나) 앞에 (다)와 같이 친환경적인 사회를 위해 노력하고 있다는 큰 의미의 내용이 언급되는 것이 자연스럽다.
(4) 정답은 ② (가)-(라)-(다)-(나)이다.

단어 최대 / 탄소 / 친환경 / 조직 / 가입되다

4. ②

(가) 이를 위해 각 기업에서도 매주 수요일 정시 퇴근을 장려하여 퇴근 후 가족과 함께 시간을 보낼 수 있는 직장 분위기를 조성하고 있다.
(나) 이 캠페인은 매주 수요일 가족과 함께하는 날을 뜻한다.
(다) '가족 사랑의 날'은 여성가족부에서 진행하고 있다.
(라) 일주일에 한 번이라도 가족과 함께 시간을 보내는 작은 실천이 가족에 대한 사랑으로 이어지게 된다는 의미에서 추진하고 있디.

(1) (다)와 (라) 중에서 첫 번째 문장을 찾아야 한다.
(2) (라)는 문장 끝부분에 나오는 '추진하고 있는 대상'이 언급되어 있지 않으므로 첫 번째 문장이 될 수 없다.
(3) (다)로 이야기가 시작되어야 하며 (나)의 '이 캠페인'에 대한 언급이 바로 앞 문장에 나와야 적절하다.
(4) 정답은 ② (다)-(나)-(라)-(가)이다.

단어 정시 / 장려하다 / 조성하다 / 진행하다 / 실천 / 추진하다

2 알맞은 곳에 〈보기〉 문장 넣기 1 [39~41]

1. ② **2.** ③ **3.** ② **4.** ③

1. ②

피그말리온 효과는 그리스 신화에 나오는 조각가 피그말리온의 이름에서 유래한 심리학 용어이다. (㉠) 피그말리온은 아름다운 여인상을 조각하고 그 여인상을 진심으로 사랑하게 된다. (㉡) 이처럼 타인의 기대나 관심으로 인해 결과가 좋아지는 현상을 뜻하게 되었다. (㉢) 심리학에서는 타인이 나를 믿고 기대하면 그 기대를 실망시키지 않기 위해서 노력한다는 의미가 되었다. (㉣)

〈 보기 〉
이러한 피그말리온의 사랑에 감동한 여신 아프로디테는 여인 조각상에 생명을 주었다.

▶ 〈보기〉에서 '이러한 피그말리온의 사랑'이 언급되므로 〈보기〉 문장 앞에 '피그말리온의 사랑'이 제시된 ㉡ 바로 뒷부분에 들어가는 것이 적절하므로 정답은 ② ㉡이다.

단어 유래하다 / 조각하다 / 현상 / 실망시키다

2. ③

> 한국의 출산율은 빠르게 감소하여 세계 최저 수준이다. (㉠) 이와 같은 현상이 지속되면 한국의 전체 인구가 감소하고 젊은 노동력의 공급이 줄어드는 것과 함께 경제 성장도 늦어질 것이다. (㉡) 출산율을 높이기 위해서 기업에서는 여성이 직장을 다니면서 출산과 육아 때문에 불이익을 받지 않도록 하는 것이 중요하다. (㉢) 이렇게 한국 사회의 저출산 문제를 해결하기 위해서는 개인뿐 아니라 기업 및 국가의 사회적 노력이 중요하다는 인식이 필요하다. (㉣)

> ─〈 보기 〉─
> 그리고 국가는 출산 지원금, 양육비 지급 등에 대해 지원을 확대해야 한다.

▶ 〈보기〉는 접속사 '그리고'로 연결되는 것을 통해 비슷한 내용이 뒤에 이어져야 함을 알 수 있다. 또한 주어인 '국가'의 역할에 대해 언급하고 있으므로 기업의 역할을 언급하는 내용 뒤인 ㉢에 들어가는 것이 자연스럽기 때문에 정답은 ③ ㉢이다.

단어 출산율 / 감소하다 / 최저 / 지속되다 / 노동력 / 공급 / 불이익 / 인식

3. ②

> 한 집에 여러 입주자가 거주하면서 개인 공간과 공용 공간을 구분하여 사용하는 거주의 한 형태를 쉐어하우스라 부른다. (㉠) 쉐어하우스에 입주하면 보증금과 같은 초기 비용과 월세를 아낄 수 있으며 공동생활을 통해 인간관계를 넓힐 수 있는 기회가 될 수 있다. (㉡) 최근에는 쉐어하우스의 인기가 높아지면서 다양한 형태의 쉐어하우스가 등장하고 있다. 취미 생활을 공유하는 취미 중심의 하우스, 미혼 여성들을 위한 하우스 등이 있다. (㉢) 이러한 쉐어하우스는 2010년 이후 청년 주거문제가 떠오르면서 이를 해결하는 한 방법으로 등장했다. (㉣)

> ─〈 보기 〉─
> 또한 대부분의 쉐어하우스는 기본적인 가구, 가전제품 등 생활에 필요한 조건들이 구비되어 있다는 장점도 있다.

▶ 〈보기〉는 쉐어하우스의 장점을 언급하고 있는데 접속사 '또한'으로 시작하는 것을 통해 바로 앞 문장에서도 쉐어하우스의 장점을 제시하고 있음을 유추할 수 있다. ㉡ 앞에서 쉐어하우스에 입주하면 비용을 아낄 수 있고 인간관계를 넓힐 수 있는 기회라는 장점을 설명하고 있기 때문에 정답은 ② ㉡이다.

단어 입주자 / 거주 / 보증금 / 초기 / 공유하다

4. ③

> 한국 최초 1,000만 관객을 동원한 '난타' 공연은 전 세계 57개국에서 공연되었다. (㉠) '난타' 공연은 한국을 대표하는 공연으로 주방에서 일어나는 일들을 코미디와 주방에 있는 도구를 활용하여 두드림으로 표현한다. (㉡) 이 '난타' 공연의 예매를 성공하는 것은 굉장히 어려운 일이다. (㉢) '난타' 공연 팀에서는 이러한 관객들의 성원에 힘입어 다음 달까지 공연을 연장하기로 했다. (㉣)

> ─〈 보기 〉─
> 특히 이번 공연은 2회 전석 매진으로 관객들의 공연 연장 요청이 이어지고 있다.

▶ 〈보기〉는 공연이 전석 매진이 되었고 관객들이 공연을 연장해 달라고 요청한다는 내용이 나온다. 그런데 문장 앞에 '특히'라는 표현을 통해 〈보기〉 앞 문장에도 공연의 인기, 표를 구입하는 것의 어려움과 관련된 내용이 나와야 함을 알 수 있다. ㉢ 앞에서 '난타' 공연의 예매를 성공하는 어렵다는 내용이 나오므로 정답은 ③ ㉢이다.

단어 최초 / 동원하다 / 성원 / 힘입다 / 연장

❸ 알맞은 곳에 〈보기〉 문장 넣기 2 [46]

1. ②   **2.** ②   **3.** ④   **4.** ②

1. ②

> 현대 사회에서는 갈수록 연탄이란 연료를 모르는 사람들이 많아지고 있다. (㉠) 과학의 발전으로 연탄보다 상대적으로 저렴하고 사용하기 편한 난방 연료가 많아졌기 때문이다. (㉡) 그럼에도 불구하고 연탄을 사용하는 가구가 약 10만 가구에 이른다. (㉢) 대부분 도시가스가 보급되지 않는 곳에 거주하는 저소득층에서는 주 난방 연료로 연탄을 사용한다. (㉣) 우리 사회의 많은 이웃들이 아직까지는 선택이 아닌 꼭 필요한 생존 에너지로 연탄을 사용하고 있다.

> ─〈 보기 〉─
> 또한 연탄은 하루에 두 번이나 교체해야 하는 번거로움과 보관의 어려움, 건강의 위험 문제까지 안고 사용해야 하는 단점이 있다.

▶ 〈보기〉는 연탄의 단점, 사람들이 연탄을 사용하기 어려운 이유를 언급하고 있는데 문장 앞에서 접속사 '또한'으로 시작한다. 이는 〈보기〉 앞에 연탄의 단점 또는 사람들에게서 연탄이 멀어진 이유와 관련된 내용이 제시되어야 함을 보여준다. ㉡ 앞에서 연탄보다 좋은 난방 연료가 많아졌기 때문에 사람들이 연탄을 잘 모른다는 내용이 나오므로 정답은 ② ㉡이다.

단어 연탄 / 연료 / 가구 / 보급되다 / 생존

정답 및 해설

2. ②

> 인터넷 쿠폰, 모바일 쿠폰, 게임 머니 등을 가상화폐라고 부른다. (㉠) 가상화폐는 중앙은행이나 금융기관과 같은 공인 기관이 관리에 관여하지 않는다. (㉡) 가상화폐는 정부의 통제를 받지 않으며 상품의 구입을 위해 지출한 돈만큼의 가치를 지니게 된다. (㉢) 이때 가상화폐는 발행 기업의 서비스 내에서만 통용된다. (㉣) 이러한 가상화폐에
>
> 대한 관심이 높아지는 만큼 각 기업에서는 가상화폐 관련 사업을 확장시키는 것이 좋다.

〈 보기 〉
> 그러므로 개발자가 발행자로서 화폐의 발행 규모 등을 자율적으로 관리한다.

▶ 〈보기〉는 '그러므로'로 시작하는 것을 통해 앞 내용과 자연스러운 인과관계임을 확인할 수 있다. '개발자가 자율적으로 관리한다'는 〈보기〉 문장 앞에는 다른 기관, 사람이 아닌 개발자가 화폐를 관리할 수 있게 된 이유가 앞에 나와야 한다. ㉡ 앞에서 공인 기관이 화폐 관리에 관여하지 않는다는 내용이 나오기 때문에 〈보기〉 문장은 ㉡에 들어가는 것이 좋다. 따라서 정답은 ② ㉡이다.

단어 가상화폐 / 금융기관 / 공인 / 관여하다 / 통제 / 지출하다 / 가치 / 통용되다

3. ④

> 가심비는 최근의 소비 트렌드 중 하나로 가격이나 성능보다 심리적 안정과 만족감을 중시하는 소비 형태를 말한다. (㉠) 가격이나 성능을 가장 중시하는 가성비와 다르다. (㉡) 이러한 가심비 유행의 배경에는 경제적으로 성장이 느린 사회적 분위기가 많은 영향을 미쳤다. (㉢) 지갑이 얇아진 소비자들이 모든 부분에서 소비를 줄이지만 가장 좋아하는 물건에 대해서는 돈을 아끼지 않는 식으로 스트레스를 해소하는 것이다. (㉣) 호텔에서 휴가를 즐기는 호캉스, 고급 식당의 대중화, 해외여행 상품 등 가심비를 보여주는 상품들이 인기를 끌고 있다.

〈 보기 〉
> 이러한 소비자들의 심리를 파악한 기업들은 상품을 홍보할 때 가격보다는 디자인과 아이디어로 고객의 마음을 사로잡기 위해 노력한다.

▶ 〈보기〉는 소비자들의 심리를 파악한 기업의 노력을 언급한다. 〈보기〉 문장 앞에서 접속사 '이러한 소비자들의 심리를'로 시작하는 것을 통해 〈보기〉 문장 앞에서 소비자들의 심리와 관련된 내용이나 표현이 나와야 함을 알 수 있다. ㉣ 앞에서 소비자들이 가심비를 중요하게 생각하게 된 배경과 스트레스를 해소한다는 심리적 효과를 설명하고 있기 때문에 정답은 ④ ㉣이다.

단어 성능 / 만족감 / 중시하다 / 배경 / 대중화

4. ②

> 여행 작가 김영호가 펴낸 일곱 번째 여행 에세이 『청춘의 시간』이 4주 연속 인기도서로 선정되었다. (㉠) 이번 여행 에세이는 뉴욕의 사계절을 작가 특유의 감성으로 담았다. (㉡) 사진에 어울리는 작가의 감성적인 글도 많은 독자들을 사로잡았다. (㉢) 최근에 김 작가는 지난 여섯 번째 여행 에세이의 성공으로 「올해의 여행 작가」에 선정되기도 하였다. (㉣)

〈 보기 〉
> 각 계절의 아름나움이 돋보이는 뉴욕의 사진을 감상할 수 있다.

▶ 〈보기〉는 각 계절의 아름다움이 돋보이는 뉴욕의 사진을 감상할 수 있다는 내용이 제시된다. 이를 통해 〈보기〉 앞 문장에서 '사계절'에 대한 내용이 언급되어야 함을 확인할 수 있다. ㉡ 앞에서 '뉴욕의 사계절'이 언급되었고 다음 문장에서도 '사진에 어울리는 글'이 제시되었기 때문에 ㉡에 〈보기〉 문장을 넣는 것이 적절하다. 따라서 정답은 ② ㉡이다.

단어 펴내다 / 연속 / 선정되다 / 특유 / 감성 / 사로잡다 / 돋보이다

유형 ⑤ 　빈칸에 알맞은 내용 넣기

① 빈칸에 알맞은 내용 넣기 1 [16~18]

1. ①　**2.** ③　**3.** ②　**4.** ②

1. ①

> ⓐ 마트에 가면 진분홍색밖에 없던 고무장갑이 최근에는 노란색, 회색, 진녹색처럼 다양한 색깔로 출시되기 시작했다. ⓒ 설거지를 하거나 요리를 할 때 김칫국물이 스며들어 (변색되는 것을 막고자) 언제나 진한 분홍색으로만 생산되던 고무장갑이 인테리어를 중요시하는 젊은층의 요구에 맞춰 주방 분위기를 해치지 않고 매일 기분 좋게 사용할 수 있는 색으로 새롭게 만들어졌다. 또한 ⓑ 김치를 집에서 담그지 않고 사서 먹는 세대가 늘어나면서 반드시 진분홍색 고무장갑을 고수해야 할 이유가 사라진 것도 다양한 색상의 고무장갑이 출시된 계기이다.

ⓐ 고무장갑이 다양한 색으로 출시되었다.
ⓑ 그동안 김치 때문에 고무장갑을 진분홍색으로 만들었다.
→ 왜냐하면 ⓒ 김칫국물이 스며들기 때문에 (변색되는 것을 막고자) 언제나 진분홍색으로만 생산되었기 때문이다.

단어 출시되다 / 요구 / 맞추다 / 해치다 / 고수하다 / 사라지다

2. ③

Ⓐ 커피 찌꺼기가 냄새 제거에 효과적이라는 것은 꽤 많은 사람에게 알려진 사실이다. 일부 축산 농가에서는 이를 활용하여 축사의 악취를 해결하고 있다. ⓒ 생활 폐기물로 버려지는 커피 찌꺼기를 모아 (악취를 감소시킬 수 있는) 미생물을 적절한 비율로 혼합한 후 축사에 골고루 뿌리면 Ⓑ 미생물이 가축 분뇨와 같이 악취의 원인이 되는 물질들을 분해하여 코를 찌르는 듯한 냄새가 현저히 감소하게 된다. 이에 국내외를 막론하고 각지의 축산 농가에서 커피 찌꺼기 탈취제가 각광을 받고 있다.

Ⓐ 커피 찌꺼기는 냄새 제거에 효과적이다.
Ⓑ 미생물이 악취 원인을 분해하여 냄새가 줄어든다.
→ 다시 말해 ⓒ 생활 폐기물로 버려지는 커피 찌꺼기를 모아 (악취를 감소시킬 수 있는) 미생물을 적절한 비율로 혼합한 후 축사에 뿌리면 냄새가 줄어든다.

단어 출시되다 / 요구 / 맞추다 / 해치다 / 고수하다 / 사라지다

3. ②

Ⓐ 집에서 컴퓨터나 태블릿으로 운동 동영상을 보며 홀로 운동을 즐기는 젊은 층이 급격히 늘고 있다. 언제 어디서나 따라할 수 있는 운동 동영상은 바쁜 일상에서 좀처럼 시간을 내어 운동을 배우러 다니기 힘든 직장인들이나 인파에서 벗어나 운동만큼은 혼자 조용히 하고 싶다는 사람들에게 주목을 받고 있다. 이에 최근에는 집에서 운동하는 사람들을 위해 ⓒ 실내에서 따라 해도 층간 소음은 일으키지 않으면서 (운동량은 최대화한) 동작만을 모은 운동 영상이 인기를 끌었다. Ⓑ 이웃에게 피해를 주지 않고 집에서도 강도 높은 운동을 즐길 수 있다는 평이다.

Ⓐ 집에서 영상을 보며 혼자 운동하는 사람이 늘었다.
Ⓑ 이웃에게 피해를 주지 않고도 강도 높은 운동을 즐길 수 있다.
→ 왜냐하면 ⓒ 실내에서 따라 해도 층간 소음은 일으키지 않으면서 (운동량은 최대화한) 동작만을 모은 운동 영상이 있기 때문이다.

단어 즐기다 / 급격히 / 늘다 / 따라하다 / 실내 / 피해를 주다

4. ②

Ⓑ 장기적인 계획을 세워 거창한 목표를 달성하는 것도 중요하지만 일상에서 (실현 가능한 작은 목표들을) 꾸준히 이루는 것이 무엇보다 중요하다. Ⓐ 성취감은 무엇보다 강한 동기 부여가 되는데 꼭 거창하지 않더라도 나 자신과 약속한 무언가를 이루어냈다는 만족감은 마음속의 큰 버팀목이 되기 때문이다. 아침에 5분 명상하기, 자신에게 하루 한 번 칭찬해주기, 책 10장 읽기처럼 ⓒ 소소하지만 자신을 뿌듯하게 만드는 일들을 이뤄내면 스스로에 대한 믿음이 강해져 큰 목표를 이루는 데에도 도움이 된다.

Ⓐ 작은 일이라도 성취감을 느낄 수 있는 일을 해내면 큰 목표를 이루는 데 도움이 된다.
Ⓑ 성취감은 강한 동기부여가 되기 때문이다.
→ 그러므로 ⓒ 거창한 목표를 달성하는 것도 중요하지만 일상에서 (실현 가능한 작은 목표들을) 꾸준히 이루는 것이 중요하다.

단어 계획을 세우다 / 실현하다 / 동기 / 뿌듯하다 / 이루다

2 빈칸에 알맞은 내용 넣기 2 [28~31]

1. ② 2. ① 3. ④ 4. ②

1. ②

Ⓐ 햇빛이나 형광등의 빛을 보면 나도 모르게 재채기를 하는 사람들이 있다. ⓒ 이는 몸이 (빛의 자극에 반응하여) 반사적으로 재채기를 하기 때문인데 아츄 증후군이라 한다. 증상이 일어나는 구체적인 원인은 밝혀내지 못했으나 다수의 학자들은 Ⓑ 갑자기 늘어난 빛의 양이 눈과 코로 연결된 삼차 신경에 과한 자극을 주어 재채기가 유발되는 것으로 추정한다. 세계 인구 중 대략 20~30%가 이 증후군을 앓고 있으며 빛을 본 후 재채기를 한다고 해서 건강에 문제가 있는 것은 아니므로 안심해도 된다.

Ⓐ 빛을 보면 재채기를 하는 사람들이 있다.
Ⓑ 이는 갑자기 늘어난 빛의 양 때문이다.
= ⓒ 이는 몸이 (빛의 자극에 반응하여) 반사적으로 재채기를 하기 때문이다.

단어 반사적 / 증상 / 유발되다 / 밝혀내다 / 안심하다

2. ①

Ⓐ 우리는 매우 다양한 곰팡이와 공존하고 있다. ⓒ 눈에 보이지 않더라도 작은 포자는 공기 중에 떠돌고 있으며 (성장하기에 적합한) 환경이 되면 급속도로 번식한다. 곰팡이의 종류는 셀 수 없이 많지만 Ⓑ 기본적으로 곰팡이들이 좋아하는 환경이 있다. 섭씨 2~30도로 따뜻하고 다습한 공간, 그리고 충분한 영양분이 공급되는 곳이다. 따라서 곰팡이가 퍼지는 것을 막기 위해서는 습도를 60% 이하로 낮추고 틈틈이 환기를 해주는 것이 좋다.

Ⓐ 우리 주변에는 매우 다양한 곰팡이가 있다.
Ⓑ 곰팡이는 고온다습하고 영양분이 많은 곳을 좋아한다.
= ⓒ 눈에 보이지 않더라도 작은 포자는 공기 중에 떠돌고 있으며 (성장하기에 적합한) 환경이 되면 급속도로 번식한다.

단어 공존하다 / 급속도 / 번식하다 / 종류 / 환경 / 영양분 / 공급

3. ④

Ⓐ 거꾸로 수업은 기존의 교수자가 일방적으로 강의를 하고 학습자가 이를 받아들이는 하향식 수업과 달리 학습자는 교수자가 사전에 준비한 강의를 미리 보고 온 후, 수업 현장에서 협업 활동을 통해 배움을 확장해 나간다. 이 교육법에 대해 학습자들은 본격적인 수업에 앞서 학습 내용을 미리 알 수 있다는 점과 Ⓑ 다른 학습자들과 함께 활동하며 이해의 폭을 넓힐 수 있다는 점을 높이 평가하고 있다. Ⓒ 더욱이 교실에서는 다채로운 토론을 바탕으로 교수자뿐만 아니라 학습자 간의 (상호작용이 극대화 된다는) 평이다.

Ⓐ 거꾸로 수업은 학습자가 미리 수업 내용을 공부하고 협업 활동을 이루는 학습 방법이다.
Ⓑ 교실에서 다른 학습자들과 협업을 통해 효과적인 학습을 할 수 있다.
= Ⓒ 더욱이 교실에서는 다채로운 토론을 통해 교수자뿐만 아니라 학습자 간의 (상호작용이 극대화 된다는) 평이다.

단어 일방적 / 강의 / 받아들이다 / 확장하다 / 본격적이다 / 평가하다 / 다채롭다

4. ②

Ⓐ 최근 일부 업체에서는 상품의 회사 이름 가리기에 열을 올리고 있다. 사회적 물의를 일으켜 불매 운동의 타격을 입거나 여러 이유로 기업의 신뢰도가 낮아진 업체들이 Ⓒ 회사의 로고가 상품 판매 이익을 (높이는 데 방해가 된다고) 판단되면 과감히 로고를 지우고 상품명을 강조하는 것이다. 예를 들어 Ⓑ 상품 전면 표기에는 회사 이름을 쓰지 않고 상품명만 기재하여 어느 회사의 제품인지를 모호하게 만든다. 그뿐만 아니라 상품 뒷면에 필수적으로 써넣어야 하는 표기 역시 회사의 대표 로고는 지우고 회사명만 남기는 방법 등으로 소비자들이 회사명에 집중하지 않도록 하였다. 이러한 방법을 채택한 업체들은 소비자에게 신뢰도가 낮은 회사의 존재는 감추고 상품만을 강조하여 판매량이 늘기를 기대하고 있다.

Ⓐ 기업 신뢰도가 낮아진 업체들은 상품에서 회사 이름을 가리려고 한다.
Ⓑ 제품에 상품명을 강조하여 소비자가 회사명을 알기 어렵게 만든다.
= Ⓒ 신뢰도가 낮아진 업체들이 회사의 로고가 상품 판매 이익을 (높이는 데 방해가 된다고) 판단되면 과감히 로고를 지우고 상품명을 강조하는 것이다.

단어 일부 / 사회적 / 물의 / 타격을 입다 / 신뢰도 / 모호하다 / 소비자

❸ 빈칸에 알맞은 내용 넣기 3 [45 · 49]

1. ③ **2.** ④ **3.** ② **4.** ③

1. ③

Ⓒ 국내 출판업계의 모 기업에서 근무 시간의 (자율성을 확대하는) 재량근무제를 채택하였다. 틀에 박힌 생각에서 벗어나 참신한 콘텐츠를 기획, 생산하고 이를 가시적인 결과물로 만들어내도록 사원들의 역량을 끌어내기 위해 내린 결단이다. 이 기업의 대표는 Ⓐ 재량근무제를 통해 사원들이 일과 삶의 균형을 찾을 수 있는 것은 물론, 개인마다 최상의 상태를 유지할 수 있는 근무 시간대가 다르므로 융통성 있는 근무 환경 조성이 회사를 더욱 성장시킬 것으로 보고 있다. 사내 직원뿐 아니라 작가, 책 디자이너 등 프리랜서들과의 소통 역시 빼놓을 수 없는 출판업계이므로 맡은 일에 따라 저마다 능률을 올릴 수 있는 시간대가 다채로울 수 밖에 없다. 따라서 해당 기업은 이와 같은 상황을 고려하여 재량근무제를 성장의 발판으로 활용하고자 했다. 또한 사원 간의 평가를 통해 서로 같은 시간대에, 같은 공간에서 일하지 않더라도 얼마나 성실히 임무를 완수해냈는지 꾸준한 점검이 이루어질 예정이다. Ⓑ 책임을 전제로 하는 자유로운 근무 환경을 조성하기 위해 박차를 가하고 있다.

Ⓐ 재량근무제를 통해 융통성 있는 근무 환경 조성이 회사를 더욱 성장시킬 것으로 보고 있다.
Ⓑ 책임을 전제로 하는 자유로운 근무 환경을 조성하기 위해 박차를 가하고 있다.
→ Ⓒ 국내 출판업계 굴지의 모 기업에서 근무 시간의 (자율성을 확대하는) 재량근무제를 채택하였다.

단어 근무 / 채택하다 / 융통성 / 능률 / 다채롭다 / 방관 / 책임

2. ④

Ⓐ 예전과 비교하여 공교육에서 한자 교육의 입지가 작아지고 일상에서 역시 한자 사용이 감소함에 따라 학생들의 문해력이 급격히 떨어지고 있다. 고등학교 국어 시간에는 학생들이 교과서에 수록된 글의 전체적인 요지나 맥락을 이해하는 것은 제쳐두고 단어의 뜻을 몰라 원활한 수업이 진행되지 않아 난처하다는 교사가 늘고 있다. 한국어로 수업을 하는데도 마치 외국어 수업을 하듯 사전을 펼쳐 놓고 단어의 의미를 하나하나 풀이해야 하는 실정이다. Ⓒ 물론 한글 전용 세대에게 한자 교육을 하지 않아도 (일상의 삶을 살아가는 데는) 큰 문제가 없을 수 있겠으나 학교는 단순히 먹고 살기 위해 필요한 최소한의 지식만을 전달하는 곳이 아니다. 때로는 답이 없는 문제를 고뇌하고 진리를 탐구하기도 하며 무한한 사고의 확장과 가능성을 열어주는 공간이다. 문해력은 이를 이루기 위한 가장 기초적인 요소이며 Ⓑ 한자 교육의 부재로 문해력이 저하된다면 이는 모든 교육의 근간이 흔들리게 될 가능성이 있다.

Ⓐ 한자 교육이 줄고 학생들의 문해력이 떨어졌다.
Ⓑ 한자 교육의 부재로 문해력이 저하된다면 이는 모든 교육의 근
간이 흔들리는 문제가 될 가능성이 있다.
→ ⓒ 한글 전용 세대에게 한자 교육을 하지 않아도 (일상의 삶을
살아가는 데는) 큰 문제가 없을 수 있겠으나 학교는 단순히 먹
고 살기 위해 존재하는 최소한의 지식을 전달하는 곳이 아니다.

단어 입지 / 일상 / 감소하다 / 문해력 / 맥락 / 탐구하다 /
저하되다

3. ②

　　Ⓐ 화장품 업계에서 환경 보호 운동에 동참하고자 시대의
흐름을 고려한 '다시 쓰기' 매장 활성화에 힘을 쏟고 있다. 다
시 쓰기 매장에서는 소비자가 다 쓴 화장품 용기를 가져오면
적절한 소독 과정을 거쳐 희망하는 기초 화장품의 내용물을
다시 채워준다. 용기를 재활용하기 때문에 처음 산 제품보다
35%가량 저렴한 가격으로 제공되고, 화장품 용량 또한 구매
자가 선택할 수 있다. 스킨, 로션과 같은 기초 화장품을 사용
한 후, 재활용품으로 Ⓑ 용기를 분리 수거 할 때는 내용물을
깨끗하게 씻어야 하는데 용기의 구조상 세척이 쉽지 않아 일
반 쓰레기로 버려지는 경우가 많다. ⓒ 이에 화장품 업계에서
는 (용기의 재활용률을 높일 수 있는) 방안을 모색하던 중,
'다시 쓰기' 매장을 기획하였다고 한다. 아직 시행 초입 단계
이므로 적극적인 홍보가 필요한 시점이지만 한 번이라도 다시
쓰기 매장을 이용한 적이 있는 소비자들은 만족도가 매우 높
은 것으로 나타났다. 화장품 용기를 다시 쓴다고 하더라도 매
장에서 3단계에 거쳐 충분히 소독을 하므로 안심하고 쓸 수
있다는 의견이 압도적이다.

Ⓐ 환경 보호를 위해 화장품 회사는 '다시 쓰기' 매장을 열었다.
Ⓑ 화장품 용기는 세척이 어려워 분리 수거가 잘 안 됐다.
→ ⓒ 이에 화장품 업계에서는 (용기의 재사용률을 높일 수 있는)
방안을 모색하던 중, '다시 쓰기' 매장을 기획하였다고 한다.

단어 환경 보호 / 시대 / 활성화하다 / 희망하다 / 재활용품 /
방안 / 소비자

4. ③

　　모바일 또는 컴퓨터 메신저를 활용하여 가족, 지인들과 소
통하는 것은 오늘날의 일상이 되었다. 비단 Ⓐ 메신저는 사생
활의 영역만이 아니라 업무에서도 다채롭게 활용되고 있다.
그러나 ⓒ 이로 인해 공과 사의 구분이 모호해져 메신저로 행
하는 업무 지시에 (강한 반감을 느끼는) 사람도 적지 않다.
Ⓑ 메신저 알람이 울리기만 해도 스트레스를 받거나, 심하게
는 휴대 전화를 보고 싶어 하지 않는 경우도 많다. 이에 국내
한 IT 기업에서 업무용 메신저를 개발하였는데 시간을 지정하
면 알람이 울리지 않도록 설정되거나, 팀원들과 단체 채팅방
을 만들어 실시간으로 회의 내용, 업무 일정 등을 공유할 수
있는 기능이 탑재되어있다. 일반적인 메신저와 큰 차이가 없
어 보일 수도 있으나 업무에 최적화된 요소들만 추려 비즈니

스 용으로 제작되었다는 데 의의가 있다. 똑같은 업무 지시여
도 개인용 메신저로 연락을 받는 것이 아니라 업무용 메신저
로 연락을 받는다는 것만으로도 공과 사의 구분을 이루는 데
도움을 줄 수 있다는 것이 개발자의 소견이다.

Ⓐ 메신저는 사생활뿐 아니라 업무에도 쓰인다.
Ⓑ 업무 메시지 알람 때문에 스트레스를 받는 사람들이 많다.
→ ⓒ 이로 인해 공과 사의 구분이 모호해져 메신저로 행하는 업무
지시에 (강한 반감을 느끼는) 사람도 적지 않다.

단어 사생활 / 영역 / 업무 / 일반적이다 / 제작되다

4 접속사 고르기 [19]

　1. ④　　2. ①　　3. ③　　4. ①

1. ④

　　Ⓐ 일상에서 사용하는 다양한 생활용품은 우리의 예상보
다 사용 기한이 훨씬 짧은 편이다. 수건이나 베개는 대략 2년
정도 사용하면 박테리아가 증식하기 때문에 교체하는 것이 좋
고 머리빗 역시 세균 번식을 막기 위해 1년 주기로 바꾸는 것
을 추천한다. (　　　　　) Ⓑ 다양한 음식을 담는 플라스
틱 용기는 사용 기한이 굉장히 짧다. 오래 사용하면 유해 화
학 물질이 발생하므로 3개월 이상 사용 후에는 처분하는 것이
바람직하다.

Ⓐ 생활용품의 생활 주기는 생각보다 짧다.
Ⓑ 플라스틱은 사용 기한이 굉장히 짧다.
→ 지문 앞의 내용보다 더 강조되는 내용이 빈칸 뒤에 이어졌으므
로 정답은 '④ 특히'이다

단어 일상 / 생활용품 / 사용 기한 / 대략 / 추천하다 / 세균 /
바람직하다

2. ①

　　16세기 이후 유럽 전역에서 유행하던 건물 양식을 바로크
양식이라 한다. Ⓐ 바로크는 일그러진, 찌그러진 진주를 의미
하는 포르투갈어에서 유래된 단어로 고전 양식과 비교하여
과장된 느낌의 건축물을 비꼬는 말에서 시작되었다. (
　　　) Ⓑ 시간이 지나면서 경멸의 의미는 사라지고 당대의
건축 양식을 일컫는 말로 자리 잡았다. 또한 이후에는 건축 양
식뿐만 아니라 당시에 유행하던 음악, 미술과 같은 예술 영역
을 아울러 바로크라 부르게 되었다.

Ⓐ '바로크'란 과장된 느낌을 비꼬는 것에서 유래된 용어이다.
Ⓑ 시간이 지나고 경멸의 의미는 사라졌다.
→ 빈칸을 기점으로 앞뒤 내용이 상반되므로 정답은 '① 그러나'이다.

단어 전역 / 양식 / 유래되다 / 당대 / 자리잡다

정답 및 해설

3. ③

> ⓐ 고구마, 바나나, 토마토, 우유. 모두 아침 식사 대용으로 먹거나 아침 식사에 자주 등장하는 음식이다. 그러나 이와 같은 음식들은 공복에 섭취 시 우리 몸에 부담을 주게 된다. 쉽고 빠르게 포만감을 주다 보니 섭취 직후에는 안정감을 주는 듯하나, (   ) ⓑ 위산 분비를 촉진하여 위에 부담을 주거나 위장 장애를 악화시키기도 한다. 게다가 바나나는 혈액 안의 칼륨과 마그네슘의 불균형을 일으키기도 하므로 공복에는 섭취를 피하는 것이 좋다.

- ⓐ '고구마, 바나나' 등의 음식은 섭취 직후 안정감을 주는 듯하다.
- ⓑ 위산 분비를 촉진시켜 위장에 부담을 준다.
- → 일반적으로 알려진 사실과는 반대로 예상하지 못한 결과가 야기된다는 흐름이므로 정답은 '③ 오히려'이다.

단어 대용 / 공복 / 섭취 / 부담을 주다 / 직후 / 악화시키다

4. ①

> ⓐ 열등감은 결핍에서 오는 것이라 생각하기 쉽지만 자신이 누구보다 우월하다는 마음에서 비롯된다. 타인보다 우위에 있다고 생각했는데 그 타인이 어느 날 내가 가지지 못한 가치나 물질을 손에 넣으면 견딜 수 없는 패배감에 빠지게 되며 열등감에 젖어 든다. 다시 말해 그 사람이 아니라 내가 그것을 가졌어야 한다는 자만과 자기애에서 비롯되는 것이다. (   ) ⓑ 열등감은 오만이 일으키는 마음의 어둠이라 할 수 있다.

- ⓐ '열등감'은 자신이 누구보다 우월하다는 과한 자기애에서 비롯된다.
- ⓑ '열등감'은 오만이 일으키는 마음의 어둠이다.
- → 글 앞에서 다룬 내용을 정리하여 다른 표현으로 다시 서술하고 있으므로 정답은 '① 이처럼'이다.

단어 열등감 / 결핍 / 우월하다 / 물질 / 견디다 / 오만

5 관용표현 고르기 [21]

1. ④ **2.** ② **3.** ② **4.** ①

1. ④

> 겉으로는 매우 다정하고 온화해 보이지만 마음속에서는 ⓐ 나만의 기준이 매우 분명한 사람들이 있다. 이들은 누군가가 자신이 정해둔 선을 넘는 행위를 하면 한두 번은 이해하려고 하지만 한계점을 넘어서면 뒤도 돌아보지 않고 ⓑ 그들과 (   ). 절연을 당한 이들은 영문을 모른 채 당황하지만 연락을 끊은 사람들은 이미 상대에게 마음속으로 여러 번 기회를 주었던 것이다.

- ⓐ에서 '이들'은 나만의 기준이 매우 확실한 사람들이다. ⓑ에서는 이들에게 절연을 당한 사람들은 당황한다는 내용이 이어지므로 정답은 연을 끊는다는 의미의 '④ 담을 쌓는다'이다.

단어 다정하다 / 기준 / 분명하다 / 선을 넘다 / 행위 / 한계점 / 넘다

2. ②

> 요즘 패스트푸드점에 설치된 ⓐ 키오스크 앞에서 낯선 주문 방법에 (   ) 사람들은 비단 기성세대만이 아니다. ⓑ 젊은 세대 역시 직관적으로 터치스크린을 작동하기는 하나 처음 보는 기계에는 다소 당황하기 마련이다. 이에 일부 패스트푸드점은 키오스크로만 주문을 받을 경우, 의무적으로 최소 1명의 점원을 두고 원활한 주문이 이루어질 수 있도록 고객의 편의를 고려하기로 하였다.

- ⓐ에서 새로운 주문 방법에 대한 어떤 인식을 가진 것은 기성세대만이 아니라 서술하며 이어 ⓑ에서도 젊은 세대 역시 처음 보는 기계에 당황스럽다고 한다. 그러므로 정답은 몹시 난처하다는 의미의 '② 진땀을 흘리는'이다.

단어 낯설다 / 기성세대 / 직관적 / 작동하다 / 일부 / 의무적 / 고려하다

3. ②

> ⓐ 전화 상담원에게 폭언, 욕설을 하거나 모욕을 주어 심리적인 피해를 입힌 경우 내려지는 법적 처벌이 내년 이후 상향될 예정이다. 대면하지 않은 상황에서 말로 가하는 폭력 또한 누군가의 마음에 (   ) ⓑ 인식이 더욱 공고하게 사회에 안착할 필요가 있다. 이에 따라 유선으로 행해지는 협박, 언어적 폭력, 모욕에 기존과 비교하여 강도 높은 처벌이 이루어질 예정이다.

- ⓐ와 ⓑ에서는 비대면 상황의 언어폭력에 대한 처벌이 강화될 예정이며 말로 가하는 폭력에 대한 심각성을 인지해야 한다는 내용이 반복되어 나온다. 그러므로 정답은 누군가에게 심적으로 큰 상처를 준다는 의미의 '② 못을 박을 수 있다는'이다.

단어 모욕 / 심리적 / 피해를 입히다 / 대면 / 처벌 / 폭력을 가하다 / 행하다

4. ①

> 최근 ⓐ청소년들 사이에서 사는 곳에 따라 친구를 가려 사귀는 것이 유행처럼 번져 큰 사회 문제가 되고 있다. 요즘 중고생들은 메신저에 자기소개를 남길 때 거주하는 건물 이름이나 동네를 함께 표기하여 부를 과시한다고 한다. 자기소개로 친구들의 생활 수준을 가늠한 후 자신의 가정과 경제력이 유사한 친구들을 사귀겠다는 것이다. 이들은 마치 결혼을 하기 위해 자신이 희망하는 조건을 늘어놓고 (   ) 완벽한 배우자를 구하려는 듯한 태도를 취하고 있다. ⓑ 물질만능주의 폐해가 극단적으로 드러난 예이다.

▶ 최근 청소년들은 거주지에 따라 친구를 가려 사귀고 있으며 Ⓐ의 빈칸이 있는 문장에서 '이들'은 청소년들이다. 이들은 성인들이 결혼 상대의 조건을 따지듯 친구를 판단하여 사귀며, Ⓑ에서 이를 물질만능주의의 폐해라 설명한다. 그러므로 정답은 어떤 일을 할 때 이해관계를 따진다는 뜻의 '① 앞뒤를 재면서'이다.

단어 가리다 / 사귀다 / 거주하다 / 과시하다 / 가늠하다 / 유사하다 / 물질만능주의

유형 ⑥ 신문 기사의 제목을 잘 설명한 문장 고르기

■ 신문 기사 제목을 잘 설명한 문장 고르기 [25~27]

1. ③   2. ④   3. ④   4. ②

1. ③

> 현금 사용 불가한 패스트푸드 매장 개점, 찬반 의견 엇갈려

▶ 현금 사용을 할 수 없는 음식점에 대한 찬성과 반대 의견이 일치하지 않았다는 내용이므로 정답은 '③ 현금으로 결제할 수 없는 음식점에 대한 의견이 찬성과 반대로 나뉘었다.'이다.

단어 불가 / 찬반 / 엇갈리다

2. ④

> 인주시 공장 단지, 이익 창출에 눈멀어 노동자 안전은 뒷전

▶ '인주시 공장 단지'가 기사의 대상이며 '눈멀다, 뒷전'은 부정적인 내용을 다룰 때 쓰는 표현이므로 정답은 '④ 인주시에 있는 공장들은 이익을 내는 것만 중시하여 안전 관리가 소홀하다.'이다.

단어 이익 / 창출 / 눈멀다 / 뒷전

3. ④

> 수확 앞두고 연일 이어지는 비, 농민들은 한숨

▶ 계속 내리는 비 때문에 농민들이 '한숨을 쉰다'는 것은 '걱정이 많다'는 뜻이므로 정답은 '④ 농산물의 수확이 얼마 남지 않은 시점에 계속되는 비로 농민들이 힘들어한다.'이다.

단어 수확 / 앞두다 / 이어지다

4. ②

> 커피숍 내 일부 일회용품 사용 금지로
> 쓰레기 줄이기 효과 '톡톡'

▶ '효과'와 '톡톡'이 같이 쓰이면 '효과가 좋다'는 의미이므로 일부 일회용품 사용을 금지하여 쓰레기를 많이 줄일 수 있었다는 내용으로 해석된다. 따라서 정답은 '② 커피숍에서의 일회용품 사

용을 금지함으로써 쓰레기를 줄이는 데 효과를 봤다.'이다.

단어 일회용품 / 금지 / 줄이다

유형 ⑦ 글의 중심 생각 및 목적 고르기

■ 글의 중심 생각 고르기 [22]

1. ②   2. ④   3. ①   4. ④

1. ②

무인 결제 시스템이란 기계를 이용하여 소비자가 스스로 주문을 하고 결제를 할 수 있는 시스템을 말한다. 인건비를 부담스러워하는 사업자에게는 인건비를 절약하기 위한 좋은 방법이 될 수 있다. 소비자들에게도 직원의 눈치를 보지 않고 물건을 고를 수 있어서 좋고 사람이 몰리는 시간에 결제하는 시간을 절약할 수 있어 효율적이다. 물론 아직은 무인 결제 시스템이 불편한 소비자들도 있다. 특히 중장년층의 경우 낯설고 조금 어렵게 느껴질 수 있는데 사용 방법을 한번 배우면 쉽게 이용할 수 있고, 단점보다 장점이 더 많은 시스템이다.

▶ 위 글은 무인 결제 시스템에 대한 글인데 글의 중심 생각은 보통 뒷부분에서 빠르게 파악할 수 있다. 무인 결제 시스템이 장점이 더 많은 시스템이라는 내용으로 끝나기 때문에 선택지 중에서 가장 유사한 의미인 '② 무인 결제 시스템은 사업자와 소비자에게 도움이 되는 시스템이다.'를 고르면 된다.

단어 무인 결제 시스템 / 인건비 / 부담스럽다 / 절약하다 / 몰리다 / 효율적 / 낯설다

2. ④

전 세계가 하나의 시장으로 여겨지는 세계화 시대에서 영어를 잘하는 사람이 직장이나 사회에서 좋은 대우를 받는 시대가 왔다. 그러나 한국 사회에서 공교육만으로는 실용적인 영어를 습득하기 어렵다는 의견이 많다. 영어를 잘하기 위해서는 따로 다른 사교육을 받거나 개인적으로 더 많은 노력을 기울여야 한다. 이러한 배경에서 조기 영어교육이 이슈가 되고 있다. 조기 영어교육은 많은 교육비, 아이들에게 주는 학업 스트레스, 모국어 습득에 방해가 되는 단점들로 비판의 시선도 적지 않다. 그러나 이러한 단점들을 개선하여 교육이 이루어진다면 장기적인 관점에서 봤을 때 아이가 성장하면서 갖출 수 있는 하나의 강력한 경쟁력이 될 수 있을 것이다.

▶ 위 글은 조기 영어교육에 대한 글인데 글의 중심 생각은 보통 뒷부분에서 빠르게 파악할 수 있다. 뒷부분에서 '조기 영어교육의 단점을 개선한다면 장기적인 관점에서 아이의 강력한 경쟁력이 될 수 있을 것이다'라는 내용이 나오기 때문에 선택지 중에서 가장 유사한 의미인 '④ 세계화 시대에서 아이에게 적절한 조기 영어교육은 필요하다.'를 고르면 된다.

정답 및 해설

단어 대우 / 실용적 / 습득하다 / 이슈 / 비판 / 개선 / 장기적 / 경쟁력

3. ①

> 파이어족은 젊었을 때 경제적으로 자립하여 늦어도 40대에 일찍 직장을 은퇴하기를 희망하는 사람들을 말한다. 파이어족은 경제적으로 자립하기 위해 젊었을 때 임금을 극단적으로 절약하거나 노후 자금을 빨리 확보하기 위해 노력한다. 사회적인 노동 활동에서 벗어나 스트레스를 받지 않고 자신의 행복을 추구하는 파이어족들은 최근 많은 사람들에게 선망의 대상으로 여겨진다. 그러나 파이어족의 극단적인 절약과 청년들의 생산활동 감소는 금융 위기로까지 이어질 수 있는 심각한 경제 문제를 야기할 수 있다. 많은 경제 전문가들은 파이어족을 희망하는 청년들에게 직장을 완전히 그만두기보다는 싫어하는 일이나 돈 때문에만 하는 일을 멈추고 실제로 즐길 수 있는 일을 찾아보는 것을 조언한다.

▶ 위 글은 파이어족에 대한 글인데 글의 중심 생각은 보통 뒷부분에서 빠르게 파악할 수 있다. 글의 뒷부분에서 '그러나 파이어족의 절약과 생산활동 감소가 경제 문제를 야기할 수 있다'는 내용이 나오며 경제 전문가들의 조언이 이어진다. 이러한 글의 내용과 가장 유사한 '① 파이어족의 증가는 경제적으로 부정적인 영향을 미칠 수 있다'를 고르면 된다.

단어 자립 / 은퇴 / 극단적 / 절약 / 추구하다 / 선망 / 대상 / 여겨지다

4. ④

> 오늘날 한국 사회의 직장 내에는 다양한 세대가 함께 일을 하고 있다. 늘어난 수명과 함께 경제 활동 연령이 높아지면서 중간 관리자급인 70년대생부터 신입인 90년대생까지 한 사무실에서 근무한다. 직장 내 다양한 세대의 협업은 노련한 사회 경험과 새로운 아이디어와 같은 다양한 장점을 보여줄 수 있지만 세대 차이 때문에 갈등을 야기하기도 한다. 상사의 업무 지시가 비효율적이거나 월급에 비해 업무량이 많다고 느껴지면 90년대생은 바로 불만을 표현한다. 그렇지만 상사의 업무 지시에 무조건 따르는 환경에서 근무했던 70년대생들은 이러한 신입의 태도에 당황한다. 두 세대 모두 어느 한 편에 잘못이 있는 것은 아니다. 서로가 다른 환경에서 자라 왔는데 현재 같은 환경에서 업무를 하게 되어서 의견이 충돌하고 있을 뿐이다. 기성세대와 신세대들이 직장 내에서 서로의 사고방식의 차이를 있는 그대로 받아들이고 수용할 줄 아는 자세와 배려심이 필요한 시대가 되었다.

▶ 위 글은 직장 내 세대 차이에 대한 글인데 글의 중심 생각은 보통 뒷부분에서 빠르게 파악할 수 있다. 뒷부분에서 '기성세대와 신세대들이 직장 내에서 서로의 사고방식을 있는 그대로 받아들이고 수용할 줄 아는 자세와 배려심이 필요한 시대가 되었다'는 내용이 나오기 때문에 선택지 중에서 가장 유사한 의미인

'④ 직장 내 세대 간 갈등을 해결하기 위해 서로 이해하는 태도가 필요하다'를 고르면 된다.

단어 수명 / 연령 / 협업 / 갈등 / 야기하다 / 상사 / 무조건 / 충돌하다

2 글을 쓴 목적 고르기 [48]

1. ④ **2.** ④ **3.** ③ **4.** ④

1. ④

> 다양한 저작물 사이에서 표절과 관련된 의혹이나 분쟁이 끊이지 않고 있다. '표절'이라는 용어는 일반적으로 두 저작물 간에 실질적으로 표현이 유사한 경우는 물론, 전체적인 느낌이 비슷한 경우까지 폭넓게 사용되고 있다. 이러한 표절은 타인의 저작물을 자신이 창작한 것처럼 속였다는 도덕적 비난이 강하게 내포되어 있다. 그러나 표절이라고 평가하기 전에 주의해야 할 것이 있다. (   ) 비교하는 대상이 저작물에 해당하지 않거나 저작권법의 보호 대상이 아닌 아이디어의 영역이 유사한 경우까지 표절이라는 용어를 사용한다는 점에서 아이디어 자체는 보호하지 않고 창작성 있는 구체적인 표현만을 보호하는 저작권 침해와 구별해야 할 필요성이 있다.

▶ 위 글은 표절과 저작권 침해에 대한 글인데 글의 중심 생각을 파악하기 위해 뒤에서부터 한두 문장을 꼼꼼하게 읽어 봐야 한다. 글의 뒷부분에 '표절이라고 평가하기 전에 주의해야 하고, 저작권 침해와 구별해야 할 필요성이 있다.'는 내용이 나오기 때문에 선택지 중 가장 유사한 의미인 '④ 표절과 저작권 침해와의 차이를 설명하기 위해서'를 고르면 된다.

단어 저작물 / 표절 / 분쟁 / 유사하다 / 내포되다 / 보호하다 / 침해 / 구별하다

2. ④

> 오늘날 지역 이기주의는 다양한 사회적 문제를 야기하는 부정적인 현상으로 평가된다. 그러나 민주주의의 관점에서 지역 이기주의는 민주주의의 미완성에서 비롯된 것이라는 입장으로 볼 수 있다. 지역화된 이익을 추구하는 것은 민주주의적 다원성이 일반화된 국가에서는 보편적인 현상이다. 그러나 이러한 이해관계가 지역 갈등과 지역 이기주의라는 형태로 나타난다는 것 자체가 우리 사회에 다원주의가 자리잡고 있지 못하다는 사실을 알려준다. (   ) 지역 이기주의는 민주주의의 부정적인 단면으로 이해되어서는 안되며 오히려 보다 높은 민주주의를 향한 과정의 하나로 인식되어야 한다. 다만 문제는 지역 이기주의를 민주주의라는 가치 하에서 어떻게 적절하게 순화시키며 다양한 이해관계 속에서 합의를 도출시킬 수 있는 제도적 완충 장치를 마련되어야 할 것이다.

▶ 위 글은 지역 이기주의에 대한 글인데 같은 유형이지만 문항

[22]보다 표현된 어휘 및 문형의, 내용의 난이도가 높다. 그러므로 글의 중심 생각을 파악하기 위해서 상대적으로 뒷부분을 한두 문장 더 보는 것이 좋다. 글의 뒷부분에 '지역 이기주의를 부정적인 단면으로 이해하지 말고 높은 민주주의 과정의 하나로 인식되어야 한다.'는 내용이 나오기 때문에 선택지 중 가장 유사한 의미인 '④ 지역 이기주의에 대한 새로운 시각을 제시하려고'를 고르면 된다.

> **단어** 지역 이기주의 / 추구하다 / 다원성 / 보편적 / 순화 / 합의 / 도출시키다 / 완충

3. ③

> 최근 돈을 벌기 위해 일하지 않고 일할 계획이 없는 청년 무직자, '니트족'이 증가하고 있는 추세다. 우리나라 '청년 니트족' 비중이 증가함에 따라 국가적으로 큰 경제적 손실이 발생하고 있다. 저출산과 고령화 현상으로 인한 인구구조 변화와 함께 생산가능인구가 지속적으로 감소하고 있는 상황에서 청년 니트족은 노동력 부족 문제를 더욱 심화시키고 있다. ( ) 전문가들은 향후 청년층 니트족들을 노동 시장으로 유도하기 위해 대안을 마련해야 한다고 입을 모은다. 대안을 마련하기 위해서는 니트의 근본적인 문제를 해결해야 한다. 사회 생활에 대한 두려움, 취업 의욕 상실 등의 문제를 해결하기 위해서는 청년층을 위한 취업 지원과 심리 상담 프로그램이 필요하다. 뿐만 아니라 니트족 비중 감소를 위해 투자와 노동 시장 개혁, 일자리 창출 등의 문제도 개선해야 한다.

▶ 위 글은 청년 니트족에 대한 글이며 글의 중심 생각을 파악하기 위해서 글의 뒷부분을 꼼꼼하게 보는 것이 좋다. 글의 뒷부분에 '취업 지원, 심리 상담 프로그램이 필요하다, 투자, 노동 시장 개혁, 일자리 창출 등의 문제도 개선해야 한다' 등의 표현이 제시된다. 선택지 중 가장 유사한 의미가 나타난 '③ 청년 니트족 문제의 해결 방안을 살펴보기 위해'를 고르면 된다.

> **단어** 무직자 / 손실 / 생산 / 심화 / 유도하다 / 대안 / 근본적 / 개선하다

4. ④

> 헬리콥터 부모란 자녀의 양육과 교육에 지나칠 정도로 관심을 쏟는 부모를 일컫는 용어다. 이름과 같이 헬리콥터처럼 자녀의 머리 위를 맴돈다고 해서 붙여진 이름이다. 헬리콥터 부모는 자녀의 청소년기를 넘어서 성인이 되어서도 영향력을 행사한다. 대학에서는 자녀의 성공적인 취업을 위해 학점에 문제가 생기면 말도 안 되는 이유로 항의하거나 자녀의 출석 시간을 위해 부모가 대신 대리 출석하는 경우도 있다. ( ) 헬리콥터 부모는 자녀의 사생활에도 간섭한다. 자녀의 SNS 게시물에 대해 참견하고 자녀의 일상생활을 하루종일 살핀다. 이러한 헬리콥터 부모는 자녀에게도 나쁜 영향을 준다. 가까운 곳에서 모두 챙겨주는 헬리콥터 부모 때문에 자녀들은 성년이 되어도 스스로 결정하지 못하고 자기 결정 장애를 앓고 살아가게 된다는 견해가 있다.

▶ 위 글은 헬리콥터 부모에 대한 글이며 글의 중심 생각을 파악하기 위해서 글의 뒷부분부터 한 문장씩 꼼꼼하게 보는 것이 좋다. 글의 뒷부분에 '자녀에게 나쁜 영향, 스스로 결정하지 못하고 자기 결정 장애를 갖게 된다' 등의 내용이 제시된다. 선택지 중 가장 유사한 의미가 나타난 '④ 헬리콥터 부모가 자녀에게 미치는 영향을 제시하기 위해'를 고르면 된다.

> **단어** 양육 / 지나치다 / 맴돌다 / 행사하다 / 항의하다 / 간섭하다 / 참견하다 / 앓다

유형 ⑧ 인물의 심정 및 태도 고르기

■ 밑줄 친 부분의 인물의 심정 고르기 [23 · 42]

1. ② **2.** ② **3.** ② **4.** ①

1. ②

> ⓐ 친구가 약속 시간에 늦는다기에 근처 카페에서 커피를 마시며 기다리기로 했다. 따뜻한 커피를 한 잔 주문하고 밖이 보이는 곳에 자리를 잡아 앉았는데 내 옆에는 서너 살쯤 돼 보이는 아이와 엄마가 앉아 있었다. 엄마는 아이를 제자리에 앉히려고 했지만, 어찌나 활기 넘치는 녀석인지 도통 말을 듣지 않아 애를 먹고 있는 모양이었다. 3분쯤 지나 주문한 커피를 받아서 들고 오니 그 짧은 사이에 무슨 일이 있었는지 ⓑ 아이 엄마의 음료는 반쯤 쏟아져 있었고, 아이는 그 와중에도 가만히 있지를 못해 엄마는 한계에 다다른 모습이었다.
> 그때 "너 자꾸 이렇게 말 안 들으면 이 이모한테 아주 혼쭐내달라고 할 거야!"라며 아이 엄마는 대뜸 나를 가리켰다. ⓒ 이 여성은 아이에게 따끔하게 뭔가 한마디 해 달라는 듯한 눈빛을 나에게 연신 보냈다. <u>조카도 없는 나는 생전 처음 겪는 일에 ★어찌할 바를 몰라 멀뚱멀뚱 서 있기만 했다.</u> 결국 어색한 분위기에 나는 "그러지마…!"라고 아이에게 작게 읊조리고 조용히 자리에 앉았다.

ⓐ '나'는 친구를 기다리고자 카페에 갔고 옆자리에 아이와 엄마가 앉았다.
ⓑ 아이가 음료를 쏟아 엄마는 매우 화가 났다.
ⓒ 엄마는 '나' 대신 혼내주기를 바라고 있다.
→ 그러나 '나'는 ★에 나타난 바와 같이 어떻게 해야 할지 모르겠다고 하였으므로 정답은 '② 곤란하다'이다.

> **단어** 활기 / 쏟아지다 / 한계에 다다르다/ 어색하다

2. ②

> ⓐ 누구보다 수학을 싫어했던 나는 중학교 2학년 때 우리 반에 들어오신 수학 선생님 덕분에 수학에 흥미를 갖게 됐다. 언제나 인자한 미소에 어딘가 모르게 푸근한 느낌이 들던 그 선생님은 학생들에게 제2의 엄마 같은 존재였다. 나 역시도 누

구보다 선생님에게 많이 의지했고, 선생님과 더 이야기하고 싶고 가까워지고 싶은 마음에 수학 공부에 열중하게 되었다. 다만 남들보다 기초가 부족했던 터라 쉬운 문제도 따라가기가 벅찼고 종종 선생님께 따로 질문을 드리곤 했다. 처음에는 질문을 하는 것조차 부끄러웠지만 ⑧ 용기를 내서 질문한 내가 기특하다며 예뻐해 주시는 선생님 덕분에 자연스레 방과 후 교무실에 질문을 드리러 찾아가는 것이 하나의 일상이 됐다. 하루는 교실 청소를 마치고 평소보다 좀 늦게 수학 질문을 하러 교무실에 갔는데 교무실 안에서 ⓒ 수학 선생님과 옆자리 역사 선생님이 이야기를 나누는 소리가 들렸다.

"오늘은 걔가 웬일로 안 온대?" "몰라, 귀찮아 죽겠어. 수학 질문 지겹다니까 정말."

나는 교무실 문 앞에서 ★고개를 숙인 채 한참을 서 있었다. 천사 같던 선생님의 미소가 머릿속에서 일순간 사라졌다. 선생님의 속마음도 모르고 매일 찾아온 내가 한심하고 바보 같았다. 나는 두 번 다시 교무실에 찾아가지 않았다.

Ⓐ '나'는 수학 선생님 덕분에 수학에 흥미가 생겼다.
Ⓑ 방과 후 수학 선생님께 자주 질문을 드렸다.
ⓒ 수학 선생님이 글쓴이를 지겹다고 한 대화를 듣게 되었다.
→ 그래서 '나'는 ★과 같이 행동하였으므로 정답은 '② 실망하다'이다.

단어 존재 / 의지하다 / 종종 / 마치다

3. ②

이런 시골은 싫다며 죽기 살기로 공부해서 서울에 있는 대학교에 들어간 후, 서울에 있는 회사에 취직해서 Ⓐ 홀로 타향살이를 한 지 어느덧 15년이 흘렀다. 20대 중반까지는 서울이 최고라며 내 눈에 흙이 들어와도 돌아가지 않겠노라 다짐했지만 회사 생활에 지쳐 집에서 혼자 맥주로 목을 축일 때면 ⑧ 언제부턴가 "그래, 깡촌에 진짜 아무것도 없었지만, 그때도 나름대로 좋았지."라고 생각하는 날이 늘었다. 인간은 원래 내 손 안에 있을 때는 소중함을 모른다고 하더니 고향을 떠나고 나서야 불현듯 느껴지는 소중함이었다. 회사와 집을 무한 반복하는 쳇바퀴 같은 일상은 도시의 화려한 네온사인도, 2호선을 타고 지날 때 보이는 한강과 63빌딩의 번쩍임도 무색하게 만들었다.

"김치는 있어? 밥은 잘 챙겨 먹는 거야?"
"김치 있어. 보내지 마. 저번에 받은 것도 다 못 먹었어."
"그거 얼마나 된다고 아직도 다 못 먹었어? 밥 먹고 다니는 거 맞아?"
"에휴, 맞대도…. 엄마 나 피곤하다 끊을게."
"주원아!"

점점 마음속 어딘가가 텅 비어가는 게 전화를 타고 전해졌는지 늘 하는 안부 전화를 끊고 며칠이 지난 뒤 부모님과 부모님 댁 근처에 사는 언니 부부까지 모두 서울로 놀러 오겠다고 하는 게 아닌가. 처음엔 성가시게 단체로 뭘 오냐고, 오기만 해보라고 큰소리를 쳤지만 못 이기는 척 어느새 역에서 집까지 오는 법을 꼼꼼하게 알려주는 나를 발견했다. ⓒ 그동안 내

가 말을 안 하면 아무 소리도 안 들리던 집에서 대여섯 명의 목소리가 쉴 새 없이 들리니까 귀찮기도 했지만 그 소음이 싫지 않았다. 사람 사는 게 이런 거구나. 정말 오랜만에 느꼈다.

"반찬 떨어지면 얘기해. 굶지 말고"
"내가 무슨 초등학생이야? 혼자 밥도 못 차려 먹게."
"엄마가 얘기할 때 그냥 고맙다고 해."
"언니는 진짜 내 편은 안 들고…. 빨리 가 이제!"
"저 성질머리는 진짜. 간다 가!", "처제 잘 있어. 또 올게!"
"다들 조심히 가요! 도착하면 전화하고!"

서울역에서 가족들을 배웅하고 집으로 돌아왔다. 여느 때나 다름없는 조용함이었지만 ⓒ 이틀간 시끌벅적했다고 갑자기 이 적막함이 너무나도 낯설게 느꼈다. 집도 텅 비었지만 ★ 내 마음속이 텅 비어버린 것만 같았다. 그리고 그날 나는 결심했다. 이제 그만 고향으로 돌아가자고.

Ⓐ '나'는 15년간 서울에서 타지 생활을 했다.
Ⓑ 타지 생활에 지쳐 고향에 돌아가고 싶은 마음이 들기 시작했다.
ⓒ 가족들이 '나'를 보러 서울에 와서 안도감을 느꼈다. 그 후 가족들이 돌아가고 조용해진 집이 어색했다.
→ 그래서 글쓴이는 ★과 같이 집처럼 '마음'도 텅 빈 것 같다고 했으므로 정답은 '② 허전하다'이다.

단어 홀로 / 타향 / 비다 / 안부 / 배웅하다 / 낯설다

4. ①

Ⓐ 나는 삼수를 하고 대학에 들어간 탓에 동기들보다 언제나 형, 누나였지만 가정 형편이 넉넉하지 않아 아르바이트로 생활비에 학비까지 벌어야 하니 마음 놓고 "오늘은 형이 살게!" 소리 한번 못 한 채 대학 생활이 끝났다. 입학할 때는 세 살 차이였지만, 학비를 마련해야 하니 휴학, 복학이 반복되어 졸업할 때쯤엔 같이 수업을 듣는 학생들보다 못해도 여섯, 일곱 살은 더 위였다. 나이가 많다고 꼭 밥을 살 필요는 없지만 그래도 한 번 정도는 동생들에게 학식 한 그릇 사주고 싶은 그런 날이 있지 않나. 아쉽게도 학교를 다니는 내내 멋있게 한턱낼 수 있는 날은 오지 않았다. 오히려 아르바이트에 시달리는 날 보며 동생들이 밥은 챙겨 먹고 일하는 거냐고 간식거리를 건네주곤 했었다.

그중에서도 Ⓑ 영진이는 나를 잘 따르고, 가끔은 나보다 더 형처럼 챙겨주던 녀석인데 다시 수능 준비를 하겠다며 휴학을 했고 나는 마침 그때 군 복무가 시작되어 자연스레 연락이 끊겼다. 요즘 같아선 인터넷으로 이런저런 연결고리를 금방 찾을 수 있지만 내가 학교 다닐 때는 삐삐가 전부였던 세상이라 한번 연락이 끊기면 좀처럼 찾기가 어려웠다. 더군다나 영진이는 독한 마음을 먹고 공부하겠다고 동기들, 선후배들과도 연락을 끊고 잠적했던 터라 더더욱 멀어질 수밖에 없었다.

그렇게 세월이 흘러 나는 두 딸의 아버지가 되었다. 주말에 친구 모임에 다녀오겠다는 아내를 약속 장소에 데려다주고 집에 곧장 돌아오려 했으나 외식하자고 떼를 쓰는 딸들의 외침에 못 이겨 결국 한 식당에 들렀다. 그런데 어디에서 많이 본

얼굴이 "어서 오세요!"라고 우렁찬 인사를 하는 것이 아닌가. 영진이었다. 나는 너무나도 반가운 마음에 잡고 있던 딸아이의 손도 놓은 채 "야! 영진아!"라고 소리치며 달려갔고, 영진이도 나를 알아보고는 "형!"이라며 덥석 안겼다. 식사를 마치고 서로 얼마 만이냐, 그동안 어떻게 지냈냐 한참을 떠들고 나니 딸아이들은 심심함에 지쳐 의자에 앉아 졸고 있었다. 더는 안 되겠다 싶어서 © 계산하려고 바지 뒷주머니에 손을 넣었는데 아무것도 없었다. 나는 순간 ★몸이 얼어붙은 것처럼 일시 정지 상태가 되었다. 바지 앞주머니인가? 식당 의자 밑에 떨어졌나? 차 안에 있나? 지갑의 행방을 생각해보니 원래 아내만 데려다주고 곧장 집에 돌아갈 예정이었기에 집에서 들고나오지 않은 것이 떠올랐다. 결국, 사정을 말하고 집에 가서 지갑을 가져온 후 음식값에 용돈을 조금 보태 영진이 손에 쥐어주고 왔다. 모처럼 멋있는 선배가 돼보려고 했는데 하늘도 무심하다는 생각을 하며 집에 돌아왔다.

Ⓐ '나'는 삼수를 해서 대학에 갔고 가정 형편이 어려워 동기 동생들에게 밥을 사줄 상황이 아니었다.
Ⓑ 영진은 그런 '나'를 도왔지만 연락이 끊겼다.
Ⓒ 영진의 가게에서 재회한 '나'는 계산하려고 했으나 지갑을 찾지 못했다.
→ 그래서 '나'는 ★과 같이 순간 행동이 멈춰졌다는 것이므로 정답은 '① 당황스럽다'이다.

단어 형편 / 넉넉하다 / 챙기다 / 세월이 흐르다

② 밑줄 친 부분의 인물의 태도 고르기 [50]

1. ① **2.** ④ **3.** ④ **4.** ②

1. ①

수도권 외국인 거주자 수가 역대 최고치를 기록하면서 Ⓐ 각 자치구에서는 재활용품 분리 수거 배출에 대한 안내 책자를 다국어로 번역하여 외국 국적 주민들에게 배부하기로 했다. 세계 최고 수준의 재활용률을 유지하기 위해서는 매우 세부적인 규제가 요구되는데 한국어에 익숙하지 않은 외국인 거주자들이 이에 대해 모어가 아닌 다른 언어로 안내를 받고 이해하기에는 다소 어려움이 있다. 따라서 분리 수거 안내문을 각국의 언어로 번역하여 한국어 숙달도에 상관없이 쉽게 분리 수거에 참여할 수 있도록 장려하겠다는 취지이다. Ⓑ 그러나 각 자치구에서 언어권 별로 안내문을 외국인 거주자에게 우편 배송하기 위해서는 많은 시간과 노력이 필요하다. 또한 무사히 주민들에게 안내문이 전달되었다 할지라도 Ⓒ 이를 보고 얼마나 적극적으로 관심을 가질지, 실천으로 옮길지는 미지수이므로 ★많은 난관이 예상된다. 그러므로 해당 서비스가 시행하기까지 예산 낭비에 그치지 않을 방안을 구체적으로 모색해야 할 것이다.

Ⓐ 외국인 주민에게 재활용 안내 책자를 배부하고자 한다.
Ⓑ 그러나 이를 위한 노력이 많이 필요하다.
Ⓒ 배부되어도 주민들이 관심을 가질지 알 수 없다.
→ 따라서 글쓴이는 ★책자 배부가 이루어지기 까지 많은 어려움이 있을 것이라 생각한다. 따라서 정답은 '① 새롭게 시행되는 분리 수거 안내문 전달 서비스의 실효성을 우려하고 있다.'이다.

단어 기록하다 / 재활용품 / 분리 수거 / 안내 / 배부하다 / 낭비 / 방안

2. ④

Ⓐ 올해 전기차에 대한 보조금의 세부적인 내용이 대폭 개정될 예정이다. Ⓑ 그동안 전기차를 구매할 때만 일부 세금이 면제된 반면, Ⓒ 올해부터는 구매 후에도 전기차를 유지하는 데 실질적으로 도움이 될 만한 혜택들이 대거 등장하여 ★운전자들의 부담을 대폭 덜 것으로 보인다. 전기차 보급에 박차를 가하기 위해 내놓은 안들을 구체적으로 살펴보면 고속도로 통행료 할인안 개편, 개별 소비세 및 취득세 면제, 자동차세 감면, 공영 주차장 주차요금 일부 면제 등이 있다. 일부 시간대에만 할인이 되던 고속도로 통행료를 모든 시간대로 확대하고, 공영 주차장 이용 시 두 시간에 해당하는 요금을 감면하겠다는 것이다. 또한 전기차 구매의 진입 장벽을 낮추고자 차량 구매 및 유지에 필수 불가결한 세금도 매우 파격적인 감면안을 제시하고 있어 전기차 구매를 희망하는 사람들에게는 좋은 소식이 될 전망이다.

Ⓐ 전기차 보조금의 내용이 개정될 예정이다.
Ⓑ 이전에는 일부 세금만 면제가 됐다.
Ⓒ 개정 후에는 전기차 구매자들의 누릴 혜택이 더 많아질 예정이다.
→ 글쓴이는 이에 대해 ★과 같이 전기차 구매자들에게 도움이 될 것이라 예상하고 있다. 따라서 정답은 '④ 전기차 보유자들이 누릴 수 있는 실질적인 혜택이 늘 것으로 예측하고 있다.'이다.

단어 개정되다 / 면제 / 해당 / 유지 / 세금

3. ④

국내 최대 규모의 Ⓐ 포털 사이트 이티아에서는 지난달 15일부터 말일까지 모든 기사에 실명으로만 댓글을 달 수 있게 하였다. 유명인, 일반인을 막론하고 악성 댓글로 피해를 입는 사건이 끊이지 않자 이에 극약처방을 한 것이다. 해당 사이트는 작년부터 Ⓑ 연예 관련 기사에 한하여 댓글 창을 닫아 두었지만 악성 댓글을 줄이기 위한 근본적인 해결책이 될 수 없다고 판단하여 이와 같은 결단에 이르렀다고 설명한다. Ⓒ 일부에서는 익명성의 보장이야 말로 인터넷의 장점인데 이티아의 결정을 이를 무시하였을 뿐만 아니라 사생활 침해가 될 수 있다고 주장하였으나 ★악성 댓글이 만연한 인터넷 세상에 경종을 울렸다는 측면에서 의미가 깊다. 보름간 댓글 실명제를 도입한 결과 악성 댓글은 76% 감소하였고, 익명으로 댓글을 남길 때보다 훨씬 양질의 의견들이 제시되었다는 평이 주를

정답 및 해설

이루었다. 또한 이티아 사용자들 역시 다시 댓글 실명제를 시행하는 데 찬성한다는 의견이 62%로 반수 이상 긍정적인 평가를 내렸다.

Ⓐ 포털 사이트에서 댓글 실명제를 도입했다.
Ⓑ 댓글창을 닫은 적도 있지만 악플 감소를 위한 근본적인 해결책이 아니라고 판단했다.
Ⓒ 사생활 침해가 될 수 있다고 주장도 있다.
→ 그러나 글쓴이는 이에 대해 ★과 같이 악성 댓글이 너무 많은 현황에 경고를 할 수 있었다고 높이 평가한다. 따라서 정답은 '④ 악성 댓글이 당연시되는 인터넷 문화를 되돌아보게 한 것을 긍정적으로 평가했다.'이다.

단어 최대 / 규모 / 실명 / 익명 / 보장하다 / 무시하다 / 긍정적

4. ②

국내 여행 열풍이 불면서 지역 특산물 경쟁이 가속화되는 가운데 Ⓐ 인주시에서는 누구에게나 친근한 과일을 고급 주류로 개발하여 큰 주목을 끌고 있다. Ⓑ 포도 생산량 전국 1위로 유명한 인주시는 그동안 부진해진 포도 판매량에 골머리를 앓고 있었는데 이를 만회하고자 포도로 주전부리, 잼 등의 가공 상품을 생산해 왔다. 그러나 포도로 만든 과자가 소비자에게는 다소 낯설어 구매로 이어지지 않았고, 잼은 너무 흔하다는 이유로 지역 특산물로써 특색을 갖추지 못해 판매가 저조하였다. 이에 Ⓒ 인주시는 지역 시민이라면 누구나 참여할 수 있는 특산물 아이디어 공모전을 열어 새로운 상품 개발에 주력하였는데 이 공모전에서 발탁된 아이디어 상품이 요즘 전국적으로 인기를 끌고 있는 포도 소주이다. 이 상품의 인기는 지역 부흥을 위해 시를 움직이는 결정은 일부 관료가 한다는 ★고정관념을 버리고 열린 정책을 시도하여 끌어낸 쾌거라 할 수 있다. 인주시는 시민들의 의견을 최대한 수렴하여 국내 굴지의 주류업체와 협업을 이루는 등 포도 소주 개발에 박차를 가했으며 농가와 구매자가 모두 만족할 수 있는 상품을 만들어냈다.

Ⓐ 인주시는 고급 주류를 개발하여 주목을 끌었다.
Ⓑ 인주시는 포도 생산량에 비해 판매가 저조했다.
Ⓒ 이에 공모전을 열어 포도 가공 상품 아이디어를 개발하고자 했다.
→ 글쓴이는 이와 같은 인주시의 결단을 '고정관념을 깬 쾌거'라 긍정적으로 평가하고 있다. 따라서 정답은 '② 시민들의 의견을 적극적으로 수용한 지자체의 판단을 높이 평가한다.'이다.

단어 열풍이 불다 / 주목을 끌다 / 소비자 / 고정관념 / 박차를 가하다

PART 2

[1~2] 빈칸에 문법 골라서 넣기

1. ④ **2.** ③ **3.** ① **4.** ①

1. ④

아르바이트를 (★하느라고) 방학 때 좀 바빴다.

▶ 아르바이드를 한다. → 방학 내 솜 바빴다.
앞의 내용인 '아르바이트를 한다'는 내용이 '방학 때 좀 바빴다.'의 〈원인〉 관계가 자연스러우므로 앞의 행동이 원인이 되어서 뒤의 결과가 동시에 생길 때 사용하는 '-느라고' 문법을 사용하는 것이 좋다. 따라서 정답은 '④ 하느라고'이다.

2. ③

어제 저녁에는 숙제를 (★하고 나서) 바로 친구를 만나러 갔다.

▶ 어제 저녁에는 숙제를 한다. → 바로 친구를 만나러 갔다.
평소의 습관이 아닌 '어제 저녁'이라는 특정한 시간의 경험을 설명하는 문장을 만들어야 한다. 어제 저녁에 숙제를 다 한 다음에 친구를 만나러 갔다는 연속되는 행동이 이어지는 것이 자연스러우므로 앞의 행동이 끝난 다음에 바로 이어지는 행동을 연결해 주는 '-고 나서'가 들어가는 것이 좋다. 따라서 정답은 '③ 하고 나서'이다.

3. ①

미리 표를 (★예매해야) 고향에 가는 비행기를 탈 수 있다.

▶ 미리 표를 예매한다. → 고향에 가는 비행기를 탈 수 있다.
앞의 '미리 표를 예매하는 것'이 '고향에 가는 비행기를 탈 수 있다'의 조건, 뒤의 결과를 위해 선행되어야 하는 행위가 되어야 하므로 뒤의 결과를 위해 필요한 것을 연결해 줄 수 있는 문법인 '-어야/아야/여야'를 선택하는 것이 좋다. 따라서 정답은 '① 예매해야'이다.

4. ①

공항에 도착하니까 가족들이 마중을 (★나와 있었다).

▶ 문법 '-(으)니까'를 통해 공항에 도착한 다음에 발견한 사실이 뒤에 나옴을 확인할 수 있다. 가족들이 마중을 나온 것을 발견했다는 생황이 자연스러우므로 〈상태〉를 보여 줄 수 있는 '-어 있었다' 문법을 사용한 '① 나와 있었다'가 정답이다.

[3~4] 밑줄 친 부분과 비슷한 문법 고르기

1. ② **2.** ② **3.** ③ **4.** ①

1. ②

> 발표를 할 때 너무 <u>긴장한 탓에</u> 실수를 많이 했다.

▶ '-는 탓에'는 부정적인 결과와 그 결과를 만든 〈원인〉을 함께 표현할 때 사용하는 문법이다. 따라서 선택지 중에 가장 비슷한 의미의 문법인 '-는 바람에'를 고르는 것이 좋다. 따라서 정답은 '② 긴장하는 바람에'이다.

2. ②

> 모르는 문제였지만 다른 사람들에게 무시를 당할까 봐 <u>아는 척했다.</u>

▶ '-는 척하다'는 진짜 그런 것은 아닌데 그런 것처럼 행동하고 연기할 때 사용하는 문법이다. 따라서 선택지 중에 가장 비슷한 문법인 '-는 체하다'를 찾아야 하므로 정답은 '② 아는 체했다'이다.

3. ③

> 어제 배탈이 <u>날 정도로</u> 많은 음식을 급하게 먹었다.

▶ '-을 정도로'는 '앞의 상황, 양, 수준으로'라는 뜻을 가진 문법이다. 선택지 중에서 '-을 만큼'과 같은 뜻으로 사용할 수 있으므로 정답은 '③ 날 만큼'이다.

4. ①

> 많은 사람들이 나를 한국인이라고 생각하지만 나는 한국어를 배우는 <u>학생일 뿐이다.</u>

▶ '-을 뿐이다'는 함께 사용한 명사 또는 앞의 의미 이상의 다른 것을 의미하지 않는다는 뜻을 가진 문법이다. 의미 또는 상황을 제한해 주는 기능을 한다. 따라서 선택지 중에 가장 비슷한 문법인 '-에 불과하다'를 고르는 것이 좋다. 따라서 정답은 '① 학생에 불과하다'이다.

[5~8] 주제어 고르기

1. ② **2.** ② **3.** ③ **4.** ④

1. ②

> **상쾌한 욕실을 간편하고 빠르게!**
> **찌든 때, 악취 한 번에 강력 제거!**

▶ '욕실, 찌든 때, 악취, 강력 제거'라는 핵심어를 통해 욕실 청소와 관련된 지문임을 알 수 있다. 따라서 정답은 '② 세제'이다.

단어 상쾌하다 / 악취 / 제거

2. ②

> 전문가와의 상담으로 더욱 효과적인 학습 방법을 찾아 드립니다. 학생 여러분, 저희만 믿고 따라오십시오!

▶ 핵심어를 통해 학생들이 전문가에게 학습 방법에 대한 상담과 수업 지도를 받는 장소임을 추측할 수 있다. 따라서 정답은 '② 학원'이다.

단어 전문가 / 상담 / 방법

3. ③

> 일회용 컵, 일회용 빨대 아직도 쓰시나요? 작은 실천이 아름다운 산과 바다를 지킵니다.

▶ 일회용 제품을 아직도 쓰냐는 문구를 통해 이를 지양해야 한다는 의미임을 알 수 있고, 이어 작은 실천으로 자연을 지킨다는 내용이 제시되었다. 따라서 정답은 '③ 환경 보호'이다.

단어 일회용 / 실천 / 지키다

4. ④

> **3000원 할인권**
> • 할인권은 다른 사람에게 양도할 수 없습니다.
> • 50,000원 이상 구매 시 사용할 수 있는 쿠폰입니다.
> • 다른 쿠폰과 중복 사용할 수 없습니다.

▶ 구체적으로 할인권을 언제 사용할 수 있고, 없는지에 대한 설명이 제시되었다. 따라서 정답은 '④ 사용 방법'이다.

단어 할인 / 양도하다 / 구매하다 / 중복

정답 및 해설

[9~12] 자료의 내용과 같은 것 고르기

1. ②　**2.** ④

1. ②

제1회 한국 전통 음식 박람회
여름 방학 동안 한국의 전통 문화에 대해서 알아보자!

Ⓐ • 일정: 5월 15일 ~ 5월 22일
  • 시간: 오전 10시 ~ 오후 6시
  • 장소: 서울 시청 앞
  • 입장료: 무료

※Ⓑ 입장권은 인터넷으로 예매하시거나 현장 예매하시면 됩니다.
※ⓒ 선착순으로 입장하신 다섯 분에게 문화상품권을 증정해 드립니다.

① 이번 박람회는 5월 한 달간 열린다.
→ Ⓐ 이번 박람회는 8일 간 열린다.
② 이번 박람회는 처음 열리는 행사이다.
→ ★ 정답
③ 입장권은 인터넷으로만 예매할 수 있다.
→ Ⓑ 입장권은 현장 예매도 가능하다.
④ 모든 관람객들에게 문화상품권을 선물로 준다.
→ ⓒ 선착순으로 입장한 5명의 관람객들에게 문화상품권을 선물로 준다.

단어 전통 / 박람회 / 일정 / 현장 / 선착순 / 입장하다 / 증정하다

2. ④

Ⓑ 자기 전에 음악을 듣는 것이 수면의 질을 낮출 수 있다는 연구 결과가 나왔다. ⓒ 이 연구에는 200명이 참여했으며 참가자들은 수면의 질과 음악 감상 습관 및 잠자기 전, 한밤중 깼을 때, 아침에 일어나자마자 특정 노래나 멜로디가 머릿속에서 끊임없이 맴도는 현상을 자주 경험하는지에 대한 설문에 답했다. ★전문가들은 우리는 보통 음악이 수면에 도움이 된다고 생각하지만 연구 결과, Ⓐ 음악을 더 많이 듣는 사람일수록 수면의 질이 나빴다고 밝혔다. 그러므로 음악을 듣는 시간을 조절하거나 가끔 휴식을 취하고, 자기 전에는 음악을 듣는 것을 피하는 것이 좋다고 조언했다.

① 음악을 적게 듣는 사람들은 수면의 질이 나쁘다.
→ Ⓐ 음악을 더 많이 듣는 사람일수록 수면의 질이 나쁘다.
② 자기 전에 음악을 듣는 것이 수면의 질을 높일 수 있다.
→ Ⓑ 자기 전에 음악을 듣는 것이 수면의 질을 낮출 수 있다는 연구 결과가 나왔다.
③ 연구에 참여한 참가자들은 자신의 음악 감상 습관을 밝히지 않았다.
→ ⓒ 연구에 참여한 참가자들은 자신의 음악 감상 습관을 밝혔다.

④ 많은 사람들은 자기 전에 음악을 듣는 것이 수면에 도움이 된다고 생각한다.
→ ★ 정답

단어 수면 / 맴돌다 / 현상 / 조절하다 / 피하다 / 조언하다

[13~15] 제시된 문장 순서 배열하기

1. ④　**2.** ④

1. ④

(가) '노블레스 오블리주'라는 말이 있다.
(나) 도덕적 책임과 의무를 다하려는 사회지도층의 노력으로 국민들을 한 데 모으는 긍정적인 효과를 기대할 수 있다.
(다) 이러한 의무는 최근 국내외 대기업 오너들의 실천으로 나타나고 있다.
(라) 이는 명예를 가진 사람이나 사회적 지위가 높은 사람에게 요구되는 높은 수준의 도덕적 의무를 뜻한다.

(1) (가)와 (다) 중에서 첫 번째 문장을 찾아야 한다.
(2) (다)는 '이러한 의무는'과 같이 앞 내용을 다시 가리키는 표현이 있으므로 첫 번째 문장이 될 수 없다.
(3) (가)로 시작하는 내용으로 구성하며 (가)의 뜻을 설명하는 (라)로 문장이 이어지는 것이 자연스럽다.
(4) 정답은 ④ (가)-(라)-(다)-(나)이다.

단어 도덕적 / 의무 / 지도층 / 명예 / 요구되다 / 수준

2. ④

(가) 먼저 혈액순환을 활발히 하기 위해 무의식 중에 다리를 떤다.
(나) 다리를 떠는 이유는 신체적인 이유와 정신적인 이유 두 가지로 설명할 수 있다.
(다) 전문가들은 이런 사람들이 불안 심리에 지배돼 있어서 태아 때 자궁 안에서 느끼던 모체의 심장박동을 다시 느끼기 위해 다리를 떤다고 한다.
(라) 다른 한편으로 정서불안증을 가진 사람들이 다리를 떤다.

(1) (나)와 (라) 중에서 첫 번째 문장을 찾아야 한다.
(2) (라)는 '다른 한편으로'라는 표현을 통해 앞선 문장에 반대 상황이 제시되어야 함을 알 수 있다. 그러므로 첫 번째 문장은 (나)로 시작해야 한다.
(3) (다)를 보면 전문가들이 '이런 사람들'을 설명하고 있으므로 (다) 앞에 (라)와 같이 '다리를 떠는 사람들'이 확실하게 언급되어야 한다.
(4) 정답은 ④ (나)-(가)-(라)-(다)이다.

단어 혈액순환 / 무의식 / 지배되다 / 태아 / 자궁 / 모체 / 심장박동 / 정서불안증

28

[16~18] 빈칸에 알맞은 내용 넣기 1

1. ③　2. ②

1. ③

> Ⓐ 살다 보면 누구나 다른 사람에게 사과해야 할 때가 있다. 이럴 때 Ⓒ 무엇보다 중요한 것은 사과하는 사람의 (잘못을 인정하는) 태도이다. 문제가 생긴 후 상대에게 곧바로 사과했다 하더라도 Ⓑ 진심이 보이지 않는 사과는 받지 않는 것보다 상대를 더 기분 나쁘게 하곤 한다.

Ⓐ 다른 사람에게 사과할 때가 있다.
Ⓑ 그러나 진심이 느껴지지 않는 사과는 상대를 더 기분 나쁘게 한다.
→ 그러므로 Ⓒ 무엇보다 중요한 것은 사과하는 사람의 (잘못을 인정하는) 태도이다.

단어 사과하다 / 태도 / 곧바로

2. ②

> 바쁜 일상을 살아가는 Ⓐ 현대인들은 거창한 식사보다 과일이나 우유로 간단하게 아침 식사를 해결하는 경우가 많다. 특히 먹기 편한 바나나, 사과 같은 과일은 Ⓑ 식사 대용으로 인기가 많은데 모든 사람에게 적합한 것은 아니다. Ⓒ 포드맵 (FODMAP)이 높은 과일이나 우유가 (체질에 맞지 않는) 사람이 먹을 경우 속을 더 불편하게 하기 때문이다.

Ⓐ 과일, 우유로 아침 식사를 대신하는 사람이 많다.
Ⓑ 그러나 모든 사람에게 적합한 것은 아니다.
→ 왜냐하면 Ⓒ 포드맵이 높은 과일이나 우유가 (체질에 맞지 않는) 사람이 먹을 경우 속을 더 불편하게 하기 때문이다.

단어 거창하다 / 간단하다 / 적합하다

[19] 접속사 넣기

1. ②　2. ③

1. ②

> Ⓐ 아빠들도 육아 휴직을 받을 수 있는 시대가 도래했다. 이미 일부 선진국에서는 남성들의 육아 휴직이 일반적인 제도가 되었다. (반면) Ⓑ 한국에서는 제도의 긍정적인 영향과는 별개로 남성들의 육아 휴직 사용을 낯설어하는 사람들이 많다. 비단 직장인뿐만 아니라 기업 역시 시행착오를 겪으며 제도의 허점을 개선하는 중에 있어 기업과 휴직 대상자가 육아 휴직 제도를 적극적으로 활용까지 다소 시간이 걸릴 것으로 보인다.

Ⓐ 아빠들도 육아 휴직이 가능해졌다.
Ⓑ 아직 육아 휴직 사용을 낯설어하는 남성이 많다.
→ 지문 앞의 내용과 상반되는 내용이 빈칸 뒤에 제시되었으므로 '② 반면'이 적절하다.

단어 육아 / 휴직 / 선진국 / 제도 / 시행착오

2. ③

> Ⓐ 가축의 몸에 눈을 그리는 것만으로도 맹수의 공격을 피할 수 있다는 연구 결과가 나왔다. 맹수의 공격으로 골머리를 앓던 축산업 종사자들과 한 대학교의 연구팀이 최근 5년간 연구한 결과, 가축의 엉덩이에 눈을 그리면 맹수의 공격이 대폭 줄어드는 것으로 나타났다. 이는 맹수들이 항상 다른 동물의 뒤쪽에서 공격하는 성향을 역으로 이용한 것인데 몸 앞뒤의 구분이 모호하도록 엉덩이에 눈을 그린 결과 공격을 멈추었다는 것이다. (게다가) Ⓑ 눈이 아니라 엉덩이에 선만 긋더라도 아무것도 그리지 않은 가축들이 공격을 받는 수보다 크게 감소한 것으로 확인되었다.

Ⓐ 가축의 엉덩이에 눈을 그리면 맹수의 공격을 피할 수 있다.
Ⓑ 눈이 아니라 선만 그려도 공격이 줄어든다.
→ 지문 앞의 내용에 더해지는 내용이 나왔으므로 '③ 게다가'가 자연스럽다.

단어 맹수 / 공격 / 축산업 / 대폭 / 줄어들다

[20] 글의 내용과 같은 것 고르기 1

1. ③　2. ④

1. ③

> Ⓑ 우유는 몸에도 좋지만 상한 뒤에도 활용할 수 있는데 모르는 사람들이 많다. 작은 얼룩이 생겼을 때 굳이 드라이클리닝을 맡기지 않아도 Ⓐ 우유를 뿌린 후 칫솔로 문질러서 물로 충분히 헹구면 된다. (　　　　) 광택 효과가 뛰어나서 Ⓒ 구두나 가죽 가방, 소파에 우유를 적신 천으로 문지르면 광이 난다. 이러한 우유는 잡내 제거에도 효과가 있기 때문에 ★우유에 약 10분 정도 고기나 생선을 담가 두면 잡내가 사라지고 육질이 더욱 부드러워진다.

① 얼룩이 생겼을 때 우유로 ~~충분히 헹구면 된다~~.
　→ Ⓐ 얼룩이 생겼을 때 우유를 뿌리고 칫솔로 문지른 후에 물로 헹궈야 한다.
② 우유는 상한 뒤에 ~~마실 수 없기 때문에 버리는 것이 좋다~~.
　→ Ⓑ 우유는 상한 뒤에 다양하게 활용할 수 있다.
③ 우유를 적신 천으로 구두를 닦으면 새 구두처럼 빛이 날 수 있다.
　→ ★ 정답
④ 우유에 10분 정도 고기나 생선을 넣어 두면 좋지 않은 냄새가

정답 및 해설

생길 수 있다.
→ ⓒ 우유에 고기나 생선을 넣어 두면 잡내를 제거할 수 있따.

단어 활용 / 굳이 / 문지르다 / 헹구다 / 광택 / 잡내 / 제거 / 육질

2. ④

> ⒜ 지자체의 많은 노력에도 불구하고 무단횡단을 하는 사람들의 수는 증가하고 있다. ⒝ 그 이유는 자신이 가려는 목적지를 빨리 가려는 마음이 앞서거나 바쁜 일상에 쫓겨서 시간을 단축하려고 하기 때문이다. (   ) 무단횡단 자체를 대수롭지 않게 생각하기 때문에 무심코 하게 된다는 이유도 있다. ⒞ 이러한 행동은 자신을 위험에 스스로 노출시키는 것이다. 도로 위의 안전은 자신 스스로 지켜야 하며 교통법규를 준수하여 ★안전한 교통 문화 정착을 위해 모두가 노력해야 한다.

① 무단횡단 문제에 대해 지자체는 ~~관심어 없다.~~
→ ⒜ 지자체는 무단횡단 문제에 많은 관심을 가지고 노력했다.
② 무단횡단을 하는 ~~이유는 하나이기 때문에 쉽게 해결될 수 있다.~~
→ ⒝ 무단횡단을 하는 이유는 다양하다.
③ 무단횡단은 ~~다른 사람을~~ 위험에 노출시키는 행위라고 할 수 있다.
→ ⒞ 무단횡단은 자신을 스스로 위험에 노출시키는 것이다.
④ 사고가 나지 않는 안전한 도로를 위해서 모두의 노력이 필요하다.
→ ★ 정답

단어 지자체 / 무단횡단 / 단축하다 / 자체 / 대수롭다 / 무심코 / 준수하다 / 정착

[21] 관용표현 넣기

1. ③   2. ①

1. ③

> 평균 수명이 늘어남과 동시에 혼자 사는 노년층이 급속도로 증가하고 있다. 특히 ⒜ 질병이 있는 노인들은 사회적 사각지대에 놓여 적절한 보살핌을 받지 못하는 경우가 많다. 이 중에서도 가장 문제가 되는 것은 치매 노인들이다. 자신을 온전히 챙기기 어려운 심신 상태에서 세금이 미납되어 살 곳을 잃거나 법적 분쟁이 휘말리기도 한다. ⒝ 바로 옆집에 사는 이웃과도 (담을 쌓고) 지내는 현대인들이 많은 요즘, 사각지대에 놓인 노인들을 구제하기 위해 치매 공공후견인 제도가 시행되고 있다. 이들은 정기적으로 치매 노인들을 방문하여 이들의 생활 전반을 보필한다. 이처럼 시대의 흐름을 반영한 해당 제도는 향후 단계적으로 확대될 예정이다.

▶ 빈칸은 뒤에 이어 나오는 '현대인'을 수식하고 있는데 ⒜와 ⒝에

서 모두 '사각지대에 놓인' 노인들의 설명이 나온다. 따라서 이웃과의 소통이 단절되었다는 뜻의 '③ 담을 쌓고'가 정답이다.

단어 평균 / 질병 / 사회적 / 사각지대 / 분쟁 / 반영하다

2. ①

> 신문이나 잡지와 같은 인쇄물을 정기적으로 받아 읽는 것을 '구독'이라 한다. 그런데 요즘은 '구독'이라는 단어가 활자물에 한정되지 않고 꽃, 음식, 그림 심지어는 속옷에 이르기까지 다양한 물품들과 같이 사용되고 있다. 인쇄물 외에 다른 물품들의 '구독'이란 개개인의 취향에 맞춰 정기적으로 상품을 배송하는 시스템인데 ⒜ 처음에는 소비자의 취향을 고려하지 않고 업체가 임의적으로 상품을 선택한다. ⒝ 그러나 여러 번의 배송을 통해 고객의 의견에 적극적으로 (귀를 기울여) 개개인의 취향을 분석하고 정기적으로 이에 맞는 꽃이나 그림 등을 구독자에게 배송한다.

▶ ⒜에서 첫 구매 시에는 기업들이 구독자의 취향을 고려하지 않지만 ⒝에서 배송을 거듭하면서 적극적으로 취향을 분석한다고 하였다. 따라서 다른 이의 말을 집중하여 듣는다는 '① 귀를 기울여'가 정답이다.

단어 정기적 / 한정되다 / 취향 / 고려하다 / 임의적 / 배송하다

[22] 글의 중심 생각 고르기

1. ②   2. ④

1. ②

> 최근 들어 많은 직장인들에게 '투잡' 열풍이 불고 있다. 퇴근 후에도 영상 촬영과 편집, 강사 활동, 개인 사업 등 개인의 취미와 능력을 살려 '부업'을 이어간다. 단순히 미래에 대한 막연한 불안감이나 경제적인 문제 때문에 생긴 현상은 아니다. 직장인들은 어쩔 수 없이 부업을 하는 것이 아니라 스스로 부업을 선택한다. 직장인들은 부업을 통해 본업에서 느낄 수 있는 즐거움과는 다른 즐거움을 찾을 수 있기 때문이다. 뿐만 아니라 회사에서는 뽐내기 어려운 재능, 개성을 부업에서는 상대적으로 마음껏 나타낼 수 있기 때문에 이로 인해 얻게 되는 쾌감이 삶의 원동력이 된다.

▶ 위 글은 직장인들의 부업에 대한 글인데 글의 중심 생각은 보통 뒷부분에서 빠르게 파악할 수 있다. 글의 뒷부분에서 직장인들이 부업을 통해 본업과 다른 즐거움을 찾고 재능과 개성을 표현할 수 있어서 삶의 원동력이 된다는 내용으로 끝나기 때문에 선택지 중에서 가장 유사한 의미인 '② 부업은 직장인들에게 긍정적인 영향을 줄 수 있다'를 고르면 된다.

단어 열풍 / 부업 / 막연하다 / 뽐내다 / 쾌감 / 원동력

2. ④

　일본 작가의 책에서 알려지게 된 새로운 결혼의 형태가 있다. 부부가 이혼하지 않은 상태로 각자 자신의 삶을 즐기는 결혼 형태이다. 이를 '졸혼'이라고 부르는데 '결혼을 졸업한다'는 뜻이다. 졸혼을 통해 부부는 서로를 간섭하지 않고 각자 자유롭게 사는 생활할 수 있다. 졸혼 상태의 부부는 혼인 관계를 지속하면서도 각자의 삶을 살기 때문에 대개 정기적으로 만나며 좋은 관계를 유지한다. 결혼이라는 틀을 깨지 않고도 자유롭게 생활할 수 있다는 점에서 자녀들의 독립 후, 결혼과 부부 관계의 부담감에서 벗어나기 위해 졸혼을 선택하는 부부가 늘어날 것으로 보인다. 또한 늘어난 평균 수명으로 인해 과거보다 결혼 기간이 길어지면서 삶의 일정 기간은 오로지 자신에게 투자하려는 사람들이 늘었기 때문에 앞으로 졸혼의 증가는 더욱 가속화될 전망이다.

▶ 위 글은 졸혼에 대한 글인데 글의 중심 생각은 보통 뒷부분에서 빠르게 파악할 수 있다. 뒷부분에서 졸혼은 결혼 형태를 유지하며 자유롭게 생활할 수 있고 부부관계의 부담감에서 벗어날 수 있다는 장점과 평균 수명이 늘어났다는 내용이 나온다. 이러한 이유 때문에 졸혼의 증가가 가속화될 전망이라고 마지막 문장에 제시되기 때문에 선택지 중에서 가장 유사한 의미인 '④ 졸혼의 장점으로 인해 앞으로 많은 부부가 졸혼을 선택할 것이다.'를 고르면 된다.

단어 간섭하다 / 정기적 / 유지하다 / 틀 / 오로지 / 투자하다 / 가속화 / 전망

[23] 밑줄 친 부분의 인물의 심정 고르기 1

1. ④　**2.** ①

1. ④

　몇 달 전부터 소화가 안 되는 것 같다고 하던 Ⓐ 어머니께서는 고향에 있는 작은 동네 병원에서 대학 병원에 가 보는 게 좋겠다는 이야기를 듣고 내게 조심스레 전화를 걸었다. 고향에서 내가 사는 곳까지는 왕복 10시간이 넘게 걸리는 데다가 한 번에 올 수 있는 기차나 비행기도 없어서 큰마음을 먹고 와야 한다. 어머니는 전화기 너머 작은 목소리로 검사를 받고 결과가 나오는 일주일 동안 우리 집에 머물 수 있겠냐고 하셨다. Ⓑ 안 그래도 요즘 회사 부서가 바뀌어서 정신이 없는 데다가 어머니까지 오신다고 하니 Ⓒ 일도 잘 해내고 어머니도 잘 챙겨드릴 수 있을지 자신이 없어서 나도 모르게 ★한숨이 나왔다.
　전화를 끊고 일주일 후에 어머니는 우리 집으로 오셨다. 건강도 안 좋으시면서 무슨 반찬을 이렇게도 많이 싸서 오셨는지…. "일하느라 바쁜데 밥 할 시간이 어디 있냐."고 부엌에서 반찬을 정리하는 어머니를 보며 "엄마는 왜 사서 고생을 해!"

라고 괜히 큰소리만 쳤다. 못난 딸 걱정에 아픈 몸으로 꾸역꾸역 반찬을 만드셨을 어머니 모습을 생각하니까 눈물이 핑 돌았다. 어머니는 아무 말 없이 냉장고에 반찬을 하나하나 넣으셨다. 나는 그런 어머니를 뒤에서 꼬옥 안아 드렸다.

Ⓐ 어머니가 병원 검사를 위해 '나'의 집에 묵고 싶다고 했다.
Ⓑ 하지만 '나'는 회사 일이 바빴다.
Ⓒ 일과 어머니 간병 모두 잘 할 자신이 없었다.
→ 그래서 '나'는 ★에 나타난 바와 같이 현재 상황을 걱정하고 있다. 따라서 정답은 '④ 걱정스럽다'이다.

단어 소화 / 검사 / 한숨을 쉬다 / 괜히

2. ①

　초등학교를 졸업한 지 어느덧 20여 년의 세월이 흘렀다. 이런저런 이유로 한 번도 나가지 않았던 동창회지만 나이를 먹어서 그런지 옛 친구들이 그립기도 하고 지친 일상에서 벗어나 추억을 느끼고 싶다는 마음도 들어 Ⓐ 처음으로 옛 동창들을 만나러 갔다.
　언제나 수줍게 웃기만 하던 미선이, 같은 반 친구를 괴롭히는 애가 있으면 재빠르게 나서서 그러면 안 된다고 호령하던 은주, 그런 은주한테 언제나 혼나면서도 꼭 친구들한테 짓궂게 구는 재호, 모범생 영준이. 모두가 그리웠다. 그중에서도 Ⓑ 제일 보고 싶었던 친구는 1학년 때 첫 짝꿍이었던 재우였다. 언제나 배려심 깊고 마음이 따뜻했던 아이였는데 지금은 어떤 어른으로 자랐으려나….
　하나둘 모여 반갑게 인사를 나누고 기쁨의 환호성을 지르기도 하며 정신없이 시작된 동창회에 재우의 모습은 없었다. 분명 온다고 들었는데 재우가 나타나지 않자 아쉬움이 커졌다. 동창회가 절정에 다다를 무렵, 늦어서 미안하다며 허겁지겁 들어오는 사람이 있었다. 재우였다.
　재우는 나와 눈이 마주치자마자 나를 알아보았다. 우리는 그간의 소식도 전하고 추억도 중간중간 되짚어 보며 무수한 이야기를 나누었고 근래 들어 가장 즐거운 시간을 보냈다. 한두시간쯤 지나 가게를 나가려고 돌아섰을 때 직원이 실수로 맥주를 쏟았다. Ⓒ 재우는 순간 완전히 다른 사람이 되어 직원을 나무라다 못해 윽박지르며 화를 내기 시작했다. 나는 몇 마디 더 의미없는 대화를 나눈 후 조용히 동창회에서 나와 ★ 혼자 집으로 가며 오늘의 기억을 지워버렸다. 차라리 만나지 않았다면 좋았을 거라고 수없이 되뇌이며 길을 걸었다.

Ⓐ 글쓴이는 처음 초등학교 동창회에 갔다.
Ⓑ 배려심 깊은 재우를 제일 만나고 싶었다.
Ⓒ 재우는 실수한 직원에게 소리 지르며 화를 냈다. 이 모습을 보고 차라리 안 만났으면 좋았을 거라고 생각했다.
→ 그러므로 글쓴이는 ★에 나타난 바와 같이 재우와 만난 기억을 지웠다고 할 만큼 즐겁지 못하고 언짢은 상황이다. 따라서 정답은 '① 씁쓸하다'이다.

단어 괴롭히다 / 배려 / 마주치다 / 쏟다 / 나무라다

정답 및 해설

[24] 글의 내용과 같은 것 고르기 2

1. ①　**2.** ②

1. ①

> "저기…"
> 승우는 한참 뜸을 들였다. 나는 승우에게 무슨 일이라도 생긴 건 아닐까 내심 걱정이 됐다.
> "저기… 그러니까. 내 영화를 부산에서 상영한다고 하던데."
> 승우가 나지막이 말했다.
> "뭐라고? 너 영화 찍었어? 언제?"
> 영화를 그만둔다고 고향으로 간 승우가 고향에 가서 영화를 찍었다고 했다. ⑧ 아주 작은 영화. 돈이 거의 들지 않은 영화. 아무도 없는 스튜디오에서 찍었다고 했다.
> "너 시간 되면 보러 올래? 아니다. ★너 요즘 놀아서 시간 많잖아."
> 승우 말이 다 맞는 말이었는데 아무리 그래도 부산까지 가는 건 쉬운 일이 아니었다. ⓐ 그래도 승우 때문에, 승우의 영화 때문에 나는 버스를 타고 부산으로 갔다.

① 나는 요즘 일이 없어서 쉬고 있다.
　→ ★ 정답
② 승우는 내 영화를 보러 부산에서 올라올 것이다.
　→ ⓐ 내가 승우의 영화를 보러 부산에 갔다.
③ 승우는 많은 돈을 들여서 이번 영화를 제작했다.
　→ ⑧ 승우는 영화 제작에 돈이 거의 들지 않았다.
④ 나는 부산이 너무 멀어서 승우의 영화를 보러 가지 못했다.
　→ ⓐ 나는 승우의 영화를 보러 부산에 갔다.

단어 한참 / 뜸 / 내심 / 상영 / 나지막이

2. ②

> ⓐ 제임스가 청혼하자 은경은 거절하지 않았다. 다만 이렇게 물었다.
> ★"저는 이혼한 경력이 있어요. 당신은 내가 괜찮아요?"
> 제임스는 무조건 괜찮다고 했다. 왜냐하면 ⓒ 제임스가 생각하는 은경은 자기에게 정말 과분한 사람이었다. 특히 아이들을 사랑하는 모습이 좋았다. 은경은 가끔 생각한다. 제임스는 그때 자신을 사랑한 걸까, 아니면 자신의 아이도 좋아해 주고 잘 돌봐줄 사람을 구한 걸까 하고. ⑧ 은경은 미국에 오자마자 제임스의 딸을 만났다. 바로 마리였다. 마리는 그때 막 걸음마를 하던 아이였다. 은경은 아직 말을 못하는 마리에게 이야기했다.
> "내 이름은 은경이야. 언젠가 너도 네 이름을 말해주렴."

① 은경은 제임스의 청혼을 거절했다.
　→ ⓐ 은경은 제임스의 청혼을 거절하지 않았다.
② 은경은 제임스와 두 번째 결혼을 했다.
　→ ★ 정답
③ 은경에게는 마리라는 이름의 딸이 하나 있었다.
　→ ⑧ 제임스에게는 마리라는 이름의 딸이 있다.
④ 은경은 제임스가 아이를 사랑하는 모습을 특히 좋아했다.
　→ ⓒ 제임스는 은경이 아이를 사랑하는 모습을 특히 좋아했다.

단어 청혼 / 거절하다 / 이혼 / 경력 / 과분하다 / 막 / 걸음마

[25~27] 신문 기사 제목을 잘 설명한 문장 고르기

1. ④　**2.** ②

1. ④

> 얼어붙은 경기에도 명품 소비 '껑충', 미소 짓는 백화점

▶ '소비 껑충'이라는 것은 소비가 늘었다는 의미이므로 명품 소비 증가로 인해 백화점 업계가 호황이라 해석된다. 따라서 '④ 불황에도 불구하고 명품을 사는 사람들이 늘어 백화점 업계가 호황을 맞았다.'이다.

단어 얼어붙다 / 경기

2. ②

> 폭락하는 배춧값 예년 대비 절반, 대책 마련에 '빨간불'

▶ 배춧값이 계속 떨어지고 있으며 이에 대한 대책 마련이 시급하다는 내용으로 해석된다. 따라서 정답은 '② 급격하게 떨어진 배추 가격에 대한 대책 마련이 시급한 현황이다.'이다.

단어 폭락하다 / 대비 / 마련하다

PART 3

[28~31] 빈칸에 알맞은 내용 넣기 2

1. ② 2. ①

1. ②

> Ⓐ 장마철에 항상 무릎이나 허리의 통증을 호소하는 노인들을 쉽게 볼 수 있다. 단순히 노화로 인한 증상으로 볼 수도 있지만 날씨가 통증을 악화시키는 데는 과학적인 이유가 있다. Ⓒ (기압이 낮아지면) 관절 내부의 압력이 높아지는데 이때 관절 안에 있는 윤활액이 팽창하면서 통증을 느끼게 된다. 또한 Ⓑ 기압과 반대로 습도는 높아질수록 몸 안의 수분 증발을 막아 관절을 붓게 하여 통증을 유발한다.

Ⓐ 장마철에 관절 통증을 호소하는 노인이 많다.
Ⓑ 기압과 마찬가지로 습도의 영향을 받기 때문이다.
= Ⓒ (기압이 낮아지면) 관절 내부의 압력이 높아져 통증을 느끼게 된다.

단어 장마철 / 통증 / 호소하다 / 악화시키다 / 내부 / 유발하다

2. ①

> Ⓐ 한국 청소년들은 OECD에 가입한 다른 나라의 청소년들보다 평균 1시간을 덜 자는 것으로 나타났다. Ⓒ 입시 경쟁이 치열한 한국 사회에서는 (잠을 줄이면) 더 많은 공부 시간이 확보되어 학업 성취도가 향상될 것이라 여겨지곤 한다. 그러나 충분히 수면을 취한 학생들의 학업 성취도가 그렇지 않은 학생들의 학업 성취도보다 높은 것으로 나타났다. Ⓑ 이제는 짧은 수면 시간과 성적이 비례한다는 그릇된 인식을 바꾸어야 할 때이다.

Ⓐ 한국 청소년들은 다른 나라 청소년들보다 수면 시간이 짧다.
Ⓑ 수면 시간이 짧아질수록 성적이 좋아진다는 인식이 있다.
= Ⓒ 한국 사회에서는 (잠을 줄이면) 더 많은 공부 시간이 확보되어 학업 성취도가 향상될 것이라 여겨지곤 한다.

단어 수면 / 가입하다 / 평균 / 입시 / 경쟁 / 치열하다 / 향상되다

[32~34] 글의 내용과 같은 것 고르기 3

1. ① 2. ④

1. ①

> 한국의 전통 무술이라고 할 수 있는 Ⓑ 태권도는 경기 중에 손기술과 발기술을 사용하여 유효 타격 부위에 명중하면 점수를 얻게 된다. 손기술은 주먹의 앞부분을 이용한 공격이어야 하고 Ⓐ 발기술은 복숭아뼈 이하의 발 부위를 이용한 공격이어야 한다. 남녀 모든 경기 시간은 2분의 3회전으로 같다. Ⓒ 회전 간 휴식 시간은 1분이 주어지고 각 회전의 시작은 주심의 "시작!" 선언으로 개시되며 종료는 "그만!" 선언으로 종료된다. ★주심은 경기 결과를 승자의 손을 들어 선언하게 되는데 부상으로 인해 승자가 선수 위치에 서 있지 못할 때는 주심이 자신의 승자 쪽 손을 들어 경기 결과를 발표한다.

① 태권도 경기 결과는 주심이 알려준다.
→ ★ 정답
② 발기술은 무릎을 이용하여 공격해야 한다.
→ Ⓐ 발기술은 복숭아뼈 이하의 발 부위를 이용한 공격만 가능하다.
③ 태권도는 손기술로만 점수를 얻을 수 있다.
→ Ⓑ 태권도는 발기술도 점수를 얻을 수 있다.
④ 각 회전 간 3분 동안 휴식을 취할 수 있다.
→ Ⓒ 각 회전 간 1분의 휴식 시간이 주어진다.

단어 무술 / 유효 / 타격 / 복숭아뼈 / 주심 / 선언 / 개시 / 종료

2. ④

> Ⓑ 1840년 파리에서 태어난 화가 모네는 어렸을 때부터 공부보다 그림 그리기를 좋아했다. 이런 모네를 이해해주는 어머니가 어렸을 때 돌아가신 후, Ⓒ 장사를 도와주기를 원한 아버지와 사이가 좋지 않아 방황했다. 혼자 살고 있던 모네에게 아마추어 화가인 고모는 모네가 화가로서 성장하는 데 결정적인 도움을 주었다. ★고모의 도움으로 화가 글레이르의 화실에 들어가게 되었다. 여기에서 모네는 후에 인상주의 운동을 함께 할 평생의 동료들을 만났다. Ⓐ 1867년 모네는 이렇게 평생 그에게 많은 도움과 영향을 준 고모와 애인 카미유 사이에서 얻은 아들과 함께 바다가 있는 노르망디로 내려가서 마음의 안정을 얻고 많은 그림을 그리게 되었다.

① 모네는 1867년에 가족들과 함께 노르망디를 떠났다.
→ Ⓐ 1867년에 모네는 고모와 부인, 아들과 함께 노르망디로 갔다.
② 모네는 어렸을 때 그림 그리기보다 공부를 더 좋아했다.
→ Ⓑ 공부보다 그림 그리기를 더 좋아했다.
③ 모네의 아버지는 모네가 그림을 그리는 것을 응원하셨다.
→ Ⓒ 모네의 아버지는 모네가 그림 그리는 것을 좋아하지 않았다.

정답 및 해설

④ 모네는 고모 덕분에 인상주의 운동을 함께 할 동료들을 만날 수 있었다.
  → ★ 정답

단어 장사 / 방황 / 아마추어 / 성장 / 화실 / 인상주의 / 동료 / 평생

[35~38] 주제 문장 고르기 1

1. ③   2. ③

1. ③

> 해마다 어김없이 찾아오는 추석을 맞아 제사 음식과 더불어 추석 선물 준비로 고민하는 사람들이 적지 않다. ★시대에 따라 명절 선물의 종류는 매우 빠른 속도로 변화하였는데 당시에 선호되던 선물을 보면 시대상도 함께 엿볼 수 있다. 전쟁의 아픔과 상처를 치유하기에 바빴던 Ⓐ 1950~60년대에는 밀가루, 달걀과 같이 한 끼 배를 채울 수 있는 식품류가 최고의 선물이었다. 그러나 1970~80년대는 경제 개발과 더불어 질 좋은 의류, 가전제품 등의 선물이 인기를 끌었으며 1990년대부터 요즘에 이르기까지는 건강식품, 한우, 와인, 홍삼, 엄선된 과일과 같이 고급화된 선물이 대세이다. 이와 같은 현상은 단순한 부의 증가를 넘어 질적으로 풍족해진 삶을 더욱 윤택하게 보내고자 하는 국민들의 마음이 반영된 것으로 보인다.

▶ 주제 문장이 글 앞에 나타난 지문이다. 추석 선물이 시대에 따라 어떻게 변화하였는지를 설명하는 글이며 Ⓐ에서 1950년대부터 요즘에 이르기까지 시대에 따른 선호 선물을 나열하고 있다. 따라서 정답은 '③ 시대의 흐름에 따라 사람들이 선호하는 추석 선물은 다양하게 변화해 왔다.'이다.

단어 어김없다 / 제사 / 선호하다 / 변화 / 명절 / 전쟁 / 풍족하다

2. ③

> 인터넷을 통해 공유되는 영상 콘텐츠가 매우 빠르게 발전하며 다양한 정보 제공의 수단으로 급부상하는 요즘. Ⓐ 대중이 활자 정보에서 영상 정보로 시선을 돌리게 된 가장 큰 이유는 문자로 오롯이 담아내기 힘든 정보를 영상은 입체적이고 생생하게 전달할 수 있기 때문이다. 그러나 영상으로 집약된 정보를 얻는 데에 익숙해진 현대인들은 활자를 접하는 시간이 감소함에 따라 Ⓑ 문해력이 저하되는 새로운 문제를 겪고 있다. 이와 같은 현상을 현대판 난독증이라 일컫는다. 게다가 단편적인 영상으로 정보를 획득하기 때문에 새로운 지식을 접해도 깊은 사고로 이어지지 않아 Ⓒ 사유하는 힘과 집중력이 급감하고 있다. 현대인이 겪는 새로운 부작용을 줄이기 위해서 대책이 시급한 상황이다. 영상 콘텐츠의 확산을 막을 수 없다면 ★무분별한 영상 정보의 습득을 지양하고 활자 매체와의 적절한 공존이 반드시 이루어져야 할 것이다.

▶ 주제 문장이 글 뒤에 나타난 지문이다. Ⓐ에서 영상 콘텐츠가 인기를 끈 이유에 대해 설명하였으나 Ⓑ, Ⓒ에서 이로 일어나는 문제점을 지적하고 있다. ★에서 이에 대한 해결 방안을 제시하고 있으므로 정답은 '③ 영상 및 활자 콘텐츠를 모두 균형있게 활용하여 적절한 정보를 얻어야 한다.'이다.

단어 수단 / 담다 / 접하다 / 사고 / 부작용 / 대책 / 시급하다 / 무분별하다 / 지양하다

[39~41] 알맞은 곳에 〈보기〉 문장 넣기 1

1. ①   2. ④

1. ①

> 토론에서 타인을 설득한다는 것은 그 사람을 자신이 원하는 방향으로 움직인다는 것을 의미한다. (㉠) 직장에서 동료와 상사를 설득하는 일, 가까운 가족들과 친구들에게 내가 원하는 것을 이해시키는 일까지 설득은 인간과 뗄 수 없는 관계이다. (㉡) 이러한 설득은 상대방을 공감하는 능력에서 시작된다. (㉢) 상대방의 마음을 읽으면서 배려할 때 상대방은 마음의 문을 열게 되고 내가 원하는 방향으로 천천히 설득이 될 것이다. (㉣)

> ── 〈 보기 〉 ──
> 토론 뿐만 아니라 살면서 많은 사람들은 일상생활에서도 누군가를 설득하고 설득당하며 살아간다.

▶ 〈보기〉는 '토론'의 상황 이외에도 많은 사람들이 설득을 하고 반대로 당하며 살아간다는 내용이 나온다. 문장의 앞부분에서 '토론'을 언급하고 있기 때문에 바로 앞 문장에 '토론'에서의 설득과 관련된 내용이 나와야 한다. ㉠ 앞에서 토론할 때의 설득의 의미가 나오기 때문에 정답은 ① ㉠이다.

단어 타인 / 설득 / 동료 / 상사 / 공감 / 배려

2. ④

> 치킨 게임이란 상대방이 무너질 때까지 경쟁을 하는 것을 말한다. (㉠) 다시 말하면 어느 한 쪽이 양보하지 않을 경우 모두 파국으로 치닫게 되는 게임이다. (㉡) 원래 치킨 게임은 1950년대 미국 젊은이들 사이에서 유행하던 자동차 게임의 이름이었다. (㉢) 한밤중에 도로의 양쪽에서 두 명의 운전자가 자신의 차를 몰고 정면으로 돌진하다가 충돌 직전에 핸들을 꺾는 사람이 지는 경기이다. (㉣) 이 용어는 미국과 소련 사이의 극심한 군비 경쟁을 비판하는 용어로 차용되면서 국제 정치학 용어로 굳어지게 되었다.

> ── 〈 보기 〉 ──
> 그러나 어느 한 쪽도 핸들을 꺾지 않을 경우 승패가 결정되지 않은 데다가 결국 충돌해서 양쪽 모두 피해를 입게 된다.

▶ 〈보기〉는 치킨 게임의 원래 게임인 자동차 게임의 규칙을 설명하고 있다. 접속사 '그러나'로 시작하는 것을 통해 바로 앞 문장에서는 어느 한 쪽이 핸들을 꺾는다는 반대 내용이 나옴을 유추할 수 있다. ㉢ 앞에서 핸들을 꺾는 사람에 대한 내용이 있기 때문에 정답은 ④ ㉢이다.

단어 무너지다 / 경쟁 / 파국 / 치닫다 / 정면 / 돌진하다 / 충돌 / 극심하다

[42] 밑줄 친 부분의 인물의 심정 고르기 2

1. ④   2. ②

1. ④

　십여 년 전 어느 여름날. Ⓐ 내가 교단에 선 지 4개월 남짓의 시간이 흘렀을 때이다. 애써 담담한 척 분필을 잡고 있었지만, 남들 앞에만 서면 긴장하는 탓에 누가 봐도 어리숙한 내 모습은 마치 '신입 교사'라고 온몸으로 외치고 있는 듯했다.

　숫기도 없거니와 왜소한 체격의 나는 내 몸집의 두 배는 커보이는 녀석들에게 Ⓑ 만만해 보이지 않으려고 괜히 미간을 찌푸리거나 싸늘한 표정을 짓곤 했다. 임용고시에 합격한 후 선배들로부터 사춘기 남학생들은 무조건 기선제압이라고 귀가 닳도록 들었던지라 강해 보여야 한다는 강박에 짓눌렸던 것이리라. 지금 생각해보면 그런다고 누가 나를 무섭게 볼까 싶다만 당시엔 몇 날 며칠 밤을 새워 생각해 낸 묘안이었다. 학생들에게 더 다가가고 싶은 마음과 함께 행여 친해져서 '나를 무시하면 어떡하지?'라는 생각이 교차할 때마다 나는 결국 싸늘한 표정으로 무장하고 교실 문을 열었다.

　그렇다고 수업을 성의 없이 한다거나 학생들의 말을 무시하는 일은 일절 없었다. 마음속으로는 누구보다 내 첫 제자들을 사랑했고 언젠가는 진심이 전해지길 바랄 뿐이었다. 그렇게 시간이 흘러 계절이 바뀌어 세상이 온통 하얘진 어느 날, 나는 교무실에 남아 Ⓒ 학생들의 작문 숙제를 보다가 익살스러운 표현을 발견하여 나도 모르게 웃고 있었다. 그렇게 무방비 상태였던 내 어깨를 누군가가 톡톡 쳤다.

　"저 선생님…."

　"어머, 그래 강인아 무슨 일이니?" . "숙제 드리고 가는 걸 깜빡해서….".

　"그래 이제 가 보렴, 다음에 교무실 들어올 때는 꼭 노크하고."

　"죄송합니다. 안녕히 계세요."

　나는 황급히 숙제를 낚아채듯 받고 ★괜히 죄 없는 책상만 뒤적이며 바쁜 척을 했다. 어찌나 창피했는지 불이 뿜어져 나올 만큼 빨개진 얼굴이 책상 틈 너머 거울에 비쳤다. 그리고 나는 깨달았다. 아무리 가면을 써도 마음까지 무장할 수 없다는 것을. 애꿎은 학생에게 인상을 쓰며 대답한다 한들 마음까지 대담해질 수 없다는 것을.

　다음 날 나는 미소와 함께 교실 문을 열었다.

Ⓐ '나'는 신입 교사였다.
Ⓑ 만만해 보이지 않으려고 항상 인상을 썼다.
Ⓒ 학생에게 웃고 있는 모습을 들켰다. 그래서 창피함에 얼굴이 빨개졌다.
→ '나'는 ★에 나타난 바와 같이 예상하지 못한 일에 당황한 상황이다. 따라서 정답은 '④ 당황스럽다'이다.

단어 교단 / 남짓 / 긴장하다 / 괜히 / 무조건 / 성의

2. ②

　나는 학창시절 늘 상위권의 성적을 유지했고 어느 학원에 가도 선생님들께 곧잘 따라오거니와 이해력이 좋다며 칭찬을 받았다. 나도 그들의 말을 믿고 아무리 수능을 망친다 한들 Ⓐ 중위권 대학은 갈 거라고 철석같이 믿었는데 고3 입시는 그 누구도 예상하지 못한 대재앙으로 끝이 났다. 내 이름 석 자가 적힌 성적표를 보고도 음모론이라 생각될 만큼 초등학교, 중학교, 고등학교 12년간 경험해본 적 없는 최악의 성적이 나왔다. 내 점수로 원서를 넣을 수 있는 곳이란 평생 내가 갈 대학의 마지노선으로도 여기지 않았던 곳들뿐이었다. 원서에 내 이름을 쓰는 것마저도 자존심이 용서치 않아 나는 조금의 망설임도 없이 재수의 길로 들어섰다.

　그리고 Ⓑ 일 년이면 끝날 것이라 생각한 암흑의 터널은 5년간 계속되었다. 첫 수능의 실패는 생각보다 큰 후유증을 남겼다. 모의고사에서는 전성기 때처럼 좋은 성적을 냈지만, 시험장에만 들어서면 고3 입시의 악몽이 떠올라 손이 떨리고 머릿속이 하얘졌다. 해를 거듭할수록 조금씩 나아지기는 했으나 과거의 내가 만족할만한 점수는 끝끝내 나오지 않았다. 그리고 다섯 번째 수능. 나에게 더는 물러설 곳도 없었다.

　Ⓒ 수능을 마치고 집에 돌아오니 부모님은 이제 어땠냐고 물어보지도 않고, 아무 날도 아닌 듯 텔레비전을 보고 계셨다. 정말 무심해서가 아니라 그렇게 하는 게 나를 돕는 거라는 걸 자연스럽게 알게 되신 거다. 연년생 여동생은 내가 재수를 하던 해에 대학에 입학했고 이제는 졸업을 앞두고 있다. 고등학교 때까지는 매일 온종일 재잘재잘 이런저런 얘기를 나누었는데 첫 수능 이후 내 눈치를 보느라 엠티며 소개팅이며 대학생이면 누구나가 경험할 법한 에피소드는 되도록 꺼내지 않는 게 느껴졌다. 그러다 보니 서로 대화가 점점 줄었고 이제는 직장 동료처럼 날씨 얘기나 하는 사이가 돼버렸다. ⓒ 식구들 모두에게 눈칫밥을 먹게 한 이 죄인은 조용히 방에 들어와 채점할 준비를 했다. 이 세상의 ★모든 신에게 마음속으로 나를 외면하지 말아 달라고 되뇌며 시험지를 끌어안고 두 눈을 질끈 감았다. 30분 후, 나는 눈물 콧물 범벅이 된 얼굴로 가족들을 불렀다.

　"너 왜 그래? 응? 왜 울어? 또 잘 안됐어?"

　"언니 울지 마. 울지 말고 얘기해 봐."

　"아빠가 있잖아. 우리 딸 울지 말고. 시험 좀 못 보면 어떠니"

　"아니야… 아니야…"

　"아니야? 뭐가 아니야?"

정답 및 해설

나는 채점한 시험지를 가족들에게 건넸다. 이대로만 성적이 나온다면 상위권 대학은 어디들 들어갈 수 있을 만한 점수가 나왔다. 한 명씩 시험지를 돌려보고는 온 가족이 서로를 끌어안고 엉엉 울었다. 그날 나는 암흑의 터널에서 드디어 나오게 되었다.

Ⓐ '나'는 고등학교 때 공부를 잘해서 좋은 대학에 갈 거라고 생각했지만 입시에 실패했다.
Ⓑ 그리고 5년간 입시가 계속 되었다.
Ⓒ 가족들은 '나'를 위해 입시가 끝나도 시험에 대해 묻지 않았다. '나'는 가족들을 눈치 보게 만든 자신이 죄인이라 느꼈다.
→ '나'는 ★에 나타난 바와 같이 신에게 빌어서라도 시험 결과가 좋았기를 간절히 바라며 채점을 하려는 상황이다. 따라서 정답은 '② 간절하다'이다.

단어 성적 / 유지하다 / 칭찬 / 최악 / 만족하다 / 물러서다

[43] 글의 내용과 같은 것 고르기 4

1. ④   **2.** ③

1. ④

선미에게 집에 있는 식탁이 작고 무겁다고 불평했던 것을 영미도 기억하고 있었다. Ⓐ 그러나 심각한 수준은 아니었고, 엉망으로 어질러진 집안을 보여주는 것도 내키지 않았으나 영미는 현관문을 활짝 열었다. 테이블은 세 사람이 달라붙어서 비스듬히 기울이고 나서야 간신히 현관문을 통과했다. Ⓑ 몸이 불편한 준석이 멀찌감치 서서 이리로 저리로 방향을 일러주고 난 다음이었다.
"식 올리고 인사도 제대로 못했잖아. 선물이라고 생각해요. 바퀴가 있어서 엄청 편해."
선미가 테이블을 밀어 보이자 하얀 테이블이 부드럽게 움직였다. 네 사람은 이른 저녁을 먹었다. 누군가 찾아왔다는 사실에 들뜬 준석의 표정과 여유롭게 느껴지는 선미 부부의 모습. 베란다 창으로 들어오는 선선한 바람에 북적거리는 분위기가 영미의 기억 속에 사진처럼 남았다.
Ⓒ "내년에 이사할 때 우리도 이 정도 크기로 알아보자. 방이 두 개는 있어야지. 둘이 지내기엔 방이 너무 좁아. 마을버스도 빨리 끊기고. 아예 중고차를 하나 살까? 다른 건 몰라도 냉장고는 진짜 살 거야. 안 쓰는 것도 싹 갖다 버리고."
식사가 끝날 즈음 선미가 찬우에게 소곤거렸다. 찬우는 조심스럽게 사방을 살피며 말이 없었고 대답을 한 건 영미였다.
"이보다 더 넓은 집으로 가야지. 둘이 버는데 뭐가 걱정이야. 그러지 말고 적당한 집을 사. ★자꾸 세 살면서 옮겨 다니지 말고."

① 영미는 선미를 초대해서 집안을 보여주고 싶었다.
　→ Ⓐ 영미는 선미에게 집안을 보여주는 것이 내키지 않았다.
② 준석은 테이블을 옮기는 것을 적극적으로 도와줬다.
　→ Ⓑ 준석은 몸이 불편해서 방향만 일러줬다.
③ 찬우가 선미에게 방이 두 개인 집으로 이사하자고 했다.
　→ Ⓒ 선미가 찬우에게 방이 두 개인 집으로 이사하자고 했다.
④ 선미와 찬우는 지금 월셋집에서 살고 있으며 아직 집을 사지 못했다.
　→ ★ 정답

단어 엉망 / 내키다 / 일러주다 / 들뜨다 / 북적거리다 / 끊기다 / 소곤거리다

2. ③

고등학교 2학년이 되어서 문과와 이과로 반을 나누게 되었다. Ⓑ 지수가 나에게 아무 말도 없이 문과를 택한 것을 나중에 알고 서운했다. Ⓐ 지수의 어머니는 문과를 별로 좋아하지 않으셨는데 나는 지수에게 서운함이 사라지지는 않았지만 처음에는 지수의 편을 들어 줬다.
"어머니, 문과를 간다고 해서 꼭 문학을 전공하고 취업을 못하는 것은 아니에요."
어머니를 설득하려고 했지만 어머니에게도 사정이 있었다. 지수의 오빠가 문과로 진학하여 문학을 전공했는데 사회에 제대로 참여해서 돈 한 푼 벌지 못하고 결국 경제적 어려움에 우울증까지 걸린 사실이 어머니에게는 큰 아픔이 되었다. 지수마저 그런 힘든 인생이 될까봐 겁을 먹은 지수의 어머니는 결국 학교에 가서 담임 선생님에게 부탁했다.
"지수, 이과로 전과할 수 없을까요?"
어머니의 간절한 마음과 지수의 오빠 이야기를 듣고 나는 끝까지 어머니를 말릴 수 없었다. 그래서 이번에는 지수를 설득하려 했다.
"너희 담임 선생님이 너는 인문계보다는 이공계가 더 적성에 맞을 거라고 하셨어. 내가 보기에도 너는 이과로 진학을 하면 정말 잘할 것 같아."
지수는 말이 없었다.
★결국 지수는 어머니와 나의 입김에 못 이겨 이과로 전과하게 되었고 대학 진학도 공대로 진학하기로 마음먹었다. 그러나 지수가 희망하는 공대에 그해 유난히 우수한 지원자가 몰려서 결국 대학 입시에 낙방하게 되었다. 지수는 재수는 절대 할 수 없다고 주장하면서 결국 이름 없는 작은 대학교 토목과에 들어가게 되었다.
지금 돌이켜 보면 나와 지수 어머니의 선택이 지수의 인생을 더 힘들게 바꾼 것은 아닐까 생각이 든다.
"알겠어."
지수의 어머니와 나의 강한 설득 끝에 지수가 내뱉은 한마디는 알겠다는 말과 씁쓸한 미소였다. 당시에는 지수가 문과에 대한 아쉬움이 생각보다 크지 않아서 다행이라고만 생각했다. 그런데 지수의 반짝이는 눈빛, 생기 있는 목소리를 못 듣게 된 건 그때부터였던 것 같다. 인생에서의 중요한 선택, 지수의 꿈을 여러 상황 때문에 억누른 어머니와 나의 모습이 계속 마음에 걸린다.

"네가 하고 싶은 것을 선택해!"

"네가 선택하는 게 맞는 거야!"

ⓒ 지수가 듣고 싶었던 말들을 해 주지 못한 것이 후회된다. 자신의 선택과 꿈을 응원받지 못한 채 성인이 되는 지수가 안쓰러웠다.

① 지수의 어머니는 지수의 선택을 응원했다.
→ Ⓐ 지수의 어머니는 지수의 선택을 반대했다.
② 지수는 고등학교 과 선택을 나와 먼저 상의했다.
→ Ⓑ 지수는 나에게 고등학교 과 선택을 미리 상의하지 않았다.
③ 지수는 어머니와 나의 말을 듣고 고등학교 때 과를 옮겼다.
→ ★ 정답
④ 나는 지수의 선택과 꿈을 응원해 주지 못한 것을 후회하지 않는다.
→ ⓒ 나는 지수의 선택과 꿈을 응원해 주지 못해서 후회한다.

단어 문과 / 이과 / 전과 / 적성 / 입김 / 낙방하다 / 씁쓸하다 / 억누르다

[44] 주제 문장 고르기 2

1. ①   2. ④

1. ①

예쁘고 화려한 용기, 깨끗한 피부를 꿈꾸게 하는 광고 모델, 합리적인 가격 등을 제치고 안정성 높은 성분이 화장품을 고르는 새로운 요소로 떠오르고 있다. 요즘 화장품을 구매하기에 앞서 어려운 화학 용어가 즐비한 성분표 분석에 열을 올리는 사람들은 더이상 일부가 아니다. 기존의 소비자들이 광고 모델을 보며 그들과 같은 미모를 꿈꿨다면 Ⓐ 이제는 내 몸에 직접 바르는 제품이 얼마나 안전하고 효과적인가를 구체적으로 분석하는 똑똑한 소비자로 거듭났다.

이러한 현상은 화장품 업계 전반에 지대한 영향을 미쳤다. 이제는 유명하지 않더라도 안전하고 순한 제품, 나의 피부와 가장 맞는 성분이 많이 함유된 제품, 용기는 투박하더라도 내용물은 믿고 쓸 수 있는 제품을 바라는 소비자가 늘어나면서 막연한 아름다움을 추구하는 화장품은 설자리를 잃게 되었다. 더욱이 화장품 성분을 분석해주는 전문 블로그부터 어플리케이션까지 등장하여 다수의 소비자들이 화장품 브랜드의 명성으로 화장품을 사던 기존의 풍토가 송두리째 바뀌었다. ★이제는 막을 수 없는 화장품 성분 분석 열풍은 만족도 높은 소비를 갈망하는 현대인들의 자연스러운 흐름으로 보아야 할 것이다.

▶ 화장품 '성분'이 지문에서 반복되어 이에 대한 내용이 지문에 나올 것임을 추측할 수 있다. 또한 Ⓐ를 통해 화장품 성분의 안정성을 스스로 꼼꼼하게 따져보는 소비자들이 늘고 있음을 알 수

있다. 더불어 ★에서 이와 같은 현상을 만족도 높은 소비를 갈망하는 사람들의 자연스러운 흐름이라 하였으므로 정답은 '① 요즘 소비자들은 안전한 성분과 입증된 효과를 바탕으로 화장품을 고른다.'이다.

단어 합리적이다 / 성분 / 용어 / 분석하다 / 소비자 / 막연하다 / 기존

2. ④

어깨와 목이 뻣뻣할 때 머리가 같이 아프고 유독 오후에 더 심한 통증이 나타나는 두통으로 고생한 적이 있다면 '긴장성 두통'을 앓았던 것이다. 이는 책상 앞에 오래 앉아있거나 반복되는 작업으로 어깨, 등, 목의 근육이 경직되어 유발되는 두통으로 스트레스의 장기화 역시 원인이 된다. 또한 지나치게 무언가를 걱정하거나 모든 것을 완벽하게 해내려고 노력하는 사람, 쉽게 화를 내는 사람이 긴장성 두통에 노출될 확률이 높다.

긴장성 두통은 다른 두통과 마찬가지로 진통소염제를 먹거나 가벼운 휴식을 취하면 호전되는 경우가 많다. 그러나 Ⓐ 근본적인 원인은 과도한 긴장 상태에서 오는 근육의 경직, 원활하지 않은 혈액순환이므로 동일한 자세를 한 시간 이상 취하지 않고, 수시로 스트레칭과 뭉친 근육을 풀어주는 것이 좋다. 특히 긴장성 두통은 재발이 잦고 근육 경직에 따라 통증이 가중될 수 있기 때문에 ★약물에 의존하기보다 앞서 제시한 근본적인 해결책에 초점을 두어 생활 습관을 개선하고자 노력해야 한다.

▶ '긴장성 두통'이 지문에서 반복되었으며 Ⓐ에서 이 증상이 나아지기 위한 방법을 제시하였고 이어 ★에서 약물에 의존하기보다 앞서 제시한 방법에 초점을 두라고 설명한다. 여기에서 '앞서 제시한 방법'은 Ⓐ에 해당하므로 정답은 '④ 긴장성 두통의 가장 적절한 치료는 같은 자세를 유지하지 않고 스트레칭을 하는 것이다'이다.

단어 심하다 / 통증 / 근육 / 경직되다 / 완벽하다 / 약물 / 의존하다

[45 · 49] 빈칸에 알맞은 내용 넣기 3

1. ④   2. ①

1. ④

Ⓐ 국내 쓰레기 매립지 부족 현상에 대한 심각도가 나날이 가중되고 있다. 이에 따라 카페의 플라스틱 빨대, 호텔 어메니티가 사라지고 식품 배송 업체의 이중포장에 대한 규제를 강화하는 등 환경 보호를 위한 제도가 마련되고 있으나 가시적인 효과가 나타나는 데는 역부족이라는 평이 이어져 심히 우려되는 상황이다.

Ⓑ 특히 수도권은 향후 5년 안에 대다수의 매립지 수명이 다할 것으로 보여 쓰레기와의 본격적인 사투가 예측되고 있

정답 및 해설

다. 이마저도 수도권이 아닌 제 3지역에서 새로운 매립지를 설립하는 것을 전제로 현 매립지 운영 기간을 늘린 것인데 아직까지 매립지 확보는 고사하고 해당 사안을 둘러싼 각 부처 간의 예산 조율조차 이루어지지 않은 실정이다. 이는 각 지자체가 쓰레기 매립지 부족 현상에 대한 책임을 서로에게 떠넘기고 있기 때문이다. 또한 어느 지역에서도 (쓰레기 매립지를 설립하겠다는) 곳이 없어 수도권 쓰레기 처리에 대한 계획이 전혀 마련되지 않은 실정이다.
　　당장 5년 후의 쓰레기 처리를 어떻게 해야 할지에 대한 논의가 매우 시급한 현황에서 각 지자체는 ⓒ 이기심을 내려놓고 현실적인 대안책을 마련해야 할 것이다.

Ⓐ 국내 쓰레기 매립지 부족이 심각한 상황이다.
Ⓑ 특히 수도권이 심각한 상황이지만 수도권 밖에 쓰레기 매립지를 지으려 하는 데다가 각 지자체는 서로에게 책임을 떠 넘기고 있다.
→ ⓒ 어느 지자체도 (쓰레기 매립지를 설립하겠다는) 곳이 없는데, 이기심을 내려놓고 지속 가능한 대안책을 마련해야 할 것이다.

[단어] 매립지 / 규제 / 수도권 / 예측하다 / 설립 / 확보 / 실정 / 건설

2. ①

　　꽁꽁 얼어붙은 취업 시장에 골머리를 앓는 취업 준비생들의 고민이 늘어날 전망이다. 반세기 이상 유지되어 온 채용 방식에 큰 변화가 불고 있다. 소위 대기업이라 불리는 다수의 회사에서는 Ⓐ 그동안 공개 채용 방식을 취하여 대규모로 인재를 선별하였으나 올해부터는 상시 채용, 또는 수시 채용으로 전환할 예정이다.
　　이미 일부 기업에서 채용 방식 전환에 박차를 가하고 있으며 아직 공개 채용을 유지하는 기업 역시 1년 이내에 상시 채용 비율을 70% 이상으로 늘릴 전망이다. 매년 비슷한 시기에 채용이 이루어지는 공개 채용과 달리 그때그때 필요한 인력만을 모집하는 Ⓑ 상시 채용의 경우, 취업 준비생들이 기업의 채용 일정을 미리 알 수 없다는 점과 경력직이 우선으로 채용된다는 점에서 취업문이 더욱 좁아지고 있다. ⓒ 그러나 기업의 입장에서는 막대한 비용을 들여 수천 명씩 뽑는 그간의 채용 방식을 수시 채용으로 전환하면 경제적인 측면에서 회사에 (큰 기여가 될 뿐만 아니라) 각 부서에서 필요한 인재만을 뽑아 채용의 효율성을 높일 수 있다. 이처럼 양측의 입장이 판이한 상황에서 취업 시장이 안정되기까지 여러 난관에 부딪힐 것으로 예상된다.

Ⓐ 공개 채용에서 수시, 상시 채용으로 전활될 예정이다.
Ⓑ 취업 일정을 파악하기 어려워 취업 준비생들에게는 더 부담이 된다.
→ ⓒ 그러나 기업의 입장에서는 수시 채용으로 전환하면 경제적인 측면에서 (큰 기여가 될 뿐만 아니라) 각 부서에서 필요한 인재만을 뽑아 채용의 효율을 높일 수 있다.

[단어] 취업 / 채용 / 방식 / 다수 / 전환하다 / 유지하다 / 인력 / 입장

[46] 알맞은 곳에 〈보기〉 문장 넣기 2

1. ①　　**2.** ②

1. ①

　　리플리 증후군은 현실을 부정하면서 자신이 만든 허구를 진실이라고 믿고 거짓말과 거짓 행동을 반복하는 반사회적 인격 장애를 말한다. (㉠) 리플리 증후군의 이름은 미국 소설 〈재능 있는 리플리 씨〉에서 이름이 유래되었다. 전문가들은 이러한 리플리 증후군의 원인이 정확하게 밝혀지지 않았지만 허언증과 관련이 있다고 본다. (㉡) 리플리 증후군 환자들은 자신에게 결여된 것에 대한 콤플렉스에서 출발해서 거짓으로 다른 사람의 신분을 사칭하게 된다. (㉢) 그 거짓말에서 위안을 느끼며 사실과 자신의 거짓말, 가상 세계와의 차이를 인식하지 못한다. (㉣)

〈 보기 〉
　　다시 말하면 현실과 욕망의 차이를 거짓말로 극복하면서 그 거짓말을 사실로 믿어버리는 증상이다.

▶ 〈보기〉는 리플리 증후군의 증상을 설명하고 있다. 문장 앞부분에서 '다시 말하면'을 통해 〈보기〉 앞 문장에 리플리 증후군 증상에 대한 대략적인 내용을 앞에서 말했음을 유추할 수 있다. ㉠ 앞 처음에 리플리 증후군에 대한 대략적인 설명이 나오므로 정답은 ① ㉠이다.

[단어] 부정 / 허구 / 인격 / 유래 / 허언증 / 결여 / 사칭하다 / 위안

2. ②

　　현대 사회에서 가족의 의미는 과거와 다르다. (㉠) 과거에 많은 사람들은 가족이 결혼과 양육으로 형성되며 한곳에 함께 살아야 한다고 생각했다. (㉡) 멀리 떨어져 사는 가족, 한부모 가족, 동거, 위탁 가정, 동성애 가족 등을 정상 가족의 형태로 바라보는 이들이 많아지고 있다. (㉢) 다양하게 나타나고 있는 가족의 양상은 사회적으로도 이슈가 되고 있다. 그 중에서도 1인 가족과 동성 가족 유형이다. (㉣) 특히 동성 가족의 경우 사회적 편견이 심화되어 있으며 사회적으로 소외되어 있다. 그러나 사회적 찬반 문제이기 때문에 가족을 형성할 수 없어서 법적인 보호를 받지 못하는 현실이다.

〈 보기 〉
하지만 현대 사회에서는 가족의 유형이 확대되었다.

▶ 〈보기〉는 현대 사회에서 가족의 유형이 확대되었다는 내용인데

접속사 '하지만'으로 시작하는 것을 통해 바로 앞 문장에서는 현대 사회와 반대되는 내용이 나옴을 확인할 수 있다. ⓒ 앞에서 과거의 가족에 대한 생각을 보여주는 내용이 나오고 ⓒ 뒤에서 다양한 가족의 유형이 많아지고 있다는 내용이 나오므로 정답은 ② ⓒ이다.

단어 양육 / 형성되다 / 동거 / 위탁 / 동성애 / 정상 / 편견 / 찬반

[47] 글의 내용과 같은 것 고르기 5

1. ③ **2.** ④

1. ③

> 최근 우리 사회에서 수술실에 CCTV를 설치하여 의사가 환자에게 수술을 하는 장면을 촬영하여 수술 내용에 대한 영상 증거 등을 남기도록 의무화하자는 주장이 이슈가 되고 있다. (㉠) Ⓐ CCTV 설치에 찬성하는 입장에서는 ★대리 수술 문제, 환자 성폭행 범죄, 의료 사고시 소송의 어려움 등을 해결하기 위해서 주장하고 있다. (㉡) 반면 ⓒ 반대 측에서는 수술 중 의료진의 심리적 부담감 증가, 직업 자율성 침해, 환자의 프라이버시 침해 등을 이유로 반대하고 있다. (㉢) Ⓑ CCTV 설치를 원하는 환자들이 증가하자 일부 병원들은 CCTV를 스스로 설치하고 이를 병원 홍보 수단으로 삼았다. (㉣) 앞으로 수술실 내 CCTV 의무화와 관련하여 어떤 결론이 날지 많은 관심이 모아지고 있다.

① 수술실 내 CCTV 의무화에 대해 모두 ~~반대한다.~~
  → Ⓐ 수술실 내 CCTV 의무화에 대해 찬성하는 입장도 있다.
② 수술실 내 CCTV 설치를 원하는 환자들이 ~~줄어들고 있다.~~
  → Ⓑ 수술실 내 CCTV 설치를 원하는 환자들이 증가하고 있다.
③ CCTV를 수술실에 설치하면 대리 수술 문제를 해결할 수 있다.
  → ★ 정답
④ CCTV를 수술실에 설치하면 의료진의 심리적 ~~부담감이 줄어들~~ 수 있다.
  → ⓒ CCTV를 수술실에 설치하면 의료진의 심리적 부담감이 커진다.

단어 의무화 / 대리 / 소송 / 자율성 / 침해

2. ④

> 관성의 법칙은 자신의 상태를 유지하려고 하는 성질을 말한다. 즉, 가만히 있는 물체는 계속해서 가만히 있으려고 하고 ⓒ 움직이는 물체는 계속해서 움직이려고 하는 성질이다. 그래서 가만히 있는 물체를 움직이려면 힘이 많이 필요하고 움직이고 있는 물체를 정지시키려면 더 큰 힘이 필요하다. (㉠) 이러한 관성의 법칙은 물체에만 한정하여 적용되는 법칙이 아니다. Ⓐ 우리의 생활 습관, 심리 상태, 시장에서도 적용될 수 있는 규칙이다. (㉡) 예를 들어 정신이 또렷하지 않은 아침에 무의식적으로 이불을 개는데 이는 어떤 상태라도 운동을 지속하려는 관성의 법칙과 관련되어 있다. 심리 상태도 마찬가지로 적용되는 규칙인데 긍정적인 생각을 반복적으로 주입시키는 것이 좋다고 한다. (㉢) ★뇌과학자들은 긍정적인 생각을 반복적으로 주입시키면 뇌를 속이는 행동을 통해 즐거운 상태를 유지할 수 있다고 한다. (㉣) Ⓑ 또 이런 행동이 성공과 연결된다고 주장한다.

① 관성의 법칙은 물체에만 ~~적용되는 법칙이다.~~
  → Ⓐ 관성의 법칙은 생활 습관, 심리 상태, 시장에서도 적용될 수 있는 규칙이다.
② 관성의 법칙은 긍정적인 생각을 하면 ~~성공한다는 법칙이다.~~
  → Ⓑ 잘 활용하면 성공으로 연결될 수 있지만 관성의 법칙 자체가 성공과 관련된 법칙은 아니다.
③ 움직이는 물체가 ~~멈추려고 하는 것은~~ 관성의 법칙의 한 현상이다.
  → ⓒ 움직이는 물체가 계속해서 움직이려고 하는 성질이 관성의 법칙의 한 현상이다.
④ 긍정적인 생각을 주입시켜서 즐거운 상태를 유지하는 것은 관성의 법칙을 활용한 것이다.
  → ★ 정답

단어 관성 / 유지 / 가만히 / 정지 / 한정 / 적용 / 무의식적 / 주입시키다

[48] 글을 쓴 목적 고르기

1. ③ **2.** ③

1. ③

> 청년 구직활동 지원금이란 만 18세 이상에서 만 34세 미만의 청년들에게 구직활동에 쓰이는 비용을 지원해주는 정책 사업이다. 고용노동부 주관으로 최대 6개월의 기간 동안 매달 50만 원씩 청년들에게 지원된다. 이러한 청년 구직활동 지원금의 자격의 기준이 올해 7월부터 완화될 것이다. 하나의 유형으로 통합되었는데 이는 고용 완화를 생각한 결과이다. 먼저 7월 1일부터 34세 이하 청년들의 가구 단위 재산이 3억 원에

정답 및 해설

서 4억 원까지 확대된다. 9월부터는 가구당 중위소득을 50%에서 60%까지 늘릴 예정이다. 뿐만 아니라 취업 경험 요건을 청년에게 폐지할 계획이다. 작년에는 청년 구직활동 지원금 신청 자격이 되지 않았던 사람들도 올해부터 변경된 사항들에 따라 지원이 가능하기 때문에 경쟁률이 늘어날 전망이다.

▶ 위 글의 앞부분을 통해 청년 구직활동 지원금에 대한 글이라는 것을 파악할 수 있다. 뒤에서부터 두 문장 정도를 읽어 보면 청년 구직활동 지원금 신청 자격의 변경, 완화됨을 확인할 수 있다. 따라서 정답은 '③ 청년 구직활동 지원금의 지원 자격 완화를 알리기 위해'를 고르면 된다.

단어 구직 / 지원 / 기준 / 완화 / 고용 / 확대 / 폐지 / 변경

2. ③

TV 끄기 운동은 2000년대 중반부터 시작된 운동으로 TV를 끄고 지내는 경험을 통하여 자신과 가족의 삶을 돌아보고 그동안 얼마나 많은 미디어에 길들여진 채 살아가고 있는지를 깨닫고 성찰해 보는 기회를 가질 수 있는 활동이다. 한국에서는 2005년에 80여 가족이 4일 동안 TV 끄기 활동에 성공했다. 이후 일주일 간의 TV 끄기에 성공한 가정 중에서 여러 가정이 한 달 혹은 6개월 이상 TV 끄기를 실천했다. 이 운동이 끝나고 일부 가정은 TV를 없애기도 하였다. TV 끄기 운동은 TV 시청의 문제점에서 시작되었다. TV 시청은 우선 시력 저하와 비만의 원인이 된다. 게다가 폭력적인 장면에 지속적으로 노출이 되면 폭력에 대한 간접 학습이 이루어지게 된다. 뿐만 아니라 수많은 광고들을 통해서 나쁜 소비 습관에 길들여지며 과소비를 하게 될 가능성이 크다. 이는 아이들에게는 더 나쁜 영향을 줄 수 있다. 누구나 TV의 장점으로 생각하는 새로운 정보의 획득은 오히려 정보를 수동적으로 받아들이는 습관을 들이게 되어서 아이들의 능동적인 탐구 활동과 창의적인 사고를 가로막을 수 있다. TV 끄기 운동은 현대인의 지나친 TV 시청에 대해 경고의 메시지를 주는 것과 동시에 TV 시청의 문제점을 깨닫게 해 주는 역할을 하고 있다.

▶ 위 글의 앞부분을 통해 TV 끄기 운동에 대한 글이라는 것을 파악할 수 있다. 뒤에서부터 두 문장 정도를 읽어 보면 TV 시청의 문제점과 이러한 문제점 때문에 TV 끄기 운동이 시작되었음을 보여주고 있다. 따라서 정답은 '③ TV 끄기 운동이 시작된 배경을 밝히기 위해'를 고르면 된다.

단어 길들여지다 / 성찰하다 / 저하 / 노출 / 획득 / 수동적 / 능동적 / 가로막다

[50] 밑줄 친 부분의 인물의 태도 고르기

1. ④ 2. ③

1. ④

저녁에 주문하면 새벽에 배송을 온다는 신개념 배송 서비스로 소비자의 주목을 끈 국내 스타트업 기업이 큰 호응을 얻으면서 Ⓐ대형마트는 물론 편의점에서 홈쇼핑에 이르기까지 다양한 분야의 '새벽 배송' 경쟁이 시작 되었다.

현대인의 바쁜 생활 패턴에 맞추어 변형된 새벽 배송 시스템은 집에서 클릭 한번으로 시간과 노동 에너지를 절약할 수 있다는 점을 무기로 단숨에 소비자를 사로잡았다. 이에 따라 국내유통 업계 신선식품 배송 경쟁을 시작으로 각계의 기업들이 얼마만큼 빨리 소비자에게 상품을 전달할 수 있는가에 열을 올리고 있다. 그러나 국내 농축수산물 온라인 거래 총액이 2조가 넘어간 현시점에서 Ⓑ 무작정 빠르게만 배송하는 시스템은 과연 문제점이 없는 것일까.

무엇보다 새벽 배송의 이면으로 지적을 받는 것은 택배 기사의 업무 강도이다. 배송 속도와 비례하여 택배 기사의 고충 역시 급속도로 늘고 있다. 단순히 물건을 전달하는 데에서 그치지 않고 '고객 맞춤형' 서비스가 부상하며 Ⓒ 배송 전 알림 메시지 발송, 부재 시 택배 배송 장소 고지 등 속도와 세세함을 고루 충족시켜야 하는 실정이다. 뿐만 아니라 과도한 업무 할당량으로 노동 강도까지 더 해지는 ★지금 상황에서 어디까지 속도를 유지해야 하는가를 심히 고심해 봐야 할 것이다.

Ⓐ 다양한 분야에서 새벽 배송을 시행하였다.
Ⓑ 빠른 배송의 가장 큰 문제점은 택배 기사의 업무 강도이다.
Ⓒ 이전과 비교하여 택배 기사가 신경 써야 할 부분이 매우 많아졌다.
→ 글쓴이는 ★과 같이 이러한 현황을 우려하고 있다. 따라서 정답은 '④ 새벽 배송 보급으로 야기된 택배 업무의 과부하 및 과열된 경쟁을 우려하고 있다.'이다.

단어 배송 / 각계 / 이면 / 지적하다 / 비례하다 / 충족하다 / 부상하다

2. ③

최근 패스트푸드점에서 주문을 받는 점원들의 모습이 사라졌다. 패스트푸드점 뿐만 아니라 편의점, 마트에서도 Ⓐ 디지털 무인화 시스템을 도입하여 면대면 접객을 하던 대부분의 점원들이 그 모습을 감췄다. 그 결과 정보 취약계층의 노인들이 햄버거 하나 사 먹지 못하고 돌아서야 하는 일이 발생하기에 이르렀다.

무인 주문 기기의 도입으로 서비스를 제공하는 사측은 인건비를 절감하고 소비자는 간편하게 주문할 수 있다는 점이 대두되며 4차 산업 혁명이 시작되는 듯 보였다. 그러나 Ⓑ 새로운 디지털 기술에 대한 접근성은 일상생활에서 이를 두루

활용하는 젊은 층에게 한정되어 노인을 비롯한 사회적 소외계층에게 정보격차가 가중된다는 지적이 늘고 있다. 다시 말해 디지털 무인화 시스템 및 정보를 다룰 만한 환경은 갖추어졌으나 모든 대중이 이를 활용하기까지는 곱절의 노력과 시간이 필요하다는 뜻이다.

ⓒ 정부는 정보격차를 점진적으로 감소시키기 위해 정보교육을 확대하고자 노력하고 있으나 예산 편성 등의 문제로 난항이 이어지는 실정이다. ★그러나 이에 굴복하지 않고 무인기기 앞에서 물건 하나 구매하기 어려워 발길을 돌리는 <u>사각지대의 암흑을 거두어 낼 불길이 필요하지 않을까</u>. 디지털 무인화의 명암, 무인화 시스템 보급에 발맞춰 필히 모든 계층이 새로운 시대를 맞이할 수 있도록 노력해야 할 것이다.

Ⓐ 디지털 무인화 시스템을 도입한 곳이 늘었다.
Ⓑ 새로운 기술로 편리함을 느끼는 젊은 층과 그렇지 않은 노년층의 격차가 심해지고 있다.
ⓒ 이를 해결하고자 정부가 노력하고 있으나 쉽지 않은 실정이다.
→ 글쓴이는 이에 대해 ★과 같이 정보 교육의 필요성을 강조하며 장려하고 있다. 따라서 정답은 '③ 새로운 디지털 기술에 익숙하지 않은 계층이 고루 정보 교육을 누릴 수 있도록 장려하고 있다.'이다.

[단어] 도입하다 / 취약하다 / 계층 / 접근성 / 소외 / 격차 / 가중되다

PART 4

제1회 실전 모의고사

1	①	2	②	3	③	4	②	5	③	6	④	7	①	8	④
9	③	10	②	11	④	12	④	13	③	14	②	15	①	16	④
17	②	18	②	19	②	20	③	21	③	22	④	23	④	24	④
25	④	26	③	27	②	28	②	29	①	30	③	31	②	32	③
33	④	34	③	35	④	36	④	37	③	38	④	39	④	40	②
41	②	42	③	43	②	44	④	45	①	46	③	47	②	48	①
49	③	50	②												

1. ①

> 엄마가 눈앞에 (★안 보이니까) 아기는 울기 시작했다.

▶ 엄마가 눈앞에 안 보인다 → 아기는 울기 시작했다
앞의 내용인 '엄마가 눈앞에 안 보인다'는 내용이 뒤의 내용인 아기가 울기 시작한 〈원인〉으로 연결되는 것이 자연스러우므로 〈원인〉을 나타낼 수 있는 '-(으)니까' 문법을 고르는 것이 적절하다. 정답은 '① 안 보이니까'이다.

2. ②

> 동생은 공부는 (★못해도) 운동은 잘한다.

▶ 동생은 공부를 못한다 → 운동은 잘한다
앞의 내용인 '동생이 공부는 못한다'는 내용과 뒤의 내용인 '운동은 잘한다'는 내용이 〈대조〉 관계이므로 '-어도' 문법을 고르는 것이 적절하다. 정답은 '② 못해도'이다.

3. ③

> 지난달에는 회사에서 성과를 <u>올리고자</u> 날마다 야근을 했다.

▶ '-고자'는 앞의 내용이 뒤의 행동의 〈목적〉임을 보여주는 문법이다. 따라서 선택지 중에 가장 비슷한 문법인 '-기 위해서'를 고르는 것이 좋다. 정답은 '③ 올리기 위해서'이다.

4. ②

> 학생들이 잘 볼 수 있게 칠판에 글자를 크게 썼다.

▶ '-게'는 앞의 상황을 위해서 필요한 행동을 연결해 주는 문법이다. 그러므로 선택지 중에 가장 비슷한 문법인 '-도록'을 고르는 것이 좋다. 정답은 '② 잘 볼 수 있도록'이다.

5. ③

피부에 닿는 순간 느껴지는 폭신함!
빠른 건조와 흡수력으로 샤워 후에도 쾌적하게

정답 및 해설

▶ '피부, 느껴지는 푹신함, 건조, 흡수력, 샤워 후에도 쾌적'이라는 핵심어를 통해 피부에 직접 접촉되며 샤워 후에도 사용 가능한 물건임을 알 수 있다. 따라서 정답은 '③ 수건'이다.

단어 피부 / 느껴지다 / 건조 / 쾌적하다

6. ④

> **겨울 내내 입은 코트, 아직도 그대로인가요?**
> **저희에게 맡기고 내년에도 깨끗하게 입으세요!**

▶ '코트, 맡기다, 내년에도 깨끗하게 입다'라는 핵심어를 통해 겨울 동안 입었던 옷을 누군가에게 맡기면 다시 깨끗한 상태가 된다는 것을 알 수 있다. 따라서 정답은 '④ 세탁소'이다.

단어 맡기다 / 깨끗하다

7. ①

> **건강한 산, 푸른 산**
> **작은 실천이 우리의 산을 아름답게 합니다.**

▶ '산, 작은 실천, 아름답게 하다'라는 핵심어를 통해 행동함으로써 산을 아름답게 유지하자는 내용임을 알 수 있다. 따라서 정답은 '① 자연 보호'이다.

단어 맡기다 / 깨끗하다

8. ④

> 1. **마감 기한** : 2025년 4월 21일 (수) 18:00 까지
> 2. **제출 서류** : 이력서, 자기소개서
>   * 관련 서류는 이메일로 보내십시오.

▶ '마감 기한, 제출 서류, 이메일로 보내십시오'라는 핵심어를 통해 서류의 구체적인 접수 방법에 대한 안내임을 알 수 있다. 따라서 정답은 '④ 접수 방법'이다.

9. ③

> ### 2022 대학생 창업 동아리 지원 사업
> • 신청 대상: ⓒ 대학생 10명 이상의 동아리
> • 신청 기간: Ⓑ 2021년 12월 15일~12월 31일
> • 지원 금액: Ⓐ 최대 500만 원
> • ★사업 기간: 2022년 1월 1일~6월 30일

① 동아리 활동비는 500만 원 이상 받을 수 없다.
   → Ⓐ 500만 원까지만 받을 수 있다.
② 2022년 1월부터 동아리 지원 사업에 신청할 수 있다.
   → Ⓑ 2021년 12월부터 신청할 수 있다.
③ 선정된 창업 동아리는 6개월 동안 지원을 받을 수 있다.
   → ★ 정답

④ 동아리 회원이 9명으로 이루어진 동아리도 신청할 수 있다.
   → ⓒ 회원이 10명 이상이어야 신청할 수 있다.

단어 창업 / 지원 / 대상 / 최대 / 선정되다 / 이루어지다

10. ②

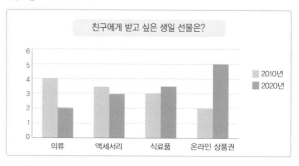

① 의류를 받고 싶어 하는 사람들이 2010년보다 늘었다.
   → 2010년보다 줄었다.
② 2020년에는 생일 선물로 의류보다 식료품을 더 받고 싶어 한다.
   → ★ 정답
③ 두 해 모두 생일 선물로 온라인 상품권을 가장 많이 받고 싶어 한다.
   → 2010년은 의류를 가장 많이 받고 싶어한다.
④ 2010년에는 액세서리보다 온라인 상품권이 생일 선물로 인가가 많다.
   → 온라인 상품권보다 액세서리가 더 인기가 많다.

단어 의류 / 식료품

11. ④

> 커피를 섭취할 때 주의해야 할 점이 있다. Ⓑ 숙면을 취하지 못하는 사람들의 경우 오후 3시 이전에 커피 섭취를 끝내는 것이 좋다. 왜냐하면 피의 ★카페인 성분이 몸속에서 사라지는 시간이 8시간 정도 걸리기 때문이다. ⓒ 그러므로 오후 3시 이전에 커피 섭취를 끝내면 밤 11시~12시에 잠들기가 수월해진다. Ⓐ 커피의 장점보다 단점이 몸에 더 큰 영향을 미칠 경우에는 커피를 마시지 않는 게 좋다.

① 커피의 단점과 관계없이 커피를 마시는 것은 건강에 도움이 된다.
   → Ⓐ 건강에 도움이 되지 않는다.
② 잠을 잘 자는 사람들의 경우 오후 3시 이전에 커피를 마셔야 한다.
   → ⒷⒸ 잠을 잘 못 자는 사람들이 오후 3시 이전에 커피를 마셔야 한다.
③ 커피를 오후 3시 이후에 마시면 밤 11시~12시에 쉽게 잠들 수 있다.
   → ⓒ 오후 3시 이전에 마시면 쉽게 잠들 수 있다.
④ 커피 섭취 후 8시간 정도 후에는 카페인 성분이 몸속에서 사라진다.
   → ★ 정답

단어 섭취 / 주의 / 숙면 / 취하다 / 수월하다

12. ④

> ⑧ 밥을 먹었는데도 돌아서자마자 또 뭔가가 먹고 싶을 때가 있다. 이러한 현상은 스트레스와 지루함과 관련이 있다. ④ 우리는 스트레스를 받으면 스트레스가 해소될 때까지 계속 먹을 것을 찾는다. 심심하거나 지루할 때도 마찬가지로 이러한 현상이 나타난다. ⓒ 미국에서 500명 이상의 학생들을 대상으로 연구한 결과, ★지루함을 못 견디는 사람일수록 과식하기 쉽다는 사실을 발견했다. 밥을 먹었는데 배가 고플 때는 정말 배가 고픈 건지, 아니면 그저 뭔가 할 일이 필요한 건지 한 번 더 생각해 볼 필요가 있다.

① 심심하거나 지루할 때는 식욕이 떨어진다.
　→ ④ 먹을 것을 찾게 된다.
② 계속 배가 고픈 이유는 스트레스와 관계가 없다.
　→ ⑧ 스트레스와 관계가 있다.
③ 미국에서 직장인을 대상으로 지루함과 과식의 관계를 연구했다.
　→ ⓒ 학생들을 대상으로 연구했다.
④ 지루함을 못 견디는 사람들은 밥을 많이 먹는다는 연구 결과가 나왔다.
　→ ★ 정답

`단어` 현상 / 지루하다 / 해소 / 관련 / 과식

13. ③

> (가) 인삼을 찌고 말리는 과정을 반복하면 홍삼이 만들어진다.
> (나) 그러나 두통, 어지러움, 고혈압 등의 부작용이 나타날 수 있다.
> (다) 손쉽게 접할 수 있는 건강기능식품인 홍삼은 쉽게 말해 인삼을 찐 것이다.
> (라) 이러한 홍삼은 피로 회복에 도움을 주고 면역력을 올려주며 노화 방지 효과도 있다.

(1) (가)와 (다) 중에서 첫 번째 문장을 찾아야 한다.
(2) (가)는 홍삼이 만들어지는 과정에 대한 내용이고 (다)는 홍삼이 무엇인지 소개하는 내용이기 때문에 (다)가 첫 번째 문장으로 적절하다.
(3) (다)에서 홍삼을 소개한 뒤에 '그러나'로 시작되는 홍삼의 부작용이 언급되면 (나)가 오면 내용의 흐름이 어색해진다. (나) 앞에는 (라)와 같은 홍삼의 장점, 효과와 같은 내용이 나와야 한다.
(4) 정답은 ③ (다)-(가)-(라)-(나)이다.

`단어` 부작용 / 손쉽다 / 접하다 / 회복 / 면역력 / 노화 / 방지

14. ②

> (가) 외국인들에게 한국어를 가르치는 일은 참 행복한 일이다.
> (나) 이렇게 행복을 느낄 때도 있지만 어렵고 힘든 순간들도 많다.
> (다) 하지만 힘든 순간들이 금세 잊힐 만큼 한국어를 가르칠 때 큰 보람을 느낀다.

(라) 다양한 국적의 학생들과 소통하며 한국의 언어, 문화를 널리 알릴 수 있기 때문이다.

(1) (가)와 (나) 중에서 첫 번째 문장을 찾아야 한다.
(2) (가)는 한국어를 가르치는 일의 행복을 서술한 문장이고 (나)는 '이렇게'로 앞의 어떤 상황을 다시 언급하면서 시작되는 문장이기 때문에 첫 번째 문장이 될 수 없다.
(3) (가) 다음에 '하지만'으로 시작되는 (다)가 오면 내용의 흐름이 어색해진다. (가)에서는 '힘든 순간'이 언급되지 않았기 때문이다.
(4) 정답은 ② (가)-(나)-(다)-(라)이다.

`단어` 순간 / 금세 / 보람 / 소통하다

15. ①

> (가) 이 도로는 청계천 구간을 한 바퀴 돌 수 있도록 조성됐다.
> (나) 서울시는 청계광장에서 고산자교를 잇는 '청계천 자전거 전용 도로'를 개통했다.
> (다) 이처럼 서울시는 자전거 도로 개통을 통해 탄소 배출을 줄이는 방안을 추진 중이다.
> (라) 이를 위해 2030년까지 단계적으로 자전거 도로를 1,330km까지 확장하겠다는 목표다.

(1) (나)와 (라) 중에서 첫 번째 문장을 찾아야 한다.
(2) (나)는 서울시의 도로 개통 소식을 서술한 문장이고 (라)는 '이를 위해'로 시작하며 앞에 〈목적〉이 될 수 있는 문장이 선행되어야 하기 때문에 첫 번째 문장으로 (나)를 골라야 한다.
(3) (나) 다음에 (가)가 오면 도로에 대한 추가 설명으로 자연스럽게 연결되지만 (라)가 오면 (가)의 내용이 자전거 도로를 확장하려는 목적이 아니기 때문에 어색해진다.
(4) 정답은 ① (나)-(가)-(다)-(라)이다.

`단어` 구간 / 조성 / 전용 / 개통하다 / 배출 / 방안 / 추진 / 단계적

16. ④

> ④ 최근 플라스틱류의 분리 수거가 한층 더 엄격해졌다. 특히 ⑧ 페트병은 다른 플라스틱과 함께 배출하지 않고 따로 모아 배출해야 하며 이를 어겼을 경우 벌금형에 처해질 것으로 보인다. 페트병을 둘러 싸고 있는 ⓒ 비닐 포장지를 제대로 벗기지 않고 분리 수거 하는 경우 결국 (재활용되는 자원으로 사용하지 못하는) 경우가 많아 이와 같은 대책안이 제시되었다.

④ 플라스틱류의 분리 수거가 엄격해졌다.
⑧ 특히 페트병은 따로 배출하지 않을 경우 벌금형에 처해질 것이다.
→ 왜냐하면 페트병의 ⓒ 비닐 포장지를 제대로 벗기지 않고 분리 수거 하는 경우 결국 (재활용되는 자원으로 사용하지 못하는) 경우가 많기 때문이다.

정답 및 해설

단어 분리 수거 / 한층 / 엄격하다 / 벌금 / 처해지다 / 포장 / 대책안

17. ②

> ⓐ 다른 사람과 대화를 할 때 나도 모르게 고개를 끄덕이거나, 별 뜻은 없지만 상대의 말을 듣고 있다는 뜻으로 '아아, 맞아요, 네, 그렇군요'와 같은 말을 할 때가 있다. 언어권 별로 이와 같은 ⓑ 맞장구의 텀이 다르게 나타나는데 영어권에 비해 한국어를 사용하는 화자들은 상대적으로 텀이 매우 긴 것으로 밝혀졌다. 따라서 ⓒ 영어권 화자와 대화할 때, 한국인과 이야기를 나눌 때처럼 텀을 길게 하면 상대방은 자신의 이야기를 (제대로 듣고 있는 것인지) 의문을 가질 수도 있다.

ⓐ 대화할 때 상대의 말을 듣고 있다는 뜻으로 다양한 표현을 한다.
ⓑ 이런 맞장구의 텀이 한국인들은 긴 편이다.
→ 그래서 ⓒ 영어권 화자와 대화할 때, 맞장구의 텀을 길게 하면 (제대로 듣고 있는 것인지) 의문을 가질 수도 있다.

단어 대화 / 상대 / 화자 / 의문

18. ②

> ⓐ 자신만의 에코백을 가방 속에 넣고 다니는 사람들이 늘고 있다. 물건을 사고 받는 비닐봉투의 사용을 줄이고자 시작된 ⓒ 에코백 운동은 처음에는 일부 주부들을 (중점으로 확산되었지만) 이제는 누구나가 참여하는 국민 운동이 되었다. ⓑ 이제 에코백은 남녀노소를 가리지 않고 마트나 슈퍼뿐만 아니라 서점이나 대형 쇼핑몰 등 다양한 장소에서 쓰이고 있다.

ⓐ 나만의 에코백을 사용하는 사람이 늘었다.
ⓑ 이제 에코백은 남녀노소 다양한 장소에서 쓰이고 있다.
→ 이처럼 ⓒ 에코백 운동은 처음에는 일부 주부들을 (중점으로 확산되었지만) 이제는 누구나가 참여하는 국민 운동이 되었다.

단어 일부 / 참여하다 / 남녀소도 / 가리다

19. ②

> ⓐ 영양가가 높은 성게는 다양한 이름으로 불린다. 먼저 밤톨같이 가시를 두르고 있는 것이 특징이어서 ⓑ 순우리말로 '밤송이 조개'라고 불린다. (또한) ★성게는 철분과 칼륨이 많아서 빈혈과 고혈압 예방에 효과가 있고 오메가-3 지방산이 풍부해 심혈관 질환 예방에도 도움이 되기 때문에 '바다의 호르몬'이라는 별명도 생겼다.

ⓐ 성게는 영양가가 높다.
ⓑ 성게는 순우리말로 '밤송이 조개'라고 불린다.
→ 빈칸 앞에 내용이 모두 성게에 대한 정보를 제시하고 뒤의 내용도 성게에 대한 정보를 소개하는 내용이기 때문에 '또한'이 적절하다. 따라서 정답은 '② 또한'이다.

20. ③

> 영양가가 높은 성게는 다양한 이름으로 불린다. ⓐ 먼저 밤톨같이 가시를 두르고 있는 것이 특징이어서 순우리말로 '밤송이 조개'라고 불린다. ( ) ★성게는 철분과 칼륨이 많아서 ⓑ 빈혈과 고혈압 예방에 효과가 있고 ⓒ 오메가-3 지방산이 풍부해 심혈관 질환 예방에도 도움이 되기 때문에 '바다의 호르몬'이라는 별명도 생겼다.

① 성게는 가시가 없는 매끈한 형태이다.
　→ ⓐ 가시를 두르고 있다. .
② 빈혈이 있는 사람은 성게를 먹으면 안 된다.
　→ ⓑ 빈혈에 효과가 있다.
③ 성게는 철분과 칼륨이 풍부한 보양식품이다.
　→ ★ 정답
④ 성게는 오메가-3 지방산이 많아서 심혈관 질환이 생길 수 있다.
　→ ⓒ 심혈관 질환에 도움이 된다.

단어 두르다 / 빈혈 / 예방 / 풍부하다 / 질환

21. ③

> 성공한 축산인으로 평가받고 있는 이 대표는 경북 군위에서 10마리도 안 되는 소를 사육하기 시작해 어느덧 400마리 규모의 농장을 일궈냈다. 그가 이렇게 안정적인 성장을 이뤄낼 수 있었던 비결은 소들에 대한 세심한 관찰이다. 그리고 ⓐ 농장의 규모를 확대하면서 소를 관리하는 것에 대해서 집중도를 놓지 않기 위해 아내와 아들, 이 대표가 각각 분업과 협력을 통해 함께 운영한다. ⓑ 가족 구성원들이 각자의 역할을 유기적으로 맡아 (손발을 맞춰서) 농장이 확대되었음에도 비교적 빠르게 안정을 찾을 수 있었다.

▶ 빈칸 앞은 ⓐ 와 ⓑ에서 모두 가족들이 함께 운영한다는 내용이 나오고 빈칸 뒤는 앞의 상황의 결과 농장이 안정을 찾을 수 있었다는 결과가 나온다. 따라서 정답은 '③ 손발을 맞춰서'이다.

22. ④

> 성공한 축산인으로 평가받고 있는 이 대표는 경북 군위에서 10마리도 안 되는 소를 사육하기 시작해 어느덧 400마리 규모의 농장을 일궈냈다. 그가 이렇게 안정적인 성장을 이뤄낼 수 있었던 비결은 소들에 대한 세심한 관찰이다. 그리고 농장의 규모를 확대하면서 소를 관리하는 것에 대해서 집중도를 놓지 않기 위해 아내와 아들, 이 대표가 각각 분업과 협력을 통해 함께 운영한다. 가족 구성원들이 각자의 역할을 유기적으로 맡아 ( ) 농장이 확대되었음에도 비교적 빠르게 안정을 찾을 수 있었다.

▶ 위 글은 성공한 축산인에 대한 글인데 글의 중심 생각은 보통 뒷부분에서 빠르게 파악할 수 있다. 뒷부분에서 '이 대표도 노력했지만 가족 구성원들이 각자의 역할을 유기적으로 맡아 농

장이 확대되었음에도 안정을 찾을 수 있었다'는 내용이 나오기 때문에 선택지 중에서 가장 유사한 의미인 '④ 성공하려면 개인의 많은 노력과 주위 사람들의 협력이 필요하다.'를 고르면 된다.

단어 축산인 / 평가받다 / 일구다 / 안정적 / 확대하다 / 분업 / 협력 / 유기적

23. ④

> ⓐ 건축 사무소에 근무한 지도 어언 7년이 지났다. 회사에 들어온지 2년 쯤 됐을 때인가. 그때 저지른 나의 실수담은 회사 내에서 일종의 전설처럼 아직도 회자되고 있다. 한 자치구에서 주민들을 위한 다목적 공간을 조성하고자 했으며, 공모전을 열어 이 건물의 디자인과 주변 조경을 담당하는 업체를 선정할 예정이었다. ⓑ 우리 팀은 몇 개월 동안 밤을 새워 포트폴리오를 준비했고 나는 팀원들의 결실을 공모전 접수처까지 가져가는 중대한 임무를 맡았다.
>
> 오랜만에 KTX를 타니 기분도 좋고 출장이라기보다는 바람 쐬러 간 것처럼 상쾌함마저 느껴졌다. 그냥 지나치기가 아쉬워 접수처가 있는 지역에서 유명한 카페에 들러 커피도 샀다. 들뜬 마음에 콧노래를 부르며 한 손에는 커피를 들고 공모전 접수처로 거의 들어섰을 때쯤, ⓒ 큰 상자를 옮기던 사람들과 부딪쳐 소중한 포트폴리오 자료들과 접수 신청서, 그리고 내 커피가 함께 바닥으로 내동댕이쳐졌다. 정신을 차리고 보니 커피로 갈색물이 든 서류가 눈에 들어왔다. 나는 ★심장이 무너져 내리는 듯한 싸늘함과 동시에 할 말을 잃었다. 아무것도 할 수 없었다. 시멘트 바닥에 넘어져 팔꿈치가 까져 피가 나고 있었지만 고통을 느끼는 것은 사치였다. 나는 이제 어쩌면 좋은가. 몇 개월간 밤을 새워 일해 온 동료들에게 뭐라고 말해야 할까. 이대로 사직서를 내야 하는 것일까. 나는 그대로 털썩 주저앉은 채 일어설 수 없었다.

ⓐ 건축사무소가 근무하는 주인공이 실수를 한 일화는 회사에서도 유명하다.
ⓑ 동료들과 열심히 준비한 공모전 포트폴리오를 접수하게 되었고 출장이었지만 오랜만에 KTX타서 설레기도 했다.
ⓒ 공모전 접수처에서 다른 사람과 부딪쳐 들고 있던 커피가 서류에 쏟아졌다.
→ 주인공은 ★에 나타난 바와 동료들과 열심히 준비한 포트폴리오가 망가져서 심장이 무너져 내린다고 느낄 만큼 절망하였다. 따라서 정답은 '④ 절망스럽다'이다.

단어 건축 / 근무하다 / 공간 / 조성하다 / 담당하다 / 결실 / 부딪치다

24. ④

> ⓐ 건축 사무소에 근무한 지도 어언 7년이 지났다. ⓑ 회사에 들어온지 2년 쯤 됐을 때인가. 그때 저지른 나의 실수담은 회사 내에서 일종의 전설처럼 아직도 회자되고 있다. 한 자치구에서 주민들을 위한 다목적 공간을 조성하고자 했으며, 공

> 모전을 열어 이 건물의 디자인과 주변 조경을 담당하는 업체를 선정할 예정이었다. ★우리 팀은 몇 개월 동안 밤을 새워 포트폴리오를 준비했고 ⓒ 나는 팀원들의 결실을 공모전 접수처까지 가져가는 중대한 임무를 맡았다.
>
> 오랜만에 KTX를 타니 기분도 좋고 출장이라기보다는 바람 쐬러 간 것처럼 상쾌함마저 느껴졌다. 그냥 지나치기가 아쉬워 이 지역에서 유명한 카페에 들러 커피도 샀다. 들뜬 마음에 콧노래를 부르며 한 손에는 커피를 들고 공모전 접수처로 거의 들어섰을 때쯤, 큰 상자를 옮기던 사람들과 부딪쳐 소중한 프트폴리오 자료들과 접수 신청서, 그리고 내 커피가 함께 바닥으로 내동댕이쳐졌다. 정신을 차리고 보니 커피로 갈색물이 든 서류가 눈에 들어왔다. 나는 심장이 무너져 내리는 듯한 싸늘함과 동시에 할 말을 잃었다. 아무것도 할 수 없었다. 나는 끝났다. 시멘트 바닥에 넘어져 팔꿈치가 까져 피가 나고 있었지만 고통을 느끼는 것은 사치였다. 나는 이제 어쩌면 좋은가. 몇 개월간 밤을 새워 일해 온 동료들에게 뭐라고 말해야할까. 이대로 사직서를 내야하는 것일까. 나는 그대로 털썩 주저앉은 채 일어설 수 없었다.

① 이 사람은 회사에 다닌지 2년 정도 되었다.
　→ ⓐ 이 사람은 회사에 다닌지 7년되었다.
② 이 사람은 실수를 자주 저질러 회사에서 전설이 되었다.
　→ ⓑ 회사에 들어온지 2년 됐을 때, 큰 실수를 하였다.
③ 이 사람은 포트폴리오를 만들가 위해 KTX를 타고 출장을 갔다.
　→ ⓒ 이 사람은 포트폴리오를 접수하기 위해 출장에 갔다
④ 회사 동료들과 함께 포트폴리오를 만들기 위해 몇 개월간 고생했다.
　→ ★ 정답

단어 건축 / 근무하다 / 공간 / 조성하다 / 담당하다 / 결실 / 부딪치다

25. ④

> 못난 채소도 괜찮아,
> 하자 제품 가격 인하 판매로 구매 상승도 '껑충'

▶ 구매도 상승 '껑충'이라는 것은 구매가 늘었다는 의미이므로 하자가 있는 채소를 낮은 가격으로 판 결과 구매가 많아졌다는 것으로 해석된다. 따라서 정답은 '④ 외관이 보기 안 좋은 채소의 가격을 크게 낮춰 판매한 결과 구매자가 크게 늘었다.'이다.

단어 하자 / 인하 / 구매 / 상승

26. ③

> 예년보다 길어진 맑은 가을 날씨, 미소 짓는 여행 업계

▶ 사람이 아닌 대상과 '미소 짓다'라는 표현이 함께 나오면 긍정적인 뜻이며 경제적으로 호황을 의미한다. 그러므로 맑은 가을 날씨가 계속되어 여행 업계가 호황을 맞았다는 뜻으로 해석된다.

정답 및 해설

따라서 정답은 '③ 일반적인 평균 가을 날씨보다 맑은 날이 이어져 여행 업계가 호황을 맞았다.'이다.

단어 예년 / 업계

27. ②

> 끝끝내 약물 투여 부인,
> 침묵 깬 올림픽 금메달 리스트에게 남은 싸늘한 시선

▶ '싸늘한 시선'은 대상에 대한 비판적이거나 부정적인 태도를 의미한다. 그러므로 약물 투여를 하지 않았고 주장하는 올림픽 메달리스트에게 부정적인 여론이 남은 것으로 해석된다. 따라서 정답은 '② 끝까지 약을 먹지 않았다고 주장한 운동선수에게 부정적인 여론이 남았다.'이다.

단어 약물 / 투여하다 / 부인하다 / 침묵 / 시선

28. ③

> 할 일을 계속 미루고 마감 기한이 코앞에 와서야 © 일을 한꺼번에 몰아서 하는 사람들은 게으른 것이 아니라 (모든 일이 완벽하기를 바라는) 경우가 많다. 그래서 ⑧ 어설픈 결과물이 나올 바에야 일을 하지 않고 준비가 될 때까지 미루는 것이다. 이와 같은 불안감을 호소하는 사람들은 10분 단위, 30분 단위로 짧게 끊어 완성도와 상관없이 일단 일을 시작해보는 연습을 반복하는 것이 중요하다. ④ 꼭 좋은 결과로 이어지지 않더라도 일을 하고 있다는 데에 의의를 두는 훈련을 함으로써 완성도에 대한 집착을 떨쳐낼 수 있다.

④ 결과가 좋지 않더라도 과정에 의의를 두는 훈련을 하면 완성도에 대한 집착을 줄일 수 있다.
⑧ 어설픈 결과가 나오지 않기를 바라기 때문에 완벽하게 준비될 때까지 일을 미루는 것이다.
= © 일을 한꺼번에 몰아서 하는 사람들은 게으른 것이 아니라 (모든 일이 완벽하기를 바라는) 경우가 많다.

단어 미루다 / 마감 / 게으르다 / 어설프다 / 불안 / 호소하다 / 완성 / 훈련하다

29. ①

> © 국립 언어 사용 연구소에서는 무분별한 외래어 사용을 지양하고자 우리말로 바꿀 수 있는 표현들을 찾아 새말을 만들고 (이를 보급하는 데) 힘을 쓰고 있다. ⑧ 이러한 우리말 다듬기 운동의 가장 성공적인 사례 중 하나가 '댓글'이다. '댓글'은 영어 '리플(reply)'을 우리말로 바꾼 것으로 요즘에는 리플보다 더 많이 사용되고 있으며 대댓글, 비밀 댓글, 댓글 보기와 같이 다양하게 응용되어 온전히 일상언어로 자리 잡았다. 수많은 외래어 다듬기를 시도함에 따라 실패하는 경우도 있고, 성공하는 경우도 있으나 ④ 국립 언어 사용 연구소는 아름다운 우리말 지킴이로서의 몫을 성실히 해내고 있다.

④ 국립 언어 사용 연구소는 우리말을 지키기 위해 노력하고 있다.
⑧ 우리말 다듬기 운동에서 가장 성공한 예는 '댓글'이며 온전히 일상언어로 자리잡았다.
= © 국립 언어 사용 연구소는 외래어 중에서 우리말로 바꿀 수 있는 표현을 찾아 새말을 만들고 (이를 보급하는 데) 힘쓰고 있다.

단어 무분별하다 / 외래어 / 지양하다 / 성공적이다 / 사례 / 몫 / 성실하다

30. ③

> ④ 마그네슘을 2주 이상 복용할 경우 우울감이 감소하는 것으로 나타났다. 최근 연구에 따르면 20세 이상 60세 이하 성인 200명을 대상으로 조사한 결과, 일일 적정 복용량에 맞춰 마그네슘을 꾸준히 먹은 그룹과 그렇지 않은 그룹 간의 우울감의 차이가 크게 차이가 나는 것으로 밝혀졌다. 이는 © 마그네슘이 우울증과 연관이 있는 (호르몬을 감소 시킴으로써) 나타나는 효과로 볼 수 있다. ⑧ 마그네슘을 복용한 그룹의 60%는 체내에서 심신 안정에 부정적인 영향을 미치는 요소가 줄어들며 우울감뿐만 아니라 불안함, 스트레스 등이 개선되었다고 하였다.

④ 마그네슘을 2주 이상 복용하면 우울감이 줄어드는 것으로 나타났다.
⑧ 마그네슘을 복용한 사람들은 심신 안정에 부정적인 영향을 미치는 요소가 줄어서 우울감, 불안감, 스트레스가 개선되었다고 했다.
= © 마그네슘이 정신 건강과 연관이 있는 (호르몬을 감소 시킴으로써) 나타나는 효과로 볼 수 있다.

단어 복용하다 / 감소하다 / 나타나다 / 연구 / 이상 / 이하 / 대상 / 정신 / 요소 / 개선되다

31. ②

> ④ 누구나 보관용 지퍼백에 넣어둔 채소가 지퍼백 속에 고인 습기로 인해 빨리 상해서 버려야 했던 경험이 있을 것이다. ⑧ 이를 막고자 농가에서 포도를 포장하는 용도로 쓰이는 일명 '포도봉투'를 지퍼백 대신 채소 보관 용기로 쓰는 사람들이 늘고 있다. 이 포도봉투는 한 면이 한지로, 다른 면은 비닐로 되어있으며 © 이 비닐에는 (미세한 구멍이 있어) 습기 차는 것을 막아주고 통기성이 좋아 채소가 쉽게 상하지 않는다고 한다.

④ 지퍼백 안의 습기로 인해 채소가 상해서 버리게 되는 경우가 많다.
⑧ 이를 막고자 지퍼백 대신 포도 포장용 봉투를 사용하는 사람이 늘고 있다.
= © 이 비닐에는 (미세한 구멍이 있어) 습기 차는 것을 막아주고 통기성이 좋아 채소가 쉽게 상하지 않는다.

단어 보관 / 고이다 / 습기 / 상하다 / 막다

32. ③

> 다산 정약용은 농촌 사회의 모순에 관심을 두고 ⓒ 정치 개혁과 사회 개혁에 대해 체계적으로 연구한 조선 후기 실학자이다. 〈경세유표〉, 〈목민심서〉 등을 통해 실현 가능한 구체적인 방안을 제시했으며 ★다양한 분야에서 두각을 나타낸 천재적인 학자이다. ⓑ 정치, 사회뿐만 아니라 자연 과학에도 관심을 기울여서 홍역과 천연두의 치료법에 관한 책을 내기도 했다. ⓐ 또한 도량형과 화폐의 통일을 제안했으며 건축 기술인 거중기를 고안하기도 했다.

① 정약용은 도량형과 화폐의 통일을 반대했다.
  → ⓐ 도량형과 화폐의 통일을 제안했다.
② 정약용은 정치, 사화 개혁에만 관심을 둔 실학자이다.
  → ⓑ 자연 과학에도 관심을 기울였다.
③ 정약용은 다양한 분야의 연구 활동을 통해 성과를 거두었다.
  → ★ 정답
④〈경세유표〉, 〈목민심서〉에 농업 기술어 구체적으로 제시된다.
  → ⓒ 정치 개혁과 사회 개혁에 대해 기술했다.

단어 모순 / 개혁 / 실현 / 구체적 / 두각 / 통일 / 제안하다

33. ④

> ⓐ 퇴직금 지급은 아르바이트나 비정규직에 상관없이 모든 사업장에 해당된다. ⓑ 또한 5인 미만의 사업장도 지급하는 것이 원칙이다. 근속 기간의 경우 무조건 1년 이상인 주당 15시간 이상 근무한 근로자만 퇴직금을 신청할 수 있다. ⓒ 그리고 비정규직이었다가 나중에 정규직으로 전환되었어도 모든 날이 근로일에 해당한다. 지급 기한은 퇴사한 날로부터 2주 이내에 지급하는 것이 원칙이다. ★다만 사업주와 근로자 간 합의로 연장할 수 있다.

① 퇴직금은 정규직으로 근무한 사람만 받을 수 있다.
  → ⓐ 비정규직에 상관없이 모두 받을 수 있다.
② 4명이 근무하는 사업장은 퇴직금을 지급하지 않아도 된다.
  → ⓑ 5인 미만의 사업장도 지급해야 한다.
③ 처음부터 정규직으로 근무했던 근로자만 퇴직금을 받을 수 있다.
  → ⓒ 나중에 전환되어도 받을 수 있다.
④ 사업주와 근로자가 서로 합의하면 퇴직금을 2주 후에 지급해도 된다.
  → ★ 정답

단어 퇴직금 / 지급 / 해당하다 / 근속 / 근로자 / 전환되다 / 퇴사하다 / 합의

34. ③

> 십장생은 해, 산, 물, 돌, 소나무, 달 또는 구름, 거북, 학, 사슴, 불로초를 말하며 ⓐ 여기에 대나무를 포함하는 경우도 있다. 이것들은 늙지 않고 오래 사는 불로장생을 뜻하는 사물들이며 신선 사상에서 유래되었다. ⓒ 열 개의 사물들은 지역, 사람, 분류 기준에 따라 몇 가지가 제외되거나 추가되기도 한다. ★사람들은 옛날부터 십장생을 바라보거나 작품에 그리거나 새기면서 장생을 소망하였다. 병풍에도 산수화와 더불어 주요한 소재로 널리 쓰였고, ⓑ 사찰의 담벽이나 내부의 벽면에서도 흔히 발견된다.

① 십장생에 대나무가 꼭 포함되어야 한다.
  → ⓐ 대나무는 포함되지 않는 경우도 있다.
② 사찰에서 십장생을 소재로 한 그림을 보기 어렵다.
  → ⓑ 사찰의 담벽에서 흔히 발견된다.
③ 사람들은 십장생을 보면서 오래 사는 것을 소망했다.
  → ★ 정답
④ 십장생은 어느 지역에서나 동일한 열 개의 사물을 말한다.
  → ⓒ 몇 가지가 제외되거나 추가되기도 한다.

단어 포함 / 사물 / 유래되다 / 제외 / 추가 / 장생 / 소망 / 소재

35. ④

> 최근 폴더폰 개통을 희망하는 사람들이 다시금 늘고 있다. ⓐ 스마트폰의 발달과 동시에 다양한 SNS가 등장하였고 소통의 원활함은 편리함을 주었지만 때로는 공과 사의 구분을 방해하는 가장 큰 원인이 되었다. 이에 사내 메신저를 제외하고 ⓑ 업무 연락은 문자 또는 전화로만 받기를 희망하여 업무용 폴더폰을 개통하고자 하는 사람들이 늘고 있다. 소통의 원활함이 무엇보다 중요한 시대에 살고 있지만 ⓒ 때와 장소를 막론하고 쏟아지는 연락은 개인의 에너지를 갉아먹고 있다. ★아날로그의 부활은 단순히 폴더폰의 재인기를 넘어 적절한 상호간 거리감을 무시하는 이들에게 경종을 울리는 하나의 신호로 볼 수 있다.

▶ 주제 문장이 글 뒤에 나타난 지문이다. ⓐ에서 스마트폰의 발달에 따른 장점과 단점을 설명하였다. 특히 ⓑ, ⓒ에서 스마트폰 대신 폴더폰을 선호하게 된 사람들의 이유를 설명하였다. 이어 ★에서 이와 같은 현상이 일어나는 것에 대해 분석하고 있으며 상호간 거리감에 대한 중요성을 언급하였으므로 정답은 '④ 공과 사를 나누는 사회적인 거리감에 대한 중요성을 간과해서는 안 된다.'이다.

단어 개통하다 / 동시 / 소통 / 원활하다 / 무시하다 / 신호

36. ④

> ⓐ 공개 채용의 감소와 상시 채용의 증가로 취업 시장에서 언제나 '을'일 수 밖에 없는 취업 준비생들이 더 큰 고통을 떠안게 되었다. 경제 침체로 인해 막대한 비용을 지불하고 공개 채용을 시행하는 대신 그때그때 필요한 인력만을 뽑으려는 기업들이 늘고 있다. 따라서 ⓑ 올해 취업 시장에서는 스펙 쌓기에만 열을 올릴 것이 아니라 질 높은 정보력을 갖춰야만 승산이 있을 것으로 보인다. 향후 취업 준비생들은 평소 취업을

정답 및 해설

★ 희망하는 업종의 구인 정보에 상시 관심을 가지고, 관심 분야가 아니더라도 유사 직종의 채용 현황 또한 지켜봐야 하는 이중고를 이겨내야 할 전망이다.

▶ 주제 문장이 글 뒤에 나타난 지문이다. Ⓐ에서 공개 채용이 상시, 수시 채용으로 전환된 취업 현황을 언급하였다. 이어 Ⓑ에서는 취업 시장에서 취해야 할 새로운 전략을 제시하고 있다. ★에서 바뀐 취업 시장에서 취해야 할 취업 준비생들의 태도를 다시 서술하고 있으므로 정답은 '④ 상시 채용의 특성에 맞춰 현재 이루어지는 채용 정보에 관심을 두어야 한다.'이다.

단어 채용 / 침체 / 막대하다 / 지불하다 / 취업 / 현황 / 진밍

37. ③

Ⓐ 인터넷 쇼핑몰의 과대광고에 대한 규제가 강화될 예정이다. 특히 다이어트나 붓기 감소의 효과에 대해 Ⓑ 허위 및 과대광고를 하는 쇼핑몰들의 문제가 대두되면서 이에 대한 대응책이 마련될 것으로 보인다. 최근 SNS를 중심으로 광고법에 위반되는 허위광고를 지속적으로 개재하여 다이어트 식품을 홍보해 막대한 수입을 올렸을 뿐만 아니라, 구매자들의 부작용에 대해서도 모른 채하고 판매를 지속한 업체들이 급증하여 사회적인 문제가 되었다. 따라서 ★식품에 대한 광고를 매우 엄격히 규제함으로써 전문성이 결여된 판매자들에게 소비자가 기만당하지 않도록 법적 장치 조성에 더욱 힘써야 할 것이다.

▶ 주제 문장이 글 뒤에 나타난 지문이다. Ⓐ에서 인터넷 쇼핑몰의 과대광고에 대한 규제가 강화될 예정이라 하며 Ⓑ에서 규제가 강화될 이유를 설명하고 있다. 이어 ★에서 식품 광고는 앞으로 더욱 엄격하게 규제해야 한다고 하였으므로 정답은 '③ 인터넷상의 허위 광고 및 과대 광고에 대한 규제가 시급하다.'이다.

단어 과대 / 규제 / 대두되다 / 대응책 / 마련되다 / 급증하다 / 사회적이다

38. ④

아날로그는 과연 낡고 쓸모없는 것인가. 요즘 초등학교에서는 숫자로 표시되는 전자시계가 아니면 시계의 시침, 분침, 초침을 읽지 못하는 학생들이 늘고 있다고 한다. 일각에서는 시대의 흐름이라는 의견도 있지만 이대로 괜찮은 것인가 우려를 표하는 입장도 보인다. Ⓐ 스마트폰이 지시해 주지 않으면 길을 못 찾는 어른들, 숫자 표시가 아니면 몇 시 몇 분인지도 알지 못하는 아이들. ★아무리 문명의 이기를 누리는 현대 사회라지만 기계의 도움에 모든 것을 의존할 수는 없다. Ⓑ 기계가 없더라도 기존의 방식으로 많은 문제를 해결할 수 있다는 중요한 사실이 점점 잊혀지고 있다.

▶ 주제 문장이 글 뒤에 나타난 지문이다. Ⓐ에서 전자 기기 없이 생활할 수 없는 사람들의 구체적인 예를 언급하였으며 Ⓑ에서

는 이와 같은 상황을 지적하고 있다. ★또한 Ⓑ와 마찬가지로 기계에만 의존할 수 없다고 강조하므로 정답은 '④ 기계에만 의존하여 기본적인 문제조차 혼자 해결하지 못하는 생활은 지양해야 한다.'이다.

단어 낡다 / 쓸모없다 / 시대 / 흐름 / 우려하다 / 누리다 / 기존 / 방식

39. ④

온돌은 열기로 방바닥에 놓인 돌판을 덥혀서 난방하는 방식을 말한다. (㉠) 서양에서는 불 옆을 사용하여 가장 뜨거운 불 윗부분의 열기는 굴뚝으로 내보낸다. (㉡) 이러한 서양식 난방법은 열기의 측면 일부만을 이용하므로 비효율적이다. (㉢) 반대로 한국에서는 연기와 불을 나누어 방에 연기를 발생시키는 것이 아니라 불을 늬어서 사용하기 때문에 서양의 벽난로처럼 불을 세워서 사용하지 않는다. (㉣) 한국의 온돌 문화는 고유성과 과학성, 문화적 가치를 인정받아서 2018년 5월 국가무형문화재로 지정되었다.

---〈 보기 〉---
이처럼 한국의 온돌은 효율적인 난방 방식이다.

▶ 〈보기〉는 한국의 온돌이 효율적인 난방 방식이라고 언급한다. 〈보기〉 문장 앞에서 접속사 '이처럼'으로 시작하는 것을 통해 〈보기〉 문장 앞에서 한국의 효율적인 난방 방식을 구체적으로 설명하는 내용이 나와야 함을 알 수 있다. ㉣ 앞에서 서양의 난방 방식과 비교하며 한국의 난방 방식을 구체적으로 설명하고 있기 때문에 정답은 ④ ㉣이다.

단어 온돌 / 열기 / 덥히다 / 난방하다 / 비효율적 / 발생시키다 / 고유성 / 지정되다

40. ②

지구 온난화는 지구 표면의 평균 기온이 상승하는 현상이다. (㉠) 최근 100년간 그동안 적절하게 유지되었던 지구의 기온이 급격하게 상승하고 있다. (㉡) 산업이 발전하면서 석유, 석탄 같은 화석 연료의 사용량이 크게 늘어 온실 기체의 배출이 증가하였다. (㉢) 게다가 농업 생산량을 늘리기 위해 숲이 파괴되면서 온실 효과가 강화되고 있다. (㉣) 국제 사회는 지구 온난화에 따른 기후 변화에 대응하기 위하여 '교토 의정서' 등을 채택하였다.

---〈 보기 〉---
이러한 지구 온난화의 원인은 온실 기체 배출 증가에 있다는 의견이 가장 많다.

▶ 〈보기〉의 앞부분에서 '이러한 지구 온난화의 원인은'으로 문장이 시작되기 때문에 〈보기〉 문장 앞에서 '지구 온난화'가 생겼다는 내용이 언급되어야 자연스럽다. ㉡ 앞에서 최근 100년간 유지된 지구의 기온이 상승하고 있다는 내용이 나오기 때문에

〈보기〉 문장은 ⓛ에 들어가는 것이 좋다. 따라서 정답은 ② ⓛ
이다.

단어 온난화 / 유지되다 / 상승하다 / 기체 / 배출 / 파괴되다 /
강화되다 / 대응하다

41. ②

> 　소설가 이정원은 이번에 다섯 번째 소설집 『꿈꾸는 시간들』
> 을 펴냈다. (㉠) 특별한 것 없는 직업과 평범한 이름을 가
> 졌지만, 어느 날 특별한 일상을 살아가게 된 청년들의 이야기
> 이다. (㉡) 기발한 상상력과 따뜻한 이야기로 독자의 사랑
> 을 받아 온 소설가 이정원은 이번 작품도 출간 전부터 많은 기
> 대를 얻었다. (㉢) 최근에 이 작가는 문학성과 다양성, 참
> 신성으로 「올해의 젊은 작가」로 선정되기도 하였다. (㉣)

　　　　　　　〈 보기 〉
> 　청년들의 일상은 다섯 편의 단편에 각각 담겨 있다.

▶ 〈보기〉는 다섯 편의 단편 소설에 청년들의 일상이 각각 담겨 있
음을 비교적 구체적으로 설명하고 있고 주어인 '청년들의 일상'
에 조사 '-은'이 들어간 것을 통해 앞에서 언급된 단어임을 확인
할 수 있다. ⓛ 앞에서 소설가, 소설집 제목 다음으로 '청년들의
이야기'라는 큰 주제가 언급되었으므로 ⓛ에 〈보기〉 문장을 넣
는 것이 적절하다. 따라서 정답은 ② ⓛ이다.

단어 펴내다 / 평범하다 / 기발하다 / 상상력 / 출간 / 참신성 /
선정되다 / 단편

42. ③

> 　혼자서는 일어서지도 앉지도, 밥을 먹지도 못하던 아기가
> 어엿한 성인이 될 때까지 애지중지 키워주신 부모님. 이제 머
> 리 좀 컸다고 내가 잘나서 혼자 스스로 자란 줄 아는 못난 자
> 식이지만 Ⓐ 마흔이 다 된 몸이라도 하나밖에 없는 딸이라고
> 부모님께서는 아직도 나를 6살짜리를 대하듯 걱정하실 때가
> 있다. 어디 아픈 데는 없냐, 애들 것만 챙기지 말고 네 밥도 잘
> 챙겨 먹어라. 늘 자식 걱정뿐이시다.
> 　하루는 Ⓑ 두 분께서 남들 다 쓰는 스마트폰인지 뭔지 나도
> 한번 써보고 싶으시다며 같이 개통하러 가줄 수 있냐고 부탁
> 을 하셨다. 아들을 학교 보내고 나서 부모님과 같이 점심도 먹
> 고 핸드폰도 살 겸 시내에 나갔다. 부모님께서는 장난감을 처
> 음 보는 어린아이처럼 스마트폰을 요리조리 신기하게 쳐다보
> 기도 하시고, 이걸로 영상통화니 뭐니 다 되는 거라며 신통방
> 통하다, 세상 좋아졌다는 말씀을 하시더니 결국 제일 싼 걸 쥐
> 어드셨다. 사는 김에 좀 더 좋은 거 사시라니까 이걸로 충분하
> 다며 나중에 문자 메시지 보내는 법도 좀 알려줄 수 있냐고 하
> 시는데 내심 좀 귀찮았지만 오늘은 효도하는 날이겠거니 생각
> 하고 셋이 함께 카페로 가 열심히 가르쳐드렸다.
> 　한 30분쯤 지나서였을까. 내 목소리는 점점 높아지고 있었
> 다.

> 　"어머니, 아버지 잘 보세요. 아니~. 잘 보시래도. 그 버튼이
> 아니고!"
> 　"이게… 이건가…?"
> 　"여보 말시키지 마요. 나도 모르겠어."
> 　"아휴 나도 더는 못 하겠네. 오늘은 여기까지만 하고 다음
> 주에 다시 해요!"
> 　"그래 네가 오늘 고생했다."
> 　ⓒ 나도 모르게 잔뜩 짜증을 내고 카페를 나왔다. 부모님은
> 그 길로 부모님댁에 가셨고 나도 아이들 하교 시간이 돼서 서
> 둘러 집에 왔다. 저녁 식사를 마치고 아침에 걸어둔 빨래를 개
> 고 나니 어느덧 시계는 밤 10시를 향하고 있었다. 그때 휴대
> 전화 알림음과 함께 문자 메시지가 한 통 왔다.
> 　**알려줘서 고마워 -엄마아빠가-**
> 　문자를 읽고 ★하염없이 눈물이 났다. ⓒ 이 못난 딸한테
> 뭐가 고맙다고. "앞으로 더 잘할게요. 사랑해요. 엄마아빠."라
> 고 답장을 드렸다.

Ⓐ 주인공의 부모님은 마흔이 다 된 자식을 아직도 어린 아이처럼
　 걱정하실만큼 딸을 아끼신다.
Ⓑ 부모님이 주인공에게 새로운 핸드폰의 개통을 도와달라고 한 후
　 문자 메시지 보내는 법도 가르쳐 달라고 했다.
ⓒ 주인공은 부모님에게 문자 메시지 보내는 법을 가르쳐 드리다가
　 짜증을 내고 집에 돌아온 후 후회를 했다.
→ 주인공은 ★에 나타난 바와 같이 짜증을 낸 자신에게 오히려 고
　 맙다고 하는 부모님의 문자를 보며 죄송한 마음에 눈물을 흘렸
　 다. 따라서 정답은 '③ 죄송스럽다'이다.

단어 대충 / 개통하다 / 신기하다 / 효도 / 귀찮다

43. ②

> 　Ⓐ 혼자서는 일어서지도 앉지도, 밥을 먹지도 못하던 아기
> 가 어엿한 성인이 될 때까지 애지중지 키워주신 부모님. 이제
> 머리 좀 컸다고 내가 잘나서 혼자 스스로 자란 줄 아는 못난
> 자식이지만 마흔이 다 된 몸이라도 하나밖에 없는 딸이라고
> 부모님께서는 아직도 나를 6살짜리를 대하듯 걱정하실 때가
> 있다. 어디 아픈 데는 없냐, 애들 것만 챙기지 말고 네 밥도 잘
> 챙겨 먹어라. 늘 자식 걱정뿐이시다.
> 　하루는 두 분께서 남들 다 쓰는 스마트폰인지 뭔지 나도 한
> 번 써보고 싶으시다며 같이 개통하러 가줄 수 있냐고 부탁을
> 하셨다. 아들을 학교 보내고 나서 부모님과 같이 점심도 먹고
> 핸드폰도 살 겸 시내에 나갔다. 부모님께서는 장난감을 처음
> 보는 어린아이처럼 스마트폰을 요리조리 신기하게 쳐다보기도
> 하시고, 이걸로 영상통화니 뭐니 다 되는 거라며 신통방통하
> 다, 세상 좋아졌다는 말씀을 하시더니 결국 제일 싼 걸 쥐어드
> 셨다. 사는 김에 좀 더 좋은 거 사시라니까 이걸로 충분하다며
> Ⓑ 나중에 문자 메시지 보내는 법도 좀 알려줄 수 있냐고 하시
> 는데 내심 좀 귀찮았지만 오늘은 효도하는 날이겠거니 생각하
> 고 셋이 함께 카페로 가 열심히 가르쳐드렸다.

정답 및 해설

한 30분쯤 지나서였을까. 내 목소리는 점점 높아지고 있었다.

"어머니, 아버지 잘 보세요. 아니~. 잘 보시래도. 그 버튼이 아니고!"

"이게… 이건가…?"

"여보 말시키지 마요. 나도 모르겠어."

"아휴 나도 더는 못 하겠네. 오늘은 여기까지만 하고 다음 주에 다시 해요!"

"그래 네가 오늘 고생했다."

나도 모르게 잔뜩 짜증을 내고 카페를 나왔다. 부모님은 그 길로 부모님댁에 가셨고 나도 아이들 하교 시간이 돼서 서둘러 집에 왔다. 저녁 식사를 마치고 아침에 걸어둔 빨래를 개고 나니 어느덧 시계는 밤 10시를 향하고 있었다. ⓒ 그때 휴대전화 알림음과 함께 문자 메시지가 한 통 왔다.

알려줘서 고마워 -엄마아빠가-

문자를 읽고 ★하염없이 눈물이 났다. 이 못난 딸한테 뭐가 고맙다고. "앞으로 더 잘할게요. 사랑해요. 엄마아빠."라고 답장을 드렸다.

① 이 사람은 지금도 혼자 걷기가 어려워서 부모님께 도움을 받고 있다.
　→ ⒜ 이 사람이 아기였을 때부터 부모님께서 애지중지 키워주셨다는 의미이다.

② 이 사람은 성인이 되었지만 부모님께서 아직도 이런저런 걱정을 하신다.
　→ ★ 정답

③ 이 사람의 부모님께서는 문화 센터에 가서 스마트폰 교육을 받고 오셨다.
　→ ⒝ 이 사람이 카페에서 부모님께 문자 메시지 보내는 법을 가르쳐 드렸다.

④ 이 사람은 부모님의 문자 메시지를 기다렸지만 답장이 늦게 와서 걱정했다.
　→ ⓒ 이 사람은 부모님의 문자 메시지를 기다리지 않았다.

> [단어] 대충 / 개통하다 / 신기하다 / 효도 / 귀찮다

44. ④

컴퓨터, 스마트폰, 타블릿 보급과 함께 눈 건강에 관심을 갖는 사람들이 기하급수적으로 늘고 있다. 스크린 앞에 눈이 장시간 노출되어 젊은층임에도 불구하고 백내장이 빠른 속도로 진행되거나 안구 건조를 호소하는 등, 다양한 증세로 고통받는 이들이 급증하였다.

Ⓐ 최근 연구를 통해 오이는 비타민 K의 섭취 및 체내 수분 증가에 기여할 뿐만 아니라 눈 건강을 지키는 데 큰 도움을 주는 것으로 나타났다. 흔히 눈의 건강을 돕는 데는 루테인, 제아잔틴, 항산화제 등의 성분이 작용한다. 루테인과 제아잔틴은 눈이 재기능을 하기 위해 필요한 성분이자 유일한 카로티노이드이며, 이와 같은 영양소를 적절히 섭취하는 것이 건

강한 눈을 지키는 가장 빠르고 안전한 방법이다. 오이는 이 두 카로티노이드를 하루 섭취량의 10%가량 함유하고 있으며, 이 성분들은 연령에 따라 일어나는 황반변성의 위험성을 낮추는 데도 매우 효과적이다.

또한 노화 세포로부터 신경 세포를 보호하고, 강력한 항산화제이자 염증 감소에 탁월한 피세틴이라는 성분이 오이에 다량 함유되어 노화에 따른 눈 건강의 (　　　　　　) 효능이 있다. 따라서 ★눈 건강이 염려된다면 하루 적정 섭취량을 준수하여 오이를 복용함으로써 눈 건강을 지킬 수 있다. 그러나 무엇보다 다양한 식품 섭취 이전에 생활 습관 개선에 신경을 쓰고 오이도 섭취하여 상승 효과를 이뤄야 할 것이다.

▶ '눈 건강'이 지문에서 반복되었으며 Ⓐ를 통해 오이의 포함된 성분이 눈 건강에 좋은 영향을 미친다는 것을 알 수 있다. 더불어 ★에서 오이 섭취와 함께 생활 습관을 개선하는 것이 중요하다고 하였으므로 정답은 '④ 적절량의 오이 섭취와 더불어 생활 습관을 고침으로써 건강한 눈을 가질 수 있다.'이다.

> [단어] 장시간 / 늘다 / 고통받다 / 급증하다 / 최근 / 연구 / 기여하다 / 유일하다 / 위험성 노화

45. ①

컴퓨터, 스마트폰, 태블릿 보급과 함께 Ⓐ 눈 건강에 관심을 갖는 사람들이 기하급수적으로 늘고 있다. 스크린 앞에 눈이 장시간 노출되어 젊은층임에도 불구하고 백내장이 빠른 속도로 진행되거나 안구 건조를 호소하는 등, 다양한 증세로 고통받는 이들이 급증하였다.

Ⓑ 최근 연구를 통해 오이는 비타민 K의 섭취 및 체내 수분 증가에 기여할 뿐만 아니라 눈 건강을 지키는 데 큰 도움을 주는 것으로 나타났다. 흔히 눈의 건강을 돕는 데는 루테인, 제아잔틴, 항산화제 등의 성분이 작용한다. 루테인과 제아잔틴은 눈이 제 기능을 하기 위해 필요한 성분이자 유일한 카로티노이드이며, 이와 같은 영양소를 적절히 섭취하는 것이 건강한 눈을 지키는 가장 빠르고 안전한 방법이다. 오이는 이 두 카로티노이드를 하루 섭취량의 10%가량 함유하고 있으며 이 성분들은 연령에 따라 일어나는 황반변성의 위험성을 낮추는 데도 매우 효과적이다.

또한 노화 세포로부터 신경 세포를 보호하고, ⓒ 강력한 항산화제이자 염증 감소에 탁월한 피세틴이라는 성분이 오이에 다량 함유되어 노화에 따른 눈 건강의 (악화를 막는 데도) 효능이 있다. 따라서 눈 건강이 염려된다면 하루 적정 섭취량을 준수하여 오이를 섭취함으로써 눈 건강을 지킬 수 있다. 그러나 무엇보다 눈 건강을 해치는 생활 습관 개선에 신경을 쓰고 오이도 섭취하며 상승 효과를 기대하는 것이 바람직하다.

Ⓐ 전자 기기 사용으로 눈 건강이 악화되어 눈 건강에 관심을 갖는 사람이 늘었다.

Ⓑ 최근 연구에서 오이에 포함된 비타민 K가 눈 건강을 지키는 데 효과적이라는 것이 밝혀졌다.

→ 또한 ⓒ 강력한 항산화제이자 염증 감소에 탁월한 피세틴이라는 성분이 오이에 다량 함유되어 노화에 따른 눈 건강의 (악화를 막는 데도) 효능이 있다.

단어 장시간 / 늘다 / 고통받다 / 급증하다 / 최근 / 연구 / 기여하다 / 유일하다 / 위험성 노화

46. ③

> 정년이 되어서 은퇴하게 되면 소득이 사라지거나 많이 감소하기 때문에 안정적인 노후 생활을 위한 대비가 필요하다. (㉠) 이를 위해 필요한 금융 상품이 연금이다. 연금에는 국가가 보장하는 국민 연금, 기업이 보장하는 퇴직 연금, 개인이 준비하는 개인 연금이 있다. (㉡) 국민 연금은 개인의 노후 생활에 필요한 최소한의 생활비를 보장해 주기 위해 국가적으로 시행하는 제도이다. 만 18세 이상 60세 미만인 자는 의무적으로 가입해야 하는 공적 연금이다. (㉢) 노후 생활을 대비한 저축 상품의 일종이며 증권 회사를 제외한 전 금융 회사에서 가입할 수 있다. (㉣) 퇴직 연금의 경우, 기업이 임직원의 노후 소득을 보장하기 위하여 재직 중에 퇴직 급여를 별도의 금융 회사에 적립하고 직원이 퇴직할 때 일시금 또는 연금 형태로 지급한다.

〈 보기 〉
> 이에 비해 개인 연금은 개인의 희망에 따라 가입하는 사적 연금이다.

▶ 〈보기〉는 개인 연금에 대해 설명하고 있다. 문장 앞부분에서 '이에 비해'를 통해 〈보기〉 앞 문장에 개인의 희망에 따라 가입하는 것이 아닌 꼭 가입해야 하는 다른 연금에 대한 설명이 오는 것을 유추할 수 있다. ㉢ 앞에 의무적으로 가입해야 하는 국민 연금에 대한 설명이 나오므로 정답은 ③ ㉢이다.

47. ②

> ⓒ 정년이 되어서 은퇴하게 되면 소득이 사라지거나 많이 감소하기 때문에 안정적인 노후 생활을 위한 대비가 필요하다. (㉠) 이를 위해 필요한 금융 상품이 연금이다. 연금에는 국가가 보장하는 국민 연금, 기업이 보장하는 퇴직 연금, 개인이 준비하는 개인 연금이 있다. (㉡) Ⓑ 국민 연금은 개인의 노후 생활에 필요한 최소한의 생활비를 보장해 주기 위해 국가적으로 시행하는 제도이다. 만 18세 이상 60세 미만인 자는 의무적으로 가입해야 하는 공적 연금이다. (㉢) 노후 생활을 대비한 저축 상품의 일종이며 증권 회사를 제외한 전 금융 회사에서 가입할 수 있다. (㉣) ★퇴직 연금의 경우, 기업이 임직원의 노후 소득을 보장하기 위하여 재직 중에 퇴직 급여를 별도의 금융 회사에 적립하고 직원이 퇴직할 때 일시금 또는 연금 형태로 지급한다.

〈 보기 〉
> 이에 비해 Ⓐ 개인 연금은 개인의 희망에 따라 가입하는 사적 연금이다.

① 개인 연금은 의무적으로 가입해야 한다.
   → Ⓐ 개인의 희망에 따라 가입할 수 있다.
② 퇴직 연금은 기업에서 지급하는 형태의 연금이다.
   → ★ 정답
③ 국민 연금을 원하지 않는 사람은 해지할 수 있다.
   → Ⓑ 의무적으로 가입해야 해서 해지할 수 없다.
④ 정년이 되면 큰 소득을 얻기 때문에 노후를 준비할 필요가 없다.
   → ⓒ 정년이 되면 은퇴한 후 소득이 사라지거나 많이 감소한다.

단어 은퇴 / 소득 / 노후 / 대비 / 금융 / 연금 / 보장하다 / 의무적 / 임직원

48. ①

> Ⓐ 평등법이란 성별, 장애, 연령, 출신 국가, 종교 등의 모든 요소를 막론하고 인간은 누구나 존중받아 마땅한 존재이며 이에 따라 누구든 내가 아닌 다른 이에게 차별을 받아서는 안된다는 것을 강력하게 주장하는 법안이다. 국가에 따라서는 차별금지법, 인권법, 민권법, 일반평등대우법 등의 다양한 표현으로 불리지만 모든 인간에게 동등한 권리와 존경을 표한다는 기본적인 취지는 동일하다.
> 더 구체적으로 살펴보면 평등법은 가족의 형태나 언어, 성적 정체성 또는 지향, 병력 등의 수많은 요소들을 차별의 근거로 두어서는 안된다고 표명한다. 일부 정치 집단들의 반대로 오랜 시간 제정이 미뤄졌으나 Ⓑ 평등법에 대한 논의가 시작된 지 10년 만에 이루어진 결실이다.
> 수위에 따라 다른 처벌이 내려질 수는 있으나 기본적으로 평등법에 위반되는 언행을 하였다고 하여 모든 경우가 처벌 대상이 되는 것은 아니다. 평등법은 처벌을 내리는 것이 궁극적인 목표가 아니라 이 사회 구성원의 인식을 고양하고 (   ) 더 동등하고 살기 좋은 사회를 꾸려가는 데 목적이 있다. ★따라서 평등법은 각 사회 구성원의 가치를 인식하고 우리가 일삼는 수많은 언행 속에 어떠한 차별이 숨겨져 있는가를 지상으로 끌어올려 인식의 개선과 전환으로 이어질 수 있도록 하는 주춧돌이라 할 수 있다.

▶ 평등법의 정의와 제정 목적에 대해 쓴 글이다. 글의 목적을 파악하기 위해 지문 뒷부분을 꼼꼼히 읽어 봐야 한다. Ⓐ에서 평등법의 기본적인 개념을 설명한 후, 글쓴이는 Ⓑ에서 평등법 제정을 긍정적으로 평가하고 하였다. 이어 ★에서 평등법 제정의 의의를 서술하고 있으므로 정답은 '① 평등법 발의의 의의를 설명하기 위해서'이다.

단어 평등 / 성별 / 장애 / 종교 / 막론하다 / 존중 / 차별 / 동등하다

정답 및 해설

49. ③

Ⓐ 평등법이란 성별, 장애, 연령, 출신 국가, 종교 등의 모든 요소를 막론하고 인간은 누구나 존중받아 마땅한 존재이며 이에 따라 누구든 내가 아닌 다른 이에게 차별을 받아서는 안된다는 것을 강력하게 주장하는 법안이다. 국가에 따라서는 차별금지법, 인권법, 민권법, 일반평등대우법 등의 다양한 표현으로 불리지만 Ⓑ 모든 인간에게 동등한 권리와 존경을 표한다는 기본적인 취지는 동일하다.

더 구체적으로 살펴보면 평등법은 가족의 형태나 언어, 성적 정체성 또는 지향, 병력 등의 수많은 요소들을 차별의 근거로 두어서는 안된다고 표명한다. 일부 정치 집단들의 반대로 오랜 시간 제정이 미뤄졌으나 평등법에 대한 논의가 시작된 지 10년 만에 결실을 이루었다.

수위에 따라 다른 처벌이 내려질 수는 있으나 기본적으로 평등법에 위반되는 언행을 하였다고 하여 모든 경우가 처벌 대상이 되는 것은 아니다. Ⓒ 평등법은 처벌을 내리는 것이 궁극적인 목표가 아니라 사회 구성원의 인식을 고양하고 (개개인의 가치 존중을 강조함으로써) 더 동등하고 살기 좋은 사회를 꾸려가는 데 목적이 있다. 따라서 평등법은 각 사회 구성원의 가치를 인식하고 우리가 일삼는 수많은 언행 속에 어떠한 차별이 숨겨져 있는가를 지상으로 끌어올려 인식의 개선과 전환으로 이어질 수 있도록 하는 주춧돌이라 할 수 있다.

Ⓐ 평등법은 차별을 방지하기 위한 법이다.
Ⓑ 모든 인간은 동등하다는 것이 기본 취지이다.
→ Ⓒ 평등법은 처벌을 내리는 것이 궁극적인 목표가 아니라 이 사회 구성원의 인식을 고양하고 (개개인의 가치 존중을 강조함으로써) 더 동등하고 살기 좋은 사회를 꾸려가는 데 목적이 있다.

[단어] 평등 / 성별 / 장애 / 종교 / 막론하다 / 존중 / 차별 / 동등하다

50. ②

Ⓐ 평등법이란 성별, 장애, 연령, 출신 국가, 종교 등의 모든 요소를 막론하고 인간은 누구나 존중받아 마땅한 존재이며 이에 따라 누구든 내가 아닌 다른 이에게 차별을 받아서는 안된다는 것을 강력하게 주장하는 법안이다. 국가에 따라서는 차별금지법, 인권법, 민권법, 일반평등대우법 등의 다양한 표현으로 불리지만 Ⓑ 모든 인간에게 동등한 권리와 존경을 표한다는 기본적인 취지는 동일하다.

더 구체적으로 살펴보면 평등법은 가족의 형태나 언어, 성적 정체성 또는 지향, 병력 등의 수많은 요소들을 차별의 근거로 두어서는 안된다고 표명한다. Ⓒ 일부 정치 집단들의 반대로 오랜 시간 제정이 미뤄졌으나 ★평등법에 대한 논의가 시작된 지 10년 만에 결실을 이루었다.

수위에 따라 다른 처벌이 내려질 수는 있으나 기본적으로 평등법에 위반되는 언행을 하였다고 하여 모든 경우가 처벌 대상이 되는 것은 아니다. 평등법은 처벌을 내리는 것이 궁극

적인 목표가 아니라 사회 구성원의 인식을 고양하고 (   ) 더 동등하고 살기 좋은 사회를 꾸려가는 데 목적이 있다. 따라서 평등법은 각 사회 구성원의 가치를 인식하고 우리가 일삼는 수많은 언행 속에 어떠한 차별이 숨겨져 있는가를 지상으로 끌어올려 인식의 개선과 전환으로 이어질 수 있도록 하는 주춧돌이라 할 수 있다.

Ⓐ 평등법은 차별을 방지하기 위한 법이다.
Ⓑ 모든 인간은 동등하다는 것이 기본 취지이다.
Ⓒ 일부 집단에 의해 평등법의 제정이 미뤄졌었다.
→ 글쓴이는 ★과 같이 평등법이 제정된 것을 '쾌거'리고 하며 긍정적으로 평가하고 있다. 따라서 정답은 '② 평등법에 대한 부정적인 시각이 있었으나 결국 제정된 점을 긍정적으로 보고 있다.' 이다.

[단어] 평등 / 성별 / 장애 / 종교 / 막론하다 / 존중 / 차별 / 동등하다

제2회 실전 모의고사

1	①	2	②	3	②	4	③	5	①	6	②	7	④	8	③
9	④	10	④	11	③	12	③	13	①	14	①	15	③	16	③
17	②	18	④	19	③	20	②	21	②	22	①	23	②	24	④
25	①	26	③	27	④	28	①	29	①	30	②	31	④	32	④
33	④	34	①	35	②	36	④	37	④	38	④	39	①	40	③
41	③	42	④	43	②	44	④	45	②	46	①	47	④	48	①
49	②	50	④												

1. ①

> 개발이 계속되면서 지구 온난화 현상은 (★갈수록) 심해지고 있다.

▶ 지구 온난화 현상은 → 심해지고 있다
앞의 내용인 '지구 온난화 현상'이 '심해지고 있다' 사이에 들어갈 내용으로 시간이 지나가거나 일이 계속될수록 점점 더 〈변화〉의 정도를 강조해 주는 부사인 '갈수록'을 고르는 것이 적절하다. 정답은 '① 갈수록'이다.

2. ②

> 내일 반 친구들과 함께 치킨을 (★먹기로 했다.)

▶ '내일', '반 친구들과 함께' 표현이 있기 때문에 여러 사람이 함께 정한 계획을 표현하는 문법인 '-기로 했다'를 고르는 것이 적절하다. 정답은 '② 먹기로 했다'이다.

3. ②

> 비가 많이 온 바람에 경기가 취소됐다.

▶ '-ㄴ/은 바람에'는 앞의 내용이 뒤의 부정적인 결과의 〈원인〉임을 보여주는 문법이다. 이때 〈원인〉은 예상치 못한 상황으로 발생한다. 따라서 선택지 중에 가장 비슷한 문법인 '-ㄴ/은 탓에'를 고르는 것이 좋다. 정답은 '② 온 탓에'이다.

4. ③

> 이번 시험의 성적은 노력하기에 달려 있다.

▶ '-에 달려 있다'는 앞의 대상이나 행동이 문장의 주어와 관련된 결과에 가장 큰 영향을 미침을 보여주는 문법이다. 그러므로 선택지 중에서 같은 역할을 하는 '-기 나름이다'를 고르는 것이 좋다. 정답은 '③ 노력하기 나름이다'이다.

5. ①

> **장시간 업무와 공부에도 끄떡없게 만드는 과학의 힘!**
> **소중한 당신의 허리, 우리와 함께 지키세요.**

▶ '장시간 업무, 공부와 업무, 끄떡없다, 허리, 지키세요'라는 핵심어를 통해 장시간 업무로 느끼는 허리 부담을 줄여주는 물건임을 알 수 있다. 따라서 정답은 '① 의자'이다.

단어 장시간 / 업무

6. ②

> **1인 가구 맞춤형 채소와 과일 상품 등장!**
> **24시간 배고플 때는 집 근처에서 찾는 나만의 즐거움!**

▶ '1인 가구, 맞춤형, 채소, 과일, 상품, 24시간, 집 근처'라는 핵심어를 통해 1인 가구에게 알맞은 채소, 과일 상품을 파는 장소임을 추측할 수 있다. 또한 24시간이라는 설명이 있으므로 '편의점'에 대한 설명임을 알 수 있다. 따라서 정답은 '② 편의점'이다.

단어 가구 / 맞추다 / 상품

7. ④

> **파란불이 당신에게 인사할 때까지**
> **아무도 없어도 양심을 지킵시다.**

▶ '파란불, 아무도 없어도 양심을 지킵시다'라는 핵심어를 통해 신호를 지키는 교통 안전에 대한 내용임을 알 수 있다. 따라서 정답은 '④ 교통 안전'이다.

단어 인사 / 양심 / 지키다

8. ③

> ■ 하단의 작은 버튼을 뾰족한 것으로 눌러 초기화합니다.
> ■ 화면에 숫자가 나타나면 상단에 있는 버튼을 길게 누릅니다.
> ■ 오전·오후, 시간, 요일 순으로 맞게 설정한 후 10초간 기다립니다.
> ■ 현재 시각에 맞게 설정된 것을 확인한 후 사용하십시오.

▶ '초기화, 설정, 확인한 후 사용하십시오'라는 핵심어를 통해 어떤 물건의 사용 방법에 대한 내용임을 알 수 있다. 따라서 정답은 '③ 사용 방법'이다.

단어 설정하다 / 확인하다

정답 및 해설

9. ④

제5회 세계맥주축제

- **기간** ⑧ 2022년 7월 10일(토) ~ 7월 21(일)
- **장소** 중앙 공원 광장
- **행사 내용** ★세계 맥주 무료 시음 및 다양한 체험 행사
- **입장료** ⓐ 2만 원

※체험을 원하시는 분은 ⓒ 축제 당일 현장에서 직접 신청하시기 바랍니다.

① 축제는 무료로 즐길 수 있다.
→ ⓐ 입장료 2만 원을 내야 한다.
② 축제는 7월 한 달 동안 진행된다.
→ ⑧ 축제는 12일 동안 진행된다.
③ 체험을 원하는 사람은 미리 예약해야 한다.
→ ⓒ 축제 당일 직접 신청할 수 있다.
④ 축제에서 세계 여러 나라의 맥주를 무료로 마셔 볼 수 있다.
→ ★ 정답

단어 무료 / 시음 / 체험 / 입장료 / 당일 / 현장 / 직접

10. ④

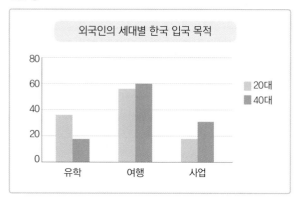

① 20대는 유학을 목적으로 한국에 입국한 비율이 가장 높다.
→ 여행을 목적으로 입국한 비율이 가장 높다.
② 20대와 40대 모두 사업을 목적으로 입국한 비율이 가장 낮다.
→ 40대는 유학을 목적으로 입국한 비율이 가장 낮다.
③ 여행보다 사업을 목적으로 한국에 입국한 40대 외국인들이 많다.
→ 사업보다 여행을 목적으로 입국한 40대 외국인들이 더 많다.
④ 여행을 목적으로 입국한 사람의 비율은 20대보다 40대가 더 높다.
→ ★ 정답

단어 세대 / 입국 / 목적 / 사업

11. ③

방 탈출 카페는 ⑧ 방에 갇힌 사람들이 여러 단서를 찾으며 추리해서 탈출하는 놀이 공간이다. 원래 미국이나 유럽 등지에서 이벤트 형식으로 열리던 것으로 비디오 게임 장르 중 탈출 게임을 현실로 재현한 것이다. ⓒ 2010년대에 들어서 캐나다, 중국, 한국에서 인기를 끌었다. 한국에서는 ★2015년에 서울 홍대 및 강남을 중심으로 시작이 되어 현재 180개 이상의 매장이 운영 중이다. ⓐ 탈출할 방의 구조는 한 개의 방일 수도 있고, 여러 개의 방이 이어질 수도 있으므로 단서를 위한 문제를 풀 때 적절한 시간 분배가 필요하다.

① 모든 방 탈출 카페는 한 개의 방만 탈출하면 된다.
→ ⓐ 탈출할 방은 여러 개의 방이 이어질 수 있다.
② 방 탈출 카페는 컴퓨터로 비디오 게임을 하는 공간이다.
→ ⑧ 방에 갇힌 사람들이 여러 단서를 찾으며 추리해서 탈출하는 놀이 공간이다.
③ 2015년부터 한국에서 활발한 매장 운영이 이루어지고 있다.
→ ★ 정답
④ 2010년대에 들어서 미국에서 방 탈출 카페가 인기를 끌었다.
→ ⓒ 2010년대에 들어서 캐나다, 중국, 한국에서 인기를 끌었다.

단어 탈출 / 단서 / 추리 / 재현하다 / 운영 / 이어지다 / 분배

12. ③

브로콜리는 ⑧ 다양한 영양소를 포함하고 있어서 건강을 잘 관리할 수 있다. 시력을 강화하고 신체를 해독할 수 있으며 혈압 조절에 도움이 된다. 게다가 조기 노화를 예방할 수 있으며 ★심장 건강을 향상시킬 수 있다. 이러한 브로콜리를 ⓒ 굽거나 튀겨서 먹지 말고 찜기에 쪄서 먹는 것이 가장 영양 성분을 보존하면서 효율적으로 먹을 수 있는 방법이다. 또한 브로콜리의 머리 끝부분만 먹는 것이 아닌 ⓐ 줄기 부분도 같이 섭취해야 모든 성분을 골고루 섭취할 수 있다.

① 브로콜리의 줄기 부분은 먹으면 안 된다.
→ ⓐ 줄기 부분도 같이 섭취해야 골고루 모든 성분을 섭취할 수 있다.
② 브로콜리는 한 가지 영양소만 갖춘 채소이다.
→ ⑧ 다양한 영양소를 포함하고 있다.
③ 브로콜리는 심장이 약한 사람들에게 도움이 된다.
→ ★ 정답
④ 브로콜리를 구워서 먹으면 영양 성분을 보존할 수 있다.
→ ⓒ 찜기에 쪄서 먹는 것이 가장 영양 성분을 보존할 수 있다.

단어 포함하다 / 관리하다 / 해독 / 조절 / 조기 / 노화 / 보존하다 / 섭취하다

13. ①

> (가) 최근 들어 캠핑을 하는 사람들이 늘고 있다.
> (나) 다른 취미 활동과 함께 할 수 있다는 장점이 있기 때문이다.
> (다) 게다가 이렇게 다양한 취미를 가족들과 함께 공유할 수 있는 이상적인 활동이다.
> (라) 캠핑을 하러 가면 낚시, 등산, 여행도 할 수 있고, 직접 요리해서 식사도 할 수 있다.

(1) (가)와 (라) 중에서 첫 번째 문장을 찾아야 한다.
(2) (가)는 최근 캠핑하는 사람들이 많아졌다는 내용이고 (라)는 캠핑의 장점을 설명하는 내용이므로 첫 문장에서는 장점을 바로 언급하는 것보다 사회적 배경과 함께 '캠핑'을 소개하는 내용인 (가)가 첫 문장으로 적절하다.
(3) (나)에서는 '캠핑이 다른 취미와 함께 할 수 있다는 장점이 있기 때문'이라는 '이유'가 나온다. (가)에서 제시한 '캠핑을 하는 사람들이 늘고 있는' 이유로 (나)는 (가) 바로 뒤에 제시되는 것이 자연스럽다.
(4) 정답은 ① (가)-(나)-(라)-(다)이다.

단어 캠핑 / 장점 / 게다가 / 공유하다 / 이상적 / 노화 / 방지

14. ①

> (가) 문화마다 편안함을 느끼는 거리가 다르다.
> (나) 반면에 서양에서는 타인과 가까워지면 불편함을 느낀다.
> (다) 먼저 동양에서는 타인과의 가까운 거리를 통해 친밀감과 편안함을 느낀다.
> (라) 이러한 차이는 갈등을 일으킬 수 있어서 서로 문화를 이해하려는 태도가 필요하다.

(1) (가)와 (다) 중에서 첫 번째 문장을 찾아야 한다.
(2) (가)는 문화마다 편안함을 느끼는 거리가 다르다고 서술한 문장이고 (다)는 '먼저'로 시작하여 동양에 대한 설명을 하고 있다. '먼저'는 앞에서 어떤 상황이 먼저 제시된 후, 관련된 여러 상황들을 순서대로 언급할 때 사용되기 때문에 첫 번째 문장이 될 수 없다.
(3) (나)는 '반면에'로 시작하며 서양에 대한 설명이 나온다. 먼저 동양에 대한 설명이 제시된 후, 동양 사람들과 달리 타인과 가까워지면 불편해하는 서양 사람들의 내용이 바로 나오는 것이 자연스럽다. (다) 문장 다음에 (나)로 연결이 되어야 한다.
(4) 정답은 ① (가)-(다)-(나)-(라)이다.

단어 반면 / 서양 / 타인 / 동양 / 친밀감 / 갈등 / 태도

15. ③

> (가) 회의 결과 이번 워크숍은 외국에서 하기로 의견을 모았다.
> (나) 그러나 몇몇 총무부 직원들은 워크숍 비용 문제 때문에 반대했다.

> (다) 회사 직원들이 오전에 워크숍 일정 및 장소에 대하여 회의를 열었다.
> (라) 해외 워크숍을 진행하면 다른 프로젝트 예산에 문제가 생길 것이라고 봤기 때문이다.

(1) (가)와 (다) 중에서 첫 번째 문장을 찾아야 한다.
(2) (가)는 '회의 결과'를 서술한 문장이고 (다)는 회사 직원들이 오전에 회의를 열었다는 내용이다. (가)의 '회의 결과'는 (다)와 같이 회의가 있었다는 정보 제시 이후에 오는 것이 자연스러우므로 첫 번째 문장으로 (다)를 골라야 한다.
(3) (라)에서 '해외 워크숍을 진행하면'을 통해 앞에서 '해외 워크숍'에 대한 내용이 나와야 함을 알 수 있고, '예산에 문제가 생길 것이라고 봤기 때문이다' 문장 끝부분을 보면 바로 앞 문장에서 어떤 상황에 대해 반대하거나 걱정하는 내용이 나와야 함을 알 수 있다. 그러므로 (나)-(라) 순으로 문장을 연결하는 것이 자연스럽다.
(4) 정답은 ③ (다)-(가)-(나)-(라)이다.

단어 워크숍 / 모으다 / 몇몇 / 반대하다 / 열다 / 예산 / 보다

16. ③

> 한 동물보호단체의 조사 결과에 따르면 최근에는 ⓐ 애완동물이라는 말 대신 반려동물이라는 표현을 선호하는 사람들이 급격히 늘어난 것으로 나타났다. ⓑ 이들은 반려동물을 단순히 사람과 같이 사는 귀여운 '애완'의 대상으로 보지 않고 온전한 가족의 구성원으로 여긴다. ⓒ 동물도 가족의 일원으로 품고자 하는 (인식의 전환으로 일어난) 현상이라 볼 수 있다.

ⓐ 애완동물 대신 반려동물이라는 표현을 사용하는 사람이 늘었다.
ⓑ 이들은 반려동물을 온전한 가족으로 여긴다.
→ 이는 ⓒ 물도 일상을 함께 나누는 가족으로 품고자 하는 (인식의 전환으로 일어난) 현상이라 볼 수 있다.

단어 애완동물 / 반려 / 표현 / 일상 / 나누다

17. ②

> ⓐ 인간은 보통 3주 정도가 지나면 과거에 대한 기억이 미화되기 시작한다. 물론 사건의 심각성, 당사자의 심리 상태에 미친 영향에 따라 심한 경우에는 외상 후 스트레스나, 적응장애, 불안장애 등을 일으키는 경우도 있으나 ⓒ 일반적인 사건으로 한정하였을 경우 3주를 기점으로 (당시의 기억을 재구성하여) 부정적인 기억은 작아지고 긍정적인 기억이 더 확대되는 과정을 거쳐 기억 저장고에 남게 된다. 따라서 ⓑ '시간이 약이다.'라는 말은 과학적인 근거가 있는 표현이다.

ⓐ 인간은 보통 3주가 지나면 기억이 미화된다.
ⓑ '시간이 약'이라는 표현은 과학적 근거가 있다.

정답 및 해설

→ 왜냐하면 ⓒ 일반적인 사건으로 한정하였을 경우 3주를 기점으로 (당시의 기억을 재구성하여) 부정적인 기억은 작아지고 긍정적인 기억이 더 확대되는 과정을 거치기 때문이다.

단어 과거 / 기억 / 미화되다 / 심리 / 상태 / 한정하다 / 확대되다 / 과학적이다

18. ④

ⓐ 너무나도 분명하게 인지하고 있는 단어는 글자의 순서를 바꾸어 써도 원래 그 단어의 표기대로 읽게 된다. 예를 들어 '훈민정음'을 '훈정민음'이라고 쓰면 대개의 사람들은 틀렸다는 걸 알면서도 '훈민정음'이라고 읽거나 틀린 것조차 눈치채지 못하고 '훈민정음'이라 읽는다. 이는 ⓒ 뇌에 저장되어 (이미 확고하게 자리잡은) 어휘에 대한 인지가 잘못된 표기로 제대로 된 뜻으로 읽게 만들기 때문이다. 따라서 ⓑ 한번 기억한 단어는 철자가 다르게 쓰여 있어도 원래 철자대로 읽게 되는 것이다.

ⓐ 확실하게 알고 있는 단어는 글자 순서를 바꿔도 원래 단어 표기대로 읽게 된다.

ⓑ 또한 한번 기억한 단어는 철자가 틀려도 원래 단어 철자대로 읽는다.

→ 왜냐하면 ⓒ 뇌에 저장되어 (이미 확고하게 자리잡은) 어휘에 대한 인지가 잘못된 표기도 제대로 된 뜻으로 읽게 만들기 때문이다.

단어 인지하다 / 표기 / 틀리다 / 어휘 / 기억하다 / 철자

19. ③

간편 결제는 지갑에서 플라스틱 카드를 꺼내지 않고도 온·오프라인에서 결제할 수 있는 서비스를 의미한다. 기존의 모바일 결제는 키보드 보안 프로그램 등 여러 프로그램을 설치하고 매번 카드 정보나 개인 정보를 입력해야 해서 복잡했다. (   ) 간편 결제는 이러한 번거로움을 줄이기 위해 복잡한 단계를 없앴다. 카드 정보를 한 번 입력하면 다음번에 사용할 때는 아이디와 비밀번호, SMS 등을 이용한 간단한 인증만으로도 쉽고 간편하게 결제할 수 있다. 이러한 간편 결제 서비스는 한국 시장뿐만 아니라 세계 시장에서 점차 확대될 전망이다.

▶ 빈칸 앞의 내용은 기존의 모바일 결제의 번거로움이 제시되어 있고 빈칸 뒤의 내용은 간편 결제는 번거로움을 줄였다는 대조적인 내용이 나오기 때문에 '그러나'가 적절하다. 따라서 정답은 '③ 그러나'이다.

20. ②

ⓑ 간편 결제는 지갑에서 플라스틱 카드를 꺼내지 않고도 온·오프라인에서 결제할 수 있는 서비스를 의미한다. 기존의 모바일 결제는 키보드 보안 프로그램 등 여러 프로그램을 설

치하고 매번 카드 정보나 개인 정보를 입력해야 해서 복잡했다. (   ) ★간편 결제는 이러한 번거로움을 줄이기 위해 복잡한 단계를 없앴다. ⓒ 카드 정보를 한 번 입력하면 다음번에 사용할 때는 아이디와 비밀번호, SMS 등을 이용한 간단한 인증만으로도 쉽고 간편하게 결제할 수 있다. 이러한 ⓐ 간편 결제 서비스는 한국 시장뿐만 아니라 세계 시장에서 점차 확대될 전망이다.

① 간편 결제 서비스는 한국 사장에서만 확대될 것이다.
  → ⓐ 한국 시장뿐만 아니라 세계 시장에서 점차 확대될 전망이다.
② 간편 결제는 기존 모비일 걸제의 복잡힘을 간소화했다.
  → ★ 정답
③ 간편 결제는 플라스틱 카드를 통해 결제하는 서비스를 말한다.
  → ⓑ 간편 결제는 플라스틱 카드를 꺼내지 않고도 결제할 수 있는 서비스를 의미한다.
④ 간편 결제 서비스를 사용할 때마다 카드 정보를 입력해야 한다.
  → ⓒ 카드 정보를 한 번 입력하면 다음번에는 간단한 인증만으로도 서비스를 이용할 수 있다.

단어 간편 / 기존 / 보안 / 번거로움 / 인증 / 확대 / 전망

21. ②

운전자가 술을 마신 것을 알면서 차를 운전할 수 있도록 자신의 차를 빌려주거나 음주 운전자가 운전하는 차에 같이 탄 경우 등에는 음주운전 방조죄가 성립된다. 많은 사람들이 음주운전 방조죄는 직접 음주운전을 한 것이 아니어서 가볍게 처벌될 것이라고 잘못 생각할 수가 있다. 술을 마신 것을 알면서 (눈 감아 주면) 벌금형을 선고받는데 상황에 따라 음주 운전자보다 더 큰 처벌을 받을 수 있다. 그러므로 음주운전 방조죄로 처벌받지 않도록 주의해야 하고, 억울하게 음주운전 방조죄로 처벌받게 되면 운전자의 음주운전을 적극적으로 말렸다는 것을 입증할 수 있는 객관적인 증거를 확보해야 한다.

▶ '술을 마신 것을 알면서' 빈칸과 같은 행동을 하거나 상황이 일어나면 빈칸 뒤와 같이 벌금형을 선고받거나 음주 운전자보다 큰 처벌을 받을 수 있다는 내용이 제시된다. 이를 통해 (운전자가 술을 마신 것을 알면서) 모른 척, 못 본 척 해주면'과 관련된 표현이 빈칸의 내용에 어울리므로 정답은 '② 눈 감아 주면'이다.

22. ①

운전자가 술을 마신 것을 알면서 차를 운전할 수 있도록 자신의 차를 빌려주거나 음주 운전자가 운전하는 차에 같이 탄 경우 등에는 음주운전 방조죄가 성립된다. 많은 사람들이 음주운전 방조죄는 직접 음주운전을 한 것이 아니어서 가볍게 처벌될 것이라고 잘못 생각할 수가 있다. 술을 마신 것을 알면서 (   ) 벌금형을 선고받는데 상황에 따라 음주 운전자보다 더 큰 처벌을 받을 수 있다. 그러므로 음주운전 방조

56

죄로 처벌받지 않도록 주의해야 하고, 억울하게 음주운전 방조죄로 처벌받게 되면 운전자의 음주운전을 적극적으로 말렸다는 것을 입증할 수 있는 객관적인 증거를 확보해야 한다.

▶ 위 글은 음주운전 방조죄에 대한 글인데 글의 중심 생각은 보통 뒷부분에서 빠르게 파악할 수 있다. 글의 뒷부분에서 '음주운전 방조죄로 처벌받지 않도록 주의해야 하고 처벌받게 되면 음주운전을 적극적으로 말렸다는 것을 입증할 수 있는 증거를 확보해야 한다'는 내용이 나오기 때문에 선택지 중에서 가장 유사한 의미인 '① 음주운전 방조죄로 처벌받지 않게 주의해야 한다.'를 고르면 된다.

단어 방조죄 / 성립되다 / 처벌되다 / 벌금형 / 선고받다 / 증거 / 확보하다

23. ②

가난한 시골 마을, Ⓐ 작은 책방의 딸이었던 나는 이렇게 태어난 게 억울하다고 해도 과언이 아닐 만큼 못생긴 데다가 또 여드름은 왜 그렇게 많이 났는지…. 얼굴도 부족해 목까지 난 여드름을 감추겠다고 머리를 길러서 나만의 방어막인 양 고개를 푹 숙이고 다녔다. 학교에 가면 남자아이들은 못생겼다고 놀리고 여자아이들은 내 여드름이 징그럽다며 자기들끼리 모여 수군댔다. 학창시절은 매일매일이 지옥이었다.

하지만 나에게도 유일한 아군이 있었으니 그건 책이었다. 어차피 친구도 없었지만 집이 워낙 가난해서 밖에 나가 뭘 할 수 있는 처지가 아니었기에 Ⓑ 서점에 틀어박혀 읽는 것만이 내가 누릴 수 있는 유일한 오락이었다. 그러던 어느 날, Ⓒ 책방에 종종 오던 손님이 책방 구석에 박혀 독서에 열을 올리던 나에게 책을 한 권 내밀었다. ★나는 토끼 눈을 하고 말없이 그 손님을 올려다봤다.

"항상 여기에서 책 읽고 있지? 내 책 사는 김에 네 책도 같이 샀어. 받아."

"네…?"

"새 책 때 안 타게 읽으려면 힘들잖아. 선물이라고 생각하고 마음 편히 받아."

"아 네… 감사합니다."

멀리 다른 지역 소도시에서 시골 면사무소로 발령받아서 온 그 언니도 아는 사람 한 명 없는 타지에서 유일한 친구가 책인 사람이었다. 그렇게 우리는 친구가 됐고 언니가 다른 지역으로 발령받아 전근할 때까지 한참을 책 동무로 함께 했다.

Ⓐ 주인공은 가난한 시골 마을, 작은 책방의 딸로 태어났고 학교에서 따돌림을 당했다.
Ⓑ 서점에서 책을 읽는 것이 유일한 오락이었다.
Ⓒ 그런데 갑자기 종종 오던 서점 손님이 주인공에게 책을 주었다.
→ 주인공은 ★에 나타난 바와 당황하고 놀라서 책을 준 사람을 쳐다보는 상황이다. 따라서 정답은 '② 당황하다'이다.

단어 가난하다 / 억울하다 / 부족하다 / 처지 / 파악 / 지역 / 소도시 / 발령

24. ②

Ⓐ 가난한 시골 마을, 작은 책방의 딸이었던 나는 이렇게 태어난 게 억울하다고 해도 과언이 아닐 만큼 못생긴 데다가 또 여드름은 왜 그렇게 많이 났는지…. 얼굴도 부족해 목까지 난 여드름을 감추겠다고 머리를 길러서 나만의 방어막인 양 고개를 푹 숙이고 다녔다. ★학교에 가면 남자아이들은 못생겼다고 놀리고 여자아이들은 내 여드름이 징그럽다며 자기들끼리 모여 수군댔다. 학창시절은 매일매일이 지옥이었다.

하지만 나에게도 유일한 아군이 있었으니 그건 책이었다. Ⓑ 어차피 친구도 없었지만 집이 워낙 가난해서 밖에 나가 뭘 할 수 있는 처지가 아니었기에 서점에 틀어박혀 읽는 것만이 내가 누릴 수 있는 유일한 오락이었다. 그러던 어느 날, 책방에 종종 오던 손님이 책방 구석에 박혀 독서에 열을 올리던 나에게 책을 한 권 내밀었다. 나는 토끼 눈을 하고 말없이 그 손님을 올려다봤다.

"항상 여기에서 책 읽고 있지? 내 책 사는 김에 네 책도 같이 샀어. 받아."

"네…?"

"새 책 때 안 타게 읽으려면 힘들잖아. 선물이라고 생각하고 마음 편히 받아."

"아 네… 감사합니다."

멀리 다른 지역 소도시에서 시골 면사무소로 발령받아서 온 그 언니도 아는 사람 한 명 없는 타지에서 유일한 친구가 책인 사람이었다. 그렇게 우리는 친구가 됐고 Ⓒ 언니가 다른 지역으로 발령받아 전근할 때까지 한참을 책 동무로 함께 했다.

① 아 사람은 졸업 후 시골에서 서점을 운영했다.
→ Ⓐ 이 사람의 부모님이 서점을 운영했다.
② 이 사람은 학창시절 따돌림으로 괴로운 시간을 보냈다.
→ ★ 정답
③ 이 사람은 서점에서 책을 읽는 것으로 사람들과 교류하고자 했다.
→ Ⓑ 이 사람은 서점에서 혼자 책을 읽었다.
④ 이 사람에게 책을 준 사람은 지금까지도 서점 근처에서 살고 있다.
→ Ⓒ 책을 준 사람을 이후 발령을 받아 다른 지역으로 갔다.

단어 가난하다 / 억울하다 / 부족하다 / 처지 / 파악 / 지역 / 소도시 / 발령

25. ①

신형 독감 집단 면역을 위한 예방 접종, 천만 명 돌파

▶ 숫자와 '돌파'가 함께 쓰이면 그 수치를 넘었다는 의미이므로 신형 독감에 대한 예방 접종을 받은 사람이 천만 명을 넘었다는 것으로 해석된다. 따라서 정답은 '① 새로운 종류의 독감 확산을 막기 위해 시행한 예방 접종을 천만 명 이상 받았다.'이다.

단어 신형 / 집단 / 면역 / 예방 / 돌파

정답 및 해설

26. ③

> 해외에서도 인기 만점, 외국인들 입맛 사로잡은 '김'

▶ '인기 만점'은 인기가 좋다는 뜻이고, 입맛, 관심, 마음 등을 '사로잡다'는 마음이나 생각을 한곳으로 쏠리게 한다는 의미이다. 그러므로 '김'이 해외에서도 인기가 많고, 외국인들의 입맛에도 잘 맞는다는 것으로 해석된다. 따라서 정답은 '③ 국외에서도 '김'의 맛이 호평을 받아 관심을 끌고 있다.'이다.

단어 입맛 / 사로잡다

27. ④

> 학교에서 너도나도 명품 과시,
> 기이한 과소비 유행으로 부모 허리는 휘청

▶ '허리가 휘청이다'는 어떤 상황이 부담스러울 만큼 경제적으로 어렵다는 뜻이다. 학교에서 많은 사람들이 명품을 과시하는데 이를 '기이한 과소비'라고 하였으므로 학생들의 부적절한 소비 문화로 인해 부모들이 경제적 부담을 느낀다는 것으로 해석된다. 따라서 정답은 '④ 비싼 명품 구매가 학생들 사이에서 유행이 되어 부모들의 경제적 부담이 커졌다.'이다.

단어 과시 / 기이하다 / 휘청이다

28. ①

> ⓐ 사찰 음식이 재조명을 받고 있다. 절에서만 먹는 음식으로 여겨지던 사찰 음식은 슬로우 푸드, 웰빙 푸드 열풍에 힘입어 건강한 음식의 대명사로 자리매김하고 있다. 또한 ⓑ 단순히 먹는 데서 그치지 않고 신체의 건강뿐 아니라 경건한 자세로 재료를 정성스레 준비하는 요리과정을 통해 ⓒ (마음의 안정까지 이루는) 사찰 음식의 인기는 국내외로 빠르게 퍼지고 있다. 또한 최근들어 채식주의자의 증가와 함께 한식으로 재탄생한 채식이라는 새로운 가능성이 제시하고 있어 사찰 음식의 확산이 기대된다.

ⓐ 사찰 음식에 대한 관심이 늘었다.
ⓑ 사찰 음식은 몸 건강뿐만 아니라 경건한 자세로 재료를 준비하는 요리과정도 중요하다.
= ⓒ (마음의 안정까지 이루는) 사찰 음식의 인기는 국내외로 빠르게 퍼지고 있다.

단어 재조명 / 열풍 / 힘입다 / 자리매김하다 / 경건하다 / 재료 / 정성 / 다방면

29. ①

> ⓐ 예쁜 사진을 찍으려고 다운로드를 받은 어플리케이션 때문에 개인 정보가 해외로 유출되고 있다는 사실을 알고 있는가? 화장을 하지 않아도, 꾸미지 않아도 사진만 찍으면 몇 번의 클릭으로 ⓑ 화장 효과를 낼 수 있을 뿐만 아니라 배경까지 아름다운 여행지로 바꿔주는 어플리케이션은 젊은층을 중심으로 큰 인기를 끌고 있다. 그러나 이런 해외 어플리케이션이 사용자의 개인 정보를 모두 빼내어 해외로 유출시키는 피해 사례가 속출하고 있다. ⓒ 가상의 아름다움이 과연 나의 개인 정보보다 더 소중한 것인지 (다시금 생각해 봐야 할) 것이다.

ⓐ 예쁜 사진을 찍을 수 있는 어플리케이션을 다운 받은 사람들의 개인정보가 유출되었다.
ⓑ 이 어플리케이션은 가상의 화장을 할 수도 있고, 배경을 바꿀 수도 있는데 사용자의 개인정보를 해외로 유출 시켜 피해를 입혔다.
= ⓒ 가상의 아름다움이 과연 나의 개인 정보보다 더 소중한 것인지 (다시금 생각해 봐야 할) 것이다.

단어 개인정보 / 유출 / 빼내다 / 가상 / 소중하다

30. ②

> ⓐ 거울 효과는 마치 거울을 보고 있는 것과 같이 호감이 있는 상대의 행동이나 말을 무의식적으로 따라 하는 행위이다. 그런데 이와 같은 언행의 복제는 서로의 몸짓이나 ⓒ 언어, 동작들을 유사하게 번복함으로써 상호 간의 신뢰감이 형성되어 (호감으로 이어지는) 효과가 있다고 한다. 그러므로 관심이 있는 상대와 대화를 할 때는 ⓑ 상대의 말과 행동을 거울처럼 따라 해보는 것이 어떨까? 사랑으로 이어지는 지름길이 될 가능성이 높다.

ⓐ 거울 효과는 상대의 행동이나 말을 무의식적으로 따라하는 행위이다.
ⓑ 거울 효과를 이용하면 상호간의 호감이 생길 수 있다.
= ⓒ 언어, 동작들을 유사하게 번복함으로써 상호 간의 신뢰감이 형성되어 (호감으로 이어지는) 효과가 있다.

단어 호감 / 무의식적 / 복제 / 유사하다 / 상호 신뢰

31. ④

> ⓐ 장 건강을 지키기 위해 많이 섭취하는 요거트를 식전에 먹거나 가벼운 야식으로 저녁 식사 후 먹는 사람들이 많다. 그러나 공복에 먹을 경우, 요거트 안의 유산균이 위산의 방해를 받아 온전히 효과를 발휘하지 못할 때가 많다. 또한 ⓒ 저녁 식사 후에 요거트를 먹으면 밤 시간 동안 위장 운동을 촉진시켜 (피로를 불러올 수 있다). ⓑ 늦은 시간에 과식을 하면 더 피곤해지는 것과 유사한 증상이다. 그러므로 가능하면 아침 식사나 점심 식사 후 또는 식사 중에 함께 먹는 것이 가장 바람직하다.

Ⓐ 요거트를 식전이나 저녁 식사 후에 먹는 사람들이 많다.

Ⓑ 그러나 저녁 식사 후에 먹으면 과식을 해서 더 피곤해지는 것과 같은 증상을 일으킨다.

= Ⓒ 저녁 식사 후에는 밤 시간 동안 위장 운동을 촉진시켜 (피로를 불러올 수 있다).

단어 섭취하다 / 공복 / 발휘하다 / 증상 / 바람직하다

32. ④

장영실은 조선 세종 때 많은 업적을 쌓은 과학자, 기술자이자 천문학자이다. Ⓐ 우리나라 최초의 자동 물시계인 보루각의 자격루를 만들었다. 이후에도 천체 관측 기구, 해시계와 같은 많은 과학적 발명품들을 만들었다. Ⓑ ★1441년에는 강수량의 명확한 측정을 위한 기구 제작을 해서 세계 최초의 우량계인 측우기를 발명하기도 했다. 그러나 다음 해, Ⓒ 세종이 온천여행을 갈 때 타고 갈 가마를 장영실이 제작했는데 가마가 부서지는 사고가 생겨서 죄인이 되었고 이후 역사에서 사라졌다.

① 장영실은 자동 해시계인 자격루를 발명했다.
→ Ⓐ 자동 물시계인 자격루를 발명했다.

② 장영실은 1441년에 한국 최초의 천체 관측 기구를 만들었다.
→ Ⓑ 세계 최초의 우량계인 측우기를 발명하였다.

③ 장영실은 자기가 타고 갈 가마에 문제가 생겨서 죄인이 되었다.
→ Ⓒ 세종이 타고 갈 가마를 장영실이 제작했는데 문제가 생겼다.

④ 장영실은 비의 양을 정확하게 측정할 수 있는 기구를 최초로 만든 사람이다.
→ ★ 정답

단어 업적 / 천문학자 / 최초 / 관측 / 발명품 / 강수량 / 측정 / 가마

33. ④

월세란 집을 빌려 쓴 대가로 매달 집주인에게 지불해야 하는 돈을 말한다. 우리나라 주택 제도는 Ⓒ 집주인에게 매달 일정한 돈을 지불하는 월세, Ⓐ 집주인에게 2년에 한 번 돈을 지불하고 다시 이사 갈 때 돌려받을 수 있는 전세, 큰돈을 들여서 집을 자기의 소유로 사는 매매로 크게 나뉜다. 입주자의 상황에 따라서 선호하는 주택 제도가 각각 다르지만 Ⓑ 보통 월세보다는 전세를 선호하고, 전세보다는 매매를 선호한다. 그러나 ★한국의 많은 젊은 세대들은 달마다 내는 비용이 많이 들어도 월세를 택한다. 월세와 비교하면 훨씬 높은 전세금이나 매매금을 마련하기 쉽지 않기 때문이다.

① 다른 사람에게서 집을 사는 것을 전세라고 한다.
→ Ⓐ 다른 사람에게서 집을 사는 것은 매매이다.

② 한국 사회에서는 많은 사람들이 보통 월세를 선호한다.
→ Ⓑ 보통 월세보다는 전세를 선호하고, 전세보다는 매매를 선호한다.

③ 월세는 집주인에게 2년에 한 번만 돈을 지불하면 된다.
→ Ⓒ 월세는 집주인에게 매달 일정한 돈을 지불해야 한다.

④ 젊은 세대들은 매매금이 부담이 되기 때문에 월세를 선택한다.
→ ★ 정답

단어 대가 / 지불하다 / 주택 / 일정하다 / 소유 / 매매금 / 마련하다 / 부담

34. ①

Ⓐ 고려 시대의 도자기, ★금속 공예를 살펴보면 화려하고 격조가 높다. 특히 도자기가 발달하였는데 그 중의 Ⓒ 가장 아름다운 것은 비색 도자기이다. 비색 도자기는 따뜻한 기운이 감돌며 부드러운 곡선에 상감 무늬가 어우러져 고려 최고의 미술품으로 손꼽힌다. 청자 상감 운학무늬 매병, 청자 상감 당초무늬 주전자 등이 대표적인 작품이다. Ⓑ 금속 공예는 은을 입히는 입사라는 독특한 기법으로 제작되었는데 ★불교와 함께 발달했다.

① 고려 시대의 금속 공예는 화려하며 불교와 관계가 있다.
→ ★ 정답

② 고려 시대의 도자기는 소박하고 무늬가 단순해서 아름답다.
→ Ⓐ 고려 시대의 도자기는 화려하고 격조가 높다.

③ 고려 시대의 금속 공예는 금을 입히는 독특한 방식으로 만들어졌다.
→ Ⓑ 은을 입히는 입사라는 독특한 기법으로 제작되었다.

④ 고려 시대의 가장 아름다운 도자기를 살펴보면 차가운 분위기가 느껴진다.
→ Ⓒ 따뜻한 분위기가 느껴진다.

단어 금속 / 공예 / 격조 / 감돌다 / 손꼽히다 / 입히다 / 독특하다 / 제작

35. ②

지난달 시행된 인구조사에서 Ⓐ 인주광역시는 역대 최고 인구 감소율을 기록하며 자치구가 편성된 이래 처음으로 조안광역시보다 인구가 2만 명가량 적어져 제2의 도시라는 이름이 무색해졌다. 한때는 관광지와 해상 무역으로 수도 못지않게 안정된 생활 기반을 구축하였으나 일자리 감소와 젊은 층의 이주로 인구가 급격하게 감소하기 시작하였다. 그러나 Ⓑ 이는 비단 인주광역시만의 문제가 아니며 전국적으로 일어나는 현상이다. 수도권 인구 밀집에 따라 지방에서는 사라지는 날 만을 앞둔 농어촌이 급격히 증가하고 있으며 지역 불균형의 문제가 그 어느 때보다 크게 대두되고 있다. Ⓒ 장기적으로 보았을 때 지방 소도시의 몰락은 수도권의 몰락으로 이어진다. 이제는 남의 일처럼 방관하지 말고 ★중앙 정권과 각 지방자치단체가 협력하여 인구 분산에 총력을 기울여야 할 때이다.

정답 및 해설

▶ 주제 문장이 글 뒤에 나타난 지문이다. Ⓐ에서 인주광역시 역대 최고 인구 감소율을 기록하였다고 언급한다. 이어 Ⓑ, Ⓒ에서 이는 인주광역시만의 문제가 아니며 소도시의 몰락은 수도권의 몰락으로 이어진다고 지적한다. 이어 ★에서 인구 감소 문제를 해결하기위해 중앙 정권과 지방자치단체가 협력해야 함을 강조하였으므로 정답은 '② 수도권으로 인구가 몰리는 현상을 막기 위해 모든 자치구가 협력해야 한다.'이다.

단어 인구 / 감소 / 무색하다 / 이주 / 급격히 / 대두되다 / 분산

36. ④

> Ⓐ 유독 도서관이나 방에서는 너무 조용한 게 오히려 신경이 쓰여 공부나 업무에 집중할 수 없다는 사람들이 있다. 이런 사람들은 카페에 가거나 도서관에 가더라도 다소 소음이 있는 곳에서 집중하기가 더 쉬워지는데 이는 백색소음의 영향을 받기 때문이다. 일반적으로 소음이라 하면 듣기에 거슬리는 소리를 떠올린다. 그러나 Ⓑ 백색소음이란 일상생활에서 흔히 들을 수 있는 생활 배경음으로, 듣다 보면 사람에 따라서는 안정감을 느껴 마음과 몸이 편안한 상태가 되는 적당한 소음을 일컫는다. 그렇다고 백색소음을 듣기 위해 꼭 외부에 나가야 하는 것은 아니다. Ⓒ 최근에는 실제 카페에서 들릴 법한 소리를 모아 영상을 제작하여 올린 사이트나, 다양한 백색소음을 선택하여 들을 수 있게 한 어플리케이션 등이 제작되었다. ★이러한 매체의 등장으로 백색소음을 들으며 공부하기 위해 꼭 일정한 장소에서 해야 한다는 개념이 무마되고 있다.

▶ 주제 문장이 글 뒤에 나타난 지문이다. Ⓐ에서 너무 조용한 공간에서 공부를 하면 오히려 집중이 되지 않는다는 사람들이 있다고 한다. 이어 Ⓑ, Ⓒ에서 이는 백색소음의 영향이라 설명하며 최근에는 백색소음을 어디에서나 들을 수 있는 사이트나 어플리케이션이 있다고 하였으므로 정답은 '④ 다양한 매체의 등장으로 공부에 집중하기 위해 특정 장소를 고집할 필요가 없어졌다.'이다.

단어 신경 쓰이다 / 집중하다 / 영향 / 일반적이다 / 제작하다 / 일정하다

37. ④

> 해외 유명 대학에서 30년에 거쳐 Ⓐ 사회적으로 성공한 사람과 그렇지 못한 사람의 차이점을 연구한 결과, 이 두 집단을 나누는 가장 중요한 요소는 '끈기'인 것으로 나타났다. 해당 교육기관의 연구팀은 30년간 대학교에 재학 중인 학생들에게 러닝머신을 일정 시간 뛰게 하였고 Ⓑ 자신의 한계치에서 조금이라도 더 달려보려고 버텼던 학생들이 그렇지 않은 학생들보다 졸업 후 사회적 지위가 높거나 연 소득이 26% 이상 많았다고 한다. 더불어 놀라운 사실은 ★지능은 성공을 하는 데 중요한 요소이기는 하나 결정적인 요소는 아니었다는 것이다. 흔히 말하는 똑똑한 사람이 아니어도 끝까지 버텨서 해보겠다는 끈기와 인내가 성공의 길을 연 것이다.

▶ 주제 문장이 글 뒤에 나타난 지문이다. Ⓐ에서 연구 개요를 설명하고 이어 Ⓑ에서 런닝머신을 조금이라도 더 뛴 학생들이 사회적으로 성공했다는 연구 결과를 서술하였다. 이어 ★에서 성공의 핵심은 지능이 아니라 끈기라고 강조하였으므로 정답은 '④ 성공하기 위해서는 하고자 하는 일을 포기하지 않고 버티는 마음가짐이 중요하다.'이다.

단어 사회적 / 차이점 / 끈기 / 한계 / 버티다

38. ④

> Ⓐ 우울증을 극복하는 데 무엇보다 효과적인 방법이 규칙적인 생활 습관이라는 것은 누구나 한 번쯤 들어봤을 것이다. 그러나 이보다 더 빠르게, 그리고 장기적으로 효과를 보는 방법은 하루에 한 번 반드시 외출하는 것이다. Ⓑ 의식적으로 규칙적인 생활을 하려고 자신을 스스로 압박하는 것보다 자연스럽게 밖에 나갈 준비를 하며 씻고, 밥을 먹고, 채비하는 것이 자연스레 일상생활로의 복귀로 이어진다는 이유 때문이다. 우울증을 앓고 있는 다수의 사람들은 무력감을 겪게 되며 이는 식욕 감퇴나, 수면 부족으로 이어지기 때문에 Ⓒ 몸을 움직임으로써 무력감에 젖어 들지 않게 된다. 그러나 ★근본적인 우울감 퇴치에는 운동, 대인 관계 활성화와 같은 구체적인 목표를 세워 부담을 느끼는 것보다 자연스럽게 다음 행동으로 이어지도록 꾸준한 노력을 하는 것이 더욱 효과적이다.

▶ 주제 문장이 글 뒤에 나타난 지문이다. Ⓐ에서 우울증을 극복하는 가장 좋은 방법을 외출이라고 서술한다. Ⓑ, Ⓒ에서는 규칙적인 생활을 해야한다는 압박감보다 자연스러운 행동이 연이어 이어지는 것이 우울증을 극복하는 데 효과적이라고 설명한다. 이어 ★에서 Ⓑ, Ⓒ의 내용을 다시 강조하고 있으므로 정답은 '④ 외출을 통해 자연스럽게 신체 활동을 이어가며 우울감을 감소시킬 수 있다.'이다.

단어 극복하다 / 습관 / 장기적 / 규칙적이다 / 채비 / 복귀 / 식욕 / 근본적이다 / 자연스럽다

39. ①

> 주로 경기도와 충청남도에서 재배되는 한국 인삼은 품질이 좋아 해외 수출량이 증가하고 있다. (㉠) 인삼 재배는 씨를 뿌려 약 6년이 지나면 수확하는데 9월에 수확을 하는 것이 가장 알맞다. (㉡) 인삼의 나이는 머리 부분에 남아 있는 해마다 나온 줄기의 흔적으로 알 수 있다. (㉢) 이러한 인삼은 정신 장애, 학습, 기억 감각 기능의 개선에 효능이 있다. (㉣)

───〈 보기 〉───
이렇게 해외 수출량이 증가함에 따라 국내 재배 및 생산량도 증가하고 있다.

▶ 〈보기〉 문장은 '이렇게'로 시작하는 것을 통해 〈보기〉 문장 앞에서 해외 수출량이 증가한다는 내용이 나와야 함을 알 수 있다.

⊙ 앞에서 한국 인삼의 해외 수출량이 증가하고 있다는 내용이 나오기 때문에 정답은 ① ⊙이다.

단어 재배 / 수확하다 / 흔적 / 장애 / 개선 / 효능 / 수출량

40. ③

> 현대 사회에서는 경제 성장이 추진되면서 자연 개발이 활발하게 진행되고 있다. (⊙) 이러한 상황 속에서 환경 파괴로 인한 다양한 문제점이 나타나고 있다. (ⓒ) 자연과 공존하면서 풍요로운 삶을 누리려고 하는 '지속 가능한 발전', 즉 환경을 파괴하지 않으면서 자연 개발이 이루어지는 것이 바람직하다는 원칙은 모두가 동의할 수 있다. (ⓒ) 자연 개발과 환경 보존의 방향을 어떻게 설정하느냐의 문제가 현대인의 어려운 숙제가 될 것이다. (ⓔ)

───〈 보기 〉───
하지만 현실에서는 두 가지 방향이 충돌하는 것을 볼 수 있다.

▶ 〈보기〉의 앞부분에서 '하지만'으로 문장이 시작되기 때문에 〈보기〉 문장 앞에서 '두 가지 방향이 충돌하지 않는, 공존하는 상황'이 언급되어야 자연스럽다. ⓒ 앞에서 환경을 파괴하지 않으면서 개발이 이루어지는 '지속 가능한 발전'에 관한 내용이 나오기 때문에 〈보기〉 문장은 ⓒ에 들어가는 것이 좋다. 따라서 정답은 ③ ⓒ이다.

단어 성장 / 추진되다 / 개발 / 공존 / 지속 / 파괴하다 / 강화되다 / 보존

41. ③

> 이준호 영화감독의 첫 장편 영화 '전화'가 다음 주 개봉을 앞두고 있다. (⊙) '전화'는 서로 다른 시간대의 인물이 각자 처한 어려운 상황을 바꿔주면서 이야기가 시작된다. (ⓒ) 이준호 감독은 반전에 반전을 거듭하는 전개와 실험적 기법의 단편 영화들로 2020년 영화계에 신선한 충격을 줬기 때문에 국내외 영화제에서 수상을 휩쓸었다. (ⓒ) 많은 영화 평론가들은 이번 영화 '전화'도 좋은 평가를 받을 수 있을 거라고 예상한다. (ⓔ)

───〈 보기 〉───
그래서 이번 영화가 개봉 전부터 국내외 영화계에서 많은 주목을 받고 있다.

▶ 〈보기〉에 이번 영화가 개봉 전부터 국내외 영화계에서 많은 주목을 받고 있다는 내용이 나온다. 〈보기〉 문장 앞의 '그래서'를 통해 많은 주목을 받게 된 이유가 바로 앞에 나오는 것이 자연스럽다. ⓒ 앞의 문장인 '반전을 거듭하는 전개와 실험적 기법의 단편 영화들로 2020년 영화계에 신선한 충격을 줬기 때문에 국내외 영화제에서 수상을 휩쓸었다.'는 주목을 받고 있는 이유로 잘 어울리기 때문에 ⓒ에 〈보기〉 문장을 넣는 것이 적절하다. 따라서 정답은 ③ ⓒ이다.

단어 장편 / 앞두다 / 처하다 / 반전 / 거듭하다 / 전개 / 주목 / 휩쓸다

42. ③

> Ⓐ 멀쩡하게 다니던 회사를 때려치우고 유학길에 오른 것은 서른다섯 살 때이다. 벌이도 나쁘지 않고 꽤 이름이 알려진 회사라 어디든 명함 내놓기도 좋았지만 다니면 다닐수록 내면을 갉아먹는 듯한 공허함을 이로 견딜 수 없었다. 취업이 잘 된다길래 성적에 맞춰 경영학과에 들어갔지만, 지금까지도 나는 그곳에서 뭘 배웠는지 잘 기억이 안 난다. 그래도 거슬러 올라가면 학창시절 입시 공부는 제법 잘했던지라 영어는 그럭저럭 기초실력이 갖춰졌었고 유학 준비하는 데 많은 도움이 됐다.
> 비교문학을 공부하러 영국으로 떠나겠다고 부모님께 말씀드렸더니 어머니는 앓아누우시고 아버지는 몇 날 며칠이고 입을 다물어버리셨다. 어렸을 때부터 문학책 좋아하는 건 익히 알고 있으니 잠깐 휴가 내고 집에서 온종일 책 읽어라. 며칠 그렇게 쉬면 마음이 바뀔 거다. 나를 어르기도 하시고 제정신이냐고 윽박도 지르시고 오락가락하시는 어머니를 보며 이 나이 먹고 이렇게 불효를 저질러야 하나 고민도 됐지만 이미 정한 마음은 내 맘대로 지울 수가 없었다. 그리고 폭탄선언을 했을 때는 이미 유학 준비가 꽤 진척된 이후였다.
> 그렇게 나는 결국 부모님의 반대를 무릅쓰고 서른 중반에 영국으로 떠났다. Ⓑ 영어로 보는 모든 시험 점수야 출중했지만, 영어권에서 단 한 번도 살아본 적이 없는 나는 기본적인 의사소통도 버거웠다. 이해는 다 하는데 입이 떨어지지 않았다. 그래도 어찌어찌 수업은 들었지만 발표하는 날이 돌아오거나 토론을 해야 하는 수업이 있으면 전날부터 잠이 오지 않았다.
> Ⓒ 어느 날, 강의 중 교수가 나에게 질문을 했고 그날따라 영어가 잘 들리지 않던 나는 이해도 할 수 없거니와 뭐라 말해야 할지 대답도 떠오르지 않아 호명되었음에도 고개를 숙이고 있었다. ★머릿속이 하얘진 나는 초점 잃은 눈도 눈이지만 손이 떨려 펜을 들고 있을 수조차 없었다. 교수는 그게 자신의 수업을 듣는 태도냐며 화를 냈고, 나는 그날 집에 가서 아침이 될 때까지 울었다. 두 번 다시 이런 치욕은 경험하지 않으리라 마음에 깊이 새겨넣었다. 그리고 이후 졸업할 때까지 이날을 기억하며 버티고 또 버텼다.

Ⓐ 35살에 회사를 그만두고 유학을 갔다.
Ⓑ 영어로 보는 시험은 자신이 있었지만 회화, 토론이 힘들었다.
Ⓒ 교수의 질문을 알아듣지 못해서 호명되었지만 고개를 숙이고 가만히 있었다.
→ 주인공은 ★에 나타난 바와 이런 상황에 크게 당황하여 머릿속이 하얘졌다고 했다. 따라서 정답은 '③ 당황하다'이다.

단어 알려지다 / 취업 / 무릅쓰다 / 출중하다 / 토론 / 태도

정답 및 해설

43. ②

멀쩡하게 다니던 회사를 때려치우고 유학길에 오른 것은 서른다섯 살 때이다. 벌이도 나쁘지 않고 꽤 이름이 알려진 회사라 어디든 명함 내놓기도 좋았지만 다니면 다닐수록 내면을 갉아먹는 듯한 공허함을 이로 견딜 수 없었다. Ⓐ 취업이 잘된다길래 성적에 맞춰 경영학과에 들어갔지만, 지금까지도 나는 그곳에서 뭘 배웠는지 잘 기억이 안 난다. 그래도 거슬러 올라가면 학창시절 입시 공부는 제법 잘했던지라 영어는 그럭저럭 기초실력이 갖춰졌었고 유학 준비하는 데 많은 도움이 됐다.

비교문학을 공부하러 영국으로 떠나겠다고 부모님께 말씀 드렸더니 어머니는 앓아누우시고 아버지는 몇 날 며칠이고 입을 다물어버리셨다. 어렸을 때부터 문학책 좋아하는 건 익히 알고 있으니 잠깐 휴가 내고 집에서 온종일 책 읽어라. 며칠 그렇게 쉬면 마음이 바뀔 거다. 나를 어르기도 하시고 제정신이냐고 윽박도 지르시고 오락가락하시는 어머니를 보며 이 나이 먹고 이렇게 불효를 저질러야 하나 고민도 됐지만 이미 정한 마음은 내 맘대로 지울 수가 없었다. Ⓑ 그리고 폭탄선언을 했을 때는 이미 유학 준비가 꽤 진척된 이후였다.

그렇게 나는 결국 부모님의 반대를 무릅쓰고 서른 중반에 영국으로 떠났다. ★영어로 보는 모든 시험 점수야 출중했지만, 영어권에서 단 한 번도 살아본 적이 없는 나는 기본적인 의사소통도 버거웠다. 이해는 다 하는데 입이 떨어지지 않았다. 그래도 어찌어찌 수업은 들었지만 발표하는 날이 돌아오거나 토론을 해야 하는 수업이 있으면 전날부터 잠이 오지 않았다.

어느 날, 강의 중 교수가 나에게 질문을 했고 그날따라 영어가 잘 들리지 않던 나는 이해도 할 수 없거니와 뭐라 말해야 할지 대답도 떠오르지 않아 호명되었음에도 고개를 숙이고 있었다. 머릿속이 하얘진 나는 초점 잃은 눈도 눈이지만 손이 떨려 펜을 들고 있을 수조차 없었다. 교수는 그게 자신의 수업을 듣는 태도냐며 화를 냈고, 나는 그날 집에 가서 아침이 될 때까지 울었다. Ⓒ 두 번 다시 이런 치욕은 경험하지 않으리라 마음에 깊이 새겨넣었다. 그리고 이후 졸업할 때까지 이 날을 기억하며 버티고 또 버텼다.

① 이 사람은 서른다섯 살이 될 때까지 경영학이 적성에 맞다고 생각했다.
  → Ⓐ 경영학은 취업이 잘 된다고 들어서 선택한 전공일 뿐이다.
② 학창시절부터 영어공부는 열심히 해왔지만 현지에서의 대화는 쉽지 않았다.
  → ★ 정답
③ 부모님께 미리 말씀드리지 않고 영국 유학을 준비하여 경제적 지원이 끊겼다.
  → Ⓑ 부모님께 유학에 대해 미리 말씀드리지 않았지만 경제적 지원에 대한 내용은 알 수 없다.
④ 강의에서 영어를 사용하는 것에 익숙해지지 않아 도중에 유학을 중단하고 돌아왔다.
  → Ⓒ 주인공은 이 후에도 유학 생활을 하였다.

단어 알려지다 / 취업 / 무릅쓰다 / 출중하다 / 토론 / 태도

44. ③

Ⓐ 단청장이란 단청을 하는 장인을 일컫는 말로 화사, 화공 등의 이름으로 불리기도 한다. 사찰이나 고궁에 가면 볼 수 있는 오방색의 아름다운 그림과 무늬를 만들어내는 사람들이 바로 이들이다.

단청은 온도 변화나, 습도, 강수량의 영향으로 쉽게 변형되는 목재 건물의 (   ) 천연 재료로 칠을 한 것이 유래이다. 그러나 요즘에는 시간이 지나면서 단순히 칠을 하는 것이 아니라 갖가지 안료를 사용하여 채색을 하게 되었으며 가칠, 타분, 시채 등의 공정을 거쳐 화려하고 아름다운 문양과 그림을 건물에 입힌다. 단청의 기본적인 틀은 예나 지금이나 큰 차이가 없으나 옛날에는 중국에서 들여온 값비싼 안료를 사용하였다면 최근에는 20여 가지의 화학 안료를 사용하는 변화도 나타났다.

하지만 시대가 아무리 바뀌어도 변할 수 없는 것이 있으니, 그것은 단청을 하는 장인들의 손이다. Ⓑ 1970년대 초, 처음으로 나라에서 지정한 단청장이 나온 이후 꾸준히 그 길을 이어가는 장인들이 전통을 지키고 있으나 매년 단청장 보유자는 감소하고 있으며 전승에 어려움을 겪고 있다. 이에 전통문화 보존 재단에서는 단청장을 알리고 단청을 실제로 경험해볼 수 있는 문화 이벤트를 개최할 예정이며 젊은이들의 관심을 끌기 위해 SNS에서도 활발한 홍보 활동을 시행하고자 한다. ★국가 차원의 단청장 홍보는 매우 고무적인 일이며 지속 가능한 홍보 전략을 마련하여 아름다운 전통문화 계승이 이어져야 할 것이다.

▶ '단청장, 단청'이 지문에서 반복되었으며 Ⓐ에서 단청장의 정의를 설명한다. Ⓑ에서 해마다 단청을 하는 장인이 줄고 있으며 이어 ★에서 국가 차원의 홍보를 통해 단청장을 알리고 전통문화가 계승되어야 한다고 하였으므로 정답은 '③ 국가 차원의 단청 홍보를 꾸준히 이어가 전통문화가 전승되도록 해야 한다.'이다.

단어 장인 / 무늬 / 불리다 / 변형되다 / 유래 / 화려하다 / 지정하다 / 개최하다 / 고무적이다 / 홍보

45. ②

Ⓐ 단청장이란 단청을 하는 장인을 일컫는 말로 단청, 화공 등의 이름으로 불리기도 한다. 사찰이나 고궁에 가면 볼 수 있는 오방색의 아름다운 그림과 무늬를 만들어내는 사람들이 바로 이들이다.

Ⓒ 단청은 온도 변화나, 습도, 강수량의 영향으로 쉽게 변형되는 목재 건물의 (단점을 보완하고자) 천연 재료로 칠을 한 것이 유래이다. 그러나 요즘에는 Ⓑ 시간이 지나면서 건물의 보존을 위해 단순히 칠을 하는 것이 아니라 갖가지 안료를 사용하여 채색을 하게 되었으며 가칠, 타분, 시채 등의 공정을 거쳐 화려하고 아름다운 문양과 그림을 건물에 입힌다. 단

청의 기본적인 틀은 예나 지금이나 큰 차이가 없으나 옛날에는 중국에서 들여온 값비싼 안료를 사용하였다면 최근에는 20여 가지의 화학 안료를 사용하는 변화도 나타났다.

하지만 시대가 아무리 바뀌어도 변할 수 없는 것이 있으니, 그것은 단청을 하는 장인들의 손이다. 1970년대 초, 처음으로 나라에서 지정한 단청장이 나온 이후 꾸준히 그 길을 이어가는 장인들이 전통을 지키고 있으나 매년 단청장 보유자는 감소하고 있으며 전승에 어려움을 겪고 있다. 이에 전통문화보존 재단에서는 단청장을 알리고 단청을 실제로 경험해볼 수 있는 문화 이벤트를 개최할 예정이며 젊은이들의 관심을 끌기 위해 SNS에서도 활발한 홍보 활동을 시행하고자 한다. 국가 차원의 단청장 홍보는 매우 고무적인 일이며 지속 가능한 홍보 전략을 마련하여 아름다운 전통문화 계승이 이어져야 할 것이다.

Ⓐ 단청장이란 사찰이나 고궁에서 볼 수 있는 오방색 그림과 무늬를 만들어내는 사람들이다.
Ⓑ 단청은 시대의 흐름에 따라 건물을 보존하기 위해 칠을 했던 것에서 갖가지 안료를 사용하여 채색하는 형태로 바뀌었다.
→ 다시 말해 Ⓒ 단청은 온도 변화나, 습도, 강수량의 영향으로 쉽게 변형되는 목재 건물의 (단점을 보완하고자) 천연 재료로 칠을 한 것이 유래이다.

[단어] 장인 / 무늬 / 불리다 / 변형되다 / 유래 / 화려하다 / 지정하다 / 개최하다 / 고무적이다 / 홍보

46. ①

> 모바일 앱 시장 분석 서비스로 만 20세 이상 한국인 스마트폰 이용자를 조사한 결과, 중고거래 플랫폼 이용자 수는 전년 대비 2배 이상 늘었다. (㉠) 이렇게 인기를 끌고 있는 중고거래 플랫폼은 시장의 역할뿐만 아니라 따뜻한 커뮤니티의 역할도 맡게 되었다. (㉡) 먼저 가까운 곳에서 중고거래를 하는 사람들과 서로 동네 정보를 공유할 수 있는 기능을 도입했다. (㉢) 그리고 자신에게 불필요한 물건을 플랫폼을 통해 이웃들에게 무료로 나누기도 한다. (㉣) 이제는 중고거래 플랫폼이 현대 사회의 '사랑방'으로 확대되어 자리 잡고 있다.

> ─〈 보기 〉─
> 이러한 결과는 최근 한국 사회에서 중고거래 플랫폼이 큰 성장을 보임을 알 수 있다.

▶ 〈보기〉는 앞의 결과에 대해 알 수 있는 점을 서술하는 문장이다. 문장 앞부분의 '이러한 결과'를 통해 〈보기〉 앞 문장에 최근 한국 사회에서 중고거래 플랫폼의 성장을 확인할 수 있는 결과가 나오는 것이 자연스럽다. ㉠ 앞에 중고거래 플랫폼 이용자 수가 전년 대비 2배 이상 늘었다는 조사 결과 내용이 나오기 때문에 정답은 ① ㉠이다.

47. ④

> 모바일 앱 시장 분석 서비스로 만 20세 이상 한국인 스마트폰 이용자를 조사한 결과, Ⓒ 중고거래 플랫폼 이용자 수는 전년 대비 2배 이상 늘었다. (㉠) 이렇게 인기를 끌고 있는 중고거래 플랫폼은 Ⓑ 시장의 역할뿐만 아니라 따뜻한 커뮤니티의 역할도 맡게 되었다. (㉡) 먼저 가까운 곳에서 중고거래를 하는 사람들과 서로 동네 정보를 공유할 수 있는 기능을 도입했다. (㉢) Ⓐ 그리고 자신에게 불필요한 물건을 플랫폼을 통해 이웃들에게 무료로 나누기도 한다. (㉣) ★이제는 중고거래 플랫폼이 현대 사회의 '사랑방'으로 확대되어 자리 잡고 있다.

> ─〈 보기 〉─
> 이러한 결과는 최근 한국 사회에서 중고거래 플랫폼이 큰 성장을 보임을 알 수 있다.

① 중고거래 플랫폼에서는 무료로 물건을 나눠줄 수 없다.
→ Ⓐ 자신에게 불필요한 물건을 무료로 나누기도 한다.
② 최근의 중고거래 플랫폼에는 물건을 사고파는 기능만 있다.
→ Ⓑ 시장의 역할뿐만 아니라 따뜻한 커뮤니티의 역할도 한다.
③ 중고거래 플랫폼 이용자 수는 전년보다 2배 이상 감소했다.
→ Ⓒ 전년 대비 2배 이상 늘었다.
④ 중고거래 플랫폼의 기능이 확대되면서 역할과 의미도 함께 확대되었다.
→ ★ 정답

[단어] 중고거래 / 플랫폼 / 대비 / 공유하다 / 도입하다 / 사랑방 / 확대 / 자리 잡다

48. ①

> 타인의 동의를 구하지 않고 과한 집착을 보이거나 사생활을 침범해서까지 접촉을 시도하려 하는 행위를 '스토킹'이라 한다. Ⓐ 최근 몇 년간 연이어 발생한 스토킹 범죄가 언론에 보도된 이후 대책이 시급하다는 여론이 기하급수적으로 확대되었으며 지난 21일 스토킹범죄처벌법이 법안을 통과하였다.
> 그간 스토킹 행위에 대한 구체적인 법안이 없어 ( ) Ⓑ 경고 조치로 훈방되거나 집행 유예와 같이 상대적으로 가벼운 형을 받은 가해자들이 일의 심각성을 인지하지 못하고 다시 범죄를 저지르는 경우가 다수 보고되었다. 따라서 해당 법안에서는 스토킹 행위를 범죄로 명확히 규정하였고, 이를 어기는 행위로 간주될 경우 6년 이하의 징역 또는 6천만 원 이하의 벌금을 물릴 예정이다.
> 그뿐만 아니라 스토킹 범죄의 피해자 보호와 재발 방지를 위한 시스템 도입에도 박차를 가하고 있으며 이는 매우 고무적으로 여겨진다. 스토킹 범죄 피해자는 국가 지정 심리지원센터에서 장기간의 심리 상담을 받을 수 있고 엄격한 관리하에 익명성을 보장받을 수 있다. 이와 더불어 여러 기관의 치밀한 연계를 통해 부가적인 안전 조치를 희망할 경우 담당 보호

정답 및 해설

관을 지정하여 안심 귀가 서비스, 피해 신고 직통 번호, 담당 자치구의 순찰 강화 등을 신청할 수 있다. 범죄의 특성상 심리적인 고통을 호소하는 피해자가 많은 것을 간과하지 않고 신속하고 정확한 대응을 이뤄야 초범, 재범 발생률을 낮출 수 있을 것이다. ★무엇보다 이번 법안 통과를 기점으로 점진적으로 사회 전반에 스토킹이 심각한 범죄라는 인식을 심을 수 있도록 힘을 모아야 할 것이다.

▶ 스토킹 행위를 방지 및 처절하는 법안에 대해 쓴 글이다. 글의 목적을 파악하기 위해 지문 뒷부분을 꼼꼼하게 읽어 봐야 한다. Ⓐ에서 법안이 제정된 배경을 설명하고 Ⓑ에서 스토킹을 범죄로 인식하지 않는 사회 분위기를 지적한다. 이어 ★에서 이와 같은 사회 분위기를 바꿔야 한다고 강조하므로 정답은 '① 스토킹에 대한 사회 전반의 인식 전환을 주장하기 위해서'이다.

`단어` 타인 / 사생활 / 침범하다 / 대책 / 시급하다 / 조치 / 심각하다 / 범죄 / 피해자 / 보호 / 인식

49. ②

타인의 동의를 구하지 않고 과한 집착을 보이거나 사생활을 침범해서까지 접촉을 시도하려 하는 행위를 '스토킹'이라 한다. Ⓐ 최근 몇 년간 연이어 발생한 스토킹 범죄가 언론에 보도된 이후 대책이 시급하다는 여론이 기하급수적으로 확대되었으며 지난 21일 스토킹범죄처벌법이 법안을 통과하였다.

그간 © 스토킹 행위에 대한 구체적인 법안이 없어 (처벌받아 마땅하나) 경고 조치로 훈방되거나 집행 유예와 같이 상대적으로 가벼운 형을 받은 가해자들이 일의 심각성을 인지하지 못하고 다시 범죄를 저지르는 경우가 다수 보고되었다. 따라서 Ⓑ 해당 법안에서는 스토킹 행위를 범죄로 명확히 규정하였고, 이를 어기는 행위로 간주될 경우 6년 이하의 징역 또는 6천만원 이하의 벌금을 물릴 예정이다.

그뿐만 아니라 스토킹 범죄의 피해자 보호와 재발 방지를 위한 시스템 도입에도 박차를 가하고 있으며 이는 매우 고무적으로 여겨진다. 스토킹 범죄 피해자는 국가 지정 심리지원센터에서 장기간의 심리 상담을 받을 수 있고 엄격한 관리하에 익명성을 보장받을 수 있다. 이와 더불어 여러 기관의 치밀한 연계를 통해 부가적인 안전 조치를 희망할 경우 담당 보호관을 지정하여 안심 귀가 서비스, 피해 신고 직통 번호, 담당 자치구의 순찰 강화 등을 신청할 수 있다. 범죄의 특성상 심리적인 고통을 호소하는 피해자가 많은 것을 간과하지 않고 신속하고 정확한 대응을 이뤄야 초범, 재범 발생률을 낮출 수 있을 것이다. 무엇보다 이번 법안 통과를 기점으로 점진적으로 사회 전반에 스토킹이 심각한 범죄라는 인식을 심을 수 있도록 힘을 모아야 할 것이다.

Ⓐ 최근 스토킹 범죄에 대한 대책 마련이 시급하다는 여론이 급증하였다.
Ⓑ 스토킹범죄처벌법은 스토킹을 명백하게 범죄로 규정하고 있다.
→ 왜냐하면 © 스토킹 행위에 대한 구체적인 법안이 없어 (처

벌받아 마땅하나) 경고 조치로 훈방되거나 집행 유예와 같이 상대적으로 가벼운 형을 받은 가해자들이 일의 심각성을 인지하지 못하고 다시 범죄를 저지르는 경우가 다수 보고되었기 때문이다.

`단어` 타인 / 사생활 / 침범하다 / 대책 / 시급하다 / 조치 / 심각하다 / 범죄 / 피해자 / 보호 / 인식

50. ④

타인의 동의를 구하지 않고 과한 집착을 보이거나 사생활을 침범해서까지 접촉을 시도하려 하는 행위를 '스토킹'이라 한다. Ⓐ 최근 몇 년간 연이어 발생한 스토킹 범죄가 언론에 보도된 이후 대책이 시급하다는 여론이 기하급수적으로 확대되었으며 지난 21일 스토킹범죄처벌법이 법안을 통과하였다.

그간 스토킹 행위에 대한 구체적인 법안이 없어 ( ) 경고 조치로 훈방되거나 집행 유예와 같이 상대적으로 가벼운 형을 받은 가해자들이 일의 심각성을 인지하지 못하고 다시 범죄를 저지르는 경우가 다수 보고되었다. 따라서 해당 Ⓑ 법안에서는 스토킹 행위를 범죄로 명확히 규정하였고, 이를 어기는 행위로 간주될 경우 6년 이하의 징역 또는 6천만원 이하의 벌금을 물릴 예정이다.

그뿐만 아니라 스토킹 범죄의 피해자 보호와 재발 방지를 위한 시스템 도입에도 박차를 가하고 있으며 이는 ★매우 고무적으로 여겨진다. 스토킹 범죄 피해자는 국가 지정 심리지원센터에서 장기간의 심리 상담을 받을 수 있고 엄격한 관리하에 익명성을 보장받을 수 있다. 이와 더불어 여러 기관의 치밀한 연계를 통해 부가적인 안전 조치를 희망할 경우 담당 보호관을 지정하여 안심 귀가 서비스, 피해 신고 직통 번호, 담당 자치구의 순찰 강화 등을 신청할 수 있다. © 범죄의 특성상 심리적인 고통을 호소하는 피해자가 많은 것을 간과하지 않고 신속하고 정확한 대응을 이뤄야 초범, 재범 발생률을 낮출 수 있을 것이다. 무엇보다 이번 법안 통과를 기점으로 점진적으로 사회 전반에 스토킹이 심각한 범죄라는 인식을 심을 수 있도록 힘을 모아야 할 것이다.

Ⓐ 최근 스토킹 범죄에 대한 대책 마련이 시급하다는 여론이 급증하였다.
Ⓑ 스토킹범죄처벌법은 스토킹을 명백하게 범죄로 규정하고 있다.
© 뿐만 아니라 범죄의 특성상 피해자의 심리적인 고통을 간과하지 않고 범죄 발생률을 낮춰야 한다.
→ 이에 글쓴이는 ★과 같이 피해자 보호 및 재발 방지 시스템 도입을 고무적이라 평가한다. 따라서 정답은 '④ 스토킹 범죄의 반복을 막고 피해자를 보호하려는 움직임을 긍정적으로 평가한다.'이다.

`단어` 타인 / 사생활 / 침범하다 / 대책 / 시급하다 / 조치 / 심각하다 / 범죄 / 피해자 / 보호 / 인식

한글파크

한글파크는 한국어 교재
출판사이자 전문 서점입니다

Since1977

시사 Dream.
Education can make dreams come true.